Oliver S. Lazar

Jenseits von Materie

Oliver S. Lazar

Jenseits von Materie

Bewegende Erfahrungen eines Wissenschaftlers mit der Geistigen Welt und seine Jenseitsforschung

Giger Verlag

Infos über den Verlag und zu weiteren Büchern
unter www.gigerverlag.ch

9. Auflage 2026

Telefon 0041 55 442 68 48
www.gigerverlag.ch
Lektorat: Josef K. Pöllath M.A.
Korrektorat: Susanne Langer M.A.
Umschlaggestaltung: Hauptmann & Kompanie Werbeagentur, Zürich
Printed in EU
ISBN Nr. 978-3-039330-42-3

Ich widme dieses Buch
all den mutigen und ehrenhaften Wissenschaftlern,
die sich ohne Angst vor persönlichen Konsequenzen
weder von Weltbildern noch von
wissenschaftlichen Dogmen
leiten lassen.

Inhalt

Einleitung

Wie fängt man an, ein Buch zu schreiben, das die Wissenschaft und Spiritualität in Koexistenz miteinander vereint? In unserer aufgeklärten, hoch technologischen und fortschrittlichen Gesellschaft herrscht ganz selbstverständlich das materialistisch geprägte Weltbild vor, das besagt, dass alles, was existiert, ob lebendig oder nicht, durch materielle Strukturen und Prozesse zu erklären sei. Die darauf basierenden Naturwissenschaften sind die Grundpfeiler unseres Wohlstands und des Fortschritts. Ohne die wissenschaftlichen Erfolge in der Medizin, Industrie und Informationstechnik würden wir unsere Vorstellung von einer funktionierenden, geordneten und lebenswerten Welt nicht länger aufrechterhalten können. Doch dieses Weltbild beginnt nach vielen Jahrzehnten der naturwissenschaftlich materiellen Dominanz zu wanken. Es scheint sich ein gesellschaftliches Umdenken anzubahnen. In Kapitel 2: *Wissenschaft und Spiritualität* (➛Seite 48) werde ich diesen Wandel detailliert beschreiben. Nichtsdestotrotz: Wer es in unserer westlich orientierten Welt wagt, die beiden Begriffe *Wissenschaft* und *Spiritualität* in einem Atemzug zu nennen, begibt sich auf dünnes Eis. Von den Esoterikern wird man als Materialist beschimpft, der alles Geistige à priori infrage stellt, und von den Naturwissenschaftlern als gottesfürchtiger Kreationist*, der dogmatisch seiner Glaubensideologie folgt. Seit vielen Jahrzehnten klafft ein unüberwindbarer großer Graben zwischen der spirituellen und der naturwissenschaftlichen Welt, und wer die Diskussionen in der Literatur, auf Kongressen und in den sozialen Netzwerken verfolgt, findet unversöhnlich verfeindete Lager, die sich auf höchst emotionale Weise äußerst unsachlich anfeinden. Ich schlage mich in diesem

* Mensch, der an eine wortwörtliche Auslegung der biblischen Schöpfungsgeschichte zur Entstehung des Universums und des Lebens glaubt.

Buch nicht von vornherein auf jemandes Seite, ich folge einfach dem sachlichen Weg der besten Argumente, Beweise und größten Wahrscheinlichkeiten, so wie es ein Wissenschaftler immer tun sollte. Ich beschreite diesen spannenden Weg in völliger Freiheit, wohin er mich auch immer führen mag. Ich werde dabei kein Blatt vor den Mund nehmen, insbesondere wenn ich alteingesessene Strukturen und Ansichten kritisch hinterfrage. Ich sehe es als meine Pflicht als Wissenschaftler an, meine Erkenntnisse zu veröffentlichen, ganz gleich, welche Weltbilder ich damit zum Wanken bringe oder welche Gemüter ich erhitze. Meine Erkenntnisse sind wahrhaft und ehrlich, ich folge keiner Religion oder Ideologie, und unsere eigene Studie zu Jenseitskontakten wurde mit der üblichen wissenschaftlichen Seriosität und Methodik durchgeführt. Doch schreibe ich dieses Buch nicht, um zu missionieren oder andere Wissenschaftler von einer Geistigen Welt zu überzeugen, wenngleich ich mich über ihre Offenheit zu diesem Thema freuen würde. Ich schreibe dieses Buch aus dem Bedürfnis heraus, meine Erlebnisse, Erfahrungen und wissenschaftlichen Erkenntnisse mitzuteilen, in der Hoffnung, damit denen zu helfen, die bereit sind, diese Hilfe anzunehmen. Insbesondere hoffe ich, Menschen in tiefster Trauer mit meinem Buch Trost und Hoffnung spenden zu können.

Wenn mir jemand vor drei Jahren gesagt hätte, dass ich einmal ein Buch über den Tod, die Seelenliebe, die Entstehung von Bewusstsein und des Lebens schreiben und dass ich Jenseitskontakte erforschen würde, so hätte ich mich wahrscheinlich köstlich darüber amüsiert, denn all diese Themen spielten in meinem Leben als Familienvater und Informatikprofessor überhaupt keine Rolle. Dennoch sitze ich nun hier und schreibe dieses Buch, das das Resultat einer grundlegenden Veränderung meines Lebens ist. Was für ein Ereignis konnte mich auf so prägnante Art und Weise verändern, meine Seele auf so unglaubliche Art berühren und mein Leben komplett neu ausrichten, obwohl ich das gar nicht geplant hatte? Ich denke, es ist wichtig, dass du mich zunächst ein wenig besser kennenlernst, damit du meine Argumentationen und Erlebnisse richtig einzuschätzen weißt. Keine Angst, ich verzichte hier auf eine ausführliche Lebensgeschichte und Selbstdarstellung und fasse mich kurz. Ich erzähle im ersten Kapitel von meinem persönlichen familiären und beruflich-wissenschaftlichen Werdegang und wie ich durch den tragischen Unfalltod eines mir scheinbar fremden Kindes völlig unerwartet mein spirituelles Erwachen erlebte. Danach nehme ich dich mit auf eine Entdeckungsreise durch die Wissenschaft und Spiritualität, von den ältesten Lehren und Philosophien bis hin zur aktuellen Forschung, um die Frage ein Stück weit zu beantworten, wer wir im Innersten wirklich sind.

Natürlich wirst du gewisse Erwartungen an mich und mein Buch haben. Womöglich erhoffst du dir Antworten auf spirituelle Fragen über das Leben, die Liebe und den Tod, oder du bist einfach nur neugierig, ob man diese geistigen Themen tatsächlich mit empirischer Forschung erfassen und belegen kann. Ganz egal, mit welchen Erwartungen du dieses Buch liest, ich bitte dich, nicht in deinem Weltbild oder Glauben dogmatisch zu verharren, sondern dich der sachlichen Argumentation auf jeder Ebene zu öffnen.

Bevor es nun losgeht, gibt es hier noch ein paar formale Erläuterungen zum Buch. Wie du vielleicht schon bemerkt hast, spreche ich dich mit *Du* an. Wir begeben uns in diesem Buch auf eine gemeinsame Reise, und ich lasse dich an meinen Gefühlen aufrichtig teilhaben. Wir werden uns ganz nah sein, und da ist es leichter, wenn man sich duzt. Ich verwende des besseren Leseflusses wegen immer die männliche Schreibweise (also Wissenschaftler, Autor, Student etc.), gemeint sind dabei selbstverständlich alle weiblichen und männlichen Personen. Ich bitte meine lieben Leserinnen um Verzeihung. Da dies ein wissenschaftliches Buch ist, findest du im Text viele Verweise auf Endnoten, die Details zur jeweiligen Quelle enthalten. Falls erforderlich, werden in den Endnoten noch Seitenzahlen oder bei Videos Zeitangaben (TS = Timestamp) angeführt. Zusätzlich findest du alle Quellenangaben in alphabetischer Reihenfolge nach Autoren geordnet im Quellenverzeichnis.

1 Und plötzlich war alles anders

Heimat
Wir haben eine Heimat,
die wir gänzlich nie verlassen.
Der Vorhang des Vergessens
lässt Erinnerung verblassen.
Mit seidig zarten Fäden
dem Schicksal stets Geleit
sind wir tief verbunden
und lernen durch viel Leid.
Im Körper durch das Leben
kehr'n wir Stück für Stück
als wundervolle Seelen
in die Heimat bald zurück.
Und wenn uns dann die Liebe
ganz bedingungslos begrüßt,
hat uns unser Sterben
unser Leben noch versüßt.
Oliver Lazar

1.1 *43 Jahre Prolog des Lebens*

Als Kind des Ruhrgebiets wurde ich 1974 in Essen geboren, wo ich eine glückliche und wohlbehütete Kindheit erleben durfte. Ich wurde säkular* erzogen und führte ein ganz normales Kinder- und Teenagerleben. Themen wie Krankheit, Religion, Spiritualität oder Tod spielten in meinem Leben keine Rolle. Nach meinem Abitur im Jahre 1994 absolvierte ich meinen 15-monatigen Zivildienst im Krankenhaus als Vorbereitung auf mein daran anschlie-

* nicht kirchlich, rein weltanschaulich

ßendes Medizinstudium an der Universität Essen. Ich arbeitete in der Pflege auf einer septischen chirurgischen Abteilung, wo ich als 19-jähriger Mann erstmals mit dem harten beruflichen Alltag konfrontiert wurde. Ich durfte sehr viele wertvolle Erfahrungen machen, die mich zum Teil auch noch abseits des Arbeitsplatzes intensiv beschäftigten. Es war nicht einfach, die Patienten und ihre Angehörigen in ihrem Leid zu begleiten. Nicht selten konnten weder Behandlungen noch Pflege das Sterben verhindern. Ich werde den Moment nie vergessen, als ich meine erste Leiche gesehen habe. Diesen offen stehenden Mund, die fahle Hautfarbe, den kalten Körper und die absolute Stille empfinde ich heute noch als sehr bedrückend. In meiner Jugendlichkeit machte ich mir noch keine tiefgreifenden Gedanken darüber, was der Tod eigentlich bedeutet und ob es so etwas wie Seelen gibt. Ich fand es jedoch zutiefst beeindruckend, wie leer und *unmenschlich* ein toter Körper aussieht. Mit der Zeit gewann ich an Routine. Schließlich musste ich im Rahmen meines Medizinstudiums im Präparationskurs der Anatomie alle (und ich meine wirklich *ALLE*!) Einzelheiten des menschlichen Körpers an einer Spenderleiche präparieren und erklären können. Ich lernte den menschlichen Körper in seiner Gänze kennen. Neben der Anatomie erwarb ich auch in vielen anderen Fachbereichen wie z. B. in der Chemie, Biologie, Biochemie, Physiologie und Psychologie profundes Fachwissen. Nach meinem Staatsexamen erlebte ich den klinischen Alltag immer näher, und die Vorstellung, ein Leben lang tagtäglich als Arzt arbeiten zu müssen, rief in mir ein großes Unbehagen hervor. Ich war zwar noch weit von einer spirituellen Einstellung entfernt, aber ich habe schon immer auf mein Bauchgefühl gehört und wusste, dass ich einen anderen beruflichen Weg einschlagen muss, um glücklich zu werden. Da ich mich in meiner Freizeit unheimlich gern mit Computern und Software beschäftigte, wollte ich dieses Hobby zu meinem Beruf machen. So begann ich eine Ausbildung als Programmierer beim Landesamt für Datenverarbeitung und Statistik in Düsseldorf, um im Anschluss daran Informatik an der Technischen Universität in Dortmund zu studieren. Mit dem Diplom in der Tasche zog ich dann im Jahre 2005 mit meiner Frau und unseren beiden Töchtern nach Zell am See in Österreich, wo ich die Leitung der IT-Abteilung des allgemeinen öffentlichen Krankenhauses übernahm. Nach etwas mehr als zwei Jahren in den Alpen ging es wieder in die alte Heimat zurück, wo ich an der medizinischen Fakultät der Universität Duisburg-Essen mit meiner Dissertation über die Auswirkungen auf das sympathische Nervensystem mit Kombinationstherapien bei der Behandlung von Patienten mit Bluthochdruck zum Doktor in den Naturwissenschaften der Medizin promovierte. Meine nächste berufliche Station war das Fraunhofer Institut für mikroelektronische Schaltungen und Systeme (IMS) in Duisburg, wo ich als Wissenschaftler und Projektleiter in diversen BMBF*-geförderten Forschungsprojekten die Aspekte der angewandten Forschung hautnah erleben konnte. Seit 2012 bin ich Professor für Informatik an Deutschlands größter privaten Hochschule am Standort Düsseldorf.

Dies sind also meine Lebensstationen. Bis zu meinem 43. Lebensjahr hielt ich dieses Leben für erfüllt und vollständig. Familiär und beruflich lief alles wunderbar. Wir waren glücklich, und nichts sprach dafür, dass sich daran je etwas ändern sollte. Die Spiritualität spielte in meinem Leben, wie bereits erwähnt, keine Rolle. Sie war mir schlichtweg egal. Niemals hätte ich gedacht, dass ich am Anfang einer komplett neuen und unerwartet aufregenden Etappe meines Lebens stehen würde.

1.2 *Der Tag, an dem sich alles veränderte*

Wir sind alle nur Besucher auf dieser Welt und zu dieser Zeit.
Unsere Seelen sind nur auf der Durchreise. Unsere Aufgabe hier
ist es, zu beobachten, zu lernen, zu wachsen, zu lieben
und dann wieder nach Hause zu gehen.
Weisheit der Aborigines

* Bundesministerium für Bildung und Forschung

Wir haben in unserem Stadtteil eine kleine Fahrgemeinschaft gegründet, um unsere Kinder morgens in die Schule zu bringen. Wir sind drei Familien und wechseln uns dabei immer ab. Als ich an jenem Montagmorgen im Oktober 2017 an der Reihe war und in mein Auto stieg, um die Kinder zur Schule zu fahren, ahnte ich nicht, dass dieser Tag mein Leben unglaublich verändern würde. Kurz vor der Schule bildete sich an einer Einfahrt zu einem Bauernhof ein Stau. Ich kam einige Meter vor dieser Einfahrt zum Stehen. Ein großer LKW blockierte die Einfahrt. Ich sah, wie ein Mann ganz aufgeregt mit seinem Handy auf und ab lief. In dem Moment hörte ich schon das Martinshorn und sah im Rückspiegel einen Rettungswagen (RTW) kommen. Schnell fuhr ich noch ein Stück zur Seite, damit der RTW freie Fahrt hatte. Ich sah, wie der Notarzt ausstieg und nach wenigen Sekunden anfing, hektisch zu rennen und Geräte aus dem Wagen zu holen. In diesem Moment wurde mir klar, dass die Lage ernst sein musste und dass es offensichtlich einen Unfall mit dem LKW gegeben hatte und der Notarzt um das Leben eines Menschen kämpfte. Schließlich fuhr ich mit einem mulmigen Gefühl weiter zur Schule, wo ich die Kinder absetzte. Doch an diesem Tag sollte der Unterricht ausfallen. Noch am Vormittag kam meine Tochter wieder nach Hause, stürmte ins Haus und rief: »Das war Joma heute Morgen!« Joma war eine Klassenkameradin meiner Tochter. Eigentlich hieß sie Johanna-Maria, doch alle nannten sie nur Joma. Sie wurde auf dem Weg zur Schule auf ihrem Fahrrad von einem abbiegenden LKW überfahren. Ich kannte dieses Mädchen eigentlich nicht, es war mir nur von wenigen flüchtigen Blicken her bekannt. Ich kann mich noch gut daran erinnern, dass ich an diesem Tag nichts anderes um mich herum mehr wahrnahm. Meine Gedanken kreisten ausschließlich um das mir fremde Mädchen und ihre Eltern. Ständig aktualisierte ich die Nachrichtenseiten, um auf dem aktuellsten Stand zu sein, und schließlich stand am Nachmittag die Mitteilung, dass das Mädchen an den Folgen des Unfalls verstorben war, mit einem schwarzen symbolischen Kreuz versehen im Internet. In diesem Moment geschah etwas mit mir. Ich wusste sofort, dass dies ein einschneidendes Erlebnis in meinem Leben ist. In mir brach eine Welt zusammen. Mein Herz wurde zerrissen. Ich konnte nicht mehr klar denken, und ich habe die Trauer um das Mädchen in einer Tiefe empfunden, wie ich es noch nie zuvor in meinem Leben auch nur ansatzweise erlebt hatte. Dieser Zustand ließ mich einfach nicht mehr los. Anfangs hielt ich diese Reaktion noch für normal. Doch der Schmerz wollte einfach nicht abklingen. Ich konnte mir nicht erklären, warum ich auf so eine extreme Art und Weise reagierte. Was ich durchlebte, ging bei Weitem über das normale Maß des Mitgefühls hinaus. Die Trauer nahm nicht ab, sondern wurde im Gegenteil immer größer und stärker. Als ich nach mehreren Tagen mit meinem Vater über Jomas Beerdigung und Trauerfeier sprach, erzählte er mir von einem Arbeitskollegen, dessen Kind auch vor einigen Jahren gestorben war. Er meinte, dass man Abstand nehmen müsse, damit das Leben weitergehen kann.

Abstand nehmen? Das kam für mich überhaupt nicht infrage, das hätte mich noch unglücklicher gemacht. Ich hatte ganz im Gegenteil das unbändige Bedürfnis, die Nähe der Leute zu suchen. Ich verstand mich selbst nicht mehr, da ich doch weder das Mädchen noch seine Eltern kannte. Joma war so ziemlich das einzige Kind aus der Klasse meiner Tochter, mit dem ich niemals richtig Kontakt hatte. Doch immer wieder erschien vor meinem inneren Auge ein kurzer Moment, wo sie bei einer Schulveranstaltung ganz nah an mir vorbeigegangen war und bei dem sich unsere Blicke für den Bruchteil einer Sekunde getroffen hatten. Damals hatte ich diesen unscheinbaren Augenblick überhaupt nicht wahrgenommen, und es war mir nicht bewusst, dass ich eine Erinnerung daran besitze. Doch seit dem Unfall blühte dieses Bild so intensiv in mir in voller Klarheit auf. Ich konnte an nichts anderes mehr als an Joma und ihre Eltern denken, und teilweise hatte ich Angst, dass mich meine empathisch hoch sensitive Natur und diese intensiven Gefühle vernichten und zu Boden reißen würden. Meine eigene Familie erlebte mich mehrere

Wochen und Monate still und zurückgezogen in einer Art depressiv verstörenden Stimmung, worauf die Familie zunächst mit Unverständnis reagierte. Meine Frau machte sich sogar Sorgen um meinen Geisteszustand. Für sie war mein übermäßiges Leiden nicht nachvollziehbar. Als ich ihr davon erzählte, dass ich in mir ein unstillbares Bedürfnis danach verspürte, die Eltern zu kontaktieren und sie zu besuchen, hatte sie ihre Zweifel, ob das eine gute Idee sei. In ihren Augen bräuchten die Eltern in der schlimmsten Phase ihres Lebens nicht auch noch so jemanden wie mich. Schließlich waren es doch uns fremde Menschen.

Ich entgegnete ihr: »Für mich fühlt sich das aber nicht so an!« Ich war innerlich zerrissen und lag im Disput mit mir selbst. Sollte ich die Eltern des Mädchens nun kontaktieren, so wie es mein Herz mir unmissverständlich mitteilte, oder sollte ich auf meinen Kopf hören, mich zurückziehen und die Leute in ihrer Trauer in Ruhe lassen? Während ich meinen Gedanken freien Lauf ließ, um die Situation empathisch zu bewerten, machte ich völlig unerwartet die mit weitem Abstand eindrücklichste und größte Erfahrung meines Lebens. Ich versuche, dir möglichst genau zu beschreiben, welche unglaublichen Gefühle mich durchströmten. Ich fand einfach keine Worte, die diesem Erleben gerecht werden könnten. Selbst wenn ich sämtliche wundervollen Adjektive aus allen Sprachen der Welt verwendete, könnte ich damit nur einen Bruchteil dessen wiedergeben, was ich wirklich gefühlt habe. Ich bekam plötzlich auf meiner linken Körperseite zunächst am Kopf, dann am Nacken, dann den Rücken bis in die Beine hinunter eine unglaubliche und wundervolle Gänsehaut, wie ich sie noch nie im Leben gespürt hatte. Diese Gänsehaut lief an mir auf und ab. Ich begann dabei innerlich zu vibrieren. Dann durchströmte mich eine gigantische Welle unendlich großer, bedingungsloser Liebe in einer Dimension, die sich mit nichts auf der Welt vergleichen lässt. Es gibt keine irdischen Worte, um diese grenzenlose Glückseligkeit auch nur annähernd beschreiben zu können. So viel Liebe kann man sich nicht im Entferntesten vorstellen, und sie explodierte in mir mit gleißendem Licht und strahlte in jede einzelne Zelle meines Körpers. Dieses Licht besaß eine so unvorstellbar große Kraft, dass es meinem Gefühl nach den kompletten Weltraum erstrahlen ließ. In seinem Antlitz verblassten selbst die hellsten Sterne. Es war unglaublich, von enormer Prägnanz und ohne jeden Zweifel absolut real. Ich musste keine Sekunde lang nachdenken, ob ich das Gefühlte wirklich wahrnahm oder ob ich es mir nur einbildete, denn es war bis ins Mark von einer über jeden Zweifel erhabenen Eindrücklichkeit.

Mir war bewusst, dass diese Liebe nichts Irdisches war. Mir liefen Tränen vor Freude und Glück über die Wangen. Es war ein unbeschreibliches Gefühl, das mich erschüttert, aber auch ein wenig erschreckt hat.

Diese intensiven Gefühle kamen definitiv nicht von mir. Vielmehr wurden sie von außen an mich herangetragen; so etwas kann man sich nicht einbilden. Nach diesen Ereignissen war ich verständlicherweise ziemlich durcheinander, und ich konnte mir nicht erklären, was da eigentlich mit mir geschah. Mit wem hätte ich darüber auch reden können? Niemand würde es verstehen oder nachvollziehen können. Ich hatte das Gefühl, der traurigste aber zugleich auch der glücklichste Mensch der Welt zu sein. Diese Achterbahnfahrt der Gefühle von der tiefsten Trauer bis hin zur größten Liebe und wieder zurück manövrierte mich in eine bittersüße Einsamkeit. Wer oder was diese Gefühle in mir auslöste, war mir nicht wirklich klar, aber Joma spielte dabei mit Sicherheit eine Rolle. Vielleicht konnte sie eine Tür zu einer neuen Welt in mir öffnen. Diese Gefühle lassen sich nicht steuern; ich hatte nicht darum gebeten. Mir war bewusst, dass diese Erfahrung mein Leben einschneidend und auf unglaubliche Weise verändern würde. Schließlich begann ich, mich über Spiritualität zu informieren. Ich habe Bücher zu diesem Thema geradezu verschlungen und innerhalb weniger Wochen mehr Bücher als in den 43 Jahren zuvor gelesen. Erste Antworten und Parallelen fand ich vor allem bei den Erlebnisberichten von Menschen, die eine Nahtoderfahrung (NTE) hatten. Sie berichteten in großer

Übereinstimmung mit meinen Erfahrungen von einer unbeschreiblichen Liebe, für die es keine Worte gibt, von dem Gefühl, in der wahren Heimat der eigenen Seele gewesen zu sein. Sie alle veränderten wie ich auch komplett ihr Leben und haben dabei die Angst vor dem Tod verloren. Während ich das las, dachte ich immer wieder: »Ja, genau. Ich fasse es nicht. Das ist genau wie bei mir.«

Anita Moorjani erhielt im Jahre 2002 eine schwerwiegende Krebsdiagnose und fiel vier Jahre später unheilbar krank ins Koma. Entgegen aller ärztlichen Einschätzungen haben sich sämtliche Tumoren zurückgebildet, und sie fand ins Leben zurück. Im Koma erlebte sie eine NTE, von der sie in ihrem New York Times Bestseller *Heilung im Licht: Wie ich durch eine Nahtoderfahrung den Krebs besiegte und neu geboren wurde*[1] und auf dem vom Schweizer Onlineverlag PSI ONLINE organisierten Online-Kongress *Spirit Summit 2019* berichtete. Ihre Worte geben genau das wieder, was auch ich gefühlt habe: »Ich fühlte mich eingehüllt in ein Gefühl bedingungsloser Liebe, es gibt keine Worte in unserer menschlichen Sprache, um die Dinge zu beschreiben, die ich auf der anderen Seite fühlte.«[2] Ich musste nur glücklicherweise nicht sterben, um diese Erfahrungen zu machen, was im Übrigen all den kritischen Ärzten, die z. B. einen Sauerstoffmangel als Ursache der NTEs betrachteten, einen Strich durch die Rechnung machen sollte, denn ich litt bei meiner spirituellen Erfahrung definitiv nicht unter Sauerstoffmangel und stand auch nicht unter dem Einfluss irgendwelcher Drogen. Schließlich begann ich zu meditieren, obwohl ich das noch nie in meinem Leben gemacht hatte.

Anfangs war es komisch, und ich wusste gar nicht, ob ich das alles überhaupt richtig mache. Einfach dasitzen und in die Stille gehen ist verdammt schwer, und entgegen der allgemeinen Auffassung, Meditation sei zur Entspannung, habe ich die Erfahrung gemacht, dass eine Meditation unheimlich aufwühlend und anstrengend sein kann. Wenn man mit den tiefsten inneren Gefühlen und Themen konfrontiert wird, kann eine Meditation schnell zur emotionalen Berg- und Talfahrt werden. Mit der Zeit bekam ich dann eine gewisse Routine. Ich meditierte rein intuitiv und bekam immer häufiger diese Gänsehaut, hatte das Vibrieren und Kribbeln kombiniert mit unglaublich viel Liebe. In dieser Zeit hat sich gezeigt, dass das Schreiben von Gedichten für mich ein gutes Ventil war und noch immer ist und eine sehr gute Möglichkeit darstellt, meinen Gefühlen Ausdruck zu verleihen. Dabei habe ich mich zuvor nie für Gedichte interessiert, geschweige denn, selbst eines geschrieben. Irgendwie waren diese Gedichte einfach in meinem Kopf, und ich konnte nicht anders, als sie aufzuschreiben. Einige dieser Gedichte findest du auch in diesem Buch.

Rainbirds

Bin ein Vogel! Will nicht fliegen!
Muss mein Trübsal erst besiegen.
Schwarze Federn, Schnabel stumm.
Sitz' im Baum apathisch 'rum.
Hab' dir ein schönes Nest gebaut,
hast mir dein Leben anvertraut.
Bist jetzt einfach abgestürzt,
dein Leben tragisch abgekürzt.
Sitz' auf meinem Ast allein.
Gewöhne mich ans Einsamsein.
Nichts im Leben hat mehr Sinn.
Nehm' die Leere einfach hin.
Sehr vertraut kommt eine Meise,
sitzt neben mir und flüstert leise:
»Ein Seelenpartner ist ein Segen,
wir Vögel singen auch bei Regen.«
Oliver Lazar

Mein Herz raste, ich war furchtbar aufgeregt, so aufgeregt, dass ich nicht einmal etwas essen konnte. So saß ich also in meinem Auto und fuhr einige Monate nach dem Unfall in Richtung Süden, wo ich einen Termin zum Aura-Reading bei einer seriösen und renommierten spirituellen Lehrerin namens Nina Herzberg gebucht hatte. Sie war mir über viele hilfreiche YouTube-Videos in der schweren Zeit ein großer Trost. Nina wurde von Pascal Voggenhuber, einem der bekanntesten Medien Europas aus der Schweiz, ausgebildet und praktiziert, so wie es für ein seriöses Medium üblich ist, nach dem britischen Spiritismus. Dabei wird strikt zwischen Sensitivität, Medialität und Aura unterschieden. In Kapitel 7: *Gibt es eine Evidenz für eine Geistige Welt?* (➛Seite 319) werde ich die Begriffe Sensitivität und Medialität im Zusammenspiel mit den Hellsinnen detailliert erklären. Ein Jenseitskontakt nach dem britischen Spiritismus arbeitet mit einer evidenten Beweisführung. Das bedeutet, dass Botschaften von Verstorbenen nur dann von Wert sind, wenn sich der Verstorbene eindeutig beweisen kann, z. B. über Gegebenheiten, die nur der Verstorbene und seine Angehörigen wissen können. Doch einen Jenseitskontakt hatte ich nicht gebucht, es sollte bei dem Termin nur um meine Aura gehen.

Die Aura ist ein Energiefeld, das uns umgibt und das alle unsere Erlebnisse und Gefühle speichert, das zumindest versteht man in spirituellen Kreisen darunter. Während der Autofahrt kamen immer wieder widerstreitende Gedanken in mir hoch, über die ich zum Teil kopfschüttelnd gelacht habe. Was mache ich da bloß? Wie kann ein gänzlich säkularer, promovierter Naturwissenschaftler alles über den Haufen werfen, was er über die Welt und das Leben gelernt hat, um sich mit einem Medium zu treffen? Ging ich einer Quacksalberin auf den Leim oder gibt es da wirklich mehr? Andererseits habe ich so unglaublich eindrückliche Dinge aus einer anderen Welt erlebt und gefühlt, die mit der materialistischen Wissenschaft nicht zu erklären sind. Tief in mir kannte ich die Wahrheit längst, aber mein Verstand kämpfte immer wieder dagegen an. Ich tat, was ich schon immer im Leben in solchen Situationen getan habe: Ich folgte meiner Intuition und meinem Herzen. Mit dieser Einstellung konnte ich mich abfinden, und zur Aufregung gesellte sich plötzlich ein Gefühl von strahlender Freude.

Von meinem Termin zum Aura-Reading erhoffte ich mir, in einem direkten Gespräch etwas mehr über mich und meine unglaublichen Erlebnisse erfahren zu können. Als ich in Ninas Praxis saß, ahnte ich noch nicht, dass dieser Termin mein Leben nochmals auf unglaubliche Art verändern würde. Sie begann damit, meine Aura zu erkunden, und erwähnte einige für mich eher unbedeutende Dinge zu meiner elterlichen Familie, die mich zugegebenermaßen nicht sonderlich vom Hocker rissen. Ich hatte in den ersten Minuten das Gefühl, dass dieses Gespräch nichts bringen würde und dass es ein Fehler war, sie zu konsultieren. Aber dann passierte etwas Ungewöhnliches. Nach etwa fünf Minuten sagte Nina plötzlich, dass es ihr leidtue, aber sie würde nichts mehr sehen, und sie könne mir nichts mehr sagen. Im ersten Moment war ich sehr enttäuscht und verwundert, andererseits dachte ich mir, dass es eine sehr ehrliche Auskunft sei. Sie hätte mir 60 Minuten lang irgendein belangloses Zeug erzählen können, doch das tat sie nicht. Damit war mir klar, dass hier kein Hokuspokus gemacht wurde, sondern dass ich mich auf ihre Aussagen verlassen konnte. Es war eigenartig, aber irgendwie habe ich mich darüber gefreut, dass das Aura-Reading nicht geklappt hat, denn mein Herz verlangte nach etwas Anderem. Ich wusste nur noch nicht, was es genau war. Die Antwort darauf bekam ich dann von Nina. Sie öffnete sich für die Geistige Welt und sagte, dass sie in einer absoluten Klarheit ein Mädchen auf der anderen Seite spüre, das bei einem Unfall mit einem Fahrrad gestorben sei und ob ich damit etwas anfangen könnte. Ich hätte nie damit gerechnet, dass sich dieser Termin so plötzlich in einen Jenseitskontakt verwandeln würde. Ich war doch schließlich für Joma ein fremder Mann und hatte nicht das Gefühl, dass ausgerechnet mir ein Jenseitskontakt zustehen würde. Aber es fühlte sich unglaublich toll an.

»Oh ja, das kann ich sehr gut«, antwortete ich ihr erwartungsvoll und erklärte, dass das Mädchen eine mir eigentlich unbekannte Klassenkameradin meiner Tochter war. Nina meinte, dass sich das Mädchen sehr über diesen Kontakt freue. Mein Herz begann zu strahlen, und mir wurde in diesem einmaligen

Moment unmissverständlich klar, dass ich wohl genau dafür gekommen war. Joma bewies sich, so gut sie konnte, ich wusste ja nicht viel von ihr. Sie erzählte von ihren langen blonden Haaren und vom Reiten. Nina sah sie auf einem Pferd. Damit konnte ich etwas anfangen, ich wusste, dass sie eine leidenschaftliche Reiterin war. Dann sagte Nina, dass Joma ihr eine Eins und noch eine Eins zeigen würde, das sagte mir jedoch nichts. Sie machte unmissverständlich klar, dass es keine Elf war, sondern definitiv zwei einzelne Einsen. Doch zwei einzelne Einsen ergaben für mich überhaupt keinen Sinn. Ich vermutete zunächst ein Datum und ging alle Haus- und Telefonnummern durch, die eine Rolle hätten spielen können. Aber ich konnte die Zahlen nicht zuordnen. In dem Moment konnten also weder das Medium noch ich etwas mit dieser Information anfangen. Nina meinte, dass sich solche Dinge meist im Nachhinein auflösen würden. Einige Wochen später habe ich dann in einem Gespräch mit Jomas Mutter das Rätsel um die beiden Einsen tatsächlich auflösen können. Ich kann gar nicht beschreiben, wie wundervoll es sich anfühlt, wenn sich solche Dinge plötzlich stimmig zusammenfügen. Die Mutter erzählte mir, dass Joma kurz vor ihrem Unfall zwei Mal den ersten Platz bei einem Reitturnier belegt hatte. Jetzt ergab alles einen Sinn. Nina hatte mir erzählt, dass sie Joma reiten gesehen habe, und direkt danach kamen die beiden Einsen. Ich konnte es also gar nicht wissen, und es sollte sich erst in meinem Gespräch mit der Mutter auflösen.

Das Unglaubliche daran ist, dass weder das Medium noch ich ursprünglich mit dieser Information etwas anfangen konnten, trotzdem stellte sich später alles als absolut stimmig, richtig und damit authentisch heraus. Woher hätte diese Information also kommen können, wenn nicht von Joma selbst? Gerade diese erst nachträglich verifizierbaren Botschaften haben meiner Ansicht nach eine besonders große emotionale Wirkung, weil sie noch einmal verdeutlichen, dass diese Information nicht von einem selbst gekommen sein kann, sondern dem Medium von außen zugetragen wurde. Eine weitverbreitete Kritik an der Arbeit eines

Mediums ist der Vorwurf, dass sie mit Psychotricks arbeiten und nur über *Cold-* oder *Hotreading* Informationen aus dem Klienten abgreifen würden. Unter *Coldreading* versteht man Techniken, mit denen man sich unbemerkt im Gespräch mit einer fremden Person Informationen über diese aneignet, um den Eindruck zu erwecken, man habe sie auf übersinnlichem Wege erhalten. Dazu werden auch Bewertungen von Aussehen, Schmuck, Kleidung, Alter, Geschlecht etc. aber auch nonverbale Kommunikation eingesetzt. Hotreading bedeutet, dass man schon im Vorfeld eines Sittings Informationen über die betreffende Person bzw. Seele besitzt, indem man z. B. über soziale Netzwerke Recherchen betrieben hat. Ich finde, dass das Beispiel mit den beiden Einsen deutlich zeigt, dass der Vorwurf des Cold- und des Hotreadings nicht länger aufrechtzuerhalten ist. In Kapitel 7: *Gibt es eine Evidenz für eine Geistige Welt?* (➛Seite 319) werde ich von ganz ähnlichen Beweisen im Rahmen unserer *EREAMS**-Studie zu postmortalen Jenseitskontakten berichten. Das Medium teilte mit, dass sich Joma so unglaublich darüber freue, dass ich sie hatte wahrnehmen können, weil sie sonst kaum jemand erreichen konnte. Sie war so glücklich, dass sie durch mich einen Weg gefunden hatte, mit ihren Eltern zu kommunizieren. Aber dies sei nicht der einzige Grund für unseren Kontakt und unsere Verbundenheit. Joma meinte, dass ich nicht traurig sein solle, ich sei schließlich der einzige Mensch auf der Welt, der sie nicht verloren, sondern gefunden habe. Da ich sie in diesem Leben nicht kennenlernen durfte, ergab diese Aussage durchaus Sinn, was für mich sehr tröstlich war. Denn ich war sehr traurig darüber, dass ich sie nicht richtig kennenlernen durfte. Ich hätte mir ein kurzes Gespräch oder zumindest einen kleinen bewussten Augenblick mit ihr gewünscht, damit ich wenigstens eine kleine Erinnerung besäße. Aber es ist, wie es ist, und diese Situation hat für mich auch etwas Einzigartiges. Denn jeder, der Joma kannte, hat sie gewissermaßen verloren, und es würde niemals wieder wie vor dem Unfall sein. Bei

* EREAMS: Empirical Research of the Effectiveness of Messages from Spirit

mir ist das anders. Alles, was ich nun von ihr und über sie mitbekomme, ist für mich völlig neu, herzergreifend und viel mehr, als ich je von ihr hatte. Ich habe vielmehr das Gefühl, sie nun kennenlernen zu dürfen und nicht, dass ich sie verloren habe. Trotz der großen Trauer bin ich dafür sehr dankbar.

Dann erhielt ich durch das Medium eine Botschaft, die mir regelrecht den Atem nahm. Sie blickte wie durch mich hindurch und sagte: »Ein Vater? Es ist unglaublich, aber es überrascht mich nicht. Die geistige Welt bestätigt, dass du ein Vater bist.« Joma teilte durch das Medium mit, dass ich in einem früheren Leben einmal ihr Vater gewesen sei, und auch ich hätte sie in jenem Leben verloren und ihren Tod erleben müssen. Ich war total überrascht und überwältigt. Diese Nachricht berührte mein Herz auf wundervolle Weise. In diesem Moment habe ich nicht darüber nachgedacht oder die Information hinterfragt, ich habe nur gefühlt. Einerseits war ich irgendwie total erleichtert und glücklich darüber, denn endlich ergaben meine Gefühle einen Sinn. Andererseits wagte ich kaum, es zu glauben. Aber mein Verstand befand sich in diesem Moment im Stand-by-Modus, sodass die kritische Auseinandersetzung damit erst noch ein wenig warten musste. So viele unglaubliche Informationen prasselten auf mich ein, und ich war einfach nur sehr gerührt. Dass ich in einem früheren Leben dasselbe Schicksal erleiden musste wie Jomas Eltern, ließ mich eine noch größere Verbundenheit empfinden. In diesem Moment gab es für mich keinerlei Zweifel, ich stellte wie selbstverständlich nichts von dem, was das Medium mir sagte, infrage. Der Zweifler und kritische Naturwissenschaftler in mir kamen erst später wieder zum Vorschein. Die Zeit bei der Sitzung verging wie im Flug, und als wir schon 20 Minuten überzogen hatten, sagte das Medium, dass Sie Joma nun wegschicken müsse, denn bald kämen neue Klienten. Als sich die Sitzung somit dem Ende zuneigte, erhielt ich noch eine abschließende Botschaft. Joma ließ mich wissen, dass ich doch eine Rückführung machen sollte, wenn ich mehr erfahren wollte. Für die kritischen Leser, die jetzt vielleicht vermuten, dass mir das Medium doch nur eine

Rückführung verkaufen wollte und dass sich hinter der Aussage nur ein Geschäftsmodell verberge, sei gesagt, dass Nina gar keine Rückführungen anbietet und auch nicht mit anderen Medien kooperiert, die solche Angebote machen.

Auch nach all diesen Ereignissen bin ich tatsächlich immer noch Naturwissenschaftler durch und durch. Und so schnell lasse ich mich nicht von übersinnlichen Phänomenen überzeugen. Wie konnte mein Verstand mit all diesen Informationen und Ereignissen nun ein schlüssiges und erklärbares Bild konstruieren? Einerseits fühlte ich ganz tief in mir drin, dass alles stimmte und stimmig war, aber andererseits brauchte mein Verstand klare Beweise, damit ich es wirklich glauben und akzeptieren konnte. Nur weil eine Frau diese zugegebenermaßen glaubwürdig klingenden Botschaften übermittelte, hieß das doch noch lange nicht, dass ich das alles für bare Münze nehmen musste. Ich war hin- und hergerissen. Sollte ich nun eine Rückführung machen lassen oder war das alles nur Quatsch? Diese Entscheidung wurde mir mehr oder weniger abgenommen; denn nur zwei Tage nach dem Termin bei dem Medium wurde ich im Internet auf eine interessante Veranstaltung aufmerksam: »Viertägiges Seminar zum Thema Reinkarnation in Essen – Nur noch zwei freie Plätze verfügbar.«

Das Seminar fand in meiner Heimatstadt Essen statt, nur 15 Minuten von meinem Wohnort entfernt. Durchgeführt wurde es von einem in ganz Europa bekannten und höchst renommierten Medium namens Bettina-Suvi Rode (im Folgenden Bettina), das unter anderem von James van Praagh und Gordon Smith, zwei der größten Medien der Welt, spirituell ausgebildet worden war. An dieser Stelle möchte ich explizit erwähnen, dass Bettina und Nina sich nicht kennen und erst recht nicht zusammenarbeiten. Ich kann das deshalb mit absoluter Gewissheit behaupten, weil ich Bettina inzwischen seit mehreren Jahren kenne, sie regelmäßig treffe und mit ihr spreche. Wir sind gemeinsam die Initiatoren der EREAMS-Studie. Bettina ist meine spirituelle Lehrerin, und ich habe bei ihr eine mediale Ausbildung gemacht. Auch mit Nina bin ich immer mal wieder im Austausch, und ich garantiere dafür, dass es keine Absprachen zwischen diesen beiden Medien gibt, sie kennen sich zwar namentlich, haben sich aber noch nie getroffen oder gesprochen. Ich lege großen Wert auf diese Klarstellung, weil es für die weiteren Geschehnisse unheimlich wichtig ist. Für mich war jedenfalls klar, dass mir dieses Reinkarnationsseminar nicht zufällig angezeigt wurde. Ich konnte gar nicht anders, ich musste dieses Seminar sofort buchen und mir einen der beiden letzten verbliebenen Plätze sichern.

Drei Wochen später saß ich im Stuhlkreis bei diesem Seminar und hatte keine Ahnung, was mich erwarten würde. Insgeheim hoffte ich natürlich, weitere Antworten, vielleicht sogar Botschaften zu bekommen, aber ich hatte keine allzu großen Erwartungen, denn neben mir gab es noch etwa 20 weitere Teilnehmer, und jeder brachte seine eigene schicksalhafte Geschichte mit. Aber die Geistige Welt hatte es an diesem Tag wieder einmal gut mit mir gemeint, und ich erhielt genau das, was ich am meisten benötigte. Wie der *Zufall* es wollte, befand sich mein Sitzplatz direkt neben dem Medium. Bettina ist eine unglaublich liebevolle Frau, mit einer warmherzigen, vertrauensvollen und mütterlichen Präsenz. Ich fühlte mich von Anfang an bei ihr gut aufgehoben. Wir begannen mit einer kurzen Vorstellungsrunde, wobei ich als Letzter an der Reihe war. Ich nannte meinen Vornamen und erzählte ganz kurz davon, dass ich den Unfalltod einer Klassenkameradin meiner Tochter miterlebt und dass mich das so sehr berührt hatte. Während ich darüber sprach, unterbrach mich Bettina und sagte: »Ja, und das Mädchen ist hier, und sie sagt, dass du einmal ihr Papa warst und dass auch du sie schon einmal verloren hättest. Aber du solltest es in diesem Leben nicht noch einmal erleben.« In dem Moment fiel mir sprichwörtlich die Kinnlade herunter. Innerhalb von nur drei Wochen erzählten mir zwei völlig fremde Frauen, die ich in meinem Leben noch nie zuvor gesehen hatte und die sich auch untereinander definitiv nicht kannten, exakt dieselbe außergewöhnliche Geschichte über mein früheres Leben . Bettina fuhr fort und erzählte mir den Unfallhergang in allen Details, wobei sie im Vorfeld absolut nichts über mich oder den Unfall wusste. Selbst wenn sie meinen vollständigen Namen oder meine E-Mail-Adresse gewusst hätte, hätte sie bei einer mutmaßlichen Recherche nichts über einen Zusammenhang zwischen mir und dem Unfall oder den Unfalldetails finden können. Es hätte im Grunde genommen alles passiert sein können, aber sie gab solche Einzelheiten wieder, als wäre sie selbst dabei gewesen. Die Informationen waren so präzise, dass sie unmöglich mit Glück, Zufall oder Recherchen hätten erklärt werden können. Da ich selbst nicht alle Einzelheiten des Unfalls kannte, habe ich mir das alles später im Gespräch mit den Eltern Jomas bestätigen lassen. Nicht alle Kleinigkeiten stimmten zu 100 Prozent, aber etwa 90 Prozent der von Bettina genannten Details waren richtig und stimmig. Sie sagte, dass Joma den Unfall selbst nicht bewusst erlebt habe, sie empfand weder Angst noch Schmerzen. Joma erzählte davon, weil sie mich bat, ihren Eltern diese Nachricht zu überbringen. Ich kann mich an meine erste Reaktion auf diese Bitte noch sehr gut erinnern. Ich dachte mir, ich kann doch nicht einfach zu ihren Eltern gehen, an der Tür klopfen und sagen: »Hey Leute, ich habe hier eine Botschaft von eurer verstorbenen Tochter.« Die halten mich doch für verrückt! Ich musste ja erst einmal selbst damit zurechtkommen, es annehmen, es verstehen und glauben. Auch für mich war das doch alles neu und aufregend. Und der skeptische Naturwissenschaftler in mir war auch noch nicht verstummt. In meiner ersten Reaktion antwortete ich dem Medium und Joma: »Tut mir leid, das kann ich nicht tun. Eigentlich geht mich das doch gar nichts an. Ich glaube, das ginge einfach zu weit.«

Kaum hatte ich diesen Satz ausgesprochen, merkte ich, dass sich meine Entscheidung irgendwie nicht richtig anfühlte. Gedanken über Gedanken gingen mir durch den Kopf. Ich konnte den restlichen Tag und die komplette schlaflose Nacht an nichts anderes mehr denken. Wie gern hätte ich dem Mädchen geholfen, dem ich mich so unglaublich verbunden fühlte. Aber ich hatte Angst, dass ich die Eltern vielleicht noch mehr verletzen könnte, als sie es ohnehin schon waren. Schließlich tat ich das, was ich anscheinend am besten kann. Ich hörte auf mein Herz, schloss die Augen und ließ mich einfach in die Arme der Geistigen Welt fallen, der ich nun immer mehr vertraute. Ich sprach zu Joma und zu allen anderen Verantwortlichen in der Geistigen Welt, dass ich ihnen vertrauen würde und dass sie mich bitte nicht im Stich lassen dürften. Wenn ich schon das einmalige Glück hatte, dass die Geistige Welt eine solche Bitte an mich herantrug, dann konnte ich es doch nicht einfach ablehnen. Sollte das alles wirklich wahr sein, und so vieles sprach dafür, dann war ich doch so etwas wie Jomas letzte Hoffnung, Kontakt zu ihren Eltern zu bekommen. Schließlich hatte ich es ihr versprochen, und es war mir eine Herzensangelegenheit, es wirklich auch zu tun. Aus einem tiefen Gefühl der Verbundenheit habe ich vertraut und all meinen Mut zusammengenommen. Normalerweise sollte man niemals ungefragt jemandem eine Botschaft aus der Geistigen Welt überbringen. Aber in diesem Fall schien es mir dennoch das Richtige zu sein. Nervosität, Angst und Ehrfurcht waren meine Begleiter, aber mein Entschluss stand fest: Ich durfte das kleine Mädchen doch nicht enttäuschen, und selbst wenn ich mich der Lächerlichkeit preisgeben würde, mein Herz war stärker als die Angst vor einer Blöße. Schließlich habe ich Jomas Botschaft, wie ich es ihr versprochen habe, überbracht.

Nach all diesen Ereignissen gibt es für mich keinerlei Zweifel mehr daran, dass Joma als Seele tatsächlich noch da ist und dass all meine Erlebnisse und Gefühle echt sind. Sie bekommt immer noch alles mit und kann mit uns kommunizieren. Für mich ist das ein glasklarer Beweis dafür, dass unser Bewusstsein nicht im Gehirn entstehen kann, sondern dass es losgelöst von allem Materiellen und unabhängig davon existieren muss. Wie ließe sich das alles sonst erklären? Es gibt zweifellos ein Band der Verbundenheit zwischen Seelen einer Seelenfamilie. Nicht in jedem irdischen Leben wird dieses Band sichtbar, dennoch ist es immer vorhanden. Jeder, der jemals in Liebe verbunden war, wird weder durch den Tod noch durch ein Leben, in dem man sich nicht kennenlernen durfte, getrennt. Die Trennung ist eine rein irdische Erfahrung, die die Seele nicht kennt. Ich bin vollkommen überzeugt davon, dass die Botschaften der beiden Medien absolut authentisch waren. Ich würde mich selbst belügen, wenn ich diese eindeutigen Beweise einfach ignorieren würde.

Eine sehr überzeugende Tatsache ist außerdem, dass diese unendliche, nicht in Worte zu fassende Liebe, die mich in Wellen durchströmt, und auch das Gefühl der Verbundenheit aktiv auf mich zugekommen sind. Ich habe mich selbst nicht auf die Suche danach begeben. Ich habe weder darum gebeten noch wusste ich, dass es diese Art von Gefühlen überhaupt gibt. Wenn jemand einen geliebten Menschen verliert, z. B. wenn der Lebenspartner oder das Kind gestorben ist, dann sieht die Sache komplett anders aus. Für diese leidenden Menschen scheint es absolut normal und aus Mitgefühl auch plötzlich gesellschaftlich akzeptiert zu sein, dass sie auf der Suche nach Liebe und Trost im Glauben Zuflucht suchen, um Halt in der Vorstellung zu finden, dass die Seelen noch immer bei ihnen sind. Aus Mitleid bekommen sie von ihren Mitmenschen meist einen trügerischen Zuspruch, doch sagen sie hinter vorgehaltener Hand: »Ist doch klar, dass sie sich jetzt ihren Trost in der Spiritualität suchen. Was bleibt ihnen denn anderes übrig?« Doch gab es für mich ganz andere Voraussetzungen. Ich war selbst gar nicht betroffen vom Tod. Ich hatte weder einen Anlass noch Bedarf, in solche Gefühle zu gehen. Es gab keinen Grund für mich, mich auf die Suche danach zu begeben. Trotzdem hat mich diese Liebe aus einer anderen Welt gefunden, und sie wurde von außen an mich herangetragen. Ich begann also meine spirituelle Reise, ohne sie bewusst gebucht zu haben. Und genau das macht sie für mich so wertvoll, weil ich weiß, dass all dies nicht nur deshalb in meiner Gefühlswelt war, weil ich mich danach sehnte, sondern weil es ohne meinen Wunsch und ohne eigenes Zutun wie ein Wirbelsturm in mein Leben kam. Auf Instagram habe ich vor Kurzem einen Beitrag gelesen, der das sehr passend beschreibt: »Schicksal ist, wenn du etwas findest, was du nie gesucht hast, und dann feststellst, dass du nie etwas anderes wolltest.« (Autor unbekannt)

1.3 *Gedanken zur Reinkarnation*

Im Folgenden werde ich keine komplette Abhandlung über die Reinkarnation darlegen, aber ich halte es für sinnvoll, ein paar wichtige Erkenntnisse dazu mit dir zu teilen. Wenn du dich intensiver mit dem Thema Reinkarnation auseinandersetzen willst, kann ich dir die Bücher *Wer war ich im Vorleben*[3] von Ursula Demarmels und *Die zahlreichen Leben der Seele*[4] von Brian L. Weiss sowie den Film *Wiedergeburt – Deine Seele ist unsterblich!*[5] von Thomas Schmelzer, der den Audience Choice Award beim Cosmic Cine Filmfestival 2018 gewonnen hat, empfehlen.

Die Botschaft Jomas, dass ich in einem früheren Leben einmal ihr Vater war, ließ mich nicht mehr los. Daher habe ich mich intensiv mit dem Thema Wiedergeburt auseinandergesetzt. Nachdem ich mein spirituelles Erwachen erlebte, hegte ich auch keinerlei Zweifel mehr daran, dass wir tatsächlich Leben um Leben immer wieder inkarnieren. Es gibt viele Berichte und Nachforschungen zu diesem Thema, die höchst eindrucksvolle Vorkommnisse beschreiben und die letztendlich nur durch die Möglichkeit einer Reinkarnation zu erklären sind. Einer der bekanntesten und am besten dokumentierten Fälle ist die unglaubliche Geschichte von James Leininger, die in vielen TV-Beiträgen und in dem Buch seiner Eltern aus dem Jahre 2009 mit dem Titel *Soul Survivor – Ein Junge erinnert sich an ein Leben vor seiner Geburt*[6] veröffentlicht wurde. Die Geschichte handelt von einem kleinen Jungen in den USA, der im Alter von zwei Jahren immer wiederkehrende Albträume über einen Flugzeugabsturz hatte. Als seine Eltern ihn dazu befragten, konnte er unglaubliche Details erzählen. Er sagte beispielsweise, dass er sich selbst als Pilot eines amerikanischen Kampfflugzeugs sieht und dass er von japanischen Flugzeugen angegriffen und abgeschossen wurde. Er konnte technische Details und Typenbezeichnungen der Flugzeuge und seinen Flugzeugträger (»Natoma Bay«) nennen. Er fertigte unzählige höchst präzise technische Zeichnungen an, von denen ein Kind seines Alters unmöglich hätte wissen können. Er erinnerte sich an seinen Namen und die Namen seiner Kampfpilotkameraden. Die Eltern hielten das alles zunächst für eine Spinnerei. Sie selbst waren gläubige Katholiken, und das Thema Reinkarnation hatte in ihrer Welt keinen Platz. Um ihrem Sohn zu zeigen, dass er sich irrte und alles nur ein schlechter Traum war, begannen sie mit Nachforschungen. In der Hoffnung zu erfahren, dass alle von James genannten Namen und Details Produkte seiner Fantasie waren, besuchten sie ein Flugzeugmuseum mit Kampfflugzeugen aus dem Zweiten Weltkrieg. James konnte zu ihrer großen Verwunderung alle technischen Details präzise beschreiben und erklären. Schließlich besuchten sie ein Kriegsveteranentreffen des Natoma Bay-Flugzeugträgers. James war damals vier Jahre alt. Er erkannte viele seiner früheren, noch lebenden Kameraden wieder und sprach sie mit ihren Namen an. Er erzählte von gemeinsamen Erlebnissen, die allesamt von den Veteranen bestätigt wurden. Auch sein eigener Abschuss und Tod konnte verifiziert werden. Die Eltern fanden also Antworten, jedoch nicht die, die sie sich gewünscht hatten. Aber alles sprach dafür, dass die Seele ihres Sohnes tatsächlich dieser Kampfpilot aus dem Zweiten Weltkrieg war. Es war die einzig logische Konsequenz und Erklärung. Ermutigt durch die Veteranen entschlossen sich die Eltern, ihre Nachforschungen und Erkenntnisse zu veröffentlichen.[7] Schließlich haben die Leiningers ihren Frieden mit der Reinkarnation gemacht, die in ihrem katholischen Glauben fortan einen vollständig akzeptierten Platz gefunden hat. Der wohl bekannteste Reinkarnationstherapeut der Welt ist der Psychiater Dr. Brian L. Weiss. Über mehrere Jahrzehnte führte er unzählige Patienten in frühere, aber auch zum Teil in zukünftige Leben. In seinem Buch *Seelenwege* erzählt er von einem außergewöhnlichen Phänomen, das bei einigen seiner Patienten auftrat:

»Manche beherrschten in ihren vergangenen Leben Sprachen, die sie in diesem Leben weder studiert noch gelernt hatten, dennoch konnten sie sie während der Sitzung sprechen – ein Phänomen namens Xenoglossie und ein erstaunlicher Beweis dafür, dass ihre Berichte der Wahrheit entsprachen.«[8]

Ich stellte mir die Frage, wie denn die Seele eigentlich aufgebaut sein muss, und ob die Seele eines Verstorbenen eventuell schon wieder in ein neues Leben inkarniert sein könnte, wenn ich ihn kontaktieren möchte. Dies ist eine von vielen Hinterbliebenen geäußerte Befürchtung, insbesondere von verwaisten Eltern, dass die Seele ihres Kindes womöglich über die Jahre wieder neu inkarnieren könnte, und wenn sie einmal selbst sterben, dass sie die Seele ihres Kindes nicht mehr antreffen würden. Ich habe von verschiedenen spirituellen Lehrern immer die gleiche Antwort darauf bekommen, die für mich sehr stimmig ist. Die Seele eines Menschen ist viel größer als das, was sein Individuum ausmacht. Im Grunde besitzen wir alle ein höheres Selbst, eine Art Hauptseele in der Geistigen Welt, die all unsere Aspekte aus früheren und zukünftigen Leben enthält. Diese Hauptseele verbleibt immer in der Geistigen Welt, und wenn wir inkarnieren, dann werden lediglich Anteile aus dieser Hauptseele extrahiert, kombiniert und zu einer neuen individuellen Menschenseele geformt. Diese Konstellation von Seelenanteilen ist ein Unikat, die es in dieser Form nur einmal geben wird. Diese Menschenseele einer Ich-Person steht allerdings permanent mit ihrer Hauptseele wie mit einer Funkverbindung in Kontakt. Wenn man nun als dieser einmalige Mensch sein Leben gelebt hat, kehren nach dem Tod alle Seelenanteile mit den neuen Erfahrungen in die Hauptseele zurück. Wenn ich also als Oliver eines Tages sterbe, werden meine Seelenaspekte, die mich ausmachten, wieder mit meiner Hauptseele verschmelzen. Dort bin ich auf ewig als Oliver gespeichert und werde in dieser Konstellation auch niemals mehr neu inkarnieren. Ich wäre deshalb auch immer in einem möglichen Jenseitskontakt für meine Hinterbliebenen verfügbar und kann aus meiner Hauptseele als das Individuum Oliver hervortreten. Daher braucht niemand Angst davor zu haben, dass die Seele eines geliebten Menschen schon wieder neu inkarniert ist und nicht mehr angetroffen werden kann. In einer neuen Inkarnation würden wieder neue Anteile meiner Hauptseele miteinander kombiniert und ein neues Individuum geformt. Diese neue individuelle Seele würde dann auch die Erfahrungen und Erinnerungen von mir (Oliver) in sich tragen.

Wenn also Joma davon spricht, dass ich einmal ihr Vater gewesen bin, dann waren das nicht die identischen individuellen Seelenanteile, die Joma ausmachten, sondern es waren andere Anteile ihrer Hauptseele. Und das Gleiche gilt auch für mich. Ich war in diesem früheren Leben nicht die Seele Oliver, sondern eine andere individuelle Seele aus Anteilen meiner Hauptseele. Ich habe nun als Oliver durch die permanente Verlinkung zu meiner Hauptseele eine ständige Verbindung zu allen Seelenanteilen und somit auch zu meinem früheren Leben als Vater des Mädchens, dessen Seele nun auch in Joma verfügbar ist. Wie kann man sich das nun als Mensch begreiflich machen, wo wir uns doch alle auf Erden so sehr als Individuen wahrnehmen? Ich stelle es mir so vor, dass uns bei der Rückkehr in unsere Hauptseele bewusst wird, dass wir als Mensch eigentlich nur in eine Rolle geschlüpft sind. Wir werden uns als ganze Hauptseele wahrnehmen, können aber jederzeit wieder in die jeweiligen Rollen unserer Leben schlüpfen.

1.4 *Mein Leben 2.0*

Ich bin zu einem anderen Menschen geworden. Um in der Sprache eines Informatikers zu bleiben, habe ich ein Update auf Version 2.0 erhalten. Mein spirituelles Erwachen gab mir das Gefühl, neu geboren worden zu sein. Man darf jedoch nicht vergessen, dass ich nicht nur die wundervollen Dinge, sondern auch die schlimmsten Gefühle mit unendlichem Schmerz, mit Trauer und Sehnsucht in mir trage. Doch mit wem hätte ich meine Liebe und mein Leid teilen können, ohne dass Eifersucht, Unverständnis und Befremden entstehen? Ich glaube, dass es fremde Menschen vielleicht besser verstehen können als mein unmittelbares Umfeld. Auch wenn ich vor allem von meiner Frau mittlerweile unglaublich viel Unterstützung erhalte, bleibt dennoch manchmal das Gefühl, dass egal, was ich sage, denke oder fühle, ich zunächst überprüfen muss, ob ich irgendjemanden aus meiner eigenen oder Jomas Familie damit verletzen könnte. Kaum jemand hat verständlicherweise auf dem Schirm, wie es mir dabei geht. Es ergibt ja von außen betrachtet auch keinen Sinn. Ich weiß, dass es unheimlich schwer zu verstehen ist. Es scheint absurd zu sein, und es befindet sich außerhalb unseres menschlichen Erfahrungshorizonts. So habe ich gelernt, dass ich in der Einsamkeit und Stille Geborgenheit finde, wenn es mir schlecht geht, denn genau in solchen Momenten umgibt mich die Präsenz der Geistigen Welt voller Verständnis und Liebe.

Die Veränderungen meiner Weltanschauung und meiner Persönlichkeit spiegeln sich auch erstaunlich exakt in den Studienergebnissen zu Nahtoderfahrungen des niederländischen Kardiologen Dr. Pim van Lommel wider. Menschen, die eine Nahtoderfahrung (NTE) erlebten, gaben an, dass »das Interesse an Spiritualität, Meditation, Gebet und Ergebung in den Willen Gottes zunehmen, während gleichzeitig ein deutlicher Rückgang der Kirchenbesuche und eine geringere Wertschätzung institutionalisierter Religionsausübung zu verzeichnen sind«.[9] So haben lediglich 32 Prozent der Betroffenen vor ihrer NTE daran geglaubt, von Gott geleitet zu werden, nach der NTE waren es unglaubliche 86 Prozent![10] Obwohl ich nicht tot war, habe ich dennoch ganz ähnliche Erlebnisse gehabt, und ich kann für mich die genannten Punkte durchweg bestätigen.

Ich halte es jedoch für wichtig, den Gottesbegriff genauer zu differenzieren. Wenn ich von Gott spreche, dann meine ich weder einen kirchlichen oder biblischen Gott noch einen *Herrn* oder ein allwissendes Individuum. Für mich bedeutet Gott eine Geistige Welt voller Liebe und Intellekt, ein Zusammenschluss, ein Verschmelzen von Seelen zu einem großen Ganzen, dem *Wir*. Mein persönlicher Wandel hat mich also Gott viel näher gebracht, doch von der institutionellen Kirche habe ich mich entfernt, weshalb ich mich auch nach meinen Erlebnissen dazu entschieden habe, aus der Kirche auszutreten.

Ich habe verstanden, dass wir hier auf der Erde in diesem physischen Leben nur auf der Durchreise sind. Der physische Körper ist nur ein Fortbewegungsmittel in der materiellen Welt. Bei der Geburt steigen wir ein, wenn wir sterben, steigen wir wieder aus. Wir inkarnieren, um Erfahrungen zu machen, die wir als Seele nicht machen können. Doch warum ist das so? Die Essenz unserer Seele ist vollkommene Liebe, und auch die Geistige Welt besteht nur aus Liebe. Wie soll man Liebe verstehen, wertschätzen und wahrnehmen können, wenn man doch nichts anderes als Liebe kennt? Erst im Verlust erkennen wir oftmals die Wahrhaftigkeit von Liebe. Leid und Sehnsucht wirken letztendlich als positive Gefühlsverstärker. Anne Frank hat diese Erkenntnis mit folgendem Zitat zum Ausdruck gebracht:

»*Tote bekommen mehr Blumen als Lebende,*
weil Bedauern stärker ist als Dankbarkeit.«

Ich möchte dir diese Betrachtungsweise an einem etwas weniger tragischen Beispiel aus unserem Alltagsleben veranschaulichen. Der Fußballverein FC Bayern München gewann in den letzten neun Jahren seit der Saison 2012/13 immer die deutsche Meisterschaft. Stell dir einen zehnjährigen Bayernfan vor, der, seitdem er bewusst denken kann, nichts anderes kennt, als zu gewinnen und immer deutscher Meister zu sein. Er würde das sicherlich mit Wohlwollen wahrnehmen und kann es auf gewisse Weise auch genießen. Aber wenn wir im Gegensatz dazu einen Fan des MSV Duisburg betrachten, der seinen Verein mehrfach hat absteigen sehen, der alle Tiefen miterlebt hat und seit Jahren um die Erteilung der Lizenz bangen muss, weil sich der Verein ständig am Rande der Insolvenz bewegt, dann würde er die deutsche Meisterschaft des MSV Duisburg mit ganz anderen Augen betrachten und das Ereignis in einer ganz anderen Intensität und Qualität wahrnehmen und ihren wahren Wert erkennen können als der zehnjährige Bayernfan. Er würde diese Meisterschaft bis ins Mark hinein spüren, sie in einer enormen emotionalen Tiefe und be-

bender Lebendigkeit erfahren können. Das bedeutet also aus rein seelischer Sicht, dass jedes Leid im Grunde ein Geschenk ist, denn mit jedem Leid vergrößert sich die Wahrnehmungsfähigkeit für Liebe, die uns alle in der Geistigen Welt erwartet.

Manchmal geht es auch nicht unbedingt um die eigenen Erfahrungen. Es gibt auch liebende Seelen, die sich mehr oder weniger für andere opfern, sich z. B. dazu bereit erklären, früh zu sterben oder eine Behinderung zu haben, um einer anderen geliebten Seele zur jeweiligen Erfahrung und somit zu Wachstum zu verhelfen. Es sind durchaus auch destruktive und leidvolle Leben voller Qual und Verluste, die wir führen müssen. Genau diese Leben lassen uns am meisten reifen und geben unserer Seele Wachstum. Das Jenseitsmedium Nina Herzberg beschreibt es folgendermaßen:

> *»Wenn es in der geistigen Welt keine Dualität gibt, also wenn da nur Licht und Liebe ist, dann wirst du dich nicht als Licht und Liebe spüren können, und daher kommst du in eine duale Welt, wo du über Schmerzen wahrnimmst, was Liebe bedeutet, wo du über Hass spürst, was Frieden ist, wo du über körperliche Einschränkungen spürst, was Freiheit bedeutet. Also, diese duale Welt suchen wir uns auf einer Seelenebene aus, um uns selber wahrzunehmen. (…) Auf Seelenebene ist es megaspannend, Leiden zu haben, auch wenn das für dich und für mich rein menschlich gesehen schrecklich ist und wir nicht verstehen, warum man sich so etwas aussuchen sollte. (…) Die geistige Welt hat da nicht diese Bewertung drin. (…) Es wird nicht unterschieden, ob etwas eine schöne oder eine schlechte Erfahrung ist. Es ist beides gleich viel wert.«*[11]

Auch Elisabeth Kübler-Ross schreibt in ihrem Buch *Über den Tod und das Leben danach* etwas Wundervolles dazu:

> *»Die meisten Menschen sehen all ihre schweren Lebensbedingungen, ihr Geprüftwerden, ihre Drangsale, ihre Schrecknisse und alle Verluste als einen Fluch an, als Strafe Gottes, als etwas*

Negatives. Wenn man doch nur begreifen würde, dass nichts, was einem begegnet, negativ ist, ich betone, ganz und gar nichts! Alle Schicksalsschläge, Leidenserfahrungen und selbst die größten Verluste, die man durchzumachen hat (...) sind alles Geschenke. (...) Es ist eine Gelegenheit, die einem gegeben wird, um seelisch zu wachsen. Dies ist der alleinige Grund unserer Existenz auf Erden. Man kann nicht seelisch wachsen, wenn man in einem wunderbaren Blumengarten sitzt und sich von jemandem auf einem Silbertablett das großartigste Essen servieren lässt. Aber man wächst, wenn man krank ist, wenn man Schmerzen hat, wenn man einen schmerzlichen Verlust entgegennehmen muss.«[12]

Es hört sich so einfach an, wenn man selbst nicht betroffen ist. Ist doch halb so wild, ist doch nur für dein Seelenwachstum (ich hoffe, die Ironie ist erkennbar). Erzähl das alles aber mal Eltern, die ihr Kind verloren haben. Sie werden sagen, dass es ihnen vollkommen egal ist und dass es an ihrem Schmerz und der unendlichen Sehnsucht nicht das Geringste ändert. Wir sind aber nicht nur Menschen, wir sind vor allem Seelen. Wahrscheinlich haben wir uns als Seele diese Schicksalsschläge sogar selbst ausgesucht und auf unseren Seelenplan geschrieben. Ich bin empathisch genug, um zu wissen, dass diese Betrachtungsweise mit dem Seelenwachstum nicht unbedingt tröstlich ist, sie nimmt weder den Schmerz noch die Sehnsucht, nichtsdestotrotz ist sie wahr. Wir müssen uns bewusst machen, dass wir als reine Seelen eine ganz andere Sicht auf die Dinge besitzen. Aber den menschlichen Schmerz und das Leid müssen wir trotzdem erleiden, denn wären diese Gefühle nicht echt, würden wir nichts lernen.

Die Erkenntnis über das Seelenwachstum vermittelt uns auch Catherine, die als Patientin des Psychiaters Dr. Brian L. Weiss in ihren Therapiesitzungen in Trance war und einen unerwarteten Zugang zu ihren früheren Leben und ihrem geistigen Team von Geistführern und Lehrern erhielt. Weiss veröffentlichte diese tiefgründigen Gespräche in seinem Buch *Die zahlreichen Leben der Seele*. Während einer Sitzung sprach einer der geistigen Lehrer durch Catherine. Auf die Frage, warum wir immer wieder auf die Erde kommen müssen, um zu lernen, und warum wir das nicht auch als Geistwesen lernen können, bekam Weiss folgende Antwort:

> *»Das sind andere Lernebenen, und wir müssen manche von ihnen in der Inkarnation lernen. Wir müssen den Schmerz spüren. Wenn du ein Geistwesen bist, spürst du keinen Schmerz. Es ist eine Zeit der Erneuerung. Deine Seele wird erneuert. Wenn du dich im physischen Zustand in deinem Körper befindest, kannst du leiden. In der geistigen Form spürst du nichts … Es gibt nur Glück und Wohlgefühl.«*[13]

Es ist wichtig, die Schmerzen und das Leid anzunehmen und zu ertragen, denn dies ist der wichtigste Grund unserer Inkarnation und unsere größte Lernaufgabe. Womit ich allerdings bei dieser Betrachtungsweise einige Schwierigkeiten habe, das ist die Aufrechterhaltung des Moralbegriffs. Wenn positive und negative Erfahrungen plötzlich eine Gleichwertigkeit erhalten, wie soll man dann noch einen Begriff wie *Moral* definieren können? Ist es noch verwerflich, einem anderen Menschen Leid zuzufügen, wenn es ihm doch beim seelischen Wachstum hilft? Ich muss zugeben, dass das für mich absolut nicht zu verstehen ist und dass ich dabei mit meinem beschränkten menschlichen Verstand an eine Grenze stoße. Ich bin nichtsdestotrotz weiterhin fest davon überzeugt, dass es richtig ist, anderen Menschen und Tieren zu helfen, denn es ist mein innerer Antrieb, mein Wunsch und das, was mich erfüllt und glücklich macht. Es lässt mein Herz erstrahlen und bringt mich den geistigen Dimensionen voller Liebe ein Stück näher. In der Bhagavad-Gītā (Indische Bibel ➛Kapitel 4.3: *Involution und vedisches Mysterienwissen* ➛Seite 256) wird meine Wahrnehmung durch Krishna, der die Göttlichkeit repräsentiert, bestätigt:

»Ich bin die subtile Kraft in guten Taten, die diese in Einklang mit dem Wohl der Menschheit bringt. Ich bin der angeborene Drang, anderen zu helfen.«[14]

In meinen Meditationen, aber zum Teil auch in alltäglichen Situationen, z. B. beim Spazierengehen im Wald, beim Autofahren oder Musikhören, komme ich immer wieder in die Verbundenheit und nehme ein Kribbeln, ein inneres Vibrieren sowie Gänsehaut und Berührungen wahr, manchmal mehr und manchmal weniger. Wenn es intensiv ist, spüre ich, wie unbeschreiblich herrlich es ist, auf Tuchfühlung mit der Seelenheimat zu sein. Ich nehme es definitiv und ohne Zweifel als mein wahres Zuhause wahr, und ein Teil von mir wünscht sich nichts sehnlicher, als endlich wieder zurückkehren zu dürfen. Ich finde es so wundervoll, in dem Wissen zu leben, dass, ganz egal, was mir in dieser Welt auch geschehen mag, ich niemals tiefer fallen kann als in die Arme der Geistigen Welt, meiner wahren Heimat. Ich habe die Angst vor dem Tod verloren. Die Angst vor dem Sterben ist natürlich noch vorhanden, jeder hat wohl Angst davor, langsam und qualvoll an einer Krankheit oder unter großen Schmerzen zu sterben oder seine Liebsten in Trauer zurücklassen zu müssen. Aber wenn der Tag meines Todes kommt, dann werde ich ihn mit einem Lächeln begrüßen, denn ich weiß, was mich erwartet. So wie ich es wahrgenommen habe, gibt es nichts Wundervolleres, als in die bedingungslose unendliche Liebe der Geistigen Welt zurückzukehren. Und wer nur einmal diese Liebe, die nicht von dieser Welt ist, gefühlt hat, wird sein Leben lang eine fast unerträgliche Sehnsucht danach verspüren. Dies soll jedoch kein Aufruf zum Selbstmord sein, man muss sein Leben mit allen Höhen und Tiefen leben.

Vor einigen Jahren habe ich zufällig im Fernsehen eine Reportage über Menschen gesehen, die ein Nahtoderlebnis hatten. In einem Interview erzählte eine Mutter von zwei kleinen Kindern, dass sie während einer Nahtoderfahrung in der Geistigen Welt eine so große Liebe und Glückseligkeit erfahren habe, dass sie nicht wieder zurückwollte. Sie hatte also eigene Kinder in diesem Leben und wollte dennoch nicht mehr zurück. Damals hielt ich diese Frau für verrückt. Ich konnte mir nicht vorstellen, dass es eine Liebe geben könnte, die größer ist als die Liebe zu den eigenen Kindern. Jeder würde doch zu seinen Kindern zurückkehren wollen, in meinen Augen war diese Frau psychisch gestört. In diesem Leben gibt es für mich keine größere Liebe als die Liebe zu meinen Kindern, dennoch kann ich die Frau heute verstehen.

Erst wenn du es selbst erlebt hast, kannst du es verstehen. Daher werfe ich es auch niemandem vor, wenn er diesen Erlebnissen à priori keinen Glauben schenken oder es nicht nachvollziehen kann. Ich möchte allerdings expressis verbis betonen, dass es keine Konkurrenz zwischen der irdischen und *himmlischen* Liebe gibt, wie ich sie einmal nennen will. Das ist kein Wettbewerb. Die irdische ist vielmehr ein Teil der himmlischen Liebe. Die Frau, die sich für das Verbleiben in der Geistigen Welt entscheiden wollte, hätte dies in dem Wissen getan, weiterhin mit ihren Kindern verbunden gewesen zu sein. Sie hatte die Gewissheit, dass es keine Trennung gibt. Eine Trennung empfindet man nur als Mensch auf der Erde, aber niemals als körperlose Seele. Deshalb geht es auch allen Verstorbenen gut, denn sie sind immer mit uns verbunden, selbst wenn wir es nicht wahrnehmen können.

Mir ist bewusst geworden, dass man tiefe Liebe nicht nur für die eigene irdische Familie empfinden kann. Sich liebende Seelen finden ganz unabhängig davon zusammen, sie erkennen sich am Gefühl und in den Augen. Sie ziehen sich gegenseitig wie Magneten in ihre Leben. Manchmal gehen sie einen langen gemeinsamen Weg zusammen, und manchmal reicht ein kleiner unscheinbarer Augenblick der Begegnung, der deine ganze Welt verändert (so wie es bei Joma und mir war). Ich bin mutig und aktiv geworden, was sich unter anderem auch in diesem Buch zeigt. Für mich ist es eine Herzensangelegenheit geworden, all den Menschen, die ihren Glauben verloren haben und in tiefer Trauer um geliebte Menschen in eine leere schwarze, trostlose Welt hineinblicken, Hoffnung und Trost zu geben. Die meisten Menschen in unserer westlichen Welt brauchen immer Beweise, um etwas glauben zu können. Ich kann das gut verstehen und möchte mich selbst davon nicht freisprechen, obwohl ich mittlerweile auch ganz gut vertrauen kann. Ich habe zusammen mit zwei professionellen, seriösen Medien und einer psychologischen Psychotherapeutin im Rahmen unserer EREAMS-Studie die Unsterblichkeit der Seelen mit einer wissenschaftlichen Methodik empirisch untersucht und eindrucksvolle, vollkommen transparente und nachprüfbare Ergebnisse erzielt, die auch von einer materialistisch geprägten klassischen Naturwissenschaft nicht länger ignoriert werden können. Dennoch bin ich mir sicher, dass ein Großteil der Rationalisten und Wissenschaftler unserer seriösen Forschung keinen Glauben schenken werden, weil in ihren Augen eben nicht sein kann, was nicht sein darf. Christian Morgensterns Palström hält all diesen Leuten so wunderbar einen Spiegel vor, wenn er über *Die unmögliche Tatsache* sinniert, nachdem er von einem Kraftfahrzeug überfahren wurde:[15]

Die unmögliche Tatsache

Eingehüllt in feuchte Tücher,
prüft er die Gesetzesbücher
und ist alsobald im Klaren:
Wagen durften dort nicht fahren!
Und er kommt zu dem Ergebnis:
Nur ein Traum war das Erlebnis.
Weil, so schließt er messerscharf,
nicht sein kann, was nicht sein darf.

2 Wissenschaft und Spiritualität

»Meiner Meinung nach ist derjenige wissenschaftlich ehrenhaft, der das niederschreibt, was er herausgefunden hat, und außerdem darlegt, wie er zu seiner Schlussfolgerung gelangt ist. Man müsste mir volles Misstrauen entgegenbringen und mich geradezu der Prostitution zeihen, wenn ich nur das veröffentlichen würde, was der allgemeinen Meinung gefällt. Ich denke nicht daran, Leute zu überzeugen oder gar zu bekehren. Meine Arbeit sehe ich hauptsächlich darin, das Erforschte weiterzugeben. Jene, die dafür bereit sind, werden mir Glauben schenken. Und jene, die es nicht sind, werden mit den unglaublichsten Vernünfteleien und Besserwissereien argumentieren wollen.«[1] Elisabeth Kübler-Ross

Warum gibt es eine Trennung zwischen Wissenschaft und Spiritualität? Wenn man auf der Suche nach Wahrheit und Erkenntnis ist, darf man sich weder von Weltbildern noch von Religionen dogmatisch einschränken lassen. Wer diese Eingrenzung zulässt, kann nicht wirklich auf der Suche nach Wahrheit sein. Wer sich hinter starren Grenzen bewegt, verliert den ganzheitlichen neutralen Weitblick und sieht sich vielmehr gezwungen, seine eigenen Ansichten zu verteidigen. In Diskussionen erlebe ich immer wieder, dass man den spirituellen oder übersinnlichen Erkenntnissen die Echtheit und Wissenschaftlichkeit abspricht. In den Augen der Materialisten ist alles, was naturwissenschaftlich nicht belegbar ist, auch nicht existent. Diese Ansicht ist nicht nur grob fahrlässig, sondern schlichtweg falsch. Ist es wichtig, ob etwas wissenschaftlich ist, damit es real sein kann? Nein! Die materialistische Wissenschaft kann keinen Anspruch auf ein allumfängliches Verständnis der Realität besitzen. Ich weiß, dass meine Definition einer ganzheitlichen

Wissenschaft sicher nicht der von eingefleischten Materialisten entspricht. In meinen Augen sollten gute Argumente, Wahrscheinlichkeiten, logische Schlussfolgerungen und subjektives Erleben die empirische Wissenschaft auf jeder Ebene ergänzen. Wichtig ist allein, ob etwas wahr ist. Wir brauchen nicht zwangsläufig die klassische, materialistische Wissenschaft, um dies feststellen zu können. Eine solche Wissenschaft besitzt nicht das Monopol auf Erkenntnis und Wahrheit. Das beste Beispiel, um dies zu begründen, ist die Liebe. Ist die Liebe wissenschaftlich greifbar, definierbar? Kann man die Liebe wissenschaftlich beweisen? Natürlich gibt es Versuche, dies zu tun, doch bauen diese wissenschaftlichen Erkenntnisse stets auf endokrinologischen Ursachen und Hirnaktivitäten auf, um letztendlich die sexuelle Anziehungskraft zwischen Mann und Frau mit der Fortpflanzung zu begründen. Wie ich in Kapitel 5.2: *Liebe* (➛Seite 276) noch zeigen werde, ist jedoch die Erforschung der wahren, tiefen Herzensliebe (z. B. zwischen Eltern und ihrem Kind) nahezu nicht existent. Auch wenn die Hirnforschung große Fortschritte gemacht hat, konnte den Ursprung dieser Art von Liebe noch niemand lokalisieren oder auch nur ansatzweise ergründen. Liebe ist wissenschaftlich nicht erklärbar! Aber wir sind uns sicher alle einig, dass sie dennoch existiert. Wäre ein materialistischer Wissenschaftler konsequent, würde er aufhören, seine Familie zu lieben, denn diese Liebe ist wissenschaftlich nicht erklärbar und somit nach seiner Auffassung nicht existent. Ein solch konsequenter Wissenschaftler ist mir aber bisher noch nicht begegnet.

quod erat demonstrandum

»So einen Quatsch hab' ich noch nie gehört!«,
schimpfte der Zweifler auf mich ganz empört.
»Und ob, kannst mir glauben, deine Seele stirbt nie.«
»Du Freak bist verrückt, beweis mir doch wie?«
Musst du ein solches Gespräch mal ertragen,
solltest du folgende Taktik dann wagen.

Frag doch den Zweifler, ob's jemanden gibt,
den er von Herzen unendlich tief liebt.
»Ich lieb' meine Frau, meine Kinder, den Hund.«
Der Zweifler, er liebt. Jetzt läuft's für mich rund.
»Wenn du sie liebst, dann beweis es mir doch!«
Er rieb sich das Kinn, überlegte dann noch:
»Die Liebe ist anders, man kann sie nicht messen.«
Das war für mich ein gefundenes Fressen.
»Nicht messbar, nicht sichtbar und trotzdem vorhanden?«
Ich glaube, er hat es jetzt langsam verstanden.
Oliver Lazar

Wie oft habe ich schon Diskussionsrunden erlebt, bei denen materialistische Naturwissenschaftler den roten Bereich ihres Adrenalinspiegels erreichten, nur weil sie den Ausführungen von spirituellen Menschen über ihre Erfahrungen mit der Geistigen Welt zuhörten. Wer sich ein eigenes Bild davon machen möchte, kann dies gerne tun, am 16. 11. 2010 strahlte *Das Erste* die Sendung *Maischberger* mit dem Thema *Übersinnliche Kräfte: Mysterium oder Mumpitz?*[2] aus. Den Link zum Online-Video dieser Sendung findest du im Literaturverzeichnis. Zu Gast waren unter anderem das Medium Kim-Anne Jannes, der Arzt und Psychotherapeut Dr. Ruediger Dahlke und zwei hartgesottene Materialisten, der Psychologe Dr. Colin Goldner und der Physiker Prof. Dr. Heinz Oberhummer. Als Kim-Anne Jannes von ihrer medialen Arbeit berichtete, stieß sie bei den Herren Goldner und Oberhummer auf schiere Ablehnung, da das Berichtete in ihren Augen nichts als *Mumpitz* und *Scharlatanerie* sei. Für Oberhummer sind all die übersinnlichen Phänomene ein Produkt der Fantasie, die es in der Realität nicht gibt:

»Ich bin verblüfft darüber, welche Dinge die Leute aus der Esoterik-Szene sich in ihrer Fantasie ausdenken.«[3]

Er wird unterstützt von Goldner und seinen Ausführungen:

»Es gibt in der Esoterik-Szene zwei Kategorien von Anbietern. Die einen sind wirklich davon überzeugt, sie seien im Besitz übernatürlicher Fähigkeiten (...) Die anderen wissen genau, dass sie nichts können, machen aber ein Geschäft mit den Sorgen anderer (...) Die einen sind Fälle für die Psychiatrie, die anderen für den Staatsanwalt.«[4]

Goldner spricht hier berechtigterweise einen kritischen Punkt an; denn es gibt in dieser Branche natürlich auch schwarze Schafe (wie in jedem anderen Gewerbe übrigens auch), die tatsächlich keine übersinnlichen Fähigkeiten besitzen, ihre Klienten betrügen und ihnen das Geld aus der Tasche ziehen. Ich verurteile diese Menschen und ihre Machenschaften zutiefst, insbesondere auch deshalb, weil sie die Arbeit der wirklich medialen Menschen mit in den Dreck ziehen und es uns im Grunde genommen doppelt schwer machen, die authentische mediale Arbeit ins rechte Licht zu rücken. Alle anderen, die nicht vorsätzlich betrügen, werden von Goldner allerdings pauschal als Verrückte eingestuft, da es in seinen Augen solche übersinnlichen Fähigkeiten nicht geben kann. Ich denke, er hat bei seiner Betrachtung noch zwei weitere Gruppen von Esoterikern, wie er sie nennt, vergessen. Die erste – und ich glaube auch die größte – Gruppe von Personen, die ich hier hinzufügen möchte, besitzt tatsächlich gewisse übersinnliche Fähigkeiten, doch erkennt sie oftmals ihre Grenzen nicht und überschätzt sich. Nicht selten haben diese durchaus übersinnlich veranlagten Menschen ein paar esoterische Bücher gelesen, besuchten vielleicht noch ein Wochenendseminar zum Thema Medialität und glauben dann, sich Medium nennen zu können. Wenn diese unausgebildeten Leute jedoch anfangen, mit echten Klienten zu praktizieren, dann ist das verantwortungslos. Mit ihrem Handeln verschlimmern sie oft nur das Leid der trauernden Menschen, die voller Hoffnung zu ihnen kommen. Hier findet zwar kein vorsätzlicher Betrug statt, doch die Überschätzung der eigenen Fähigkeiten und eine krankhafte Übermotivation führen letztendlich zum Versagen und sind ein gefundenes Fressen für alle Kritiker der Spiritualität.

Dann gibt es aber noch eine weitere, ganz kleine Gruppe von Menschen, die tatsächlich absolut echte und äußerst hoch entwickelte übersinnliche Fähigkeiten besitzen. Diese Medien haben ihre Fähigkeiten über viele Jahre hinweg geschult und sind in der Regel nach dem britischen Spiritismus ausgebildet. Diese hoch talentierten und gut ausgebildeten Medien findet man nicht an jeder Ecke, sie liefern nachweislich authentische Botschaften aus der Geistigen Welt, wie ich in Kapitel 7: *Gibt es eine Evidenz für eine Geistige Welt?* (➛Seite 319) im Rahmen unserer EREAMS-Studie noch eindrücklich zeigen werde.

Der Vorwurf Goldners, dass ein Medium den Unwissenden doch nur das Geld aus der Tasche ziehen würde, ist jedoch in dieser Pauschalität unhaltbar. Sämtliche seriösen Medien, die ich kennenlernte, bieten eine Geld-zurück-Garantie an. Wenn in einem Jenseitskontakt einmal keine sicheren Beweise zu der verstorbenen Person geliefert werden konnten oder man den Eindruck hatte, dass es kein authentischer Kontakt war, dann braucht man auch nichts zu bezahlen. Ich sehe nichts Verwerfliches daran, für diese Leistung, wenn sie authentisch ist, auch Geld zu verlangen. Pauschal zu behaupten, dass die genannten Personengruppen keine übersinnlichen Fähigkeiten, sondern eine psychische Störung besäßen, ist meiner Ansicht nach nur Beleg dafür, dass man sich nicht intensiv genug mit der Thematik auseinandergesetzt hat, denn ich habe in meinen umfangreichen Recherchen, in eigenen Erlebnissen und unserer Studie zu Jenseitskontakten gänzlich andere Erfahrungen gemacht, die ich auch in diesem Buch vorstelle und mit höchster Signifikanz wissenschaftlich belegen kann. Ich lade alle Skeptiker, wie Goldner, Oberhummer und viele andere, herzlich ein, sich meine Argumente und Ergebnisse genau anzuschauen. Wer es wirklich in Offenheit gelesen hat und Schwächen oder Widersprüche entdeckt, Gegenargumente hat und Kritik erbringen möchte, darf dies gern tun. Doch wer sich à priori ohne tiefgreifende Auseinandersetzung mit der Thematik herablassend über übersinnliche Fähigkeiten äußert, ist ein Gegner der Wissenschaft. Wer sich die Maischberger Diskussionsrunde angeschaut hat, wird feststellen, dass eine konstruktive und produktive Diskussion mit emotional aufgeladenen materialistischen Naturwissenschaftlern in der Regel leider nicht möglich ist. Der Fairness halber muss man aber ebenso konstatieren, dass es auch religiöse Fanatiker gibt, die den dogmatischen Wissenschaftlern in ihrer verschlossenen und rigorosen Art in nichts nachstehen. Das gegenseitige Zuhören und der Respekt sowie eine Offenheit für sachliche Argumente haben leider vielfach keine Chance.

Wie konnte es so weit kommen, dass die Spiritualität und die Wissenschaft getrennte Wege gingen und sich geradewegs zu Gegensätzen entwickelten? Den ersten Stein brachte wohl der englische Politiker und Rechtsanwalt Francis Bacon (1561–1626) ins Rollen. In weiser Voraussicht sah er in der technischen Beherrschung der Natur ein großes Entwicklungspotenzial für die Menschheit. Wer Wissen über die Natur besaß, konnte das Weltgeschehen beeinflussen. Bacon erhoffte sich eine Wissenschaftsförderung durch Regierungsmittel und Investorengelder. Sein Ansinnen, die Natur zu beherrschen, sah er auch durch die Bibel begründet. Er verwies auf Passagen in der Genesis, die seine Vision von einer allumfänglichen Naturwissenschaft als eine Rückbesinnung auf die ihm von Gott verliehene Macht rechtfertigte.[5] Er prägte den auch heute noch gern zitierten Satz: »Wissen ist Macht.«[6] Seit dem Beginn der mechanistischen Naturwissenschaft im 17. Jahrhundert wurden schließlich geistige Aspekte sukzessive immer mehr aus dem Verständnis des Lebens und der Welt verbannt. Wissenschaftler wie Johannes Kepler, Galileo Galilei und Isaac Newton legten den Grundstein für ein immer dominanter werdendes materialistisches Weltbild. Während sie selbst noch alle an einen kreativen intelligenten Gott als Urschöpfer ihrer entdeckten Phänomene glaubten, hielt der Kreationismus seit dem Ende des 19. Jahrhunderts einer zunehmend atheistischer werdenden, aufgeklärten Bevölkerung nicht mehr stand, und das in der Gesellschaft akzeptierte Glaubenssystem schlug mit der breiten Akzeptanz des Materialismus von einem Extrem ins andere. Nach Jahrhunderten der Inquisition, der Hexenverfolgung und der Ablassbriefe war es an der Zeit, die in ihrer Macht und Glaubhaftigkeit wankende Kirche in ihre Schranken zu weisen. Wissenschaftliche Erkenntnisse aus der Geologie, Paläontologie, Biologie, Chemie und Physik sprachen eindeutig gegen eine 6000 Jahre alte, von Adam und Eva bewohnte Welt. Doch den meiner Ansicht nach größten Anteil zur Abkehr von einem spirituellen Weltbild hat wohl der britische Naturforscher *Charles Darwin* mit seiner Evolutionstheorie beigetragen. Auch heute wird seine mittlerweile weiterentwickelte Theorie zur Entstehung der Arten als Status quo an Schulen und Universitäten gelehrt. Ich halte genau diese Evolutionstheorie für einen zentralen Punkt bei der Diskussion von Wissenschaft gegen Spiritualität. Ich glaube sogar, die Evolutionstheorie ist der Hauptgrund für eine überwiegend säkulare Gesellschaft. Warum sollten Schüler und Studenten auch jemals einen Zweifel an den Lehrinhalten hegen, denn das Leben, seine Entstehung und Weiterentwicklung werden doch ganz natürlich in einer trügerischen Selbstverständlichkeit erklärt, sodass jeder glaubt, alle Fragen dazu seien beantwortet und alle Erkenntnisse seien bewiesen. Zweifel gibt es keine, und wer doch welche hat, muss zwangsläufig ein Spinner oder religiöser Fanatiker sein. Evolution wird als bewiesene Tatsache gelehrt und akzeptiert. Ich frage mich, wie unsere Kinder und Studenten wohl ihr Weltbild formen würden, wenn Darwins Evolutionstheorie nicht als absolute unanfechtbare Wahrheit, sondern mit allen Schwächen und Stärken, mit allen Wahrscheinlichkeiten und Unwahrscheinlichkeiten für bestimmte Szenarien und mit Raum für sachliche argumentative Kritik gelehrt würde. Was wäre verwerflich daran, auch die wissenschaftlichen Erkenntnisse zu lehren, die Darwins Theorie widersprechen? Welche Erkenntnisse das genau sind, werde ich in Kapitel 4.1: *Materialistische/naturalistische Entstehung* (➤Seite 107) noch detailliert darlegen. Doch darf ich schon vorwegnehmen, dass man für die Evolutionstheorie am Ende wesentlich mehr Glauben aufwenden muss als für ihre Alternativen. Ich wünsche mir eine faire und ehrliche Darstellung von Erkenntnissen, doch es geht wieder einmal um die Verteidigung des materialistischen Weltbildes, was man den Menschen als sachliche und rationale Wissenschaft verkauft. Was selbst viele Wissenschaftler unserer Zeit nicht wissen oder bewusst verdrängen, ist, dass die materialistisch geprägte Wissenschaft wie jedes andere Weltbild auch nur auf Glauben, auf gewissen Glaubensgrundsätzen basiert, die nicht hinterfragt werden. So werden Objektivität, Kausalität (Ursache-Wirkungszusammenhänge), Zeit und Raum wie selbstverständlich vorausgesetzt. Die Quantenmechanik (Kapitel 6: *Quantenmechanik und Spiritualität* ➛Seite 290) hat sehr eindrucksvoll bewiesen, dass jede einzelne dieser genannten Annahmen infrage gestellt werden muss.[7] Im Grunde genommen hat sich die klassische Wissenschaft durch die Erkenntnisse der Quantenmechanik ihrer eigenen Glaubensgrundsätze entledigt, doch die richtigen Konsequenzen daraus möchte anscheinend kaum jemand ziehen.

Wenn ich Menschen erlebe, die einen geliebten Angehörigen verloren haben, Eltern, die den Tod eines Kind hinnehmen mussten, dann bricht für diese Menschen eine Welt zusammen, und es macht zunächst überhaupt keinen Unterschied, ob diese Personen spirituell oder atheistisch sind. Sie alle durchleben dasselbe unvorstellbar große Leid. Doch sobald es um das Thema Trost und Heilung geht, ändert sich das. Der Materialist hat schon in der Schule gelernt, dass alles Leben das Resultat von rein chemischen, biologischen und physikalischen Prozessen ist und dass materialistische Abläufe und Gehirnaktivität unser Sein erklären. Für so jemanden bedeutet der Tod eines geliebten Menschen das Ende. Die Naturwissenschaft sagt ihm im Grunde: »So, das wars. Ende, aus, für immer und ewig! Tot ist tot. Du wirst deinen Angehörigen mit absoluter Sicherheit niemals wiedertreffen.« Was für eine furchtbare Vorstellung das ist, zumal so vieles dafürspricht, dass sie nicht stimmt. Wie traurig muss es für die Hinterbliebenen sein, wenn sie in dieses schwarze leere

Nichts blicken. Angesichts der Tatsache, dass die Evolutionstheorie auf dermaßen wackeligen Beinen steht, finde ich es unverantwortlich, anstandslos und unehrlich, diese Theorie als bewiesene Tatsache zu verkaufen. Wir Menschen sind weitaus mehr als unser physischer Körper, und das ist in über 100 Jahren der Forschung auf diesem Gebiet schon vielfach in evidenzbasierten Studien belegt worden. Eines der Hauptziele dieses Buches ist es, die Wissenschaft und die Spiritualität in Einklang zu bringen, denn aus meiner Sicht sind sie keine sich ausschließenden Disziplinen, sondern gleichwertige und sich ergänzende Aspekte der Realität.

2.1 *Wahrnehmung und Wirklichkeit*

»Das Nicht-Wahrnehmen von etwas
beweist nicht dessen Nicht-Existenz.«
Dalai Lama

Dieses Zitat seiner Heiligkeit, des 14. Dalai Lama, politisches und geistiges Oberhaupt der Tibeter, zeigt einfach formuliert und logisch nachvollziehbar, dass unsere Welt mehr zu bieten hat, als das, was wir wahrnehmen können. Das Wundervolle an diesem Satz ist, dass man ihn mit trivialen Beispielen aus unserem Alltag auf einfache Weise nachvollziehen und schließlich auf sogenannte übersinnliche Phänomene übertragen kann. Wenn ich meinen Studierenden im Rahmen ihres Informatikstudiums die ersten Schritte in der Programmierung beibringen möchte, zeige ich gern kleine Einstiegsprojekte für den Arduino-Microcontroller*. Im Folgenden möchte ich die Aussage des Dalai Lama mit einem praktischen Beispiel untermauern, bevor wir einen Blick auf den tieferen Sinn dahinter werfen: Angenommen ein Wissenschaftler konstruiert sich eine kleine Wetterstation

* Kleinstcomputer, meist für den Einsatz in eingebetteten Systemen (z. B. in programmierbaren Kaffeemaschinen oder in Steuergeräten für das Auto).

mit einem solchen Microcontroller, einem Temperatursensor und einer digitalen Anzeige. Das System wird so zusammengesteckt und programmiert, dass die gemessene Spannung am Temperatursensor in die passende Temperatur umgerechnet und auf dem Display angezeigt wird. In der für dieses Szenario konstruierten Welt eines klassischen Naturwissenschaftlers wäre in diesem Experiment nur Platz für das, was man wiederholbar auch objektiv messen kann. Demnach wäre in der Realität dieses Wissenschaftlers mit der kleinen Wetterstation lediglich die Temperatur ein real existierender Wert. Wenn jetzt jemand kritisch bemerken würde, es gäbe doch auch noch den Luftdruck, und die Wetterstation könne somit nur einen Teil der Wirklichkeit erfassen, so müsste man dieser Kritik zweifelsfrei zustimmen. Wenn kein Luftdrucksensor verbaut ist, kann dieser auch nicht gemessen werden. Nichtsdestotrotz existiert der Luftdruck. Nun ist uns allen zwar die Existenz des Luftdrucks bekannt, aber dass es durchaus auch uns unbekannte Parameter geben kann, können wir nicht ausschließen. Ganz im Gegenteil bin ich sogar davon überzeugt, dass unsere Welt viel mehr enthält, als wir oder unsere Technik wahrnehmen können. Der deutsche Philosoph *Immanuel Kant* vertritt eine ganz ähnliche Ansicht. Als Begründer der modernen Philosophie beschreibt er mit seiner *Kritik der reinen Vernunft*[8], dass wir die Wirklichkeit, wie sie wirklich ist, niemals erkennen können. Unsere Wirklichkeit ist das Produkt unserer subjektiven Wahrnehmung der Wirklichkeit. Dessen sollten wir uns bewusst sein, und es betrifft ja nicht immer nur geistige Aspekte. Man kann es schon an den einfachsten Dingen in unserer alltäglichen Welt nachvollziehen. Ein Hund nimmt die Welt mit seinem ausgeprägten Geruchssinn ganz anders wahr als wir. Eine Biene sieht die Welt in ultraviolettem Licht. Eine Fledermaus nimmt die Welt durch das Senden und Empfangen von Ultraschall wahr. Mit einem Menschen, einem Hund, einer Biene und einer Fledermaus haben wir nun bereits vier verschiedene Wahrnehmungen von Realität. Welche entspricht der wahren Wirklichkeit? Ich denke, wir kommen der Wirklichkeit näher, wenn wir alle Wahrnehmungen aufsummieren, doch sollten wir stets akzeptieren, dass wir niemals wissen können, welche Sinne und Wahrnehmungen im Universum überhaupt möglich sind.

Kaum jemand hat es so gut verstanden, wie der renommierte Quantenphysiker, frühere Leiter des Max-Planck-Instituts für Physik in München und Friedensforscher Hans-Peter Dürr, das spirituelle Urwissen der Menschheit mit den modernen Erkenntnissen der Physik in Einklang zu bringen. Als Träger des *Right Livelihood Awards* (»alternativer Friedensnobelpreis«) und langjähriger Wegbegleiter des deutschen Physikers und Nobelpreisträgers Werner Heisenberg darf man ihn als einen Brückenbauer zwischen den Weltbildern bezeichnen. Das folgende Zitat von ihm betont gezielt die Limitation der naturwissenschaftlichen Erkenntnisse:

> *»Es ist grob unzulässig und falsch, unsere Wahrnehmung der Wirklichkeit mit der Wirklichkeit schlechthin gleichzusetzen. Genau dies passiert jedoch, wenn wir wissenschaftliche Erkenntnis als allumfassend betrachten.«*[9]

Auch der in Deutschland geborene, international renommierte Arzt und Philosoph Karl Jaspers teilt diese Ansicht:

> *»Das Unheil menschlicher Existenz beginnt, wenn das wissenschaftlich Gewusste für das Sein selbst gehalten wird und wenn alles, was nicht wissenschaftlich wissbar ist, als nicht existent gilt.«*[10]

Mit dem Dalai Lama, Immanuel Kant, Hans-Peter Dürr und Karl Jaspers kommen ein Buddhist, ein Philosoph, ein Quantenphysiker und ein Arzt letztendlich übereinstimmend zur selben Auffassung. Sie machen ganz gezielt darauf aufmerksam, dass wir uns auf dem Weg zur Erkenntnis, wer wir eigentlich sind und woher wir kommen, nicht allein auf unsere oberflächliche grobstoffliche Wahrnehmung verlassen dürfen. Mit anderen Worten bestimmt offensichtlich unsere Wahrnehmung unsere Realität, und unsere Wahrnehmung erfolgt über unsere Sinne. Doch unsere Wahrnehmung ist bei Weitem nicht auf das Hören, Riechen, Schmecken, Sehen, Tasten, den Gleichgewichtssinn, Temperatursinn und die Körperempfindung zu reduzieren, denn wir Menschen sind sensitiv und medial zu weit mehr fähig. Wir sollten die Vorstellung zulassen, dass es Menschen gibt, die gewisse *Sensoren* besitzen, mit denen sogenannte parapsychologische Phänomene (Psi) über die Hellsinne (siehe Kapitel 7.1: *EREAMS-Studie zur Wirksamkeit und Authentizität von Botschaften aus der Geistigen Welt* ➤Seite 325) erfasst werden können. Wissenschaftliche Forschungen, die über den Tellerrand der materialistischen Naturwissenschaft hinausblicken, werden zumeist als Pseudo- oder Psi-Wissenschaften und somit als angeblich nicht verifizierbar eingestuft. Darunter versteht man unter anderem die Erforschung von telepathischen Fähigkeiten, der Hellsinne, von Nahtoderfahrungen und Seelenkontakten. Doch diese Begrifflichkeiten finden in der akademischen Welt aktuell keinen Platz und werden à priori von glaubenstreuen Materialisten abgelehnt, obwohl die Erkenntnisse dazu nach den üblichen wissenschaftlichen Maßstäben erhoben wurden. Für mich als freien Forscher ist dieses Verhalten nicht nachvollziehbar, denn die meisten von ihnen, die mit ihrer öffentlichen Kritik oftmals an Polemik kaum zu überbieten sind, haben sich nicht die Mühe gemacht, sich inhaltlich mit diesen Studien ernsthaft auseinanderzusetzen. Diese Ansicht teilt auch der amerikanische Neurochirurg Dr. Eben Alexander, von dessen Nahtoderfahrung ich noch in Kapitel 2.4.1 (*Unsere Gesellschaft ist der Wissenschaft einen Schritt voraus* ➤Seite 79) genauer berichten werde. Er erzählt von sich selbst, bevor er seine Nahtoderfahrung erlebte:

> *»Ebenso wie viele andere wissenschaftliche Skeptiker weigerte ich mich sogar, mir die Daten genauer anzuschauen, die für*

Fragen zu diesen (übersinnlichen) Phänomenen relevant waren. Ich fällte vorschnelle Urteile über diese Daten und diejenigen, die sie zur Verfügung stellten, weil meine eingeschränkte Sichtweise es mir nicht erlaubte, mir auch nur eine vage Vorstellung davon zu machen, wie solche Dinge tatsächlich geschehen können.«[11]

Kein halbwegs intelligenter Mensch würde es wagen, eine Publikation zu schwarzen Löchern im Zentrum von Scheibengalaxien zu kritisieren, wenn er davon keine Ahnung hat. Doch bei dem Thema Psi fühlt sich anscheinend jeder materialistische Naturwissenschaftler ohne den Hauch einer Ahnung von diesen Themen dazu berufen, alle Erkenntnisse dazu zu diffamieren. Wenn gewisse Menschen keine eigenen spirituellen Erfahrungen durchlebt und auch sonst keine Ahnung von diesem Thema haben, steht ihnen das Kritisieren schlichtweg nicht zu. Mit ihrem Verhalten missbrauchen sie die allgemeingültige Auffassung von wahrer Wissenschaft, die sie nur für sich allein in ihrer starr eingegrenzten Welt des Materialismus beanspruchen. Diese Überheblichkeit spiegelt sich auch in einer Aussage des Physikers und Philosophen Dr. Lars Jaeger in seinem Buch *Wissenschaft und Spiritualität* wider:

»Zumeist sind die Vertreter dieser These (einer höheren Intelligenz zur Entstehung des Lebens) nicht bereit, sich den kritischen Methoden und Reflexionen der Wissenschaften zu stellen.«[12]

Ganz im Gegenteil sind diese Vertreter sehr wohl dazu bereit. Ihre Studien und Argumente sind frei zugänglich und können öffentlich diskutiert werden. Doch dazu kommt es in der Regel nicht. Kaum ein Wissenschaftler macht sich die Arbeit, diese Erkenntnisse ernsthaft zu lesen oder nachzuvollziehen. Ohne jegliche Gegenargumente werden diese Themen in der Regel ohne inhaltliche Auseinandersetzung als Spinnerei oder Kreationismus abgetan. Ich würde mich sehr freuen, wenn die klassischen Wissenschaftler endlich damit begönnen, die Psi-Studien einer kritischen wissenschaftlichen Auseinandersetzung zu unterziehen, statt unentwegt herablassend darüber zu meckern. Aber weil es von vornherein als absurd betrachtet wird, geschieht das leider nicht. Daher halte ich es für keine richtige Einschätzung, den Psi-Wissenschaftlern den Vorwurf zu machen, sie würden sich einer wissenschaftlichen Diskussion nicht stellen. Genau genommen sind es die materialistischen Wissenschaftler, die dies ganz offenkundig nicht zulassen. Als wahrhafter Wissenschaftler sollte man stets mit guten Argumenten arbeiten und nicht voreilig und polemisch urteilen. Aber selbst die für diese Psi-Themen aufgeschlossenen Wissenschaftler trauen sich häufig nicht, sich vollständig von den Fesseln des Materialismus zu lösen. So kann auch Dr. Reto Eberhard Rast, Arzt und Präsident der SWISS IANDS (Schweizerische Gesellschaft für Nahtodstudien), die ihm auferlegten naturwissenschaftlichen Grenzen wohl auch zu seinem eigenen Schutz, wie seine folgende Äußerung zeigt, offensichtlich nicht überwinden:

> *»Die Verifizierung der spirituellen Erfahrungen in einem Jenseits entziehen sich naturgemäß der Überprüfung, da diese Welt eben jenseitig, also jenseits unserer Sinne sein muss.«*[13]

Ich halte dies für eine Fehleinschätzung, insbesondere die Verwendung des Wortes *naturgemäß* macht hier deutlich, dass es in den Köpfen vieler Wissenschaftler eine bereits vorgefertigte Definition von dem gibt, was sie als natürlich empfinden! Wir besitzen definitiv mehr als unsere materialistisch geprägten Sinne. Insbesondere hochsensitive und medial begabte Menschen haben einen Zugang zu diesen subtilen Wahrnehmungen. Grundsätzlich besitzt aber jeder von uns diese *Sensorik*. Wir sollten akzeptieren, dass es für einige Menschen absolut natürlich ist, die Welt über die Hellsinne wahrzunehmen. Wir müssen den Wissenschaftsbegriff erweitern und nicht nur mit einer materialistisch geprägten Methodik forschen. Die Ansicht, dass nur das, was materialistisch nachweisbar ist, real sei, vermittelt ein sehr beschränktes Verständnis von Realität.

Dass hier etwas mit dem Gros unserer Wissenschaftler nicht in Ordnung ist, hat auch schon der Physiker und Wissenschaftsphilosoph Thomas Kuhn geäußert. Er ist der Auffassung, dass sich herkömmliche Wissenschaftler wie mit Scheuklappen in ihrer Forschungsaktivität nur auf bereits bestehende Erkenntnisse und Theorien stützen, damit ihre Ergebnisse ja keine Lawinen lostreten und schön in das allseits anerkannte materialistische Paradigma passen.[14] Ich bin hier absolut der gleichen Auffassung wie der niederländische Kardiologe und Nahtodforscher Pim van Lommel, dass gerade die unerklärlichen Phänomene, die nicht mit den bisherigen wissenschaftlichen Erkenntnissen erklärbar sind, das größte Entfaltungspotenzial für neues Wissen darstellen.[15] Würde man die unerklärlichen Beobachtungen pauschal als falsch, manipuliert oder gar irre bezeichnen, so wäre uns die Welt der Quantenmechanik verschlossen geblieben. Wenn man die Prozesse betrachtet, die bei der Veröffentlichung einer wissenschaftlichen Arbeit (Paper) durchlaufen werden, so offenbaren sich enorme Schwächen im System. In der Regel muss sich ein Paper einem sogenannten *peer review* stellen, das bedeutet, dass ein kleines Komitee von Wissenschaftlern aus dem jeweiligen Fachgebiet die eingereichte Arbeit begutachtet. Was denkst du, welche Inhalte diese Wissenschaftler wohl akzeptieren und für gut erklären werden? Es werden ausschließlich Paper gefördert, die ins Paradigma passen. Dieses System fördert ausschließlich Wissenschaftler, die in die Fußstapfen ihrer Gutachter treten. Querdenker werden chancenlos ausgemerzt, doch genau diese Revolutionäre, die an den Grenzen der Wissenschaft forschen, besitzen das größte Potenzial für neues Wissen. Dieses Gutachtersystem fördert keinen Fortschritt, sondern untermauert nur bestehendes Wissen. Prof. Dr. Eckhard Kruse bestätigt in seinem Buch *Der Geist in der Materie* diese Einschätzung:

»Egal ob es um Fördergelder oder um wissenschaftliche Veröffentlichungen geht, immer gibt es Begutachtungen durch einen kleinen Kollegenkreis derselben Fachrichtung. Was den Kollegen nicht gefällt, wird herausgesiebt. Es ist ein Prinzip, das Meinungsgleichheit fördert, Querdenken unterdrückt und obendrein die Gefahr von Vetternwirtschaft birgt.«[16]

Die materialistische Weltsicht ist in unserer Gesellschaft der Status quo und gilt gemeinhin als kompromisslos akzeptiert, offensichtlich weil sie uns schon von Kindesbeinen an in der Schule alternativlos eingeimpft wird. Ich frage mich, warum und mit welchem Recht wir dogmatisch in einem materialistischen Weltbild verharren? Psi-Wissenschaften lassen sich übrigens sehr wohl verifizieren. So konnten wir in unserer EREAMS-Studie wissenschaftliche Evidenz durch objektive Überprüfung von Beweisen erzielen. Nichtsdestotrotz halte ich persönliche Erfahrungen und Erlebnisberichte ebenfalls für legitime wissenschaftliche Erkenntnisquellen. Der Schweizer Jenseitsforscher Franz Dschulnigg bezeichnet die Nahtoderlebnisse der von ihm befragten Menschen als Reisen und ihre Erzählungen dazu treffenderweise als Reiseberichte.[17] Warum sollten wir den vielen Reiseberichten der Menschen mit Nahtoderfahrungen keinen Glauben schenken? Jede wissenschaftliche Methodik sollte neben einer objektiven auch eine subjektive Verifikation zulassen, nur so erhalten wir ein ganzheitliches Abbild unserer Wirklichkeit. Der Mensch ist ein subjektives Wesen. Wenn ich ihn erforschen möchte, darf ich die Subjektivität nicht verbannen. Der deutsche Philosoph und Psychologie-Pionier Prof. Dr. Johann Friedrich Herbart (1776–1841) hat bereits sehr richtig erkannt, »dass es sich aus guten Gründen lohnt, über den Menschen anders nachzudenken als auf der Grundlage von Messungen«[18].

Insbesondere bei der Erforschung der Essenz des menschlichen Seins, der Entstehung von Leben, Bewusstsein und Liebe sowie der Frage nach der Unendlichkeit der Seele und einem Leben vor der Geburt bzw. nach dem physischen Tod erreichen naturwissenschaftliche Erkenntnisse schnell ihre Grenzen. Diese Begrenztheit führt fatalerweise zu der allseits anerkannten Fehldeutung, dass dies alles ja gar nicht existiere. Der britische Biologe, Biochemiker, Philosoph und Bestsellerautor Rupert Sheldrake beschreibt die heutige Naturwissenschaft und ihre Betrachtung von Bewusstsein sehr treffend und zugleich vorwurfsvoll:

> *»Heutige Naturwissenschaft ruht auf der Annahme, Realität sei grundsätzlich materieller oder physikalischer Natur. Es gibt materielle Wirklichkeit und sonst nichts. Bewusstsein ist ein Nebenprodukt der physischen Gehirntätigkeit. Materie ist ohne Bewusstsein. Der Evolution liegt kein Plan zugrunde. Gott existiert nur als Idee im Menschengeist, das heißt in menschlichen Köpfen.«*[19]

2.2 *Es gibt mehr als Materialismus und Kreationismus*

Auf der Titelseite seines Buches *Gotteswahn* zitiert der Evolutionsbiologe Prof. Dr. Richard Dawkins sich selbst mit den Worten: »Ich bin ein Gegner der Religion. Sie lehrt uns, damit zufrieden zu sein, dass wir die Welt nicht verstehen.«[20] Er stellt sich außerdem unterstützend auf die Seite Eric Rothschilds, dem Chefanwalt der Kläger im Prozess *Kitzmiller versus Dover Area School District* aus dem Jahre 2005, in dem es darum geht, ob *Intelligent Design* als alternative Evolutionstheorie in Schulen betrachtet werden darf. Intelligent Design ist ein Begriff, den erstmals der Biochemiker Prof. Dr. Michael J. Behe in seinem Buch *Darwins Black Box* verwendet hat. Er hat dabei viele schlüssige Argumente liefern können, dass gewisse Strukturen und Abläufe in der biologischen Evolution unmöglich hätten ohne intelligente Planung umgesetzt werden können.[21] Seine Argumentation ist rein wissenschaftlich und tief fundiert, unverständlicherweise wird ihm und vielen anderen Befürwortern völlig haltlos Kreationismus vorgeworfen. Wer sich jedoch tatsächlich mit Intelligent Design auseinandergesetzt hat, weiß genau, dass Kreationismus und Intelligent Design nicht zwangsläufig etwas miteinander zu tun haben müssen. In Kapitel 4: *Ursprung und Evolution des Lebens* (➤Seite 103) werde ich auf die Themen Evolution und Intelligent Design noch detailliert eingehen. Rothschild lobte die ehrenhaften materialistischen Wissenschaftler, die mit größtem Einsatz Mittel und Wege finden, schwere Erkrankungen zu behandeln und zu heilen, und dass sie sich im Verborgenen abmühen, ohne Tantiemen und Vortragshonorare dafür zu bekommen. Er warf hingegen den Menschen, die sich mit Spiritualität, Gott oder Geistigen Welten auseinandersetzen, vor, sie täten nichts, was die wissenschaftlichen oder medizinischen Kenntnisse voranbrächte. Außerdem würden sie ein schlechtes Vorbild für zukünftige Wissenschaftlergenerationen sein, weil sie zu faul seien, richtige Forschungsarbeit zu leisten, und jedwede Wissenslücke begrüßten, um sie mit Gott zu begründen.[22] Diese Lobpreisung für die in seinen Augen ehrenhaften Wissenschaftler möchte ich nun ein wenig relativieren, denn viele dieser hier gelobten Wissenschaftler agieren meist nicht aus reiner Nächstenliebe oder aus purer Leidenschaft (die mag es hier und da auch geben), sondern haben in erster Linie ihre eigene Karriere und Reputation im Blick. Ich bin auch sehr dankbar für die wissenschaftlichen Erkenntnisse und Erfolge dieser Menschen, von denen wir alle profitieren. Diese Wissenschaftler leisten unglaublich tolle Arbeit, ihnen gebührt unser aller Anerkennung. Aber wer schon einmal erlebt hat, wie sich erwachsene Wissenschaftler darüber streiten, wessen Name in welcher Reihenfolge auf der Veröffentlichung zu stehen hat, der weiß auch, dass das eigene Ego dabei eine sehr große Rolle spielt. Ein Wissenschaftler, der hingegen Psi-Phänomene oder Spiritualität erforscht, wird dies niemals für sein Ego oder seine Reputation tun. Die meisten dieser Wissenschaftler laufen vielmehr Gefahr, ihre Reputation, Karriere und Arbeitsstelle wegen dieser Art von Wissenschaft zu verlieren (siehe Kapitel 2.3: *Freiheit in der Forschung*

➛Seite 72). Die gesamte Forschung auf diesem Gebiet geschieht in der Regel freiwillig, ohne Bezahlung und ohne jegliche Anerkennung in der Öffentlichkeit. Meist werden die Forscher für ihre Arbeit sogar noch belächelt oder beschimpft, dabei ist die Qualität des Studiendesigns im Bereich der Parapsychologie erwiesenermaßen besonders hoch. Dies ist wahrscheinlich dem Umstand geschuldet, dass man schon im Vorfeld weiß, wie übertrieben penibel auf Unstimmigkeiten geachtet und wie scharf in diesem Randbereich der Forschung kritisiert wird. Ein Qualitätskriterium ist z. B. der Einsatz von Doppelblindstudien. Dabei geht es darum, den Experimentatoreffekt zu vermeiden, denn es kann passieren, dass die eigenen Erwartungen und Überzeugungen die Studie beeinflussen. Doppelblindstudien sind das Werkzeug dafür, um dies zu vermeiden. In der klinischen Forschung ist dieses Studiendesign weitverbreitet. Dabei wissen weder der Experimentator noch der Teilnehmer, wer welche Behandlung bekommt. Zunehmend finden in der Parapsychologie sogar Dreifachblindversuche statt, bei denen selbst Versuchsleiter und Auswerter nicht wissen, welches Ergebnis zu erwarten oder zu befürchten ist.[23] Rupert Sheldrake hat in einer Studie über zwei Jahre hinweg Publikationen in über 1500 führenden wissenschaftlichen Zeitschriften auf die Verwendung von solchen Blindverfahren hin untersucht.[24] 2004 haben Caroline Watt und Marleen Nagtegaal diese Studie wiederholt.[25] *Tabelle 2-1* zeigt die eindeutigen Ergebnisse dieser beiden unabhängig voneinander erhobenen Untersuchungen. Der Anteil der wissenschaftlichen Studien mit einem Blindmethodik-Design ist in der Parapsychologie mit 85,2 Prozent bzw. mit 79,1 Prozent im Vergleich zu den anderen Fachgebieten mit deutlichem Abstand am größten.

Tabelle 2-1: Anteil von Blindmethodik-Design in wissenschaftlichen Studien der verschiedenen Fachrichtungen nach Rupert Sheldrake[26]

Fachrichtung	Sheldrake	Watt/ Nagtegaal
Physik	0,0 %	0,5 %
Biologie	0,8 %	02,4 %
Psychologie	7,0 %	22,5 %
Medizin	24,2 %	36,8 %
Parapsychologie	85,2 %	79,1 %

Ich halte die von Dawkins und Rothschild getroffene Unterteilung zwischen den braven und guten Wissenschaftlern auf der einen Seite und allen anderen, die zwangsläufig verblendete Kreationisten sein müssen, für nicht angemessen. Ich möchte hier definitiv keine Lanze für die Kreationisten brechen. Ich halte es nämlich für gefährlich, wenn man ausgehend von einer religiösen Gesinnung nach passenden Argumenten sucht. Und wenn Dawkins mehrfach schreibt, dass sich Kreationisten die wissenschaftliche Welt und Wissenslücken so zurechtbiegen, dass es zu ihrem Gottesbild passt, so hat er damit nicht immer unrecht. Andererseits muss die Frage erlaubt sein, ob materialistische Wissenschaftler nicht irgendwo dasselbe tun, nur dass sie statt von Gott von einem materialistischen Weltbild geleitet werden. Ich denke, es gibt hier weitere Kategorien von Wissenschaftlern, die fernab von Materialismus und Kreationismus seriöse, ausgezeichnete Arbeit leisten, doch finden diese ganzheitlichen freien Wissenschaftler im Dawkins-Universum keinen Platz. Möglicherweise erscheint es ihm zu gefährlich für sein eigenes Weltbild, solche Wissenschaftler in Erscheinung treten zu lassen, also schafft er sich diese eingeschränkte Zwei-Kategorien-Welt. Viele dieser Wissenschaftler, deren Antriebsfeder nicht der Kreationismus, sondern der wissenschaftliche Wunsch nach Erkenntnis ist, haben ihrerseits wertvolle wissenschaftliche Fragen gestellt, die der Materialismus weniger gut beantworten kann, als es andere Theorien können. Dawkins unterschätzt meiner Ansicht nach die Tatsache, dass er sich hier ausgewiesenen Wissenschaftlern gegenüber sieht, die alles andere als faul sind. Sie sind mutig genug, auch die Dinge zu hinterfragen, die die Materialisten ganz selbstverständlich längst als bewiesen ansehen (z. B. die in der synthetischen Evolutionstheorie formulierte Makroevolution zur Entstehung der Arten). Er macht sich zudem darüber lustig, dass es Wissenschaftler (in seinen Augen Kreationisten) gibt, die aufgrund enormer Unwahrscheinlichkeiten gewisse Dinge infrage stellen (z. B. die Entstehung von Leben aus toter Materie). Wenn nachvollziehbare Wahrscheinlichkeiten keinen Einfluss mehr auf wissenschaftliche Erkenntnisse haben dürfen, ja was dann? Ein großer Teil wissenschaftlicher Erkenntnisse wird durch das Aufstellen und Falsifizieren von Hypothesen gewonnen. Diese Hypothesentests funktionieren nur deshalb, weil man sich an Wahrscheinlichkeiten orientiert. Die komplette wissenschaftliche statistische Bewertung zur Bestimmung von Signifikanz beruht auf Wahrscheinlichkeitsprinzipien. Solange die Wahrscheinlichkeiten sein materialistisches Weltbild stützen, ist offensichtlich alles okay. Sobald die Wahrscheinlichkeiten dagegensprechen, sind sie für ihn augenscheinlich ein bedeutungsloses Werkzeug der Kreationisten ohne Aussagekraft, denn seiner Meinung nach lösen sich große Unwahrscheinlichkeiten durch lange Zeitspannen und das Aufteilen in viele kleine Einzelschritte wieder vollkommen auf. Dazu formuliert er seine Parabel mit dem Unwahrscheinlichkeitsgebirge, das man nicht wie die Kreationisten über den Steilhang erklimmen darf, sondern von der anderen Seite mit einem langen und flachen Anstieg.[27] Ein langer flacher Anstieg nützt aber nichts, wenn er länger sein müsste, als das Universum groß ist. Außerdem gibt es auf diesem Weg unüberwindbar tiefe Schluchten, doch darüber schaut er anscheinend hinweg. Ich habe den Eindruck, dass es keine Rolle spielt, ob wir es mit Kreationisten oder Materialisten zu tun haben. Frei nach

Pippi Langstrumpf machen sie sich die Welt, wie sie ihnen gefällt. Dawkins zitiert in seinem Buch den Genetiker Jerry Coyne, der folgende Aussage über die Naturwissenschaft und Gott machte: »Wenn die Geschichte der Naturwissenschaft uns etwas lehrt, dann dieses: Unser Unwissen ›Gott‹ zu nennen, führt nirgendwo hin.«[28] Ich denke, dass ein wahrer Wissenschaftler auch nicht auf die Idee käme, unser Unwissen Gott zu nennen, aber er würde die Option, dass es höhere Ebenen der Realität gibt, die man vielleicht auch Gott nennen könnte, niemals vom Gabentisch aller möglichen Erklärungen verbannen. Dies aufgrund eines materialistischen Weltbilds von vornherein zu tun, halte ich für grob unwissenschaftlich. Meiner Ansicht nach fehlt es Dawkins, Rothschild und Coyne an einer ganzheitlichen Betrachtung. Typischerweise verankern die drei Herren alle medizinisch wissenschaftlichen Erkenntnisse zum Wohl des Menschen ausnahmslos in einer materialistisch geprägten Welt. Offensichtlich betrachten sie auch alle Erkrankungen als materialistisch behandelbar, weil die Ursachen (wie auch sonst) nur materialistisch sein können. Doch auf unserer Welt gibt es so viel Leid, das nichts mit dem Körper und der Materie, aus der wir bestehen, zu tun hat. Wie viele Menschen gibt es auf Erden, die in unendlicher Trauer leiden, weil sie geliebte Menschen verloren haben? Im Gegensatz zu einer Krankheit wird früher oder später jeder einzelne Mensch auf dieser Welt ausnahmslos damit konfrontiert, entweder durch das eigene Sterben oder den Verlust geliebter Angehöriger und Freunde. Deswegen sollte diese Thematik meiner Ansicht nach eine der wichtigsten Fragen unserer Forschung sein, doch genau das Gegenteil ist der Fall. Wie kann die Schulmedizin bei der Trauer helfen? Sie hat diesbezüglich nur ein sehr eingeschränktes Potenzial. Es ist aus meiner Sicht vergleichbar mit einer symptomatischen Behandlung bei Krankheiten, deren Ursache man nicht kennt. Trauerbewältigungsstrategien, eine professionelle Trauerbegleitung und Psychopharmaka sind sicherlich eine gute Unterstützung und können den Betroffenen helfen, ins Leben zurückzufinden. Aber Trost und Heilung wird man damit niemals geben können. Wie viel Leid könnte man heilen, wenn die Wissenschaftler, die übersinnliche Phänomene und Erfahrungen mit der Geistigen Welt auf seriös methodische Art untersuchten, signifikant positive Erkenntnisse und Evidenz für diesen Bereich herausfänden (was ja schon vielfach geschehen ist)? Diese Art der Arbeit ist keine Faulheit, sondern mindestens genauso mühsam und ehrenhaft, wie die Arbeit der materialistisch geprägten Wissenschaftler. In unserer EREAMS-Studie zeigte sich, dass über 96 Prozent der 243 befragten Klienten ihren Jenseitskontakt bei einem renommierten Medium als tröstlich empfanden. Dieses Maß an Tröstlichkeit kann man weder mit einer Tablette noch mit Gesprächen über das Akzeptieren und Loslassen in der Trauerbewältigung bei einem Psychotherapeuten erreichen. Es stellt sich die Frage, was so ein Medium den Trauernden erzählt hat, dass dieser unglaublich positive Effekt erzielt werden konnte. Ein paar nette Worte, Aufmunterungen und Zuspruch allein können nicht ausreichend gewesen sein. Wer einmal Eltern begegnet ist, die ihr Kind verloren haben, weiß, dass es im Grunde nichts auf der Welt gibt, wirklich rein gar nichts, was die Eltern trösten könnte. Das Einzige, was sich diese Menschen wünschen, ist, ihr Kind wieder in den Armen zu halten. Und diese leidenden Menschen werden ja nicht auf einmal dumm und naiv und glauben jede dahergesagte Trostfloskel, wie z. B.: »Euer Kind ist immer bei euch und liebt euch.«

Ein Betroffener würde sicher nicht darauf antworten: »Oh ja. Danke. Da bin ich aber beruhigt. Jetzt habe ich Trost gefunden.« Nur wenn ein gutes Jenseitsmedium durch eindeutige authentische Beweise die Existenz des Verstorbenen bezeugen kann, nur dann sind die Botschaften auch etwas wert, nur dann darf zumindest ein wenig Heilung und Trost erfolgen. Ich bin davon überzeugt, dass ein seriöser Jenseitskontakt in der Trauer nach dem englischen Spiritismus die einzige Möglichkeit ist, Trost zu erfahren. Aber es würde beim Trost allein nicht bleiben. Was würde eine Evidenz für die Geistige Welt mit ihren unsterblichen Seelen für unsere Welt, das Miteinander und den Frieden bewirken können? Es würde bedeuten, dass die Wertigkeit all unseres Handelns und auch des Nicht-Handelns über den Tod hinaus von Bedeutung wäre.

Es ist aus meiner Sicht sehr wahrscheinlich, dass unser menschlicher Intellekt und unser Bewusstsein für gewisse höhere Realitäten gar nicht befähigt sind. Es wäre arrogant zu behaupten, wir Menschen seien in der Lage, alles entdecken und erklären zu können, und es sei nur eine Frage der Mühe und Zeit, bis man die Rätsel der Welt gelöst habe. Mit dem folgenden einfachen Beispiel möchte ich zeigen, dass es auch für uns Menschen ein zu akzeptierendes *Unwissen* geben muss. Stellen wir uns den intelligentesten Hund der Welt vor. Selbst mit der größten Mühe, selbst mit der größten Geduld wäre man niemals in der Lage, diesem Hund die spezielle Relativitätstheorie von Albert Einstein verständlich zu machen. (Nun gut, es wird bestimmt auch genügend Menschen geben, die da so ihre Probleme damit hätten; aber darum geht es hier nicht.) Obwohl der Hund allein schon aufgrund seines eingeschränkten Intellekts nicht in der Lage ist, die Theorie zu verstehen, so ist das, was diese brillante Theorie beschreibt, offensichtlich trotzdem wahr und existent (zumindest, solange wir uns nicht in die Quantenwelt begeben, dazu in Kapitel 6: *Quantenmechanik und Spiritualität* (➛Seite 290) mehr). Da wir Menschen genau wie der Hund ein Lebewesen des Planeten Erde sind, stelle ich mir die Frage, warum es sich denn bei uns plötzlich anders verhalten sollte? Mit Sicherheit wird es Realitäten geben, die wir mit unserem menschlichen Intellekt nicht begreifen können. Es gibt keinen Grund zu glauben, wir seien das Ende der intellektuellen Fahnenstange, das wäre höchst arrogant und ein Zeugnis von fehlender Demut. Elisabeth Kübler-Ross beschreibt es ganz ähnlich:

> *»Von uns Wissenschaftlern wird Demut verlangt. Wir müssen demütig akzeptieren, dass es viele Millionen Dinge gibt, die wir noch nicht verstehen können. Das heißt aber nicht, dass diese Dinge, nur weil wir sie nicht verstehen, etwa nicht existieren und Realitäten sein dürfen.«*[29]

Natürlich sind diese Dinge nicht zwangsläufig ein Beweis für Gott oder geistige Ebenen, aber sie zeigen, dass wir uns in eine viel größere Welt einzufügen haben, als in die, die wir zu kennen glauben. Und diese Dinge dann zum Schutz des materiellen Weltbildes als unseriös, Blödsinn oder theokratische Unterwanderung abzutun und nicht selten mit äußerst fadenscheinigen Begründungen um jeden Preis in ein materialistisches Korsett zu zwängen, entspricht nicht meinem Verständnis ganzheitlicher Wissenschaft. Johann Wolfgang von Goethe bringt es meiner Ansicht nach auf den Punkt:

> *»Das schönste Glück des denkenden Menschen ist, das Erforschliche erforscht zu haben und das Unerforschliche zu verehren.«*[30]

Um der wahren Wirklichkeit unserer Existenz näher zu kommen, sollten wir so wie es Armin Risi in seinem Buch *Der radikale Mittelweg*[31] auch fordert, diese Gegensätze von Kreationismus und Materialismus überwinden und uns unter anderem auf das menschliche Urwissen um eine multidimensionale Koexistenz in einer grobstofflich-physischen und einer feinstofflich-metaphysischen Ebene zurückbesinnen.[32] Es ist erstaunlich und gleichermaßen überzeugend, dass quer über den Globus verteilt in den spirituellen Traditionen der alten Hochkulturen so viele Parallelen um die Grob- und Feinstofflichkeit existieren.

2.3 *Freiheit in der Forschung*

Wir müssen uns die Frage stellen, wie eine ganzheitliche Wissenschaft aussehen muss, um uns der wirklichen Wirklichkeit fernab von irgendwelchen Weltbildern oder religiösen Ansichten anzunähern. Das wichtigste Fundament einer solchen Wissenschaft ist für mich die Freiheit. Jeder Wissenschaftler sollte die Freiheit haben, jede Frage stellen zu dürfen, jede Theorie zu entwickeln, jede Hypothese aufzustellen, zu verifizieren oder zu falsifizieren, sich ohne Angst vor Konsequenzen mit seinen Erkenntnissen der Öffentlichkeit zu stellen. Doch was hier so selbstverständlich klingt, entspricht leider nicht der gängigen Praxis in unserer Welt. Die Freiheit der Forschung wird von einem materialistischen Dogmatismus in Ketten gehalten. Wissenschaft und Forschung sollten immer alle begründbaren Möglichkeiten zunächst einmal zulassen dürfen. Durch Falsifikation können dann die Unwahrheiten entdeckt und als mögliche Erklärungen verworfen werden. Wenn aber das unter den Naturwissenschaftlern vorherrschende materialistische Weltbild von vornherein die Menge der möglichen Lösungen ideologisch eingrenzt, dann stellt sich die Frage, welche Art von Realität die Wissenschaftler denn entdecken wollen. Gerade bei diesem Thema, Wissenschaftlern die Freiheit zu geben, ganzheitlich zu forschen, also für gewisse Phänomene auch geistige, übersinnliche Realitäten und subjektives Erleben zuzulassen und mit guten Argumenten auch Ideologien und Weltbilder ins Wanken zu bringen, entsteht durch unsere aktuelle Hochschul- und Forschungslandschaft ein starker Gegenwind. Ich selbst habe als Wissenschaftler beim Fraunhofer-Institut in verschiedenen Forschungs- und Entwicklungsprojekten intensiv mitgewirkt und möchte hier ein Bild davon vermitteln, wie die Forschung heutzutage größtenteils funktioniert. Bevor man überhaupt beginnen kann zu forschen, muss als Erstes die Finanzierung gesichert sein. Also werden Forschungsanträge in größter Akribie geschrieben und schließlich beim BMBF oder einer ähnlichen Institution eingereicht, in der Hoffnung, aus dem Geldtopf einen Teil abzubekommen. Wird der Antrag schließlich bewilligt, stehen in der Regel Gelder für drei Jahre Projektlaufzeit zur Verfügung. Die meisten Wissenschaftler erhalten befristete Jahresverträge, und der Erfolg eines Forschungsantrags ist somit von existenzieller Bedeutung, sichert er doch zumindest kurzfristig den Lebensunterhalt. Wer einmal selbst einen solchen Forschungsantrag gelesen oder – wie ich –sogar geschrieben hat, wird vom Aufwand und Umfang regelrecht erschlagen. Bis ins kleinste Detail werden Ressourcen, Abläufe,

Strategien, Methoden und Verwertung geplant und erläutert. Wer in einem solchen Forschungsantrag hineinschriebe, dass geistige oder übersinnliche Realitäten eine Rolle spielen könnten, bekäme den Antrag von seinem Vorgesetzten oder Institutsleiter um die Ohren gehauen, denn damit würde man sich selbst sofort aus dem Rennen um die zu verteilenden Gelder schießen. Solche Realitäten werden insbesondere in unserer Hochschul- und Bildungslandschaft schon aus ideologischen Gründen als derart abwegig angesehen, dass man geradezu als verrückt abgestempelt wird. Die Dogmatiker sitzen nicht nur in den Kirchen, sondern auch in den Universitäten und Forschungseinrichtungen. Ben Stein ist ein US-amerikanischer Schauspieler, Moderator, Autor und langjähriger Journalist beim *Wall Street Journal* und bei der *New York Times*. Mit seinem eindrücklichen Dokumentationsfilm *Expelled* über die aktuelle Forschungslandschaft zeigt er, wie erstklassige Wissenschaftler von ihren Universitäten und Arbeitgebern der Lächerlichkeit preisgegeben und aus ideologischen und politischen Gründen gefeuert wurden, nur weil sie über den Tellerrand der materialistischen Naturwissenschaft hinausblickten.[33] Im Mittelalter landete man mit Erkenntnissen, die das vorherrschende Weltbild veränderten, auf dem Scheiterhaufen. Heute verliert man seine Reputation, seine Karriere und seinen Job. Wer diese Fälle und auch die Diskussionen in den sozialen Netzwerken ein wenig verfolgt, wird entdecken, dass dieses Thema höchst emotional belegt ist. Das scheint mir auch der Grund dafür zu sein, dass anscheinend niemand aus dem Lager der glaubenstreuen Materialisten auch nur den Hauch eines Anreizes empfindet, sich mit den neuen wissenschaftlichen Erkenntnissen dieser Forscher auseinanderzusetzen, denn es würde ja womöglich das eigene Weltbild ins Wanken bringen, und das wird unter keinen Umständen zugelassen.

Statt sich mit einer argumentativen Sachlichkeit einer öffentlichen wissenschaftlichen Diskussion zu stellen, stößt man auf eine völlig inakzeptable, auf Vorurteilen und Unwissenheit basierende, hasserfüllte Bösartigkeit. Es wird nahezu jedem Wissenschaftler, der nicht artig mit dem materialistischen Weltbild konform geht, von vornherein der Versuch einer theokratischen Unterwanderung der Gesellschaft, Kreationismus und religiöser Fanatismus vorgeworfen. Um sämtlichen sich mir gegenüber anbahnenden Anschuldigungen zuvorzukommen, möchte ich mich an dieser Stelle von jeglicher Religion oder Glaubensgemeinschaft strikt distanzieren. Ich stamme aus einer säkularen Familie und bin aus der Kirche ausgetreten. Selbst an Heiligabend gehe ich mit meiner Familie in den Wald und nicht in die Kirche. Ich lasse mich weder durch eine Religion noch durch Weltbilder in meiner Sicht beschränken. Ich denke, wir würden alle gut daran tun, wenn wir den Hass überwinden und uns darauf einigen würden, dass wir einfach dem Weg der besten Argumente, Beweise und größten Wahrscheinlichkeiten folgen, unabhängig davon, zu welchem Weltbild er uns führt. Leider laufen viele Wissenschaftler den Weg genau falsch herum, ohne es zu bemerken.

Ich halte es für sehr wichtig, einige mutige, fast schon rebellische Wissenschaftler, die im Namen der wahren Werte der Wissenschaft ihre Karriere riskierten, hier kurz vorzustellen, um auch der Authentizität gerecht zu werden.

Dr. Günther Bechly

- Doktor der Paläontologie
- Universitätsstudium der Biologie, Zoologie, Parasitologie und Paläontologie
- Über 150 wissenschaftliche Publikationen
- Er hat über 160 neue Tierarten beschrieben
- Zehn Tiergruppen sind von anderen Wissenschaftlern nach ihm benannt worden
- Von seinem langjährigen Arbeitgeber, dem Naturkundemuseum Stuttgart, wurde ihm eine Beendigung des Arbeitsverhältnisses nahegelegt, weil er die Freiheit der Forschung lebte. »Mir wurde ganz eindeutig gesagt, dass ich ein Störfaktor bin, ein Risikopotenzial habe und die Glaubwürdigkeit des Hauses untergrabe.«[34]

Dr. Richard von Sternberg

- Doktor der Biologie
- Doktor für Systemwissenschaften (theoretische Biologie)
- Über 30 Veröffentlichungen in von Experten begutachteten wissenschaftlichen Büchern und Publikationen
- Gefeuert vom Smithsonian National Museum of Natural History in Washington D.C., weil er dem Thema *Intelligent Design* Glaubwürdigkeit schenkte. Sein Abteilungsleiter bezeichnete ihn als »intellektuellen Terroristen«.[35]

Prof. Dr. Brian Josephson

- Professor für Physik an der Universität von Cambridge
- Erhielt 1973 den Nobelpreis für Physik für die Entdeckung des Josephson-Effekts (Tunneleffekt der Quantenphysik)
- Beschäftigte sich später mit der Geist-Materie-Wechselwirkung und unterstützte die Forschung für Parapsychologie. Seine ehemaligen Kollegen distanzierten sich von ihm mit den Worten: »Josephson spinnt doch.« Fachzeitschriften wie *Nature* haben seine Beiträge schließlich nicht mehr veröffentlicht.[36]

Ich finde es sehr beängstigend, dass die Wissenschaft offensichtlich nicht mehr Wissenschaft sein darf. Das sind aus meiner Sicht ganz besorgniserregende Zustände. Die Freiheit der Wissenschaft ist in existenzieller Gefahr, und unsere Gesellschaft nimmt das traurigerweise einfach so hin. Der amerikanische Physiker Julius Robert Oppenheimer hat den Freiheitsgedanken der Wissenschaft sehr treffend formuliert:

> *»Der Wissenschaftler muss die Freiheit besitzen, jede Frage zu stellen, jede Behauptung anzuzweifeln, nach jedem möglichen Beweis zu suchen und alle Fehler zu korrigieren.«*[37]

2.4 *Paradigmenwechsel*

Von einem Großteil der Öffentlichkeit komplett unbemerkt kam es im Sommer 2018 zu einem unglaublichen Aufschrei und Wendepunkt in der wissenschaftlichen Welt. Es gibt also tatsächlich hoffnungsvolles Licht am Ende des Tunnels der wissenschaftlichen Freiheit. Im Juli 2018 gab es in der Fachwelt eine viele Jahre lang unvorstellbare große Revolution. Erstmals wurde eine positive von Experten begutachtete Studie zu Psi-Fähigkeiten im *American Psychologist*, einem der renommiertesten Psychologie-Fachjournale weltweit, veröffentlicht. Dieses offizielle Fachjournal der *American Psychological Association* ist höchst angesehen, und darin publizierte Artikel genießen eine breit gefächerte Akzeptanz. Die Studie zeigt auf eindrucksvolle Weise, dass es

> *»eine Evidenz für eine zunehmende Unterstützung für die Realität von Psi gibt, die sich nicht ohne Weiteres durch die (mangelnde) Qualität der Studien, Betrug, selektive Berichterstattung, experimentelle oder analytische Inkompetenz oder andere häufige Kritikpunkte erklären lässt. Die Evidenz für Psi ist vergleichbar mit der für etablierte Ereignisse in der Psychologie und anderen Disziplinen, obwohl es kein einvernehmliches Verständnis für sie gibt. Es werden weitergehende Forschungen auf diesem Gebiet empfohlen.«*[38]

Im Schatten dieser Studie darf ich den Physiker, Informatiker und Kognitionswissenschaftler Douglas R. Hofstadter zitieren, der sich in einem Artikel in der *New York Times* über den Psi-Wissenschaftler und promovierten Sozialpsychologen Daryl J. Bem öffentlich zu einem von Bem publizierten Artikel zu einer parapsychologischen Studie auf sehr despektierliche Art geäußert hatte:

> *»Wenn auch nur eine seiner Behauptungen wahr wäre, dann würde das die gesamte gegenwärtige Wissenschaft zu Boden stürzen, und wir müssten all unser Wissen über die Natur und*

das Universum überdenken. Und deshalb ist es eine ernste Angelegenheit, einen solchen Artikel zu veröffentlichen, denn er enthüllt, dass die Autoren nicht einmal annähernd verstanden haben, welche Bedeutung und Folgen das haben kann. (...) Der tiefe Glaube in die Wissenschaft impliziert, dass dieser Artikel notwendigerweise, mit Sicherheit und ohne jeden Zweifel, falsch sein muss und dass die Mängel darin vielmehr gefunden und zur Schau gestellt werden müssen, als dass man so etwas voreilig veröffentlicht.«[39]

Niemand hindert ihn daran, die angeblichen Mängel von Bems Studie zu suchen und Gegenargumente zu veröffentlichen. Stattdessen schreibt er aber lieber einen Artikel für die *New York Times*, der gänzlich ohne inhaltliche Auseinandersetzung mit der Studie daherkommt. Er spricht vom tiefen Glauben in die Wissenschaft, doch deutet seine rigorose Wortwahl ohne jegliche Argumentation vielmehr auf einen materialistischen Dogmatiker hin, als auf jemanden, der sich die Mühe macht, solche Studien wirklich zu lesen und zu begutachten. Ob sich Hofstadter und die *New York Times* nach der Veröffentlichung der oben zitierten durch Experten begutachteten Cardeña-Studie zu Psi-Phänomenen im *American Psychologist* noch einmal so weit aus dem Fenster lehnen würden? Hofstadter prangert die in seinen Augen falschen und voreiligen Veröffentlichungen an, dass er sich damit nun ein Eigentor geschossen hat, ist wohl eine Ironie des Schicksals. So hat die Cardeña-Studie nach Hofstadters eigenen Worten die gesamte gegenwärtige Wissenschaft zu Boden gestürzt. Eigentlich hätte die Studie mit dieser Erkenntnis auf der Titelseite einer jeden Tageszeitung und in allen Nachrichten der Welt erscheinen müssen, aber das Gegenteil ist der Fall. Ich habe das Gefühl, die Ergebnisse der Studie werden bewusst klein gehalten, damit sie sich bloß nicht verbreiten. Aus meiner Sicht ist eine Veröffentlichung von Psi-Studien in wissenschaftlichen Journals daher nicht erstrebenswert, denn das führt in eine Sackgasse. Ein Großteil der materialistischen Wissenschaftler weigert sich auch weiterhin aus Prinzip, sich mit solchen Erkenntnissen ernsthaft auseinanderzusetzen. Auch wenn es ganz offensichtlich nichts bewirkt, selbst wenn man von Experten die Echtheit von Psi-Phänomenen bestätigt bekommt, so hoffe ich, dass diese Studie nur der Anfang von vielen weiteren ist, die Psi-Phänomene mit etablierten Methoden zu untersuchen. Ich befürchte jedoch, dass die althergebrachten Weltbilder in den Köpfen der Materialisten dermaßen fest verankert sind, dass sich zunächst nicht viel ändern wird. Aber es ist der Beginn von etwas Neuem. Unsere Welt ist unverkennbar im Wandel. Ich habe die Hoffnung, dass eine neue Generation von aufgeschlossenen Wissenschaftlern mit einem anderen Bewusstsein, einer ausgeprägten Fairness und einer vorurteilsfreien Offenheit gegenüber diesen Themen heranwächst. Dazu ist es allerdings erforderlich, dass wir schon bei unseren Kindern in den Schulen damit beginnen müssen, die Grundlagen für eine ganzheitliche und offene Form von Wissenschaft zu vermitteln. Solange jedoch eingefleischte Materialisten dogmatisch an den althergebrachten Lehrinhalten festhalten, wird die Vermittlung einer ganzheitlichen Sicht auf unsere Welt extrem erschwert. Unlängst hatte ich einen kleinen Disput mit dem Ministerium für Bildung und Schule des Landes Nordrhein-Westfalen über Inhalte zum Thema Makroevolution und zur mutmaßlich alternativlosen Darstellung von der Entstehung der Arten über den Darwinismus. In Kapitel 4.1: *Materialistische/naturalistische Entstehung* (➛Seite 107) werde ich genauer auf diesen ernüchternden Versuch eines wissenschaftlichen Dialogs eingehen.

2.4.1 Unsere Gesellschaft ist der Wissenschaft einen Schritt voraus

Unsere Gesellschaft ist in Bezug auf Psi-Phänomene und Spiritualität schon ein ganzes Stück weiter als die klassische Wissenschaft. Sie befindet sich mitten im Paradigmenwechsel. Immer mehr Menschen wird bewusst, dass es da *mehr* geben muss, und ich habe das Gefühl, die Zeiten, in denen man dabei schief angeschaut und als Irrer verurteilt wurde, neigen sich langsam dem Ende zu. Das Thema Spiritualität wird salonfähig, was sich unter anderem auch am Zulauf und Erfolg zeigt, den viele spirituelle Lehrer und Jenseitsmedien in den letzten Jahren erfahren haben. Dieser Trend ist bestimmt kein Zufall, sondern Ausdruck einer sich wandelnden Gesellschaft. Nicht ohne Grund hat Pascal Voggenhuber, Schweizer Jenseitsmedium und Bestsellerautor, bis 2021 bereits 14 Bücher veröffentlicht, die alle in der Schweizer Top-Ten-Bestsellerliste Sachbuch platziert waren. Mehrere seiner Bücher handeln von der Kommunikation mit der Geistigen Welt. So erschien z. B. im September 2018 sein Buch *Nachricht aus dem Jenseits 2.0*[40]. Seine Bücher wurden in sieben Sprachen übersetzt. Mit seinen Vorträgen und Seminaren füllt er schon seit Jahren große Hallen in vielen Teilen Europas. Mit atemberaubenden Jenseitskontakten in Live-Demos und mehreren TV-Auftritten erreicht er mit seiner lockeren und frischen Art zunehmend auch ein junges Publikum. In einem Interview berichtete er einmal, dass man als Klient zuletzt im Jahre 2012 sieben Jahre auf einen Beratungstermin bei ihm hätte warten müssen. Kein Mensch würde sieben Jahre auf einen Jenseitskontakt warten, wenn er nicht von den Fähigkeiten und der beweislastigen Methodik und Glaubwürdigkeit des Mediums überzeugt wäre. Diese lange Wartezeit war auch ein Hauptgrund für Voggenhuber, keine weiteren persönlichen Beratungstermine mehr für Jenseitskontakte anzubieten, da er einem Trauernden diese lange Wartezeit nicht zumuten wollte. Seitdem versucht er, auf anderen Wegen in großen Veranstaltungen und Seminaren zu helfen. Er schafft es, Menschen in sehr großem Umfang für dieses Thema zu sensibilisieren, und das kann nur funktionieren, wenn man überzeugende Argumente hat.

Ein weiteres Indiz dafür, dass sich unsere Gesellschaft für solche spirituellen Themen immer mehr öffnet, ist der große Erfolg des Buches *Blick in die Ewigkeit*[41] des US-amerikanischen Neurochirurgen und Gehirnspezialisten Dr. Eben Alexander. Als klassisch ausgebildeter Arzt hielt er ein Überleben der Seele nach dem physischen Tod lange Zeit für ausgeschlossen. Als er eines Tages an einer Hirnhautentzündung erkrankte, hatten seine behandelnden Ärzte keine großen Hoffnungen mehr. Sein Gehirn verlor nach und nach immer mehr seine Funktion. Dabei erlebte er eine eindrucksvolle Nahtoderfahrung, von der er in seinem Buch berichtet. Dieses Buch erschien am 23. Oktober 2012 und landete als Neueinsteiger am 11. November 2012 sofort auf Platz eins der *New York Times Bestsellerliste* für *Paperback Nonfiction*. Nach meinen Recherchen wurde das Werk bis Ende Juni 2015 mit wenigen Unterbrechungen insgesamt 114 Wochen lang in den Top 20 gelistet, davon 46 Wochen lang auf Platz eins. Das Buch eines Verrückten mit einer erfundenen Geschichte hätte sich niemals so lange erfolgreich in der Bestsellerliste halten können. Wir können dankbar sein, dass sich mutige Menschen wie Eben Alexander trauen, mit diesen Erfahrungen an die Öffentlichkeit zu gehen. Solche Erlebnisse und Erfahrungen verändern einen Menschen auf unglaubliche Weise.

Werfen wir nun einen Blick auf den vom Schweizer Onlineverlag *PSI ONLINE* organisierten Online Kongress *Spirit Summit 2019*, bei dem 66 renommierte spirituelle Lehrer Online-Vorträge und Seminare für den deutschsprachigen Raum angeboten haben. Der Erfolg dieser Veranstaltung war enorm, wie die folgenden Zahlen des Veranstalters belegen. Die Spirit Summit 2019 hatte 51 779 Teilnehmer und 652 337 Videoaufrufe mit in Summe 190 000 Stunden geschauten Videos. Das sind umgerechnet 21,7 Jahre. 98,12 Prozent aller Teilnehmer haben danach angegeben, hilfreiche Inhalte für ihr Leben erhalten zu haben. PSI ONLINE organisierte im darauffolgenden Jahr im März 2020 einen weiteren Online Kongress mit dem Titel *Flow Summit 2020* mit bereits 175 000 Teilnehmern und 3 Millionen Videoklicks. Das entspricht 850 000 Stunden Videokonsum, umgerechnet etwa 100 Jahre. Auch die Entwicklung des Thanatos TV-YouTube-Kanals* mit aktuell über 68 000 Abonnenten

* https://thanatos.tv/

zeigt einen klaren Trend zu mehr Interesse und Offenheit für diese Themen. Wo im Jahre 2018 noch 1,3 Millionen Videos aufgerufen wurden, waren es 2019 bereits 5,6 Millionen Klicks. Innerhalb nur eines Jahres hat sich die Anzahl der Stunden für geschaute Videos auf diesem Kanal von 260 000 auf 1,4 Millionen Stunden im Jahre 2019 erhöht, das sind umgerechnet fast 160 Jahre.

Der Wandel in der Gesellschaft ist unverkennbar, und ich finde es höchst interessant, dass sowohl die Voraussagen aus den vedischen* Schriften als auch die des Maya-Kalenders über den Anbruch eines neuen Zeitalters stimmig in das aktuelle Bild der Veränderungen passen. In der vedischen Kosmologie unterscheidet man vier Zeitalter, die sogenannten Yuga-Zyklen. Aktuell befinden wir uns im vierten Zyklus, der wie alle Yuga-Zyklen wiederum in Unterzyklen unterteilt ist. Es gibt jedoch keine gleichmäßige Unterteilung, die Zyklen und Unterzyklen sind unterschiedlich lang und stehen mit kosmologischen Ereignissen im Einklang. Die beiden Physiker Paul J. Steinhardt von der *Universität Princeton* und Neil G. Turok von der *Universität Cambridge* bestätigen in ihrem Buch *Endless Universe – Beyond the Big Bang*, dass die kosmologischen Zeitangaben in den vedischen Schriften erstaunliche Ähnlichkeiten zu den Erkenntnissen der zeitgenössischen Astronomie aufweisen.[42] Wir reden hier also nicht von irgendeiner Spinnerei eines primitiven Urvolks, sondern stoßen ganz im Gegenteil in den vedischen* Schriften auf ein geballtes Mysterienwissen der ersten menschlichen Hochkultur zur Kosmologie, aber auch zur Spiritualität und zu vielen anderen Bereichen (siehe auch Kapitel 4.3: *Involution und vedisches Mysterienwissen* ➛Seite 256).

Wir befinden uns aktuell in der Endphase des Kali-Yuga-Unterzyklus, den man auch als den Unterzyklus des dunklen Zeitalters oder des Streits bezeichnet. Der Sanskrit-Begriff *Kali* geht dabei auf den hinduistischen Dämon Kali zurück und kann mit Zank

* Veden = altindische heilige Sanskrit-Schriften aus der Tradition des Hinduismus

oder Streit übersetzt werden. »Die indische Zählung des Kali-Yugas und der Start des großen Zyklus in der Maya-Zeitrechnung (13-mal 144 000 Tage = 5200 Jahre à 360 Tage) begannen praktisch zur gleichen Zeit, nämlich um 3100 v. Chr.«[43] Das Datum der Wintersonnenwende am 21. Dezember 2012 war insbesondere durch die vielen Reportagen und Artikel, aber vor allem auch durch den Hollywood-Film *2012* in den Medien sehr präsent. Grund ist die Fehlinterpretation des Maya-Kalenders. Man glaubte, dieses Datum besiegle das Ende der Welt, doch genau das Gegenteil ist der Fall. Mit diesem Datum beginnt ein neuer Zyklus und somit die Chance auf einen Neuanfang. Zwei sich völlig fremde alte Hochkulturen geben also unabhängig voneinander nahezu die gleiche Dauer von etwa 5000 Jahren für dieses dunkle Zeitalter an, das – wie wir heute auf die letzten 5000 Jahre zurückblickend bestätigen können – von Spaltung und Trennung von der geistigen Quelle, Ausbeutung, Macht, Leid, Krieg und einem immerwährenden Materialismus bestimmt wurde. Doch nun befinden wir uns an der Schwelle zu einem neuen Zeitalter. Wie es in den vedischen Schriften heißt, wird die Zeit, wie wir sie kannten, zu Ende gehen, und nach einer relativ kurzen Übergangsphase beginnt ein neues Zeitalter mit satya-yuga-ähnlichen Verhältnissen. Das Satya Yuga ist der erste und vollkommene Zyklus der vier Yuga-Unterzyklen, er wird auch als das goldene Zeitalter beschrieben. Im Satya Yuga lebten die Menschen ethisch verantwortlich und sehr spirituell. Sie besaßen eine andere Verdichtung und Schwingungsfrequenz, sodass sie sich den geistigen Ebenen annähern konnten. Der Begriff *Schwingungsfrequenz* ist hierbei jedoch nicht im physikalischen Sinne zu interpretieren. Es ist vielmehr der Versuch, dieses Phänomen der sich annähernden Bewusstseinsebenen passend zu umschreiben. Satya kann mit Wahrheit oder Rechtschaffenheit übersetzt werden. Es heißt, die Schwingungsfrequenz der Erde wird immer weiter erhöht. So ist es immer mehr Menschen möglich, einen Zugang zu dieser spirituellen Welt zu erlangen. Man mag den vedischen Prophezeiungen Glauben schenken oder auch nicht.

Doch sollte man sich die Frage stellen, woher die Menschen in dieser Frühzeit der menschlichen Kultur ihr Wissen haben? Sie wussten über die Kosmologie und die Heilung Bescheid, die wir zum Teil erst in unserer modernen naturwissenschaftlichen Forschung in der Neuzeit wiederentdeckten. Wie kann es sein, dass verschiedene sich fremde Hochkulturen ähnliche Aussagen über Zeitalter treffen können? Wir sollten dieses alte Wissen schätzen und ihm Beachtung schenken. Es ist definitiv mehr als nur erfundene Mythologie, und es sind keine Hirngespinste.

Das Timing ist schon interessant und mehr als passend; denn kurz nachdem ich den letzten Abschnitt zu Ende geschrieben hatte, überschlugen sich die Ereignisse auf unserer Welt. Ich schreibe diese Zeilen im April 2020, und das Corona-Virus breitet sich unaufhaltsam aus. Es legt große Teile unseres Lebens lahm, und Tausende Menschen fallen dem Virus jeden Tag zum Opfer. Momentan sind Norditalien und New York besonders stark betroffen, ein Ende ist bislang nicht in Sicht. Auch im Rest Europas steht alles still. Es gibt Kontaktverbote, Ausgangssperren, und das Einkaufen geht nur noch mit Sicherheitsabstand und Mundschutz. Noch sind die Supermarktregale gut gefüllt, nur Konservendosen, Nudeln, Mehl und Toilettenpapier sind ständig ausverkauft. Schon jetzt ist absehbar, dass die Welt nach der Pandemie eine andere sein wird. Dieses kleine Virus bringt uns allen plötzlich bei, was wirklich von Bedeutung ist. Alltägliche Dinge bekommen plötzlich einen großen Wert: Hygieneartikel, Lebensmittel, Medizin, der Besuch beim Frisör und die Nähe zu unseren Liebsten sind keine Selbstverständlichkeiten mehr. Das Virus macht uns plötzlich alle gleich. Es unterscheidet nicht zwischen reich und arm oder ob wir aus dem Westen oder Osten kommen. Die Arbeit von Kassiererinnen, Müllmännern, Erntehelfern, LKW-Fahrern und von vielen bislang gesellschaftlich kaum beachteten Berufen steht plötzlich in einem völlig anderen Licht da. Wir erkennen gerade, wie wichtig jeder Einzelne von uns ist, ganz egal, wo unser Platz sein mag. Ich bin fest davon überzeugt, dass das Corona-Virus Teil des Wandels ist. Die

Frage ist nur, ob es auch ein Wandel zu einer bewussteren und besseren Welt für alle Lebewesen der Erde wird. Das hoffe ich, und wenn wir den Voraussagen der vedischen Schriften und der Mayas Glauben schenken, so dürfen wir unsere Sorgen und unsere Angst vor Mangel und Verlust beiseiteschieben und in uns ein Gefühl von Hoffnung und Vertrauen keimen lassen.
Die Sterbeforscherin Dr. Elisabeth Kübler-Ross hat in ihrem Buch *Über den Tod und das Leben danach* einen bemerkenswerten Abschnitt geschrieben, der, so scheint es, die aktuelle Situation der Corona-Krise voraussagte:

> *»Doch meine eigentliche Aufgabe besteht darin – und hier benötige ich Ihre Mithilfe –, den Menschen zu sagen, dass es keinen Tod gibt. Es ist sehr wichtig, dass die Menschheit dies weiß, denn wir stehen am Beginn einer sehr schwierigen Zeit, nicht nur für Amerika, sondern für den ganzen Planeten Erde. Schuld daran ist unsere eigene Zerstörungssucht, schuld daran sind die Atomwaffen, schuld daran tragen unsere Habsucht und unser Materialismus, schuld daran ist unser Verhalten hinsichtlich der Umweltverschmutzung, schuld daran sind wir, weil wir so unendlich viele Gaben der Natur zerstört haben, und Schuld tragen wir insofern, als wir jegliche echte Vergeistigung verloren haben. Ich übertreibe ein bisschen, aber bestimmt nicht zu sehr. Das einzige Mittel, das eine Veränderung für ein neues Zeitalter herbeizuführen vermag, besteht darin, dass die Erde zu beben beginnt, auf dass wir aufgerüttelt werden.«*[44]

2.4.2 European Values Study 2017

Die European Values Study (EVS) ist eine transnationale empirische Langzeitstudie über die Vorstellungen der Europäer zu Familie, Arbeit, Religion, Politik und Gesellschaft. Die Umfragen werden seit 1981 alle neun Jahre in sogenannten Wellen neu erhoben. 2017 wurde die fünfte Welle abgeschlossen und veröffentlicht, in Summe wurden über 70 000 Menschen in Europa interviewt.[45] Vor diesem Hintergrund darf man sicherlich von einer repräsentativen Stichprobe sprechen. Ich habe die Daten zu den religiösen und spirituellen Ansichten für Deutschland (D), Österreich (AT), die Schweiz (CH) und Europa gesamt (EUR) unter die Lupe genommen. Dass in einer modernen, vorwiegend materialistisch orientierten europäischen Gesellschaft drei Viertel aller Menschen an Gott und mehr als die Hälfte an ein Weiterleben nach dem Tod glauben, hat mich ehrlich gesagt sehr überrascht. Interessant ist auch die Erkenntnis, dass die Deutschen bei diesen Fragen deutlich zurückhaltender sind als die Österreicher, die Schweizer und die Europäer insgesamt (11 bis 14 Prozentpunkte, siehe *Tabelle 2-2*).

Tabelle 2-2: EVS 2017 – Glaubensfragen

Glaubensfrage	**D**	**AT**	**CH**	**EUR**
an Gott	60,1 %	74,7 %	73,2 %	75,1 %
an ein Leben nach dem Tod	45,8 %	57,7 %	56,4 %	51,1 %
an die Wiedergeburt	24,8 %	31,8 %	27,9 %	26,7 %

Eine 2008 vom *SPIEGEL* in Auftrag gegebene Umfrage zeigt ein sehr ähnliches Resultat. Demnach glauben 52 Prozent der Deutschen an die Unsterblichkeit der Seele.[46] Der Glaube an die Wiedergeburt, dass wir also schon vor diesem physischen Leben gelebt haben und durch immer neue Reinkarnationenszyklen die Erde betreten, war etwas, das ich eigentlich nur höchst spirituellen Menschen zugetraut hätte. Doch der Anteil der Menschen in Deutschland, die daran glauben, liegt bei 24,8 Prozent. Das sind bei 83 Millionen Einwohnern (Schätzung des statistischen Bundesamtes vom Januar 2019), über 20 Millionen Menschen allein in Deutschland, die an Reinkarnation glauben. Wenn wir diese Berechnung auf Europa mit einer Gesamtbevölkerungszahl von 746 Millionen (Schätzung der Deutschen Stiftung Weltbevölkerung 2018) bei einer Quote von 26,7 Prozent übertragen, so leben in Europa fast 200 Millionen Menschen, die an eine Wiedergeburt glauben.

Tabelle 2-3: *EVS 2017 – Was entspricht am ehesten deinem Glauben?*

Land	Persönl. Gott	Geistige Welt	Weiß nicht	Gar nichts
Deutschland	20,6 %	42,2 %	13,5 %	23,6 %
Österreich	28,5 %	47,0 %	11,2 %	13,3 %
Schweiz	20,2 %	59,8 %	11,0 %	9,0 %
Europa	42,0 %	33,2 %	12,6 %	12,2 %

Tabelle 2-3 fasst zusammen, welcher Glaubenssatz am ehesten für die Befragten zutraf. Beim Vergleich der Daten aus *Tabelle 2-2* zur Frage *Glaube an Gott* mit den Ergebnissen aus *Tabelle 2-3* wird deutlich, dass für die meisten Menschen bei diesem Punkt der Begriff Gott einen übergreifenden Charakter besitzen muss. So ist nicht nur der Glaube an einen persönlichen, biblischen Gott gemeint, sondern auch der Glaube an eine Geistige Welt. Beim Thema *Geistige Welt* gibt es in Europa übrigens eine große Diversität. In den meisten westeuropäischen Ländern liegt der Prozentwert beim Glauben an eine Geistige Welt zwischen 29,2 Prozent (Spanien) und 59,8 Prozent (Schweiz), wohingegen in den osteuropäischen Ländern enorme Schwankungen zu erkennen sind. So glauben z. B. in Armenien lediglich 1,3 Prozent und in Georgien 5,6 Prozent der Bevölkerung an eine Geistige Welt. Die Schweiz ist beim Thema *Geistige Welt* Spitzenreiter in dieser Studie. In der Schweiz gibt es eine lange Tradition der Spiritualität, viele der weltweit renommiertesten Medien und

spirituellen Lehrer stammen aus der Schweiz oder leben dort (z. B. Pascal Voggenhuber, Andy Schwab, Kim-Anne Jannes u. v. m.). Dort findet dieses Thema auch durch renommierte Organisationen wie den Baseler Psi-Verein in der Bevölkerung bereits eine breite Akzeptanz. Ich bin mir sicher, dass sich diese Akzeptanz weiter erhöhen und in den nächsten Generationen durchsetzen wird. Vor dem Hintergrund dieser Zahlen sollte man sich nicht länger davor fürchten, diese Themen auch in der Öffentlichkeit frei zu diskutieren. Der Paradigmenwechsel hin zu einer Welt, in der auch die Spiritualität Einzug halten darf und mitunter eine Selbstverständlichkeit ist, ist nicht länger von der Hand zu weisen.

3 Materie

»Wenn wir die Galaxien der Sternenwelt zählen oder die Existenz von Elementarteilchen beweisen, so sind das wahrscheinlich keine Gottesbeweise. Aber als Forscher bin ich tief beeindruckt durch die Ordnung und die Schönheit, die ich im Kosmos finde, sowie im Inneren der materiellen Dinge. Und als Beobachter der Natur kann ich den Gedanken nicht zurückweisen, dass hier eine höhere Ordnung der Dinge im Voraus existiert. Die Vorstellung, dass dies alles das Ergebnis eines Zufalls oder bloß statistischer Vielfalt sei, das ist für mich vollkommen unannehmbar. Es ist hier eine Intelligenz auf einer höheren Ebene vorgegeben, jenseits der Existenz des Universums selbst.«[1] Carlo Rubbia, Nobelpreis für Physik 1984

In Kapitel 1: *Und plötzlich war alles anders* (➤Seite 17) habe ich dir von Jomas Unfalltod erzählt, was mich auf so unglaubliche Weise berührt und verändert hat. Seit diesem tragischen Ereignis begleitet mich der folgende Gedanke. All die Liebe, die dieses Mädchen mit ihren Eltern verband, ihr Lächeln, ihre Lebensfreude und alles, was sie ausmachte, kann doch jetzt nicht einfach verschwunden sein. Mir wurde schlagartig klar, dass die Materie, aus der unser Körper besteht, das alles niemals beherbergen kann. Ich bin nicht der erste Mensch, der sich diese Art von Gedanken macht. Rupert Sheldrake nennt es einen seit Jahrhunderten andauernden Streit über das Seele-Körper- oder Geist-Gehirn-Problem. Während es für die Materialisten nichts als Materie und somit kein Bewusstsein gibt, betrachten die mechanistischen Dualisten nur den Körper als unbewusste, unbelebte und niedere Materie, und losgelöst davon existiert für sie der ewige immaterielle bewusste Geist.[2] Um der Sache auf den Grund zu gehen, begann ich danach zu recherchieren, was Materie eigentlich ist und ab wann Materie lebendig wird und ob ein Bewusstsein mit Gefühlen wie Liebe, Freude und Trauer daraus entstehen kann. Vielleicht ist aber auch schon die Frage danach, wie Bewusstsein in Materie entstehen könnte, grundlegend falsch; denn womöglich existiert das Bewusstsein außerhalb der uns bekannten Raumzeit-Dimension, und es war schon immer da und geht nur zeitweise eine körperliche Verbindung im Rahmen von Inkarnationen ein. 2005 wurden in einer Sonderausgabe der Fachzeitschrift *Science* der *American Association for the Advancement of Science* die 125 wichtigsten von der Wissenschaft noch unbeantworteten Fragen veröffentlicht.[3]

Die wichtigste Frage lautete demnach: »Woraus besteht das Universum?« Viel interessanter ist jedoch die Frage auf Platz zwei: »Was ist die biologische Grundlage des Bewusstseins?«

Diese Frage als solche halte ich für grundlegend falsch. Sie darf so nicht gestellt werden, denn sie impliziert, dass es offensichtlich eine biologische Grundlage geben muss, die man nur noch genau entdecken müsse. Diese Frage zeigt ganz deutlich, dass ein rein materialistisches Weltbild fahrlässig beschränkend ist und verhindert, überhaupt die richtigen Fragen zu stellen.

Ich vertrete hierbei dieselbe Ansicht wie Pim van Lommel; denn die Frage müsste vielmehr lauten: »Hat das Bewusstsein überhaupt eine biologische Grundlage?« und er ergänzt diese Frage ganz folgerichtig mit zwei weiteren: »Können wir denn von einem Anfang unseres Bewusstseins sprechen? Und gelangt unser Bewusstsein je an ein Ende?«[4]

In Kapitel 5: *Bewusstsein* (➤Seite 272) werde ich dieses Thema vertiefen. In der Liste der wichtigsten Fragen gibt es noch weitere interessante Fragen, die ich in diesem Buch zu beantworten versuche. So befindet sich auf Platz zwölf die Frage: »Wie und wo entstand das Leben auf der Erde?« Nicht nur viele Wissenschaftler, Dozenten und Lehrer glauben, dass diese Frage schon längst beantwortet sei, doch kommen zum Teil so unfassbar fadenscheinige, ja nahezu naive Erklärungen zum Vorschein, deren Wahrscheinlichkeiten erwiesenermaßen praktisch bei null liegen. Da diese Erklärungen aber in das in Stein gemeißelte materialistische Paradigma passen, werden sie ohne eigenes Denken als bewiesene Tatsachen angesehen. Das eigentlich Schlimme daran ist, dass diese Leute nicht nur für ihr eigenes Wissen verantwortlich sind, sondern die verantwortungsvolle Aufgabe haben, junge Menschen auszubilden. In meinen Augen halte ich es für höchst verantwortungslos, wenn Studenten und Schülern diese lückenhaften unbewiesenen Theorien ganz selbstverständlich und völlig alternativlos als die einzig mögliche Anschauung eines modern denkenden und aufgeklärten Menschen vermittelt werden. Wie sagte schon der Wissenschaftshistoriker Ernst Peter Fischer: »Ein Paradigma ist das Brett, das alle vor dem Kopf haben (…) Voraussetzungen, die keiner mehr hinterfragt.«[5] In Kapitel 4.1.1: *Wie entstand das Leben ursprünglich?* (➛Seite 110) werde ich dieses Thema genauer unter die Lupe nehmen und unter anderem zeigen, dass in unserem dogmatischen Bildungssystem kein Raum für wissenschaftliche Diskussionen zugelassen wird, weil in den Augen der Verantwortlichen alles, was nicht materialistisch ist, mutmaßlich religiöse fanatische Ideologie sein muss. Dass die Frage nach dem Ursprung des Lebens jedoch überhaupt in dieser Liste auftaucht, zeigt, dass es zum Glück noch ein paar vernünftige Wissenschaftler geben muss, die hier weitere Verifikationen bzw. Falsifikationen einfordern.

Wenn die Materialisten behaupten, dass alles, was wir sind, nur das Zusammenspiel von unbewusster toter Materie sei, dann müssten wir doch Antworten oder zumindest Hinweise darüber finden, wenn wir die Konsistenz der Materie ergründen. Ich habe bei meinen Recherchen atemberaubende und überraschende Antworten gefunden, die ich mir so nie hätte vorstellen können. Ich sehe unsere materielle Welt nun mit komplett anderen Augen. Die Ergebnisse meiner erkenntnisreichen Reise findest du in diesem Kapitel.

3.1 *Wo kommt Materie her?*

Es gibt drei wunderbare Aussagen, die unbestritten gleichermaßen von Esoterikern als auch von Physikern immer wieder gern verwendet werden:

- Wir sind alle Sternenstaub
- Wir sind reine Energie
- Wir sind Schwingung

Wohingegen der Esoteriker dabei eine gewisse Romantik und spirituelle Tiefe erkennt, sieht der Physiker die Dinge ganz nüchtern und naturwissenschaftlich abgeklärt. Beides hat seinen Reiz, und das Wundervolle dabei ist, dass wir hier großartige Synergien freilegen können.

3.1.1 Urknall, Sterne und Kernfusion

Vor 13,7 Millionen Jahren entstand unser Universum in einer brachialen Expansion aus einem sehr heißen dichten Punkt in Form des Urknalls oder auch Big Bangs. Diese Theorie gilt gemeinhin als vielfach bestätigtes Konzept[6], auch wenn es durchaus ernst zu nehmende Alternativhypothesen gibt. 2006 wurde George F. Smoot für sein COBE-Experiment mit dem Physik-Nobelpreis geehrt, das durch die Messung der kosmischen Hintergrundstrahlung die Urknalltheorie eindrucksvoll bestätigte.[7] In seiner TV-Sendung *α-Centauri* bezeichnet Harald Lesch den Urknall als »den Tag ohne Gestern, (…) den Anfang von Allem«[8], wobei ich dieses Zitat gern mit den Worten »… in der materiellen Welt!« ergänzen würde. Denn mit dem Urknall entstanden Materie, Energie, der Raum und die Zeit. Für mich scheint es daher eine logische Schlussfolgerung zu sein, dass es dann offensichtlich auch etwas geben muss, das ohne Raum und Zeit existiert; denn der Urknall kann nach meinem Verständnis unmöglich aus dem Nichts entstanden sein. Die Frage: »Was war vor dem Urknall?« hört sich zunächst einmal sehr interessant an, jedoch ist sie in dieser Form unzulässig. Das Wörtchen *vor* impliziert, dass es Zeit gegeben haben musste. Doch die Zeit entstand ja erst durch den Urknall selbst. Für mich ist dies schon ein erster Hinweis darauf, dass es offensichtlich auch Dimensionen geben muss, in denen es weder Raum noch Zeit gibt. Die Quantenmechanik bestätigt diese Einschätzung. Ich werde es dir in Kapitel 6: *Quantenmechanik und Spiritualität?* (➛Seite 290) anschaulich am Beispiel der Quantenverschränkung und des Quantenradierers zeigen. Kehren wir zurück zum Urknall und fokussieren uns auf die Entstehung von Materie. Unser menschlicher Körper mit beispielhaften 80 kg besitzt circa 10^{28} Teilchen (Protonenmassen) aus 60 verschiedenen Elementen, wobei etwa 97 Prozent der Masse von lediglich vier Elementen bestimmt werden: Sauerstoff, Kohlenstoff, Wasserstoff und Stickstoff.

***Tabelle 3-1:** Die chemischen Elemente des menschlichen Körpers nach Anne Marie Helmenstine*[9]

Element	Elementsymbol	Masseanteil
Sauerstoff	O	65,0 %
Kohlenstoff	C	18,0 %
Wasserstoff	H	9,5 %
Stickstoff	N	3,2 %
Calcium	Ca	1,5 %
Phosphor	P	1,2 %
Kalium	K	0,4 %
Schwefel	S	0,2 %
Natrium	Na	0,2 %
Chlor	Cl	0,2 %
Magnesium	Mg	0,1 %
andere	–	< 0,5 %

Tabelle 3-1 zeigt die elementare Zusammensetzung des menschlichen Körpers, die Spurenelemente (wie Jod, Zink, Eisen, Fluor, Kupfer, Mangan, Selen, Chrom oder Cobalt) kommen nur in

Spuren vor und werden daher mit einem Gesamtanteil von < 0,5 Prozent zusammengefasst. Aus diesen Bausteinen ist unser Körper also aufgebaut. Aber wie sind diese entstanden? Nach dem Urknall begann das Universum damit, sich auszudehnen, und das tut es auch noch heute. In den ersten Sekunden herrschte in dem noch jungen Universum eine ungeheure Energie- bzw. Massedichte mit unvorstellbar hohen Temperaturen von mehreren Milliarden Grad Celsius. Durch die Ausdehnung kam es jedoch zu einer Abkühlung. Dabei bildeten sich die ersten Atomkerne. Zunächst entstand aus den Protonen der Wasserstoff, das erste Element im Universum. Durch den Zusammenschluss der Protonen mit den Neutronen entstanden die Wasserstoffisotope Deuterium und Tritium, aus denen schließlich das zweite Element Helium entstand. Es gab einen kleinen Zeitraum von drei Minuten zu Beginn unseres Universums, in denen die Elemente Wasserstoff und Helium entstehen konnten. Wasserstoff mit einem Proton und Helium mit zwei Protonen und zwei Neutronen stehen im Periodensystem ganz vorn, alle anderen Elemente dahinter bezeichnet man daher auch als die schweren Elemente, die also nicht beim Urknall entstanden sind, sondern in den Sternen durch Kernfusion »erbrütet« werden.[10] Wenn wir nun einen Blick auf die elementare chemische Zusammensetzung unseres Körpers werfen, so müssen wir feststellen, dass die meisten unserer körperlichen Elemente somit erst nach dem Urknall in großen Sternen entstanden sein müssen. Die Sterne selbst entstanden und entstehen durch den gravitativen Zusammenschluss von Gaswolken im Weltraum. Durch die Schwerkraft klumpt das Material immer weiter zusammen, bis die Gaswolke schließlich unter ihrer eigenen Last zusammenbricht. Durch die enorme Masse- und somit auch Energiedichte wird ein Kernfusionsprozess in Gang gesetzt. Zu Beginn fusioniert ein Stern wie unsere Sonne Wasserstoff zu Helium. Wenn die Masse des Sterns allerdings groß genug ist, dann kann der Kernfusionsprozess auch nach dem Helium fortgeführt werden. Der Stern muss dafür allerdings mindestens fünf Sonnenmassen besitzen, sodass schließlich die schweren Elemente oberhalb von Helium entstehen können, vor allem Kohlenstoff, Sauerstoff und Stickstoff. Der Kernfusionsprozess funktioniert so lange, bis der Stern beim Element Eisen angekommen ist. Eisen ist das letzte Element im Periodensystem, bei dem im Verschmelzungsprozess noch Energie entstehen kann. Danach endet der Kernfusionsprozess, und es entsteht schließlich ein Eisenkern so groß wie unsere Erde, der blitzartig unter seiner eigenen Last auf eine Größe von zehn bis 20 Kilometer Durchmesser zusammenschrumpft. Aus dem Stern ist ein Neutronenstern geworden, und die äußeren Hüllen seiner ehemaligen Sonnenstruktur schlagen mit einer gewaltigen Wucht auf ihn ein. Der Physiker und Mathematiker Josef M. Gaßner vergleicht diesen Hülleneinsturz auf den Eisenkern mit einem Trampolineffekt. Für die einstürzenden Sternhüllen bedeutet das, dass sie mit mehreren Tausend Kilometern pro Sekunde zurückgeschleudert werden.[11] Im Zuge dieser Supernovaexplosion steigt die ursprüngliche Leuchtkraft des Sterns milliardenfach an. Dabei entstehen all die schweren Elemente, die im Periodensystem oberhalb von Eisen stehen.[12] Wenn also jemand sagt, dass wir aus Sternenstaub bestehen, dann ist das nicht metaphorisch, sondern tatsächlich im wahrsten Sinne des Wortes zu verstehen. Ist der Gedanke nicht unglaublich, dass die Atome und Moleküle unseres Körpers in einem Stern und seiner Supernova entstanden sein müssen? Aber es sind natürlich nicht nur unsere Körper, sondern auch alles andere um uns herum und das, was wir täglich in Form von Nahrung zu uns nehmen oder einatmen. Man darf dabei jedoch nicht aus den Augen verlieren, dass unser Körper einem stetigen Wandel unterliegt. Sämtliche Moleküle unseres Körpers (bis auf die DNA) werden innerhalb von Tagen oder Wochen komplett ausgetauscht.[13] In jeder Sekunde unseres Lebens werden 500 000 Zellen abgebaut und erneuert.[14] Die Materie unseres Körpers wandelt sich kontinuierlich durch einen stetigen Austauschprozess. Selbst die Zellmembranen unserer Neuronen, denen materialistisch geprägte Wissenschaftler eine große Bedeutung bei der Entstehung von Bewusstsein zusprechen, werden im zweiwöchentlichen Rhythmus auf molekularer Ebene ausgetauscht. Die Vorstellung, dass unser Bewusstsein auf Teilchen basiert, die kontinuierlich ausgetauscht werden, scheint mir ebenso abwegig zu sein, wie die Idee, dass Bewusstsein durch Kernfusionsprozesse in den Sonnen entsteht. Vielleicht ist die Frage nach der Entstehung von Bewusstsein auch schon grundlegend falsch, denn eine Entstehung impliziert, dass es zunächst kein Bewusstsein gegeben haben muss. Es gibt ja auch die Möglichkeit, dass Bewusstsein schon immer existierte und vielmehr der Auslöser all dieser Prozesse war.

3.2 *Materie ist nicht materiell*

Woraus besteht Materie? Die Frage nach der Struktur der Materie ist jahrtausendealt. Im antiken Griechenland im fünften Jahrhundert vor Christus prägten die Philosophen Leukipp und sein Schüler Demokrit den Begriff *Atom* (unteilbar = griech. *atomos*)[15]. Ihrer Ansicht nach musste alles aus kleinsten unzerstörbaren Teilen bestehen, selbst die menschliche Seele wurde als Produkt einer atomaren Zusammensetzung betrachtet, die mit dem Tod verschwand, wobei die Atome als ewige Teilchen wieder neue Verbindungen eingehen konnten.[16] Nach Jahrhunderten des Stillstands stellte man sich erst wieder im 19. Jahrhundert die Frage, woraus denn Materie eigentlich besteht.

Wir alle sind mit der massebehafteten Materie in unserer makroskopischen Welt bestens vertraut. Wir berühren Dinge, wir benutzen sie, wir können sie voneinander abgrenzen, wir können Materie zu uns nehmen oder uns daran verletzen. Aber wenn wir unsere makroskopische Welt verlassen und immer tiefer in die Materie eindringen, dann betreten wir eine neue Welt, die von Energien und dem Nichts bestimmt wird. Schon Albert Einstein formulierte mit seiner wohl berühmtesten Formel $e = mc^2$ die die Äquivalenz von Energie und Masse, die Konstante für die Lichtgeschwindigkeit (hier sogar zum Quadrat) darf für die Darstellung dieses Zusammenhangs getrost weggelassen werden. Das ist vergleichbar mit der O-Notation in der Informatik zur Beschreibung des Wachstums einer Funktion. Konstanten spielen für die grundlegende Betrachtung einer Funktion und ihr Wachstumsverhalten keine Rolle. Mit anderen Worten, Masse und Energie sind nach Einstein dasselbe. Aber wie kann man sich das nun genau vorstellen? Wenn ich morgens nach dem Aufstehen noch im Halbschlaf mit meinem Fuß gegen den Bettpfosten laufe, dann tut es höllisch weh, und der Pfosten ist ohne Zweifel zumindest in meiner Wahrnehmung keine Energie, sondern äußerst massiv und hart.

Gehen wir der Sache nun auf den Grund. Dazu betrachten wir eine massive und glatte Tischplatte. Stell dir vor, wir zoomen wie bei einem Foto immer näher an die Tischplatte heran. Langsam verlassen wir den makroskopischen Bereich, und die glatte Oberfläche wird immer mehr zu einem zerklüfteten Gebirge. Wir zoomen immer weiter hinein, es erscheinen gitterförmig angelegte Molekülstrukturen, die ihrerseits aus Atomen bestehen.[17] Nun haben wir im Prinzip die Ebene erreicht, die die alten Griechen als die kleinste Struktureinheit der Materie definierten. Doch wir zoomen weiter in die Atomhülle hinein und finden neben ganz viel Nichts noch weitere Bausteine. Im Zentrum befindet sich ein winziger Atomkern, der nahezu die komplette Masse des Atoms ausmacht. Um diesen Atomkern herum befinden sich in der Hülle zu gewissen Wahrscheinlichkeiten die noch kleineren Elektronen, die einen verhältnismäßig riesigen Abstand zum Kern besitzen. Um sich das bildhaft vorzustellen, vergleichen Lesch und Gaßner das Größenverhältnis eines gesamten Atoms zu seinem Atomkern mit dem eines großen Fußballstadions (z. B. dem Dortmunder Signal-Iduna-Park) als Atom und einem Reiskorn im Mittelpunkt des Anstoßkreises als dessen Kern.[18] Allerdings ist im Signal-Iduna-Park immer unheimlich viel los, tolle Fußballmannschaften kämpfen um den Sieg, und über 80 000 euphorische Fans bejubeln das Spiel, im Vergleich dazu herrscht in der Atomhülle bis auf die negativ geladenen Elektronen gähnende Leere. Wir zoomen weiter hinein und erreichen den Atomkern, der aus den positiv geladenen Protonen und den elektrisch neutralen Neutronen besteht. Diese Kernbausteine bestimmen die Masse des gesamten Atoms, also schauen wir sie uns noch genauer an. Es spielt keine Rolle, ob wir Neutronen oder Protonen betrachten, das Folgende gilt gleichermaßen für beide. Wir werfen einen Blick in ein Proton hinein und erreichen somit einen Bereich, wo wir zumindest nach dem aktuellen Stand in der Forschung die wirklich kleinsten unteilbaren Elementarteilen, die Quarks, finden. In jedem Proton befinden sich drei Quarks (zwei Up-Quarks und ein Down-Quark) und die sie zusammenhaltenden Gluonen (vom englischen *glue:* kleben abgeleitet), die mit dieser starken Wechselwirkung eine der vier Grundkräfte der Physik erzeugen. Diese Elementarteilchen stehen in einer permanenten Wechselwirkung mit einem überall im Universum gleichermaßen wirkenden Kraftfeld, dem sogenannten Higgsfeld, das nach dem schottischen Physiker Peter Higgs benannt wurde. Unter Einbeziehung dieses im Large Hadron Collider* experimentell nachgewiesenen Higgsfelds stellte sich heraus, dass sämtliche Elementarteilchen eines definitiv massereichen Protons bzw. Neutrons komplett masselos sein müssen. Ja, du hast richtig gelesen! Dort, wo eigentlich die feste Materie sein müsste, gibt es de facto keine Masse. Wie ist das möglich? Wie kann ein Atom eine Masse besitzen, wenn es aus ganz viel Nichts und masselosen Elementarteilchen besteht? Erinnerst du dich an die einsteinsche Formel? Masse ist dasselbe wie Energie, und die Masse der Materie besteht somit nicht aus fester Substanz, sondern aus Bewegungs- und Bindungsenergie der Quarks und Gluonen. Ist es nicht faszinierend, wenn wir uns im Kleinsten betrachten, dass wir zu 100 Prozent aus Energie bestehen? Es ist also kein esoterischer Quatsch, wenn wir sagen, dass wir reine Energie sind. Es ist sogar physikalisch bewiesen. Der Quantenphysiker und frühere Leiter des Max-Planck-Instituts für Physik

* Teilchenbeschleuniger am Europäischen Kernforschungszentrum CERN bei Genf

in München Hans-Peter Dürr kommt sogar zu dem Schluss, dass es gar keine Materie gibt:

> *»… welche Überraschung, wir müssen feststellen, es gibt die Materie im Grunde nicht mehr. Es gibt letzten Endes nur noch eine Art Schwingung. Es gibt, streng genommen, keine Elektronen, es gibt keinen Atomkern, sie sind eigentlich nur Schwingungsfiguren. Eine Art Schwingungsfigur wie Ihr Handy-Gespräch im elektromagnetischen Feld, nichts Materielles im eigentlichen Sinne. An diesem Punkt haben wir die Materie verloren.«*[19]

3.3 *Geist und Materie*

Warum habe ich mich überhaupt mit dem Thema Materie beschäftigt? Ich war auf der Suche nach einer Antwort, ob Jomas Seele integraler Bestandteil der Materie ihres Körpers ist und ob mit dem physischen Tod auch die Seele stirbt. Darüber, ob die Materie unseres Körpers tatsächlich an der Entstehung unseres Bewusstseins beteiligt ist, streiten sich die Gläubigen, Philosophen und materialistischen Wissenschaftler seit Jahrzehnten. Ein Erklärungsansatz, der unter anderem von dem amerikanischen Philosophen John Searle vertreten wird, lautet, dass der Geist aus Materie durch komplexer werdende Molekularstrukturen entsteht. Es ist vergleichbar mit zwei Wasserstoffatomen und einem Sauerstoffatom, die für sich betrachtet gänzlich andere Eigenschaften besitzen als ihre molekulare Zusammensetzung als Wassermolekül. Die Eigenschaften einzelner Atome spiegeln sich im molekularen Verbund nicht zwangsläufig wider, es entstehen durch Neuorganisation und die Bildung von Verbünden komplett neue stoffliche Ausprägungen. Nach Searle soll auch das Bewusstsein bei solchen emergierenden Prozessen im Gehirn entstanden sein.[20]

Einige Materialisten sehen sogar evolutionäre Prozesse an der Entstehung von Bewusstsein beteiligt. So beschreibt der britische Psychologe Nicholas Humphrey, dass das Vorhandensein von Bewusstsein evolutionäre Vorteile in Bezug auf Überlebens- und Vermehrungschancen hatte und nur deshalb überhaupt erst entstanden sei. Seiner Einschätzung nach erzeugte das Gehirn demnach Gefühle und Wünsche. Dies sei jedoch nicht echt, sondern eine Inszenierung des Gehirns und reine Einbildung.[21] Ich teile hierbei die Meinung von Rupert Sheldrake, der dies folgendermaßen kommentiert:

»Nun, wenn wir sagen, Bewusstsein sei Einbildung,
ist das keine Erklärung für Bewusstsein, sondern setzt es voraus.
Einbildung ist vielmehr eine Funktionsweise
des Bewusstseins.«[22]

Das Zusammenspiel von Materie und Atomen mit Geist und Bewusstsein wird unter anderem auch vom Panpsychismus* beschrieben. Einer der bekanntesten Vertreter des Panpsychismus ist der amerikanische Philosoph Thomas Nagel, der in seinem 2012 veröffentlichten Buch *Mind and Cosmos* die These aufstellte, dass alle Elemente der physischen Welt auch mental sind.[23] Das bedeutet also, dass allen Atomen und Molekülen zumindest eine niedere Form eines Geists oder Bewusstseins innewohnen soll. Der britische Philosoph Galen Stawson schreibt den Atomen im Einzelnen zwar kein menschliches Bewusstsein zu, aber in seiner Betrachtung kann eine Zunahme der Komplexität eines Systems auch zur Ausbildung eines komplexen Geistes führen.[24] Diese Interpretation führt letztendlich zu einem lückenlos beseelten Universum. In diesem Zusammenhang wird der Begriff der Weltseele häufig genannt. Eine erstaunliche Parallele dazu finden wir in der alten indischen Philosophie Vedanta**, die als Basis für den Hinduismus und Buddhismus gilt. In ihr wird die höchste Gottesvorstellung namens *Brahman* beschrieben, die für das unwandelbare, unsterbliche Absolute und den Urgrund allen

* aus dem Griechischen: pan: überall und psyche: Geist/Seele
** wörtlich übersetzt: Ende des Veda (Vollendung allen vedischen Wissens)

Seins steht. Es existiert ohne Anfang und ohne Ende. Brahman steht für das letzte Eine, das selbst keine Ursache hat, aus dem aber alles Geistige und Materielle entstanden ist.[25] Somit begründet Brahman alle belebte und unbelebte Materie.

Ich denke, dass man den Panpsychismus mit seinen beseelten Atomen ganz einfach in einer kritischen Auseinandersetzung widerlegen kann. In Kapitel 3.1.1: *Urknall, Sterne und Kernfusion* (➛Seite 92) habe ich bereits beschrieben, dass der menschliche Körper einem stetigen Wandel unterliegt. Innerhalb weniger Wochen werden sämtliche Atome und Moleküle unseres Körpers kontinuierlich und komplett ausgetauscht, doch zeigt sich unsere Seele von diesem nahezu vollständigen atomaren Wandel ganz und gar unbeeindruckt. Es kann daher nicht möglich sein, dass unser Geist das Produkt der atomaren und molekularen Substanz unseres physischen Körpers ist.

Der physikalische Ansatz mit der Energie und dem Higgsfeld eröffnet weitaus größere Perspektiven. Das Higgsfeld ist ein Kraftfeld, das keine lokale Quelle besitzt, es ist nicht-lokal, überall im ganzen Universum gleichsam präsent und wirkt auf die Elementarteilchen unserer Materie, die aus Nichts und Energie bestehen. Harald Lesch bezeichnete die Entdeckung des Higgsfeldes als einen »wirklichen Kracher«, denn »das Higgsfeld gehört zu den Anfangsbedingungen des Universums«.[26] Ich halte dieses verifizierte Zusammenspiel des Higgsfeldes mit den Quarks für eine glaubhafte Grundlage dafür, dass es durchaus auch noch andere Energiefelder, z. B. auch aus geistigen Ebenen, geben kann, die frei von Zeit und Raum mit der Energie unserer Materie in Wechselwirkung treten können. Der Schweizer Philosoph Armin Risi beschreibt es ähnlich:

> *»Die theistische Wissenschaft postuliert, dass die Unendlichkeit der Materie in ein absolutes, ewiges Bewusstseinsfeld eingebettet ist und dass dieses Bewusstseinsfeld die Materie beseelt, mit In-Formation erfüllt und dadurch Form annehmen lässt.«*[27]

Das Higgsfeld wurde bereits experimentell im Teilchenbeschleuniger im CERN nachgewiesen, mit dem Bewusstseinsfeld wird es etwas schwieriger. Dennoch halte ich dieses nicht-lokale und zeitlose Bewusstseinsfeld und einen beseelten materiellen Körper, der wie eine Marionette dem Bewusstsein als Spielfigur dient, für die plausibelste Betrachtungsweise.

4 Ursprung und Evolution des Lebens

»Jeder dumme Junge kann einen Käfer zertreten.
Aber alle Professoren der Welt können keinen herstellen.«[1]
Arthur Schopenhauer

Einer der Hauptgründe, warum ich dieses Buch geschrieben habe, ist, dass ich trauernden und verzweifelten Hinterbliebenen Trost und Hoffnung geben möchte. Doch wirklich trostspendend kann nur dann etwas sein, wenn es echt und wahr ist. Ein Großteil der Menschen in unserer westlichen Welt ist säkular erzogen worden und durch den Einfluss unserer Schul- und Hochschulbildung sowie durch die Berichterstattung in den öffentlichen Medien in einem rein materialistischen Weltbild aufgewachsen. Dieses Weltbild ist tief verwurzelt und verhindert eine Offenheit für geistige Themen, die in der Regel in einer trügerischen Rationalität und aus voller Überzeugung abgelehnt werden. Die Ursuppentheorie zur Entstehung des Lebens und Darwins Evolutionstheorie sind meines Erachtens die Hauptursachen dafür, denn sie geben den Leuten eine vermeintlich natürliche Erklärung für unsere Existenz an die Hand, die niemals infrage gestellt wird. Ich kann diese Menschen nur dann aus ihrer Überzeugung heraus abholen, wenn ich ihnen mit wissenschaftlichen Argumenten zeige, dass diese Theorien nicht die ihr zugestandene Standfestigkeit besitzen und sogar grobe Fehler enthalten. Erst dann werden auch die vorwiegend skeptischen Leute meiner spirituellen Forschung mehr Gehör und Glauben schenken können. Das ist der Grund, warum wir nicht daran vorbeikommen, uns chemisches, biochemisches und biologisches Fachwissen in einigen Fällen bis ins Detail anzuschauen, denn sonst sind meine Argumente nicht glaubhaft und nicht stark genug, um das materialistische Weltbild ins

Wanken und die Naturwissenschaftler in Erklärungsnot zu bringen. Im folgenden Kapitel erwarten dich deshalb viele Fachwörter und wissenschaftliche Betrachtungsweisen, doch möchte ich dich ermutigen, auch wenn du dich damit nicht besonders gut auskennst, dich von mir durch dieses mitunter schwierige Thema leiten zu lassen. Mein Ziel ist es, jedem einen Zugang zu diesen Argumenten zu ermöglichen.

Die Frage nach dem Ursprung des Lebens und der Entstehung der Arten gehört zu den größten Mysterien der Menschheit. Es ist das Reizthema schlechthin, und wer die Diskussionen zwischen Darwinisten und Kreationisten über die Schöpfung in den sozialen Medien einmal verfolgt hat, wird von der Boshaftigkeit und Aggression aus allen Lagern regelrecht erschlagen. Ich habe mir abgewöhnt, mich in diesem Rahmen an Diskussionen zu beteiligen. Da dort Unsachlichkeit und Hass herrschen, führt es zu nichts. Erstaunlich finde ich jedoch, dass sich diese emotionale Belegung des Themas selbst in akademische Kreise hineinzieht, auch auf Fachtagungen und in seriöser wissenschaftlicher Literatur finden sich scharfe Anfeindungen, wobei mein Eindruck ist, dass viele materialistisch geprägte Wissenschaftler dabei ein besonders großes Talent beweisen. Gern gebe ich dir eine kleine Kostprobe aus meinem Biologiebuch *Biologie für Mediziner, Pharmazeuten und Chemiker*, das ich im Rahmen meines Medizinstudiums als offizielles Lehrbuch von meiner Universität empfohlen bekommen habe.

> *»Die kontinuierliche Evolution der pflanzlichen und tierischen Arten seit der Entstehung des Lebens ist heute wohlbewiesene Grundlage unseres Weltbildes. Aber im vorigen Jahrhundert, als die Lehre von der Konstanz der Arten unhaltbar wurde, erschien die Einführung des Wissens um Evolution als geistige Revolution, deren Nachwehen bis in das 20. Jahrhundert hineinreichten. Selbst heute noch gibt es vereinzelte exotische Sonderlinge, die aus ideologischen Gründen, fernab naturwissenschaftlicher Erkenntnisse, gegen die Fakten der Evolution auftreten.«*[2]

Sachlichkeit sieht anders aus und dass so etwas in einem universitären Lehrbuch des Georg Thieme Verlags, einem der größten Anbieter im Bereich deutschsprachiger Medizinpublikationen, steht, ist für mich nicht nachvollziehbar. Ich finde es bezeichnend und höchst bedenklich. Abgesehen davon, dass alle andersdenkenden Menschen hier als »exotische Sonderlinge« bezeichnet und ihnen ideologische Absichten unterstellt werden, behaupten die Autoren in einer unantastbaren Selbstverständlichkeit sogar, dass die gesamte Evolution bewiesen sei. Das ist schlichtweg nicht die Wahrheit; die angeblichen Fakten der Evolution halten einer genaueren Betrachtung in vielen Bereichen überhaupt nicht stand. Die darwinsche Evolutionstheorie ist, wie der Name schon sagt, eine Theorie, und es gibt absolut ernst zu nehmende Kritik daran. Diese Kritik darf und muss gehört werden, zumal sie von ausgewiesenen Spezialisten kommt und nicht von irgendwelchen ideologischen Spinnern. Das Discovery Institut hat 2001 eine Liste unter dem Titel *A Scientific Dissent From Darwinism*[3] mit den Namen seriöser und renommierter Wissenschaftler aus der ganzen Welt veröffentlicht, die der vorherrschenden Meinung der darwinschen Evolutionstheorie widersprechen. Diese Liste enthält mittlerweile über 1000 Unterzeichner, vorwiegend promovierte Naturwissenschaftler und Professoren mitunter von den bekanntesten Universitäten wie Yale, Princeton, Stanford, MIT, UC Berkeley und UCLA. Immer wieder wird von den Darwinisten versucht, diese Liste durch Falschaussagen ins Lächerliche zu ziehen, dass die Leute darauf erfunden wären oder verblendete Kreationisten seien, die fernab von Wissenschaft argumentieren würden. Nachdem ich mir die Arbeit gemacht und die wissenschaftlich fundierten Argumente angeschaut habe, die gegen den Darwinismus sprechen, habe ich mich ebenfalls in diese Liste aufnehmen lassen. Ich kann versichern, dass ich nicht erfunden bin und dass ich mich mit einem Motivationsschreiben und Nachweisen meiner akademischen Titel für diese Liste bewerben musste. Es kann sich nicht einfach jeder dafür anmelden oder gefälschte Namen und Titel verwenden. Man wird vor der Aufnahme intensiv überprüft. Daher ist diese Liste absolut authentisch. Ich bin weder ein Kreationist noch gehöre ich irgendeiner Religion an. Ich habe mich allein der besseren Argumente wegen in diese Liste aufnehmen lassen. Leider wird eine wissenschaftlich fundierte Kritik an der Evolutionstheorie, wie sie von den Wissenschaftlern dieser Liste formuliert wird, von der Öffentlichkeit nur allzu gern mit einer fundamentalistischen Religionslehre in Verbindung gebracht. Es ist natürlich nicht auszuschließen, dass sich in dieser Liste auch einige Kreationisten befinden, doch berechtigt das nicht, die Liste nur deswegen insgesamt infrage zu stellen. Erschwerend kommt hinzu, dass Kreationisten, wenn sie an einer wörtlichen Auslegung der Bibel mit Adam und Eva festhalten, als realitätsfern belächelt werden, was nicht verwundert. Somit haben die Darwinisten leichtes Spiel, diese Leute und letzten Endes auch diese Liste der Lächerlichkeit preiszugeben und sämtliche (auch gute) Argumente ins Leere laufen zu lassen.[4]

Ich möchte mich nun zusammen mit dir auf den Pfad der Sachlichkeit begeben und die Situation mit gesundem Menschenverstand ganzheitlich und losgelöst von Weltbildern betrachten und ohne Voreingenommenheit die verschiedenen Argumente einiger Schöpfungstheorien begutachten. Ich halte übrigens die Abiogenese* und Darwins Evolutionstheorie für die entscheidenden Faktoren, warum ein Großteil unserer Gesellschaft von einem materialistischen Weltbild überzeugt ist. Daher werde ich mich mit diesen Theorien im Detail auseinandersetzen. Ich stelle die wissenschaftlichen Erkenntnisse dazu auf die Probe und vergleiche verschiedene Ansätze (Abiogenese und Darwins Evolutionstheorie, Intelligent Design, Involution und vedisches Mysterienwissen). Letztendlich möchte ich damit herausfinden, wodurch genau und ab welchem Zeitpunkt das Leben mit einem Bewusstsein bzw. einer Seele begann, und ob das Bewusstsein irgendwann einmal als Nebenprodukt der Evoluti-

* Chemische Evolution, Hypothese zur Entstehung organischer Moleküle aus anorganischen Molekülen

on entstand oder vielleicht sogar der Ausgangspunkt aller Entwicklungen war. Grundsätzlich stellt sich die Frage, inwiefern all dies überhaupt ausschließlich durch die grobstoffliche materielle Welt zu erklären ist. Im gesamtheitlichen Blick werde ich daher auch die Feinstofflichkeit in die Betrachtung miteinbeziehen. Die Begriffe der Grob- und Feinstofflichkeit werde ich im weiteren Verlauf dieses Kapitels genauer beschreiben. Eins sollten wir dabei aber niemals aus den Augen verlieren: Niemand von uns war bei der Entstehung des Lebens dabei. Auch ist es noch niemandem gelungen, Leben im Labor zu erzeugen, obwohl sich die Wissenschaftler dafür regelmäßig in der Presse groß feiern lassen, z. B. in dem berühmten Urey-Miller-Experiment, auf das ich in Kapitel 4.1.1: *Wie entstand das Leben ursprünglich?* (➛Seite 110) genauer eingehen werde. In dem Experiment wurden ein paar einfache Aminosäuren erzeugt, allerdings in einer biochemisch nicht verwertbaren Form, was man jedoch verschwiegen hat. Aber selbst wenn man die korrekten Aminosäuren als Bausteine von Proteinen erzeugt hätte, wäre der Weg zu einem Protein und von einem Protein zu einem lebendigen Organismus immer noch so weit, dass mir der Erfolg dieses Experiments ehrlich gesagt ein Rätsel ist. Wir werden sehen, dass die unüberwindbaren Hürden dabei in den Details stecken. Auf eines können wir uns aber unabhängig von unserem Weltbild einigen: Wir Menschen sind offensichtlich eher darauf spezialisiert, das Leben zu vernichten, als es zu erschaffen.

4.1 *Materialistische/naturalistische Entstehung*

Die materialistische oder naturalistische Entstehung des Lebens und der Arten durch ausschließlich physikalisch-biochemische Prozesse im Rahmen einer chemischen und biologischen Evolution entspricht dem aktuellen wissenschaftlich anerkannten Stand. Sie wird in Schulen und Universitäten (in der Regel als bewiesene Tatsache) gelehrt und von einer aufgeklärten säkularen

Bevölkerung nicht infrage gestellt. Jaeger schreibt in seinem Buch *Wissenschaft und Spiritualität*, dass die Auffassung, Menschen, Tiere und Pflanzen seien von einer externen Intelligenz geschaffen, heute von keinem informierten Menschen mehr ernsthaft vertreten werden könne. Seiner Ansicht nach sind alle Lebewesen das Ergebnis einer vor circa 3,5 Milliarden Jahren begonnenen Evolution.[5] Ich finde es interessant, dass Jaeger einer Leben erschaffenden externen Intelligenz keinen Raum gibt, aber die Menschen als informiert bezeichnet, die an eine physikalisch-biochemische Theorie zur Entstehung des Lebens mit Evolution glauben, obwohl diese Theorie an mehreren Stellen Ereignisse enthält, die eine Wahrscheinlichkeit von null haben (welche das genau sind, beschreibe ich in Kapitel 4.1.1: *Wie entstand das Leben ursprünglich?* ➛Seite 110). Ein halbwegs informierter Mensch sollte wissen, dass ein Ereignis mit der Wahrscheinlichkeit von null definitiv nicht eintreten kann, trotzdem wird entgegen jedweder Logik an der Theorie festgehalten. Es ist schon eigenartig, dass spirituelle Menschen für ihren Glauben belächelt werden und diejenigen nicht, die ihren naturalistischen Term des Lebens mit null multiplizieren und fest davon überzeugt sind, dass etwas anderes als null dabei herauskommt. Der renommierte amerikanische Philosoph Prof. Daniel Dennett ist ein überzeugter Atheist. In einem Interview auf dem YouTube-Kanal *Un-Believable?* sagt er, dass er an nichts Übernatürliches glaube.[6] Ich muss ihm jedoch widersprechen, denn das tut er sehr wohl! Es ist ihm nur nicht bewusst. Man kann sich als Atheist nicht davon befreien; das ist ein Trugschluss. Er muss nämlich daran glauben, dass Ereignisse, die aus statistischer Sicht vollkommen ausgeschlossen sind, z. B. die rein zufällige Entstehung von Aminosäuren und Proteinen, dennoch eingetreten sind. Das halte ich ehrlich gesagt schon für sehr übernatürlich. Da stellt sich mir die Frage, wer glaubt hier eigentlich an die größeren Wunder?

Gibt es wissenschaftlich nachvollziehbare Beweise für Jaegers Aussage? Was genau versteht er unter einem informierten Menschen? Anscheinend niemanden, der die eingrenzenden Mauern des Materialismus zu überwinden in der Lage ist. Ich denke, er meint damit vielmehr einen typischen Menschen unserer säkularen westlichen Zivilisation, der schon in der Schule das materialistische Weltbild und den Darwinismus ohne jeglichen Hinweis auf mögliche Schwächen dieser Theorie als die absolute Wahrheit eingeflößt bekommen hat.

Ich halte einen informierten Menschen eher für jemand, der nicht nur eine umfassende Bildung besitzt, sondern auch das eigene Denken und den gesunden Menschenverstand nicht verloren hat. Ein wahrhaft informierter Mensch überprüft und hinterfragt die Dinge, an die er glaubt. Doch das Hinterfragen hat man uns anscheinend schon in der Schule abgewöhnt. Mir ging es da nicht anders. Bis zu meinem tiefgründigen spirituellen Erlebnis nach Jomas Unfall habe ich die gängige Lehrmeinung zur Entstehung des Lebens 43 Jahre lang ohne den Hauch eines Zweifels wie selbstverständlich akzeptiert. Insbesondere durch mein Medizinstudium hielt ich die gegenwärtige Lehrmeinung einer rein physikalisch-biochemischen Entstehung mit Evolution für eine absolute und unumstößliche Wahrheit, die keiner weiteren Hinterfragung bedarf. Schließlich haben anerkannte Forscher, Doktoren und Professoren diese Erkenntnisse im Rahmen einer wissenschaftlichen Methodik erlangt. Warum sollte ein vernünftiger, aufgeklärter Mensch so etwas jemals anzweifeln? Und hätte jemand versucht, mir die Entstehung des Lebens und der Arten mit einer anderen Erklärung als dieser zu vermitteln, so hätte ich ihn für verrückt erklärt, nicht aber, weil ich seine Argumente gehört oder überprüft hätte – das erschien mir viel zu lächerlich –, sondern weil ich zu 100 Prozent von meinem eigenen Wissen und meiner Bildung überzeugt war. Für mich war klar, diese Menschen hatten fernab wissenschaftlicher Erkenntnis nur eines im Sinn, nämlich ihre religiösen Ansichten verbreiten zu wollen. Doch meine spirituellen Erlebnisse und Gefühle nach Jomas Unfall waren von einer so ungeheuren Eindrücklichkeit, dass sich mein Denken darüber vollkommen verändert hat. Wer so etwas erlebt hat, ist danach nicht mehr der gleiche Mensch. Ich habe begonnen, genauer hinzuschauen. Ist die naturalistische Erklärung zur Entstehung des Lebens wirklich so sicher und schlüssig, dass man ihr uneingeschränkt glauben kann? Welche Argumente sprechen dafür, welche dagegen? Wie entsteht aus toter Materie das Leben, ab wann wird Chemie zu Biologie? Wie entsteht aus primitiven Einzellern hoch entwickeltes Leben voller komplexer, wohl abgestimmter Prozesse mit einem Intellekt und Gefühlen? Entstanden die vielfältigen Lebewesen und Pflanzen auf unserer Welt wirklich allein durch Evolution? Zur Beantwortung habe ich dieses Themenfeld zweigeteilt. Zunächst geht es um die grundlegende Frage nach dem Ursprung des Lebens, bevor wir uns mit der Entstehung der Arten durch Evolution beschäftigen. Bei all diesen Betrachtungsweisen möchte ich meine Hauptmotivation nicht aus den Augen verlieren. Jomas Liebe, ihr Lachen, ihre Vorlieben, Wünsche und Gefühle müssen doch irgendwo hergekommen sein. Kann die Evolutionstheorie Hinweise für den Ursprung ihres und unseres Bewusstseins liefern?

4.1.1 *Wie entstand das Leben ursprünglich?*

> *»Organismen legen Wert auf das Leben. Der Chemie hingegen ist das Leben völlig gleichgültig. Ohne dass ein biologisch abgeleitetes Wesen auf sie einwirkt, haben sich Moleküle noch niemals in Richtung Leben entwickelt. Niemals. Moleküle entstehen nicht im Rahmen einer Evolution. Sie entwickeln sich nicht in Richtung Leben. Sie haben keinen Grund, sich in Richtung Leben zu entwickeln.«*[7]
> James Tour, Professor für Chemie, Professor für Materialwissenschaften und Nanotechnolgie an der Rice Universität in Houston/Texas

In Kapitel 3: *Materie* (➛Seite 89) haben wir bereits kennengelernt, wie die Materie höchstwahrscheinlich in unserem Universum entstanden ist. Doch Atome und Moleküle sind ja nicht lebendig. Aber man hatte die organisch-molekulare Grundlage für lebendige Systeme entdeckt und mit der darwinschen Evolutionstheorie ein Konstrukt an der Hand, das man versuchte, von der Tier- und Pflanzenwelt auf die molekulare Ebene zu transferieren. Es existieren also keinerlei empirische Daten oder Erkenntnisse, nicht einmal Hinweise darauf, dass es eine Evolution auf molekularer Ebene zur Entstehung des Lebens gegeben hat. Diese Vorstellung ist einzig das Resultat einer Extrapolation des darwinschen Evolutionsgedankens. Die chemischen Tatsachen sprechen in jeglicher Hinsicht gegen ein evolutionäres Entstehen komplexer Moleküle wie z. B. von Proteinen, wie ich noch zeigen werde. Es stellt sich die Frage, wie aus toter Materie Leben entstehen kann, und ferner: Ist Materie allein die Grundlage für Leben?

Beantworten wir zunächst einmal die Frage, was Leben eigentlich ist. Es gibt keine offizielle, alles umfassende Definition von Leben. Zu vielschichtig sind die zugehörigen Aspekte. Je nachdem, ob man einen Biologen, Chemiker, Physiker oder Philosophen fragt, bekommt man definitiv auch unterschiedliche Antworten für das Phänomen Leben.[8] Ich finde jedoch, zumindest wenn es darum geht, das erste primitive Leben zu definieren, dass die Forschergruppe um den chilenischen Biologen Francisco Varela mit dem Begriff der *Autopoiesis* eine passende Erklärung gefunden hat.[9] »Autopoiesis beschreibt allgemein die Selbsterschaffung und Selbsterhaltung eines Systems. Demnach sind lebende Organismen autopoietische Systeme – also Netzwerke von Prozessen, die in abgegrenzten Einheiten aktiv sind und die in der Lage sind, mehr von sich selbst zu produzieren und sich selbst zu erhalten.«[10] Ein komplexes Lebewesen, wie z. B. der Mensch, kann mit dieser Definition allein natürlich nicht beschrieben werden. Aber es soll hier zunächst nur um den ursprünglichen Übergang von toter Materie zu einer lebendigen Zelle gehen. Damit kristallisieren sich für meine Definition vier Kernmerkmale heraus:

1 ***Abgegrenzte Einheit:*** Die einfachste Form von Leben wäre eine einzelne Zelle, die mit einer Zellmembran ein Kompartiment, also einen von der Umgebung abgegrenzten Raum, bildet.
2 ***Selbsterhaltung:*** Eine Zelle benötigt zum Überleben einen aktiven Stoffwechsel zum Austausch von Stoffen und Energie mit der Umgebung.
3 ***Reproduktion:*** Eine lebende Zelle ist in der Lage, sich selbst zu replizieren, indem sie ihre Erbinformationen an die Kindgeneration von Zellen in Kopie weitergibt. Hier knüpft auch die Idee der Evolution an; denn zufällige Mutationen in den Genen können zu veränderten Nachkommen führen, die sich möglicherweise besser ernähren und fortpflanzen und sich gegenüber der ursprünglichen Variante durchsetzen können (so zumindest lautet die Theorie der Evolution).
4 ***Intrinsisches System:*** Intrinsisch bedeutet von innen her, aus eigenem Antrieb. Weder die Membranbildung noch die Stoffwechselprozesse oder die Replikation dürfen durch bewusste externe materiell bedingte Handlungen eingeleitet oder aufrechterhalten werden.

1958 veröffentlichte Francis Crick das noch heute akzeptierte *zentrale Dogma der Molekularbiologie* (man achte auf die Wortwahl »Dogma«). Darin beschreibt er die DNA*, RNA** und Proteine sowie deren Informationsfluss untereinander als die Grundbausteine für das Leben. Vereinfacht kann das Szenario folgendermaßen beschrieben werden. Die DNA ist der zentrale Informationsträger des Erbguts eines Lebewesens. Sie enthält eine Art Bauplan zur Zusammensetzung der Proteine und kommt in Form einer strickleiterartigen Doppelhelix in jeder Zelle vor. Die Sprossen dieses Stranges werden durch Basenpaare (Adenin-Thymin und Guanin-Cytosin) gebildet, sie codieren die notwendigen Informationen. Die menschlichen Zellen sind mit einem zweifachen Chromosomensatz von 23 Chromosomen ausgestattet. Ins-

* Desoxyribonukleinsäure
** Ribonukleinsäure

gesamt ergeben sich so rund drei Milliarden Basenpaare.[11] Die DNA ist nicht in der Lage, die auf ihr codierten Proteine selbst herzustellen.

Wenn nun eine Zelle ein bestimmtes Protein benötigt, so wird die auf der DNA gespeicherte Information zur Produktion dieses Proteins zunächst in Messenger-RNA (mRNA) übertragen. Diesen Vorgang bezeichnet man als Transkription. Die mRNA liefert die Baupläne für die Proteinsynthese schließlich an die Ribosomen, die sich im Cytoplasma außerhalb des Zellkerns befinden. Ribosomen sind die zellulären Proteinfabriken. Gemäß der auf der mRNA codierten Information werden an ihnen durch die Unterstützung der Transfer-RNA (tRNA) die Aminosäuren und schließlich die Proteine synthetisiert. Dieser Schritt der Proteinbiosynthese wird Translation bezeichnet. Die Proteine wandeln die Information aus der DNA letztendlich in biologische Funktion um.[12] Nach Ansicht der modernen Wissenschaft könnte man die Entstehung des Lebens damit beweisen, dass DNA, RNA und Proteine tatsächlich aus den Atomen der Ursuppe heraus entstehen konnten. Sobald die Replikation von DNA einsetzen würde, wäre dies der Startschuss der Evolution. Ich halte diese Einschätzung, dass allein das Vorhandensein von DNA, RNA und Proteinen die Entstehung des Lebens erklären könnte, für höchst fahrlässig. Dann müsste jeder Leichnam lebendig sein. DNA enthält außerdem nicht den gesamten Bauplan eines Lebewesens, sie codiert lediglich die Synthese von Proteinen. DNA kann nicht erklären, warum und wie aus pluripotenten embryonalen Stammzellen, die sich in jegliches Gewebe entwickeln können, spezifische Gewebezellen, komplexe anatomische Strukturen oder neue Organe entstehen. Wer oder was bestimmt denn eigentlich, dass diese oder jene Stammzellen zu Nerven- oder Blutzellen, zum Gehirn, zum Herzmuskel oder zur Lunge werden sollen? Es finden koordinierte und komplexe Abläufe statt, die nicht allein über das Vorhandensein von Proteinen erklärt werden können. Dr. Kerstin Wagner vom Leibniz-Institut für Altersforschung in Jena forscht im Bereich der biomedizinischen und molekularen Mechanismen über Prozesse des Alterns. Sie bestätigt, dass der für die spezifische Zellausbildung aus pluripotenten Stammzellen zugrunde liegende Mechanismus bisher kaum verstanden ist.[13] Leben muss definitiv mehr sein als DNA, RNA und Proteinsynthese. Offensichtlich wird es auch als selbstverständlich angesehen, dass die DNA nicht irgendeine zufällige Zusammenstellung von Basenpaaren ist, sondern verschlüsselte, höchst komplexe Informationen enthält. Komplexe und sinngebende Informationen sind niemals das Produkt glücklicher Zufälle, selbst wenn man dem Ganzen Millionen von Jahren Zeit geben würde. Lange Zeitspannen sind eines der wichtigsten Argumente der Darwinisten, um Entwicklungen begründen zu können. Doch wie ich gleich durch konkrete Berechnungen zum Zeitaufwand zeigen werde, spricht das Zeitargument vielmehr gegen eine chemische und biologische Evolution als dafür.

Die postulierten langen Zeiträume der Materialisten sind daher ein argumentatives Eigentor. Komplexe und sinngebende Informationen sind immer ein Ausdruck von Intellekt (siehe Kapitel 4.2.1: *Information* ➛Seite 232). Es sind keine natürlichen Prozesse bekannt, die diese Art von Information hervorbringen könnten. Der folgende Vergleich lässt sich sicherlich nicht eins zu eins auf die biologische Realität übertragen, dennoch zeigt er tendenziell die Unmöglichkeit einer zufälligen Entstehung komplexer und sinnvoller Information in natürlichen Strukturen wie z. B. der DNA. Stell dir vor, du nimmst ein Harry-Potter-Buch, schneidest jedes einzelne Wort aus und packst diese Wörter in einen Sack. Dann ziehst du ein Wort nach dem anderen wieder aus dem Sack heraus. Wie groß ist wohl die Wahrscheinlichkeit, dass du die Wörter genau in der Reihenfolge aus dem Sack ziehst, dass die vollständig lesbare sinnvolle Geschichte wieder entsteht? Praktisch niemals würde ein sinngebender strukturierter Gesamtzusammenhang entstehen. Das Harry-Potter-Buch *Der Orden des Phönix* hat knapp 200 000 Wörter. Es gibt somit 200 000 Fakultät viele Möglichkeiten, diese zu kombinieren. Die Fakultät von n (geschrieben $n!$) ergibt sich als das Produkt von 1 bis n, bei

200 000 wäre das also 200 000! = 1 · 2 · 3 · … · 200 000. Diese Zahl ist so unvorstellbar groß, dass ich sie weder zeigen noch beschreiben kann. Um ein Gefühl dafür zu bekommen, betrachten wir hier die Fakultät von 5, von 10 und von 20:

5! = 120
10! = 3 628 800
20! = 2 432 902 008 176 640 000

Hätte das Buch also fünf Wörter, bräuchte ich statistisch betrachtet 120 Versuche, bis ich einmal die korrekte Anordnung gezogen hätte. Wenn ich für das Ziehen von fünf Wörtern für eine mögliche Lösung eine Sekunde bräuchte, so hätte ich in zwei Minuten einmal die richtige Anordnung gefunden. Bei zehn Wörtern bräuchte ich dafür schon 42 Tage und bei 20 Wörtern mehr als unglaubliche 77 Milliarden Jahre. Die Fakultät hat ein superexponentielles Wachstum, bei läppischen 20 Wörtern überschreiten wir das Alter der Erde bereits um das 17-Fache. Wie würde es erst aussehen, wenn wir das gesamte Harry-Potter-Buch mit 200 000. Diese Za Wörtern probieren würden? Und die DNA enthält noch mal ein Vielfaches mehr an Information, sie wäre kein Buch, sondern eine ganze Bibliothek. Wer sich diese Zahlen anschaut, kann nicht ernsthaft länger der Überzeugung sein, dass der Zufall und lange Zeitspannen eine angemessene Erklärung für die Entstehung komplexer Informationen sind. Der französische Biophysiker und Philosoph Pierre Lecomte du Noüy bringt es auf den Punkt:

»Ereignisse, die (…) unendlich viel mehr Zeit brauchen, als das angenommene Alter der Erde, um mindestens die Chance zu haben, stattzufinden, können – wie mir scheint – als vom menschlichen Standpunkt her unmöglich angesehen werden.«[14]

In einer aktuellen Projektarbeit aus dem Sommer 2020 schaffte es das Team um Prof. Dr. Reinhard Heckel von der TU München, die erste Folge der Netflix-Serie *Biohackers* auf synthetischer DNA zu speichern. Die winzige Menge von gerade einmal einem Picogramm (10^{-12}) reichte dem Forscherteam für 100 Megabyte (10^{6}) an Videodaten aus. Wenn man das auf ein Gramm DNA hochrechnet, entspricht das einer unvorstellbaren Datenmenge von 100 Exabyte (10^{18}), das sind 100 Millionen Terabyte (10^{12}) oder 100 Milliarden Gigabyte (10^{9}).[15] Die Biochemiefirma Twist Bioscience hat ausgerechnet, dass 20 Gramm DNA ausreichen, um die gesamten derzeit digitalisierten Daten der Menschheit zu fassen.[16] DNA besitzt eine unglaublich hohe Datendichte und -stabilität. Wohingegen es auf bisherigen Datenträgern schon nach etwa zehn Jahren zu ersten Datenverlusten kommen kann, geht man davon aus, dass die DNA mindestens 1000 Jahre lang fehlerlos auslesbar bleibt. Die aktuell größte am Markt erhältliche SSD-Festplatte der Welt trägt den Namen ExaDrive DC100 vom Hersteller Nimbus Data.[17] Mit einer Kapazität von 100 Terabyte wirkt sie im Vergleich zu den 100 Millionen Terabyte in einem Gramm DNA geradezu lächerlich.

Die Entstehung des ersten Lebens ist bis heute vollkommen ungeklärt. Dennoch gibt es viele Wissenschaftler, die anderer Überzeugung sind. Wie ich noch zeigen werde, basieren viele Erkenntnisse dieser sogenannten »Origin of Life«-Wissenschaftler auf unvollständigen und fehlerhaften Interpretationen und Vorgehensweisen. Chemische Begebenheiten werden oftmals aus Bequemlichkeit oder Unkenntnis einfach übergangen. Ich tue das nicht. Ich betrachte die erforderlichen Details von Beginn an und scheue auch nicht davor zurück, wissenschaftlich anerkannte Konzepte zu hinterfragen und Missinterpretationen anzusprechen. Es ist daher unerlässlich, dass ich teilweise in die wissenschaftlichen Tiefen der Chemie und Biochemie vordringen muss, denn nur so kann ich glaubhaft auf die Fehler aufmerksam machen, die zumeist ganz am Anfang der Rechnung begangen werden. Meine Argumentation ist dabei rein wissenschaftlich begründet. Ich bin für Gegenargumente und Kritik selbstverständlich offen und freue mich über einen sachlichen Austausch. Es geht mir auch nicht darum, um jeden Preis recht haben zu wollen oder der »Gewinner« sein zu müssen. Ich möchte vielmehr auf Fehler aufmerksam machen und dazu beitragen, dass wir der Wahrheit ein Stück näherkommen.

Bevor ich das Konzept der chemischen Evolution erläutere, möchte ich aber noch ein Bild davon zeichnen, welche Überzeugungen zum Ursprung des Lebens außerhalb der wissenschaftlichen Gemeinde vorherrschend sind. In einer Studie von Dr. John Narcum, Assistenzprofessor für Marketing an der Technischen Universität von Arkansas, wurden 715 Personen unter anderem zur Entstehung des Lebens befragt.[18] Es zeigten sich erstaunliche und zugleich erschreckende Ergebnisse; denn entgegen der offensichtlich weitverbreiteten Meinung sind wir in Wirklichkeit sehr weit davon entfernt, Leben im Labor erzeugen zu können. Dies war die erste Frage zu diesem Themengebiet:

> *»Wissenschaftler, die sich mit der Erforschung des Ursprungs des Lebens beschäftigen, konnten von Grund auf komplexe Lebensformen erschaffen, d.h., sie haben in Laborexperimenten eine Uratmosphäre der Erde erschaffen und chemische Stoffe hinzugefügt, von denen sie glaubten, dass diese bereits vor dem ersten Leben dort existierten. Sie konnten schließlich komplexe Lebensformen, wie z. B. Frösche, erschaffen.«*[19]

41,40 Prozent der Teilnehmer beantworteten diese Frage mit »wahr« und 58,60 Prozent mit »falsch«. Ich bin erstaunt, aber auch fassungslos, dass über 40 Prozent der Leute wirklich der Meinung sind, dass wir Frösche aus toter Materie kreieren können. Das Ergebnis der nächsten, sehr ähnlichen Frage ist aber noch besorgniserregender.

> *»Wissenschaftler, die sich mit der Erforschung des Ursprungs des Lebens beschäftigen, konnten von Grund auf einfache Lebensformen erschaffen, d.h., sie haben in Laborexperimenten eine Uratmosphäre der Erde erschaffen und chemische Stoffe hinzugefügt, von denen sie glaubten, dass diese bereits vor dem*

ersten Leben dort existierten. Sie konnten schließlich einfache Lebensformen, wie Bakterien, erschaffen.«[20]

Unglaubliche 72,73 Prozent der Teilnehmer waren davon überzeugt, dass wir in der Lage seien, Bakterien von Grund auf im Labor zu erschaffen. Lediglich 27,27 Prozent der Befragten hielten das für »falsch«. Das Durchschnittsalter in der Studie betrug 38 Jahre, und 80 Prozent der Teilnehmer hatten einen Hochschul- oder Universitätsabschluss. Offensichtlich wird in unseren Schulen, Hochschulen und Universitäten, aber auch in den öffentlichen Medien ein falsches Bild vermittelt. Insbesondere unsere Biologieprofessoren und -lehrer, aber auch andere »Origin of Life«-Forscher sind nicht dazu bereit, für Aufklärung zu sorgen. Vielmehr verlieren sie sich in übermotivierten persönlichen Grundsatzüberzeugungen, statt sachlich die wissenschaftliche Realität zu präsentieren. Ein Beispiel dazu findest du im *Unbelievable*?-Podcast in dem Interview zwischen Gastgeber Justin Brierley und Lee Cronin, einem der bekanntesten »Origin of Life«-Forscher der Welt.[21] Justin Brierley reflektierte dabei sein Schulwissen zur Ursuppe:

»Chemische Bausteine schwammen herum, Blitze schlugen ein, und irgendwie passierte irgendetwas und puff, hast du so etwas wie eine Art erste einfache Zelle bekommen. Ist diese Betrachtungsweise korrekt oder grundlegend falsch?«[22]

Auf diese Frage gab Lee Cronin folgende Antwort, während der ebenfalls anwesende Denis Noble, Biologe und Professor für Physiologie, ihm kopfnickend zustimmte:

»Sie liegen nicht falsch. Ihr High-School-Wissen dazu ist alles andere als schlecht.«[23]

Ich finde es höchst bedenklich, dass selbst die größten Spezialisten in diesem Bereich nicht für eine ehrliche Aufklärung sorgen, sondern in erster Linie ihr Wunschdenken ohne kritische Auseinandersetzung in den Vordergrund stellen. Leider ist ein solches Verhalten keine Ausnahme, sondern die Regel.

Folgendes Szenario soll sich gemäß der »Origin of Life«-Wissenschaftler vor etwa 3,5 Milliarden Jahren abgespielt haben. Das erste Leben in der Ursuppe der jungen Erde soll durch die sogenannte chemische Evolution entstanden sein. Zufällig umherschwimmende Atome mussten sich in einem ersten Schritt zu organischen Molekülen zusammengefunden haben, die als die Grundbausteine für die Bildung längerer Molekülketten wie Aminosäuren, Proteine, Zucker, Nukleinsäuren und Lipide benötigt wurden. Diese organische Materie, insbesondere Kohlenwasserstoffverbindungen, sollte sich laut Jaeger mit einer hohen Wahrscheinlichkeit durch externe Energiequellen (wie z. B. Vulkanaktivität und Blitze) zu kettenartigen Makromolekülen zusammengeschlossen haben.[24] Warum diese Wahrscheinlichkeit hoch sein soll, wird von ihm jedoch nicht erklärt. Auch Gaßner macht im Gespräch mit Lesch deutlich, dass ohne externe Energie kein Leben hätte entstehen können. Er beschreibt, dass sich aus zunächst kleinen Molekülen immer größere Ketten bildeten, wobei dies zufällig geschah. Dabei entstanden seiner Meinung nach zunächst auch Verbindungen mit schlechten Molekülkonstellationen, die ungünstig für das Leben waren. Diese Verbindungen wurden durch die harte UV-Strahlung unserer Sonne immer wieder aufgetrennt, und es konnten sich neue Konstellationen bilden. Eine schützende Ozonschicht war noch nicht vorhanden. Laut Gaßner sollte es dann zu folgendem Phänomen gekommen sein: Genau dann, als sich die Moleküle zufällig zu einer sinnvollen Kette zusammengefunden hatten, wurde die Auftrennung durch die Sonnenstrahlen plötzlich gestoppt (nur: wodurch oder von wem?). Dieses Molekül musste seiner Ansicht nach schließlich in der Ursuppe abgesunken sein, dorthin, wo keine UV-Strahlen mehr hinkommen konnten.[25] Aus welchem Grund sollte genau dieses eine sinnvolle Molekül unter all den unzähligen möglichen Konstellationen wissen, dass es eine sinnvolle Anordnung besitzt? Und warum sollte es sich zum Schutz dann absenken? Wohingegen alle anderen Varianten immer schön an der Oberfläche blieben, um sich erneut dem Auftrennen durch die UV-Strahlen auszusetzen. Sollte es wirklich so passiert sein, muss es entweder einen physikalischen Grund für das Absinken des Moleküls gegeben haben (es ist jedoch kein solcher Grund bekannt), oder aber die Entscheidung über das Absinken oder die Verhinderung des Auftrennens der Molekülkette wurde durch das Molekül selbst oder eine externe Intelligenz bewusst getroffen. Dass der Zufall allein das Entstehen und vor allem auch das stabile Aufrechterhalten von Aminosäuren herbeigeführt hätte, ist unter Berücksichtigung der geringen Wahrscheinlichkeit keine zulässige Option. In demselben Gespräch macht Lesch für den Zuschauer bildhaft deutlich, dass verschiedene Moleküle ihre gegenseitige Anwesenheit als vorteilhaft erkennen mussten:

> *»Ein Molekül sagt dem anderen: ›Bleib in meiner Nähe. Es ist gut, wenn du in meiner Nähe bleibst.‹ Und das andere Molekül sagt: ›Oh, es stimmt, es ist gut, wenn ich in deiner Nähe bin, es ist auch für mich gut, wenn ich in deiner Nähe bin.‹ Und dann gibt es einen Kreisprozess.«*[26]

Mit dem Kreisprozess spielt Lesch auf das Modell des Hyperzyklus von Manfred Eigen an, auf das ich später noch eingehen werde. Selbstverständlich haben die Moleküle nicht wirklich miteinander geredet, das wollte Lesch mit seiner Ausführung natürlich nicht ausdrücken, aber er wollte darauf hinaus, dass die Moleküle seiner Ansicht nach in der Lage waren, vorteilhaft und nicht vorteilhaft voneinander zu unterscheiden. Das sind Eigenschaften der biologischen Evolution oder eines Bewusstseins. Beides gibt es jedoch auf einer präbiotischen Erde noch nicht. Wie sollte also ein Atom oder Molekül diese evolutionäre oder kognitive Leistung erbracht haben? Sollte es etwa ein Bewusstsein besitzen? Es gibt aus meiner Sicht überhaupt keine Anhaltspunkte dafür, warum Moleküle einen Nutzen in ihrem Zusammenschluss erkennen sollten. Das würde zwangsläufig bedeuten, Moleküle hätten Absichten und Ziele vor Augen. Das ist ohne Informationsverarbeitung und Bewertung durch ein Bewusstsein aber nicht möglich. Gaßners und Leschs Erklärungsversuche sind für mein Verständnis keine Schlussfolgerungen aus wissenschaftlichen Erkenntnissen, sondern schlichtweg der Versuch, eine chemisch evolutionäre Entstehung des Lebens unter allen Umständen begründen zu wollen.

Auch die Chemikerin Dr. Mai Thi Nguyen-Kim aus dem Team von Terra X Lesch & Co behauptet äußerst optimistisch, dass vor 3,5 Milliarden Jahren erste organische Moleküle entstanden und chemische Reaktionen stattgefunden haben und dass »damit *sicher* auch schon die ersten Bausteine fürs Leben, wie z. B. Aminosäuren als Bausteine für Proteine und Nukleotide als Bausteine für DNA und RNA, entstanden«.[27] Nachdem Jaeger für diese Prozesse schon eine hohe Wahrscheinlichkeit sah, geht Nguyen-Kim sogar noch einen Schritt weiter und bezeichnet diese als sicher, bleibt jedoch eine Erklärung schuldig, warum das eigentlich so sicher ist. Die chemischen Fakten belegen nämlich genau das Gegenteil, wie ich in diesem Kapitel noch zeigen werde. Es ist schon erstaunlich, dass die wichtigste Stelle in der Entstehung des Lebens von Nguyen-Kim mit einem kleinen Nebensatz wie selbstverständlich ohne den Hauch einer kritischen Auseinandersetzung einfach »weggewischt« wird. Wir Wissenschaftler stehen in der Verantwortung, ein vollständiges und ehrliches Bild in die Öffentlichkeit zu tragen. Doch wiegt das materialistische Paradigma wieder einmal schwerer, als die Wahrheit aufzuzeigen. Es gibt absolut keine Evidenz für die behaupteten Entstehungsprozesse. Dennoch wird es wissenschaftlich ohne den Hauch eines Zweifels als bewiesene Tatsache akzeptiert.

Der größte wissenschaftliche Kritikpunkt an einer chemischen Evolution ist aus meiner Sicht die sogenannte Homochiralität. Die genaue räumliche Gestalt lebensnotwendiger Moleküle hat entscheidende Bedeutung für die Funktionalität biologischer Systeme. Jedes Molekül besitzt ein Spiegelbild, man spricht auch von Enantiomeren oder Spiegelbildisomeren. So zeigt *Abbildung 4-1* (siehe unten) die beiden Enantiomere der Grundstruktur einer jeden Aminosäure (NH_2 = Aminogruppe, COOH = Carboxygruppe, H = Wasserstoff, C = Kohlenstoff und R = Restliche Seitenkette). Die grundlegenden Bausteine der organischen Chemie (Zucker, Aminosäuren, Lipide etc.) kommen in der Natur nur in *einer* spiegelbildlichen Form vor bzw. nur die eine Form ist in einem bestimmten Organismus oder für eine bestimmte Funktion brauchbar, die andere nicht. Das bezeichnet man als Homochiralität. (chiral: händig, z. B. wie linke und rechte Hand).

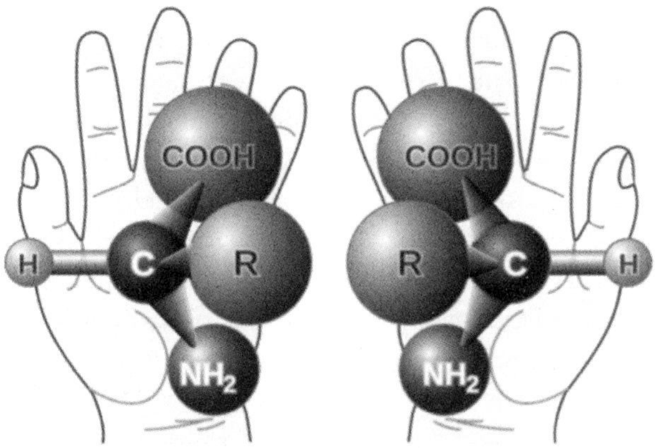

Abbildung 4-1: *Chiralität (Händigkeit) – hier die Spiegelbildisomere (Enantiomere) einer Aminosäure*

Enantiomere sind sich zwar sehr ähnlich, doch können sie sich gegenseitig nicht ersetzen. »L« und »D« bzw. »+« und »–« sind Unterscheidungskennzeichen für linksdrehende und rechtsdrehende Enantiomere. Fast alle natürlichen Aminosäuren (z. B. L-Lysin) kommen in der L-Form vor. Die D-Form ist bei den natürlichen Zuckern (z. B. D-Glucose) überaus dominant. Homochiralität bedeutet, dass von den beiden Enantiomeren nur das eine vorgefunden wird. Ein 1:1-Gemisch zweier Enantiomere bezeichnet man als Racemat. Lebensnotwendige Moleküle kommen nicht als Racemat vor, sondern immer in homochiraler Form. Racemate sind biologisch unbrauchbar. Wie hat es die Natur nur geschafft, sich für ein bestimmtes Enantiomer zu entscheiden? Wer den Ursprung der organischen Chemie erklären möchte, muss das Problem der Homochiralität lösen! Homochiralität ist ein ungelöstes Rätsel, denn die Wahrscheinlichkeit für ein chirales Molekül, die beiden L- und D-Enantiomere zu erhalten, ist exakt gleich groß. Präbiotisch besteht keine Konkurrenz von Molekülen, kein Enantiomer hat präbiotisch einen Vorteil gegenüber einem anderen, trotzdem hat sich die Natur bei allen Grundbausteinen für genau ein reines Enantiomer entschieden. Racemate lassen sich nachträglich außerdem nur unter größtem technischem Aufwand in die Enantiomere separieren. Die Wahrscheinlichkeit, dass es natürliche Prozesse gibt, die völlig ungesteuert solche Trennungen von Enantiomeren vornehmen, liegt praktisch bei null.

Was steht in unseren Biologiebüchern zur Notwendigkeit der Homochiralität der Aminosäuren, Zucker und Lipide? Nichts! Dafür wird aber ohne einen einzigen Hinweis auf die fehlende Evidenz ganz selbstverständlich behauptet, dass das Leben aus der Ursuppe entstand. Mit welchem Recht wird das gemacht? Es gibt ungelöste Probleme bereits ganz am Anfang der Rechnung! Das ist in meinen Augen keine Wissenschaft mehr, sondern Dogmatismus und ganz nebenbei gegenüber unseren Schülern und Studenten äußerst unehrlich. Statt auf diese ungeklärte Tatsache hinzuweisen, zeigt man in allen Schul- und Lehrbüchern der Welt viel lieber das Urey-Miller-Experiment von 1953, das immer noch als »Beweis« für die Ursuppentheorie herhalten muss.

Das weltberühmte Urey-Miller-Experiment sorgte seinerzeit für Furore in der wissenschaftlichen Welt. Stanley Miller und Harold C. Urey erzeugten in ihrem Labor in einem Glaskolben eine Uratmosphäre, die der Erdatmosphäre von vor 3,5 Milliarden Jahren sehr ähnlich war. Der Kolben war mit anorganischen

Elementen und Wasserdampf angefüllt, und er wurde der UV-Strahlung und künstlich generierten Blitzen durch elektrische Entladungen ausgesetzt.[28] Dieses Experiment wurde vielfach mit verbesserten und authentischeren Zusammensetzungen der beteiligten Gase wiederholt, und es zeigte sich jedes Mal, dass organische Molekülketten entstanden sind. Der überwiegende Teil dieser Reaktionsprodukte war jedoch für Lebewesen irrelevant, teilweise sogar schädlich. In geringem Maße entstanden tatsächlich aber auch einige der 20 proteinogenen* Standardaminosäuren, die in Lebewesen vorkommen. Es entstanden aber immer nur Racemate, die biologisch unwirksam sind. Niemals wurde auch nur in einem Urey-Miller-Experiment die homochirale Form einer Aminosäure erzeugt. Auch diese Information steht in keinem Biologiebuch. Ich bin mir sogar sicher, dass die meisten Biologielehrer nichts davon wissen. Trotz dieser eklatanten Schwachpunkte gilt das Urey-Miller-Experiment, das in der wissenschaftlichen Welt überschwänglich gefeiert wurde, bis heute als bahnbrechend. Es hieß, dass man durch die Erzeugung von Aminosäuren die Grundbausteine des Lebens erschaffen habe. Die Wortwahl ist hierbei sehr entscheidend, denn mit dieser Aussage wollte man ganz offensichtlich den Eindruck erwecken, dass das Mysterium der Entstehung des Lebens nun gelöst sei. Doch Aminosäuren sind nicht die Grundbausteine des Lebens. Sie sind die Grundbausteine einiger organischer Verbindungen. Organische Materie bedeutet aber nicht automatisch, dass Leben vorhanden ist. Doch wird dieser Trugschluss fast propagandaartig ins Bewusstsein der Leute indoktriniert. Gaßner – wie viele andere Wissenschaftler auch – sieht in diesem Experiment den Nachweis dafür, wie die ersten Schritte zur Entstehung des Lebens aussahen.[29] In aktuellen Schul- und Lehrbüchern wird das immer noch so vermittelt. Ich halte diese Erkenntnis jedoch für viel zu optimistisch; denn der Weg von einer Aminosäure hin zu einem lebenden Wesen ist noch sehr weit, zumal es weitere Kritik an diesen Experimenten gibt. So haben die Experimenta-

* beteiligt am Aufbau der Proteine

toren überhaupt erst nach zusätzlicher Aufbereitung der Ursuppe die aktiv gesuchten Aminosäuren nachweisen können[30], und niemals wurden mehr als 13 verschiedene proteinogene Aminosäuren in einem Reaktionsgemisch gefunden. Wie auch immer: Es spielt im Grunde überhaupt keine Rolle, ob Aminosäuren wirklich so entstanden sind oder nicht; denn selbst wenn alle zwanzig für den Aufbau menschlicher Proteine erforderlichen Aminosäuren tatsächlich vorhanden wären, so sind wir dem, was wir Leben nennen, immer noch kein Stück nähergekommen.

Die Ursuppe aus den verschiedenen Simulationsversuchen besitzt nachweislich Eigenschaften, die einer Bildung von langen Aminosäureketten entgegenwirkt. Insbesondere das in der Ursuppe reichlich vorhandene Wasser stellt dabei ein großes Problem dar. Bei der Verkettung von Aminosäuren zur Proteinbildung wird notwendigerweise ein Wassermolekül abgespaltet. Doch aufgrund des großen Überschusses an Wasser in der Ursuppe würde diese Reaktion im Zuge des chemischen Gleichgewichts unter präbiotischen Bedingungen ohne Enzyme nur sehr unwahrscheinlich ablaufen. Vielmehr würde sich die gegenteilige Reaktion zeigen, nämlich eine Hydrolyse, also eine Aufspaltung der Aminosäureketten unter Verbrauch von Wasser.[31]

Die Ursuppe ist somit kein geeignetes Medium für die Bildung von Proteinen und Enzymen, sie wirkt der Bildung sogar massiv entgegen. Abgesehen von der eher hinderlichen Zusammensetzung der Ursuppe muss zudem der vielbeschworene Zufall wieder einmal mitspielen, wobei die chemischen Evolutionsverfechter gern dazu bereit sind, selbst bei Wahrscheinlichkeiten von null ihrer Linie entgegen jeder Vernunft und wissenschaftlichen Erkenntnisfähigkeit standhaft treu zu bleiben. Wie groß ist die Wahrscheinlichkeit, dass durch Zufall auch nur ein einziges Protein durch Verkettung von Aminosäuren entsteht? Beginnen wir zunächst mit einem kleinen menschlichen Protein, das aus einer Verkettung von 150 Aminosäuren besteht. Schon diese geringe Anzahl an Aminosäuren führt dazu, dass es unvorstellbare 20^{150} verschiedene Kombinationsmöglichkeiten gibt, wobei ein funktionierendes Protein nicht nur allein durch die korrekte Anordnung von Aminosäuren bestimmt wird, sondern auch durch eine spezifische Faltung der Molekülkette, dabei sind für ein typisches Protein 10^{300} Faltungen möglich.[32] Zur Orientierung sei gesagt, dass man die Anzahl aller Atome im Universum auf 10^{90} schätzt. Nur eine falsche Anordnung oder Faltung in der Aminosäurekette würde das Protein sofort unbrauchbar machen. In unserem Beispiel haben wir 20^{150} oder als Zehnerpotenz ausgedrückt über 10^{195} verschiedene Kombinationsmöglichkeiten von zufälligen Anordnungen. Das ist eine 1 mit 195 Nullen. Diese unvorstellbar große Zahl trägt den Namen Dotrigintilliarde.

1000000000000000000000000000000000000000000000
0000000000000000000000000000000000000000000000000
0000000000000000000000000000000000000000000000000
0000000000000000000000000000000000000000000000000
000

Im Vergleich eine Milliarde: 1 000 000 000

Wir tun uns meist sehr schwer damit, die Dimension sehr großer Zahlen wirklich verstehen zu können. Ob jemand eine Milliarde oder eine Billion Euro besitzt, macht für uns keinen spürbaren Unterschied mehr. Damit du ein Gefühl für diese immens große Zahl von 10^{195} bekommst, stell dir folgende Situation vor. Du möchtest dich mit einem Freund zum Essen treffen, er schlägt dir folgenden Zeitpunkt vor: »Wir treffen uns in einer Million Sekunden.« Das sind 10^{6} Sekunden, das entspricht elf Tagen. Gehen wir nun drei Zehnerpotenzen höher, 10^{9} Sekunden, dann sind das schon 32 Jahre. Bei 10^{12} sind wir bei 32 000 Jahren und mit 10^{18} überschreiten wir das Alter des Universums mit 32 Milliarden Jahren um mehr als das Doppelte. Jetzt haben wir aber 10^{195} Kombinationsmöglichkeiten für die Bildung eines einfachen, kleinen Proteins! Das ist eine unvorstellbar große Zahl, und da sind die Faltungen nicht einmal mit eingerechnet! Jetzt beantworte dir bitte selbst ganz ehrlich die Frage, wie wahrscheinlich es ist, dass ausgerechnet genau diejenige Anordnung und Faltung ungerichtet per Zufall aus allen erdenklichen Möglichkeiten entsteht, die konzentrierte sinnvolle Information und Funktionalität in sich trägt? Und selbst wenn es passieren würde, würde es nicht reichen, wenn es nur einmal entstünde, es müsste sehr häufig passieren, und die präbiotische Natur kennt nur den Zufall, sie würde sich nicht an die richtige Reihenfolge erinnern können. In dem oberen Beispiel haben wir lediglich ein kleines Protein bilden wollen. Betrachten wir doch einmal, wie es sich beim größten uns bekannten menschlichen Protein, dem Titin aus menschlichen Muskelzellen, verhält. Dieses Protein besteht aus mehr als 30 000 verketteten Aminosäuren. Die Wahrscheinlichkeit, dass sich dieses Protein durch Zufall bilden würde, liegt bei $20^{30\,000}$. Ich verzichte an dieser Stelle auf die Darstellung dieser unvorstellbar großen Zahl. Es braucht also mehr als ein Wunder, dass überhaupt ein einziges sinnvolles Protein gebildet würde. Jetzt haben wir in unseren Zellen aber über 200 000 verschiedene Proteinarten und über 2 000 Enzyme.

Der Molekularbiologe Dr. Douglas D. Axe veröffentlichte nach vierzehn Jahren Forschungsarbeit im *Journal of Molecular Biology* einen Artikel, der die Forschungsfrage beantwortete, wie häufig oder selten funktionierende Sequenzen (z. B. Proteine) im Vergleich zur Anzahl aller Kombinationsmöglichkeiten von Aminosäuren auftreten. Bei seiner quantitativen Abschätzung für kleine Proteine (mit 150 Aminosäuren) kommt er zu dem Ergebnis, das auf ein funktionierendes, korrekt gefaltetes Protein 10^{77} funktionslose Kombinationen kommen.[33] Es wäre wahrscheinlicher, zehn Mal hintereinander sechs Richtige im Lotto zu haben, als nur einmal ein funktionierendes Protein zu erhalten. Die Wahrscheinlichkeit dafür, dass also per Zufall ein solches Protein entsteht, liegt praktisch bei null. Auch das allseits beliebte Argument der langen Zeitspannen für die evolutionäre Entwicklung spielt hier keine Rolle. Bei einem geradewegs lächerlich anmutenden Alter von etwa 4,5 Milliarden Jahren unserer Erde reicht diese Zeitspanne bei Weitem nicht aus, um auch nur annähernd die Entstehung von Proteinen statistisch begründen zu können.

Neben den Grundbausteinen der Aminosäuren bzw. Proteine spielen die Zucker (Kohlenhydrate) eine entscheidende Rolle auf dem Weg zur organischen Chemie und dem angeblich daraus entstehenden Leben. Kohlenhydrate dienen Zellen und Organismen als Energiequelle und Gerüstsubstanz (z. B. D-Glucose, D-Fructose oder D-Ribose als Gerüst für die DNA und RNA). Selbst die Synthese von einfachen Zuckern (Monosacchariden) ist extrem schwierig, selbst mit modernsten Methoden in Laboren konnte von Grund auf noch nie ein homochirales Monosaccharid erzeugt werden. Es gibt durchaus eine Vielzahl wissenschaftlicher Veröffentlichungen, worin man sich mitunter damit rühmt, nicht nur Aminosäuren, sondern auch Monosaccharide erzeugt zu haben. Doch läuft es bislang in jedem Paper, das ich recherchierte, immer nur darauf hinaus, dass auf einer präbiotischen Route lediglich ein Gemisch, also ein unbrauchbares Racemat, entstand. Für die experimentellen Folgeschritte in der »Origin of Life«-Forschung verwenden die Wissenschaftler jedoch niemals diese Racemate als Ausgangsstoff weiter. Sie geben immer nur an, dass sie die gewünschte Komponente erschufen, was sie auch wirklich taten, aber zugleich erschufen sie auch eine Menge anderer Komponenten wie Enantiomere, Isomere (Teilspiegelungen) und weitere Stoffe, die eine Weiterverarbeitung unmöglich machen. Danach entsorgen sie dann für gewöhnlich diese verunreinigte Ursuppe, nur um sich für die weitere Verarbeitung die von der Industrie hergestellte, gereinigte, lösemittelfreie, homochirale Form der benötigten Aminosäuren und Monosaccharide zu kaufen. Es ist nicht gerade glaubhaft, wenn man das Problem der Homochiralität einfach auf diese Art umgeht. Die frühe Erde konnte sich nicht einfach homochirale Bausteine kaufen. Die Industrie erhält diese homochiralen Aminosäuren und Zucker übrigens nicht durch künstliche Synthesen, sondern direkt von der Natur selbst. Dazu werden Proteine und Kohlenhydrate aus der Natur entnommen und in ihre Einzelteile aufgespalten. Ist das nicht bezeichnend? Offensichtlich ist es alles andere als einfach, diese Ausgangsstoffe herzustellen, doch soll das alles völlig ungerichtet und zufällig unter einem Felsen oder in einem Tümpel auf der präbiotischen Erde passiert sein. Für mich ist das nicht im Mindesten glaubhaft.

Das Verketten von Monosacchariden zu Polysacchariden (Polymerisation) stellt sich als noch schwieriger dar als die Verkettung von Aminosäuren, denn schon ein einfacher Zucker wie D-Glucose kann in verschiedenen Anordnungen auftreten, als offenes System, als Fünferring oder als Sechserring. Jede Anordnung besitzt mehrere Spiegelbilder (Isomere), da nicht nur das komplette Molekül gespiegelt werden kann (Enantiomer), sondern auch nur gewisse Teilstrukturen davon. So besitzt z. B. eine einzelne Ringstruktur der D-Glucose 32 verschiedene Isomere. Wollte man lediglich sechs D-Glucosemoleküle miteinander verketten, so ergäben sich bereits dabei über eine Billion (10^{12}) verschiedene Möglichkeiten, diese miteinander zu verknüpfen.[34] Es gibt in der synthetischen Chemie kaum etwas Schwierigeres als die Polymerisation von Zuckern. Selbst für Spezialisten in perfekt ausgestatteten Laboren ist der Aufwand enorm groß. Im weiteren Verlauf dieses Kapitels werde ich einen solchen Polymerisationsprozess detailliert beschreiben, damit du dir ein Bild von der enormen Komplexität machen kannst. Diese Abläufe zur Polymerisation von komplexen Kohlenhydraten, aber auch von Lipiden, sind hoch spezifisch und erfordern ständig wechselnde Bedingungen (in Bezug auf Temperatur, Drücke, Gase, Lösungsmittel, pH-Wert etc.). Die von den chemischen Evolutionisten postulierte Entstehung der organischen Materie kann definitiv so nicht stattgefunden haben. Jeder Wissenschaftler kann dies ausrechnen, verstehen und nachvollziehen, und dennoch hält ein Großteil dieser Leute weiterhin an der Theorie der chemischen Evolution fest. Es tut mir leid, aber das ergibt keinen Sinn. Wo bleibt da die Wissenschaftlichkeit? Und wenn man sich dann trotz dieser eindeutigen Falsifikation weiterhin an eine materielle, durch chemische Evolution herbeigeführte Entstehung des Lebens klammert, erinnert es mich an pseudoreligiösen Fanatismus. Die Pseudoreligion eines materiellen Weltbildes scheint blind und ignorant zu machen. Ich erwarte von keinem Wissenschaftler, dass er einen Gott, einen Schöpfer oder Geistige Welten als Ursache in Betracht ziehen muss, aber es ist zumindest an der Zeit, zuzugeben, dass es eine chemische Evolution, wie allseits beschrieben, so nicht gegeben haben kann. Und selbst wenn, dann hätten wir nichts anderes als tote organische Materie produziert, das hat mit Leben noch lang nichts zu tun. Das Leben braucht in dieser grobstofflichen Welt organische Materie, um funktionieren zu können. Aber das legt nicht die Vermutung nahe, dass organische Materie der Grund für Leben sei. Doch genau das geschieht aus mir unerfindlichen Gründen in der kompletten Naturwissenschaft. Ich bin außerdem sehr verärgert darüber, dass man mir in meiner Schullaufbahn und in meinem Medizinstudium nicht gezeigt hat, dass es berechtigte Kritik und große Unwahrscheinlichkeiten in Bezug auf die chemische und biologische Evolution gibt. Warum wurden mir diese Erkenntnisse vorenthalten? Stattdessen hat man mir Dinge beigebracht, die auf Hypothesen beruhen, die eine Wahrscheinlichkeit von null haben. Ich bin absolut nicht damit einverstanden, dass unsere Schulen und Universitäten diese eindeutigen klaren Kritikpunkte über die Wahrscheinlichkeiten – oder besser Unwahrscheinlichkeiten – bei der Entstehung des Lebens gänzlich verschweigen. Ich hätte es mir gewünscht, in meinem Studium darüber aufgeklärt zu werden. Hier überschreitet unsere aktuelle Wissenschaft eine unerlaubte Grenze. Zu ihrem eigenen Schutz legt sie ihre Ehrlichkeit ab. Wissenschaft sollte offen und ehrlich sein, immer und uneingeschränkt, sonst tut sie es den Religionen gleich und wird zu einer ideologischen Glaubensbewegung. Dass ich mit meiner Einschätzung dazu nicht ganz falsch liege, macht das folgende Zitat in *The New York Review* vom 09. 01. 1997 von Richard C. Lewontin (Professor für Biologie an der Harvard Universität) deutlich:

> *»Wir schlagen uns auf die Seite der Wissenschaft, trotz der offenkundigen Absurdität mancher ihrer Konstrukte (…), denn wir können einen göttlichen Fuß in der Tür nicht zulassen.«*[35]

Es ist schon erstaunlich, dass man einen göttlichen Fuß nicht zulassen will, aber Wahrscheinlichkeiten von null, ohne mit der Wimper zu zucken, akzeptiert; und was noch viel schlimmer ist, sie Schülern und Studenten als bewiesene Tatsachen auftischt, nur des eigenen Glaubens wegen. Lewontin formuliert mit der »wissenschaftlichen Seite« außerdem eine mir unverständliche Dualität. Warum sollte es überhaupt verschiedene »Seiten« geben? Sind eine Geistige Welt und Psi-Phänomene nicht Teil der Wissenschaft? Damit wird unübersehbar deutlich, dass die aktuelle Wissenschaft den Pfad der Empirie, Sachlichkeit und Vernunft längst verlassen hat. Es geht hierbei um die Verteidigung eines starren materialistischen Weltbildes und den Glauben daran. Glaube spielt also auch in der Wissenschaft eine große Rolle.

Die neueste wissenschaftliche Erklärung zur Entstehung des Lebens ist die RNA-Welt-Hypothese, die als das fehlende Bindeglied zwischen toter organischer Materie und dem Beginn von Selektion und Evolution betrachtet wird. In den 1980er-Jahren fand Thomas Cech heraus, dass die RNA nicht nur ein Informationsträger ist, sondern auch chemische Reaktionen katalysieren kann. Damit würde die RNA die Funktionalität von DNA und Proteinen, deren Vorläufer sie gewesen sein soll, in sich vereinen. Somit hätte die RNA gemäß dieser Hypothese alles, was man für das Leben bräuchte.[36] Doch werden bei dieser Betrachtung bekannte chemische Tatsachen einfach beiseitegeschoben oder nicht zur Kenntnis genommen. Die zufällige Bildung von Nukleinsäuren wie der RNA enthielte chemisch nicht vereinbare Prozesse; für manche Syntheseschritte bräuchte es sehr hohe und für andere wiederum sehr niedrige Reaktionstemperaturen. Wie soll das an einem einzelnen Ort passiert sein? Es bräuchte homochirale Grundbausteine, und die Mehrkomponentigkeit der Nukleotidbausteine würde die Entstehung noch deutlicher erschweren, als es bei den Proteinen schon der Fall war.[37] Die D-Ribose, die ja das Grundgerüst der RNA bildet, ist eine Pentose, also ein Zucker mit fünf Kohlenstoffatomen. Ein Kohlenstoffatom wird mit dem Zeichen C (für Carbon) dargestellt und entsprechend der Position im Zuckermolekül von eins bis fünf durchnummeriert. Beim Aufbau der RNA und der damit verbundenen Verkettung der D-Ribosen können die Verbindungen aber nicht nur an den regulären Kohlenstoffatomen C3 und C5 auftreten, sondern mit der gleichen Wahrscheinlichkeit an den Kohlenstoffatomen C2 und C5. Das Problem dieser C2-C5-Verbindung ist nun, dass dann keine normale RNA mehr entsteht, sondern siRNA (small interfering RNA). siRNA unterdrückt die Expression von Genen und stoppt die Replikation, das ist das genaue Gegenteil dessen, was man mit der Hypothese zu erklären versucht. RNA ist außerdem sehr instabil. Sie zerfällt im Rahmen einer autokatalytischen Degeneration äußerst schnell. Um sie zumindest kurzzeitig davor zu schützen, müsste sie bei minus 80 Grad Celsius gekühlt werden.[38] Wie konnte die präbiotische Erde all diese Probleme lösen? Wir wissen es nicht, und kein Biologiebuch der Welt klärt die Schüler und Studenten darüber auf.

Richard Dawkins, einer der bekanntesten Evolutionisten, hat hierzu eine interessante Erklärung, die ich nicht unerwähnt lassen möchte, weil sie die verzweifelte, fast schon naive Suche nach einer möglichen Antwort für die Entstehung von RNA bzw. DNA zeigt. Im Interview mit Ben Stein macht er klar, dass wir es nicht wissen, wie das erste Leben entstanden ist. Das finde ich ein sehr ehrliches Eingeständnis, doch frage ich mich, warum in den Biologiebüchern dieser Welt dieses Eingeständnis nirgends zu finden ist. Er halte es sogar für möglich, dass es intelligente Designer gibt. Diese Designer müssten aber außerirdische Intelligenzen gewesen sein, die die entscheidenden Schritte zur Entstehung des Lebens auf der Erde eingeleitet hätten. Diese Außerirdischen selbst seien aber auf völlig natürliche Weise durch chemische und darwinsche Evolution entstanden.[39] Ich finde, dieses Zitat zeigt auf wunderbare Weise, wie sehr Dawkins und seinen Unterstützern die ganzheitliche Weitsicht fehlt. Den Ursprung von Leben und Intelligenz auf Außerirdische abzuwälzen ergibt keinen Sinn. Die Ursprungsfrage wird dadurch nicht beantwortet. Warum sollten uns Außerirdische überhaupt materiell ähnlich sein? Es könnte doch auch gasförmige Lebewesen geben, oder vielleicht sind diese Außerirdischen ja reine Energieformen, die keinen materiellen Körper benötigen. Wie weit wäre dann Dawkins Einschätzung der außerirdischen intelligenten Designer von einer schöpfenden Geistigen Welt entfernt, die nichts anderes ist, als das Zusammenspiel verschiedener Energieformen?

> *»Ich glaube wirklich, dass die Physiker den Sprung an Komplexität deutlich unterschätzen, der mit biologischen Prozessen einhergeht. (…) Wenn man das (die Komplexität, Anm. d. Verf.) sieht, dann ist so eine Zelle schon ein Universum weit weg von dem, womit sich zum Beispiel ein Kernphysiker beschäftigt.«*[40]
> Harald Lesch

Die einfachste Form des Lebens ist die Zelle, wobei: Darf man nach diesem Zitat von Lesch wirklich noch von *einfach* sprechen? Den meisten Menschen und sogar Wissenschaftlern ist die Größenordnung dieser Komplexität nicht einmal ansatzweise bewusst. Man bezeichnet die Summe aller Protein-Protein-Interaktionen in einer Zelle als das Interaktom. Dabei handelt es sich um nicht-kovalente (z. B. elektrostatische) interaktive Verbindungen in einer lebenden Zelle zwischen den Proteinen. Es ist vollkommen ungeklärt, wie eine lebende Zelle aus dieser extrem großen Anzahl von Kombinationsmöglichkeiten ihrer molekularen Komponenten heraus funktionstüchtig hervorgehen konnte. Man kann nicht einfach irgendwelche Proteine irgendwie in eine Zelle packen und »schon läuft der Laden«. Es müssen immer jeweils die genau zueinander passenden Proteine miteinander interagieren, denn nur so kann das Funktionieren der Zelle gewährleistet werden. Peter Tompa und George Rose von der Freien Universität in Brüssel und der John Hopkins Universität in Baltimore veröffentlichten 2011 in *Protein Science* einen Artikel über die Protein-Protein-Interaktome. Sie kamen zu dem Schluss, dass es allein in einer einzelnen einfachen Hefezelle unvorstellbare $10^{79\,000\,000\,000}$ (10 hoch 79 Milliarden!) verschiedene

Kombinationsmöglichkeiten für die Protein-Protein-Interaktionen gibt.[41] Diese verrückt große Zahl sprengt alles menschlich Vorstellbare. Auch zu diesem Thema schweigen sich sämtliche Biologiebücher der Welt komplett aus.

Eine lebendige Zelle ist also der Ausgangspunkt aller in der Evolutionstheorie postulierten Mutations- und Selektionsprozesse. Denn hat man erst einmal eine lebendige Zelle, könnte nach Meinung der Evolutionisten die Evolutionsmaschinerie in Gang gesetzt werden, und aus Einzellern entstünden mehrzellige Lebewesen. Doch dieses Szenario beginnt schon mit einem großen Problem: Wo soll denn die lebendige Zelle, die nach Lesch so komplex wie ein eigenes Universum ist, eigentlich herkommen? Dr. Stephen Meyer, Mitbegründer des *Centers for Science and Culture* des Discovery Instituts, promovierte an der Universität von Cambridge mit einer methodischen Interpretation verschiedener Studien zum Ursprung des Lebens. Er ist Autor des *New York Times* Bestsellers *Darwin's Doubt: The Explosive Origin of Animal Life and the case for Intelligent Design.*[42] Bei einem Vortrag hat er dieses Problem, wo die erste Zelle, die ja schon biologische Information in sich tragen musste, eigentlich herkam, mit einer wundervollen Geschichte persifliert.

> *»Es war einmal ein geistesabwesender Wissenschaftler. Eines Tages ging er von der Universität nach Hause und war vollkommen vertieft in Gedanken über den Ursprung des Lebens. An diesem Tag (...) fiel er in eine Grube, denn er passte nicht auf, wo er eigentlich ging. ›Kein Problem!‹, sagte er zu sich selbst. ›Ich weiß genau, wie ich aus dieser Grube wieder herauskomme. Ich brauche nur nach Hause gehen, eine Leiter holen, komme dann zurück, stelle die Leiter in die Grube, springe in die Grube und klettere hinauf.‹«*[43]

In Leschs Videobeitrag mit dem Titel *Entstehung des Lebens aus toter Materie*[44] präsentiert er einen Erklärungsversuch für die Entstehung des ersten Lebens. Er sagt, dass das Leben über gewisse

Anteile von Stoffen und ihrer Organisationsform mit Rückkopplungsmechanismen definiert sei. Er beschreibt letztendlich einen existierenden Stoffwechsel, der erst später mit einer Zellmembran umschlossen werden soll. Damit diese Anteile, bestehend aus Atomen und Molekülen, eine solche geforderte Organisationsform bilden können, müssen sie sich zu immer komplexeren Molekülen zusammensetzen. Er sagt, dass sich diese Moleküle durch leichte Veränderungen in großen Zeitfenstern gegenüber anderen Molekülen, z. B. in Bezug auf Synthetisierungsraten, verbessern könnten. Diese verbesserten Moleküle würden sich im Vergleich zu den anderen Molekülen daher besser vermehren und die Population dominieren.[45] Lesch verliert jedoch kein Wort darüber, wie diese Moleküle, die in seiner Beschreibung nach offensichtlich schon Funktionalität besitzen sollen, überhaupt entstanden sind. Ferner verwendet er Begriffe der Biologie wie Population und Vermehrung, die in einer präbiotischen Erde, also in einer Zeit vor der Biologie, keine Relevanz haben. Wodurch und warum sollten sich diese Moleküle überhaupt vermehren können? Seine Erklärungen führt er letztendlich auf das von Manfred Eigen beschriebene Modell des Hyperzyklus[46] zurück. Eigen beschrieb eine Art erstes evolutionsfähiges Replikationssystem für Nucleinsäuren und Proteinsynthesen über einen rückgekoppelten Reaktionszyklus. Im einfachsten Fall koppeln sich zwei RNA-Moleküle und zwei Enzymproteine in einem Kreislauf so zusammen, dass ein RNA-Molekül ein Enzym hervorbringt, das die Replikation des anderen RNA-Moleküls katalysiert. Und dieses wiederum produziert ein Enzym, das die Replikation des ersten RNA-Moleküls katalysiert. Ein solcher Zyklus konnte unter kontrollierten Rahmenbedingungen in einem eigens dafür konzipierten Reaktor tatsächlich gezeigt werden. Doch hat das mit Präbiotik nicht mehr viel zu tun. Dieser Zyklus konnte sich evolutionär weiterentwickeln. Mutationen führten zu veränderten Molekülen und in manchen Fällen zu verbesserten Synthetisierungsquoten, sodass sich die mutierten Moleküle im Vergleich zu den langsamer synthetisierten Molekülen durchsetzen konnten. Auf dem Weg zur

Entstehung des Lebens sollten diese Hyperzyklen angeblich immer komplexer werden. Es wird auch von der Selbstorganisation der Materie gesprochen. Als mögliche nächste Schritte zur Ausbildung einer echten ersten Zelle mit Kompartimentbildung wird den hydrothermalen Quellen (»schwarze Raucher«) mit ihren Pyritkristallen eine entscheidende Rolle zugesprochen.[47] Eine andere Theorie zieht die Entwicklung in Eiskristallen in Erwägung.[48] Insgesamt sind das interessante Erkenntnisse, die meiner Definition von einfachem Leben jedoch nicht hinreichend genügen. Einem Hyperzyklus wurde bisher nur hypothetisch eine Kompartimentbildung mit einer Membran zugeschrieben, und es handelt sich nicht um ein intrinsisches System. Man darf auch nicht vergessen, dass der Anfangszustand dieses Zyklus bereits funktionierende Proteine und RNA voraussetzt, deren zufällige Entstehung, wie ich bereits zeigen konnte, als unmöglich anzusehen ist. Außerdem werden dem Hyperzyklus unter kontrollierten Bedingungen im Reaktor von außen gezielt energiereiche Moleküle zugeführt, um den Kreisprozess in Gang zu halten und positiv zu verstärken.[49] Die Konzeption und das Initiieren des Hyperzyklus mit passenden Reagenzien werden durch ein externes Bewusstsein (des Experimentators) gesteuert. Das Ingangsetzen und Aufrechterhalten des Systems ist keine intrinsische Eigenschaft des Hyperzyklus, sondern die Konsequenz eines bewussten induzierten Handelns. Präbiotische Bedingungen und die Instabilität der RNA werden ebenfalls komplett ignoriert. Aber angenommen, wir hätten trotz meiner Einwände einen funktionierenden Hyperzyklus erschaffen, was genau könnte er denn bewirken? Im Grunde genommen ist er ein mathematisches Modell, eine Art Wettrennen. Die schnellsten Synthetisierungen und Replikationen setzen sich als logische Konsequenz immer mehr durch. Ich glaube jedoch nicht, dass Schnelligkeit in der Synthetisierung ein Qualitätsmerkmal für die Entstehung von Leben ist. Der Prozess der Entstehung ist meiner Ansicht nach deutlich vielschichtiger. Es muss letztendlich eine wohl konstruierte und fein abgestimmte Komposition einer funktionalen Zelle in der *Komplexität eines*

Universums entstehen, mit verschiedensten Zellorganellen, Cytoplasma, Cytoskelett, Membran und unzähligen weiteren Komponenten und Prozessen. Dies kann meines Erachtens nicht durch ein Wettrennen von Synthetisierungen entstehen, sondern muss vielmehr Ausdruck qualitativer und sinngebender Kriterien sein. Die Quelle von Sinn und Information wird von den materialistischen Wissenschaftlern jedoch komplett ignoriert.

Leschs Argumentation, dass »wir es ja mit großen Zeiträumen zu tun haben« und daher diese unglaubliche Entwicklung zu einer funktionsfähigen lebendigen Zelle zu begründen sei, ist aus statistischer Sicht nicht haltbar. Wir bräuchten Zeiträume, die nicht nur das Alter der Erde, sondern das Alter des gesamten Universums um ein Vielfaches überschreiten würden. Außerdem ist die Entstehung von RNA zwangsläufig an die Entstehung homochiraler Zucker gebunden. Das Problem der homochiralen Ausgangsstoffe kann mit viel Zeit nicht gelöst werden, es ist von grundsätzlicher Natur.

2010 veröffentlichte ein Forscherteam um den Gentechniker Craig Venter im Wissenschaftsmagazin *Science* einen Artikel über das Erschaffen von künstlichem Leben.[50] In etlichen Artikeln der Weltpresse und Medienlandschaft wurde dies mit zum Teil überschwänglichen Schlagzeilen gefeiert. *Spiegel online* schrieb: »Durchbruch – Forscher erschaffen erstmals künstliches Leben – Eine Vision ist wahr geworden«[51] und *Die Welt* protzt gar mit der Überschrift »Forscher Craig Venter erschafft künstliches Leben – WIR SIND GOTT!«[52] Um es vorwegzunehmen, das Behauptete ist nicht wahr, es ist das Resultat einer ungeheuerlichen Übertreibung und eines wilden Schlagzeilenrausches. Die Presse stürzt sich immer wieder mit Vorliebe auf solche wissenschaftlichen Meldungen, nur um einen noch größeren Hype daraus zu machen. Zweifelsohne hat Venter eine unglaubliche Leistung erbracht. Ihm ist es gelungen, ein künstliches Genom mit einer Million Basenpaaren herzustellen und in ein bestehendes Bakterium zu übertragen. Man könnte es als Genom-Transplantation bezeichnen. Venters Behauptung jedoch, er habe somit eine »synthetische Zelle« erschaffen, kann man sicherlich als Ausdruck seiner übertriebenen Euphorie interpretieren. Viele seiner Kollegen widersprachen ihm.

Als Reaktion auf Venters Interpretation und den Trubel in der Presse erschien daraufhin ein Artikel in *Nature*, in dem acht Experten der synthetischen Biologie mit weitaus ernüchternderen Betrachtungsweisen zu Wort kamen. Martin Fussenegger, Professor für Synthetische Biologie der ETH Zürich, bewertet es folgendermaßen: »Venter hat eigentlich nur etablierte Technologien verwendet. Was er macht, nennt sich *Genetic Engineering*. Dabei geht es immer um das Umprogrammieren von Organismen, in die man fremde Erbsubstanz einbringt. Ein ‚normaler' Bioingenieur macht das vielleicht mit bis zu 5.000 Basenpaaren. Venter setzt Stücke von 100 000 Basenpaaren so zusammen, sodass ein Genom von einer Million Basenpaaren entsteht. (…) Diese Größenordnung ist neu.«[53] Letztendlich hat er nach dem Vorbild eines natürlichen Genoms DNA-Fragmente kopiert, und für den nächsten Schritt musste schon wieder die Natur zu Hilfe kommen. Natürliche Hefezellen setzten diese Fragmente schließlich sukzessive zusammen, jedoch ohne wirklich etwas biologisch Neues zu erschaffen. Damit sich das synthetisierte Genom entfalten konnte, benötigte er außerdem noch immer eine intakte Zelle. Das synthetische Genom des Bakteriums M. mycoides wurde in die intakte Zelle der verwandten Art M. capricolum eingepflanzt, sodass M. capricolum fortan nur noch Proteine synthetisierte, die für die Spenderbakterie M. mycoides typisch waren.[54] Venter war also auf eine vollkommen intakte Zelle angewiesen, ohne die es nicht gegangen wäre. »99 Prozent dessen, was eine Zelle ausmacht – Proteine, Zuckerstrukturen, Fette – wurden also nicht künstlich synthetisiert, sondern von der Natur beigesteuert. Das Fazit der Experten: Eine beeindruckende technische Leistung, aber weit davon entfernt, synthetisches Leben zu sein.«[55]

Müsste ich es aus der Sicht eines Informatikers beschreiben, so hat Venter eigentlich nichts anderes gemacht, als das Betriebssystem von einem vollkommen funktionstüchtigen Computer in einen anderen vollkommen funktionstüchtigen Computer hinüber zu kopieren, nur um dann zu behaupten, er hätte den zweiten Computer mit seiner gesamten Hard- und Software und den darin fließenden Strom von Grund auf neu erschaffen. Doch das hat er nicht. Der zweite Computer existierte bereits und lief schon vor dem Kopieren, genau wie das Bakterium, das zuvor vollkommen ausstrukturiert existierte und vor allem lebendig war.

Ich finde es erstaunlich, wie schnell und einfach solche medienwirksamen Schlagzeilen entstehen können. Wenn man dann die Details enthüllt, stellt man fest, dass man kaum hätte stärker übertreiben können. Mit so einer medienwirksamen Desinformation kann man natürlich viele Leser für sich gewinnen, und es braucht leider viel Überzeugungsarbeit und Mühe, um diese Übertreibungen durch Sachlichkeit und reale Fakten zu entkräften. Leider interessiert es dann die Presse nicht mehr sonderlich. Eine Schlagzeile, die enthüllt, dass »wir Gott sind« und künstliches Leben erschaffen können, bleibt unweigerlich in den Köpfen der Menschen hängen. Die Aufklärung darüber, dass es nicht so ist, läuft zumeist ins Leere. Damit ist die Strategie der Materialisten wieder einmal aufgegangen. Es gibt also nicht nur religiösen Fanatismus. Der materialistische Fanatismus steht dem in nichts nach. Ich frage mich, warum die Medien nicht einmal eine solche Schlagzeile bringen: »Durchbruch! Darwins Evolutionstheorie endgültig widerlegt! Mehrere Wahrscheinlichkeiten von null bringen die Theorie zu Fall.« Ich bin mir sicher, weder *Spiegel online* noch *Die Welt* oder sonst eine Redaktion in unserer westlichen Welt würden eine solche Schlagzeile bringen, obwohl ich in diesem Buch durch die Arbeiten vieler renommierter Forschungskollegen zeigen konnte, dass es sachlich begründet ist (insbesondere in den Kapiteln 4.1.2: *Darwins Evolutionstheorie* ➛Seite 147 und 4.1.3: *Der Ursprung und die Evolution der Wale – damit sollte alles geklärt sein* ➛Seite 178).

Lassen wir die chemische Evolution einmal hinter uns und betrachten die Situation, in der wir eine lebendige Zelle vorliegen haben (woher sie auch immer gekommen sein mag). Dann sollte in den Augen der Darwinisten die Kraft der Mutation und Selektion dabei stark genug sein, fast neun Millionen unterschiedlichste Pflanzen- und Tierarten entstehen zu lassen. Unsere aktuelle Wissenschaft beruft sich wieder einmal auf die Darwinistische Vorstellung, dass aus einfachem Leben sukzessive komplexeres Leben entstanden sein muss, und dieser Gedanke wird dann einfach bis zu den molekularen Strukturen zurückprojiziert. Anscheinend liegt es in der Natur des Menschen, ausschließlich eine langsame, schrittweise Entwicklung von einfach zu kompliziert für möglich zu halten. Dass gewisse Strukturen und Prozesse in der Natur jedoch aufgrund ihrer Komplexität nicht sukzessive durch langsame Veränderung entstanden sein können, werden wir uns in Kapitel 4.2: *Intelligent Design* (➛Seite 206) noch genauer anschauen, wenn es um Intelligent Design und nicht-reduzierbare Komplexität geht. Bevor sich aber überhaupt etwas weiterentwickeln könnte, müsste ja erst einmal etwas Lebendiges da gewesen sein. Evolution beginnt also nicht bei null, sondern bei einer wie von Zauberhand geschaffenen lebendigen Zelle. Somit bleibt die Frage nach dem Ursprung des Lebens aus wissenschaftlicher Sicht weiterhin unbeantwortet.

An dieser Stelle werde ich alle bisherigen Überlegungen, Theorien, Experimente und wissenschaftlichen Abhandlungen, wie sie auch 1000-fach im *Journal of Molecular Evolution* (JME) zu finden sind, beiseitelegen, denn nichts davon kann die Lebensentstehung adäquat erklären, wie auch Behe in seinem Buch bestätigt:

> *»Ja, keine einzige in JME publizierte Abhandlung hat seit dem erstmaligen Erscheinen dieser Zeitschrift (1971) je ein detailliertes Modell vorgeschlagen, in dessen Rahmen ein komplexes biochemisches System in allmählicher, schrittweiser Manier à la Darwin hätte entstehen können.«*[56]

Auch der deutsche Biochemiker Klaus Dose (Leiter des biochemischen Labors des Max-Planck-Instituts in Frankfurt, Professor für Biochemie an den Universitäten Frankfurt und Mainz) hat in diesem Bereich intensiv geforscht und gibt eine ehrliche Einschätzung zu dieser Thematik ab:

> *»Über 30 Jahre lang wurde auf dem Gebiet der chemischen und molekularen Evolution experimentell hinsichtlich der Entstehung des Lebens geforscht. Doch dies hat zu keiner Lösung geführt, sondern vielmehr dazu beigetragen, die Größe des Problems der Lebensentstehung auf dieser Erde besser zu verstehen. Gegenwärtig enden alle Diskussionen über prinzipielle Theorien und Experimente auf diesem Gebiet entweder in einer Sackgasse oder in einem Eingeständnis der Unwissenheit.«*[57]

James Mitchell Tour ist Experte für synthetische organische Chemie und Nanotechnologie. Er ist Professor für Chemie sowie Professor für Materialwissenschaften und Nanotechnolgie an der Rice Universität in Houston/Texas und wurde 2009 von Thomson Reuters (ehemals Nachrichtenagentur Reuters) zu den zehn besten Chemikern der Welt erklärt. Er veröffentlichte über 700 wissenschaftliche Artikel und gehört in seinem Fachbereich zu den am häufigsten zitierten Wissenschaftlern (über 100 000), sein Journalbeitrag *Directional Control in Thermally Driven Single-Molecule Nanocars*[58] aus dem Jahr 2005 ist der Artikel, auf den in der gesamten amerikanischen Gesellschaft für Chemie am häufigsten zugegriffen wurde.[59] Er sagt, dass mit jedem neuen Tag der Erforschung der Zelle neue komplexe Abläufe und Strukturen entdeckt würden. Es findet vielmehr eine immerwährende Neuentdeckung von Details statt und weniger eine sukzessive Zunahme von Erkenntnis. Er macht darauf aufmerksam, dass seine Chemiker-Kollegen ihm zustimmen und erkannt haben, dass die Chemie die Entstehung von Leben nicht begründen kann. Es sind seiner Ansicht nach vor allem die Biologen, die an eine chemische Evolution des Lebens glauben und daran festhalten. Tour ist einer der besten Spezialisten auf der Welt, wenn es um die Entwicklung komplexer funktionaler Moleküle geht. So stellt er in seinem Vortrag *Das Geheimnis der Entstehung des Lebens*[60] die Details dazu vor. Er beschreibt, wie extrem aufwendig und schwierig die Synthese solcher Moleküle ist, und nennt viele verschiedene Synthese-Probleme, die von ihm und seinem Team, aber ebenso auch von der präbiotischen Natur in einem mutmaßlichen chemischen Evolutionsszenario bewältigt werden mussten. So ist es z. B. unerlässlich, dass die richtige Reihenfolge beim Hinzufügen der Reagenzien eingehalten wird. Man kann nicht einfach alle Komponenten in einen Topf oder in einen Vulkantümpel werfen, und schon setzt sich alles so zusammen, wie es soll, wenn man nur lang genug wartet. Komplexe Moleküle müssen sukzessive durch das Hinzufügen der passenden Bausteine zusammengesetzt werden. Fehler in der Reihenfolge lassen sich in den meisten Fällen nicht mehr korrigieren; es würde erforderlich sein, zum ersten Schritt der Synthese zurückzukehren. Außerdem sind bei jedem einzelnen Syntheseschritt hoch spezifische Umgebungsbedingungen erforderlich. So braucht es eine spezifische Temperatur, einen spezifischen Druck, ein spezifisches Lösungsmittel, spezifische Gaskonstellationen, einen spezifischen pH-Wert und ganz bestimmte Elemente in bestimmten Mengen in bestimmten Zeiträumen. So gibt es z. B. Reaktionen, die nur bei einer Temperatur von minus 50 Grad Celsius ablaufen können, wohingegen andere Schritte Temperaturen von plus 5 Grad Ceslsius oder plus 130 Grad Celsius benötigen. Erschwerend kommt hinzu, dass manchmal die geforderten Temperaturen nur für eine bestimmte Zeit wirken dürfen und die Ausbeute des gewünschten Produkts extrem niedrig ist. Auf dem Weg zu einem komplexen Molekül kann es Hunderte solcher Schritte geben. Jede einzelne Reaktion muss von den Chemikern bewusst und gezielt mit allen geforderten Voraussetzungen exakt umgesetzt werden, stimmt nur ein Parameter nicht, kann der Syntheseschritt nicht erfolgen. Die Veröffentlichungen zu solchen Molekülsynthesen enthalten in der Regel eine ausführliche Molekül-Charakterisierung, die nicht selten zwei- oder dreihundert Seiten lang sein kann. Dabei handelt es sich um eine detaillierte Beschreibung der unzähligen hoch spezifischen Einzelschritte und Anforderungen für die stufenweise Entwicklung dieses Moleküls. Die Synthetisierung solch komplexer Moleküle, ganz gleichgültig, ob sie im Labor oder in der Natur entstehen soll, ist höchst komplex, aufwendig und in ihrer Form alternativlos. Das bedeutet, eine mutmaßliche chemische Evolution muss also denselben enormen Aufwand für sämtliche Einzelschritte in der Molekülentwicklung auf sich genommen haben, wie es heutzutage in den modernen Laboren der Fall ist. Wie soll man sich nun die Entstehung eines komplexen funktionalen Moleküls in der präbiotischen Natur vorstellen, wenn unzählige hoch spezifische Syntheseschritte mit jeweils hoch spezifischen Umgebungsbedingungen umgesetzt werden müssen?

Enzyme, die solche Synthetisierungen vereinfachen und umsetzen könnten, existierten ja noch nicht, wir befinden uns schließlich in der präbiotischen Zeit. Niemand kann erklären, wie das funktioniert haben soll. Wir haben absolut keine Ahnung. Dennoch gibt es eine große Gemeinschaft von Biologen, die hartnäckig das Gegenteil behaupten und glauben, dass das, was die Chemiker unter großen Anstrengungen mit all ihrem Intellekt und technischen Equipment heute in den Laboren konstruieren, vor Milliarden von Jahren völlig ungesteuert und zufällig in einem Tümpel oder an einer hydrothermalen Quelle wie durch ein Wunder von ganz allein passierte. Viele Wissenschaftler sind sich über die chemischen Grundlagen und Details nicht im Klaren, so veröffentlichen sie Bücher und Paper, in denen sie aus voller Überzeugung Spekulationen und Wünsche als wissenschaftliche Realität verkaufen, ohne dass es ihnen bewusst ist. So behauptet z. B. Jaeger in seinem Buch *Wissenschaft und Spiritualität* Folgendes:

> *»Es gab jedoch Orte, wo die Umstände für die ersten Moleküle des Lebens so gut wie perfekt waren: vulkanische Quellen in der Tiefsee (Schwarze Raucher). Hier, so vermuten viele Bio-*

logen, entwickelten sich die ›chemischen Gärten‹, in denen die entsprechenden Reaktionen abliefen, die komplexere ›Moleküle des Lebens‹ entstehen ließen, unter ihnen die Makromoleküle, die in den Stoffwechselreaktionen allen Lebens noch heute die wesentliche Rolle spielen.«[61]

Ich glaube nicht, dass Jaeger sich jemals Gedanken zur Homochiralität dieser Bausteine gemacht hat oder darüber, wie sich in der Tiefsee Aminosäuren unter Abspaltung von Wasser verketten könnten. Auch die Polymerisation von komplexen Zuckern oder Lipiden, die Hunderte von ständig sich wechselnden Umgebungsbedingungen (Temperatur, Druck, ph-Wert, Gase etc.) benötigt, kann unmöglich an nur einem Ort wie einem schwarzen Raucher passiert sein. Wie die Proteine ein sinnvolles Interaktom bilden könnten, bleibt genauso unbeachtet wie die Bildung von Membranen. Deshalb ist es mit Sicherheit kein perfekter Ort! Das Problem ist, dass sich insbesondere die Biologen nicht die Mühe machen, sich die chemischen Gegebenheiten im Detail anzuschauen. So entstehen dann solche hoch spekulativen Theorien, und selbst Doktoren und Professoren reden sich dann gegenseitig nach dem Mund. Obwohl ich in diesem Kapitel die Unmöglichkeit dieser Theorie zeigen konnte, besitzen die *Vermutungen der Biologen* in der Öffentlichkeit ganz offensichtlich eine höhere Wertigkeit und Bedeutung als die chemischen Fakten.

Fakt ist, so wie die Biologen es vermuten, kann es definitiv nicht gewesen sein. Die Wahrscheinlichkeit ist indiskutabel gering. Warum werden diese offensichtlichen Schwachpunkte von der Wissenschaft ignoriert? Im Grunde genommen stimmt jeder einzelne Biologielehrer, -professor und -dozent auf der Welt stillschweigend zu, dass er entgegen den chemischen Verhaltensweisen und entgegen der Natur der Moleküle und entgegen den Beobachtungen ganz selbstverständlich an all die Wunder und Unwahrscheinlichkeiten exorbitanten Ausmaßes glaubt. Ich bin mir sogar sicher, dass die meisten Biologen diese Fakten, die in höchstem Maß gegen eine chemische Evolution sprechen, nicht einmal kennen. Ich bin schockiert, dass dieses Wunder einer mutmaßlichen chemischen Evolution in unseren Schulen und Universitäten ganz unverhohlen als bewiesene Tatsache gelehrt werden darf. Die wissenschaftliche Erkenntnisfähigkeit wird hier mit Füßen getreten. Ich schäme mich für diese Wissenschaft.

Biologen wie Prof. Lee Cronin beteuern immer wieder, dass sie in den nächsten Jahren den Durchbruch schaffen würden.[62] Doch selbst mit all ihrem Intellekt ist es ihnen noch nie, nicht einmal annähernd, gelungen, eine einfache lebende Zelle zu erzeugen. Warum sollte es dann vor Milliarden von Jahren ohne Intellekt unter einem Felsen oder in einem Tümpel geklappt haben? So einfach wie die Antwort der Biologen ist, so naiv ist sie auch. Man müsse dem Ganzen nur genügend Zeit geben. Selbst das einfachste Bakterium mit seinen 256 proteincodierenden Genen konnte nicht hergestellt werden. Tour beschreibt, dass, selbst wenn man den Biologen entgegen aller Wahrscheinlichkeiten in der Natur alle Bausteine wie Aminosäuren, Proteine, DNA, RNA, Lipide, Fettsäuren und was auch immer sie gern haben möchten, zur Verfügung stellte, sie es nicht schaffen würden, eine lebende Zelle daraus zu erzeugen.[63] In Lee Strobels Buch *The Case For Faith* wird Tour folgendermaßen zitiert:

> *»Ich verdiene meinen Lebensunterhalt damit, Moleküle zu erzeugen. Sie können sich nicht vorstellen, wie schwierig diese Arbeit ist. Ich stehe in Ehrfurcht vor Gott wegen dem, was er durch seine Schöpfung gemacht hat. Nur ein Anfänger, der nichts über Wissenschaft weiß, würde sagen, dass Wissenschaft vom Glauben wegführe. Wenn du wirklich studierst und wahre Wissenschaft betreibst, dann bringt sie dich näher zu Gott.«*[64]

Auf der Suche nach der Entstehung oder Existenz unseres Bewusstseins bin ich nun in der Tiefe der chemischen und biologischen Wissenschaft der Schöpfung angelangt. Bei meinen Recherchen zu diesem Thema bin ich zwischen die argumentativen, aber auch polemischen Fronten der Kreationisten und materialistischen Evolutionisten geraten, und ich bin höchst erstaunt, in welcher wissenschaftlichen Tiefe diese Diskussion ausgetragen wird. Mich interessiert jedoch in erster Linie, wo unser Bewusstsein herkommt, und ich denke, dass mir sowohl die Kreationisten als auch die Evolutionisten versöhnlich zustimmen werden, dass auf dieser Ebene der Vorstufen des Lebens und der ersten Zellen wir diesbezüglich sicherlich nicht fündig werden. Sämtliche Diskussionen rund um das Thema der Entstehung von Kohlenhydraten, Proteinen, Nukleinsäuren und Lipiden sind aus meiner Sicht überhaupt nicht erforderlich, weil das Wesentliche nicht betrachtet wird. Denn das Leben besteht ganz offensichtlich nicht allein aus der sichtbaren und greifbaren Materie. Nehmen wir allen Unwahrscheinlichkeiten der chemischen Evolution zum Trotz einmal an, dass alle für das Leben relevanten organischen Molekülketten vollständig vorliegen würden. Was würden wir erhalten? Wir erhielten definitiv kein Leben, lediglich einen Haufen toter organischer Materie. Armin Risi bestätigt diese Ansicht:

> *»Die Annahme, organische Materie bringe irgendeinmal ›Leben‹ und beim Menschen als Nebenprodukt Bewusstsein hervor, steht also im Widerspruch zu jeder Beobachtung und Logik.«*[65]

Betrachten wir einmal den Körper eines frisch verstorbenen Menschen. Sein Leichnam ist randvoll mit Kohlenhydraten, Proteinen, Enzymen, DNA, RNA, Lipiden in kompletten Zellen, und was soeben noch auf wundersame Weise im Verbund funktionierte, hat plötzlich die Arbeit eingestellt. Es findet kein Stoffwechsel mehr statt. Es findet keine Replikation mehr statt. Die Zellen sind ohne Funktion. Die organische Materie ist dieselbe wie zuvor, dennoch ist das Leben entschwunden. Leben ist mehr als die organische Materie des Körpers. Es muss eine unsichtbare feinstoffliche Energie, einen Geist geben, der diesem komplexen Mechanismus die Lebendigkeit einhaucht und auch wieder nimmt.

4.1.2 Darwins Evolutionstheorie

»Die Tatsache der Evolution ist das Rückgrat der Biologie, und die Biologie befindet sich somit in der eigentümlichen Position, eine Wissenschaft zu sein, die auf einer unbewiesenen Theorie beruht – ist sie dann eine Wissenschaft oder ein Glaube?«[66]

L. Harrison Matthews, britischer Zoologe

Was wäre, wenn wir tatsächlich unumstößliche Argumente finden würden, warum die Evolution zur Entstehung der Arten nicht hätte funktionieren können? Könnten vollkommen nachvollziehbare logische Argumente, die auch durch empirische Forschung nicht falsifizierbar wären, wirklich die Evolutionstheoretiker von ihrem Forschungsziel einer vollkommen naturalistisch erklärbaren Evolution abbringen? Erfahrungsgemäß wird das nicht passieren. Sie würden die Evolutionstheorie niemals scheitern lassen, es sei denn, die Forscher erlebten eine ähnliche spirituelle Erfahrung wie ich nach Jomas Unfall. Die Evolutionstheoretiker haben eine starre Grundüberzeugung verinnerlicht, die keineswegs empirisch begründet, sondern vielmehr Ausdruck einer weltanschaulichen Grundsatzentscheidung ist.[67]

1859 leitete der englische Naturforscher Charles Darwin (1809–1882) mit der Veröffentlichung seines Buches *Über die Entstehung der Arten durch natürliche Zuchtwahl*[68] den wissenschaftlichen Siegeszug des Evolutionsgedankens ein. Dies geschah in einer Zeit, in der die wissenschaftliche naturalistische Betrachtungsweise als Gegenbewegung zur kirchlichen Lehrmeinung schon sehr willkommen war. Der gesellschaftliche Drang zur Aufklärung und alle Dinge durch natürliche, physikalische, biologische und chemische Prozesse erklären zu können, kamen der Entwicklung einer Evolutionstheorie natürlich sehr entgegen. Grundsätzlich ist daran auch nichts auszusetzen, solange man wahrhaft und sachlich den Indizien und Erkenntnissen folgt und das Wunschdenken außer Acht lässt. In seinem Werk beschreibt Darwin eine ausführliche Evolutionstheorie mit vielen Beispielen, die er unter anderem auf einer mehrjährigen Weltreise zusammenstellte. Er begründete den Artenwandel, also das Entstehen neuer Arten aus existierenden Arten, durch den Mechanismus der natürlichen Selektion. Seine Theorie besagt, dass die Nachkommen einer Art im Rahmen der Variation gewisse körperliche Unterschiede aufweisen können. Stellt sich eine körperliche Veränderung als nachteilig in Bezug auf Fortpflanzung oder Nahrungsaufnahme heraus, so würde dieses Exemplar durch die natürliche Selektion aussortiert. Wohingegen eine vorteilhafte Veränderung den Tieren dazu verhilft, sich im Überlebenskampf gegen die Konkurrenten ihrer Art besser durchzusetzen. Nach dem Motto *Survival of the fittest* setzen sich nur die Stärksten durch. Darwins Hypothese lautete nun, dass über Jahrmillionen stetige kleine solcher Veränderungen dazu führten, dass neue Arten entstanden seien. Sein wohl bekanntester »Beweis« für seine Theorie sind die nach ihm benannten Darwinfinken von den Galápagos-Inseln.

***Abbildung 4-2:** Darwinfinken mit unterschiedlich ausgeprägten Schnabelformen. 1 Geospiza magnirostris, 2 Geospiza fortis, Geospiza parvula, 4 Certhidea olivasea*

Dabei handelt es sich um 14 unterschiedliche Arten, die allesamt von einer gemeinsamen Ausgangsart vom Festland abstammen. Die Finken unterscheiden sich in Körpergröße, Gefiederfärbung und Schnabelgröße und -form, was Darwin auf die unterschiedlichen Anforderungen und die Nahrungsspezialisierungen auf den einzelnen Inseln zurückführte. Körnerfressende Finken besaßen große klobige Schnäbel, wohingegen die Insektenfresser eher spitze und schmale Schnäbel ausbildeten. Trotz dieser Varianz und Anpassung an den Lebensraum blieben die Finken aber immer noch Finken. Die von Darwin beobachteten Vögel zeigen in keiner Weise eine Evolution zur Artenbildung, sondern ausschließlich Adaption und Variation.

Bevor ich das Thema der Artenbildung durch Evolutionsmechanismen genauer unter die Lupe nehme, gehen wir noch einmal an den Anfang zurück. Angenommen, wir befinden uns an dem Punkt in unserer Entwicklungsgeschichte, bei dem die Einzeller bereits entstanden sind (wie und woher auch immer). Die Einzeller werden in die beiden Kategorien der Prokaryoten und Eukaryoten unterteilt. In typischer darwinistischer Herangehensweise betrachtet man heutzutage die einfach strukturierten Prokaryoten (z. B. Bakterien) als die Vorgänger der Eukaryoten, die mit ihrem Zellkern und verschiedensten Organellen einen deutlich komplexeren Aufbau besitzen und in vielzelligen Lebewesen vorkommen. Aber warum sollte ein Prokaryot ein Vorläufer eines Eukaryoten sein? Hier wird von unserer Wissenschaft wieder einmal vom darwinistischen Denken ausgehend rückwärts extrapoliert nach Wahrheiten gesucht. Nur weil etwas einfach strukturiert ist, muss es nicht zwangsläufig eine Vorstufe von etwas Komplexerem sein. Das aktuellste Erklärungsmodell für den Übergang eines Prokaryoten zu einem Eukaryoten bildet die sogenannte Endosymbiontentheorie. Diese Theorie besagt, dass ein Urbakterium ein kleineres Bakterium in sich aufnahm. Dieses kleine aufgenommene Bakterium produzierte chemische Energie, die das umgebende Bakterium nutzen konnte, dafür erhielt das kleine Bakterium im Gegenzug mehr Schutz durch eine zweite Membran, eine klassische Win-Win-Situation. Das aufgenommene Bakterium entwickelte sich schließlich zur ersten Zellorganelle, dem Mitochondrium, das den Energieträger ATP*

* Adenosintriphosphat

produzierte.[69] Es gibt durchaus gute Indizien, die diese Theorie stützen, z. B. ausgetauschte DNA-Sequenzen zwischen Zellkern und Mitochondrien. Es gibt aber ebenso valide Argumente, die dagegensprechen, z. B. die der Theorie widersprechende Richtung des Proteintransports bei den Mitochondrien.[70] Die aktuelle Wissenschaft rechnet für diesen ersten mutmaßlichen Schritt der Entwicklung von den Prokaryoten zu den komplexen Eukaryoten einen Zeitraum von zwei Milliarden Jahren.[71] Die ersten Einzeller werden basierend auf fossilen Funden auf Island auf ein Alter von 3,85 Milliarden Jahren geschätzt. Dieser erste Schritt vom Prokaryoten zum Eukaryoten brauchte also schon ein halbes Erdzeitalter, nur um einen unspezifischen Einzeller zu erzeugen, aus dem die Mehrzeller schließlich hervorgehen sollten. Wenn allein für diesen Schritt schon so viel Zeit benötigt wurde, fällt es mir sehr schwer zu glauben, dass in weniger als derselben Zeitspanne aus diesem unspezifischen Einzeller die weltweit geschätzten 8,7 Millionen Arten von eukaryotischen Organismen in ihrer Vielfalt und Perfektion entstanden sind. Jede einzelne Art besitzt darüber hinaus viele verschiedene Spezialisierungen von Zellen. Der Mensch besteht aus etwa 200 000 unterschiedlichen Typen von Zellen, und jeder einzelne Typ hat eine spezifische Funktion auszuführen. Insgesamt bestehen wir aus etwa 100 Billionen Zellen, die aneinandergereiht einhundert Mal die Erde umrunden würden.[72] Wie konnte dieser perfektionierte Turbo der Evolution gezündet werden? Mutation, Selektion und Zeit reichen allein nicht aus, um die Entstehung von hoch spezialisierten Zellen, die im Verbund komplexe Systeme bilden, in diesem Zeitraum zu begründen. Empirische Daten aus einem wunderbaren Experiment belegen diese Ansicht. Im Februar 1988 begann Prof. Dr. Richard Lensky in seinem Labor an der Michigan State University ein Langzeit-Experiment, bei dem er zwölf identische Populationen des Bakteriums Escherichia coli heranzüchtete. Als Unterstützer der Evolutionstheorie wollte er die Evolution experimentell nachweisen und beobachtete die Bakterien über viele Generationen hinweg, um zu sehen, welche neuen

Funktionen evolvieren würden. Die mittlerweile rund 70 000 Generationen von Escherichia-coli-Bakterien sind vergleichbar mit über einer Million Jahren menschlicher Existenz. Zeit genug also, dass sich zumindest kleinere Veränderungen manifestieren sollten. Billionen über Billionen von Bakterien wurden geboren und sind gestorben, doch neue funktionale Gene und Proteine oder gar neue komplexe Strukturen sind nicht entstanden.[73] Seit 70 000 Generationen bringen diese Bakterien nichts anderes hervor als ihresgleichen. Nach Prof. Dr. Behes und Prof. Dr. Minnichs Interpretation des Experiments zeigten die Mutationen ausschließlich devolvierende Wirkung, also einen Verlust oder eine Verringerung bestimmter Funktionalitäten, aber eine neue Fähigkeit ist dabei nicht entstanden.[74] Basierend auf diesem Experiment finden sich durchaus auch Studien, die von evolutionär neu entwickelten Fähigkeiten berichten. Doch ist das niemals auf die Erzeugung neuer genetischer Informationen zurückzuführen, sondern vielmehr auf deren Verlust. Wie kann eine Devolution zu einer neuen Fähigkeit führen? Stell dir vor, die E.-coli-Bakterie wäre ein Auto; durch eine Mutation verlieren die Nachfahren die Fähigkeit, eine Karosserie auszubilden. Durch den Verlust der Karosserie wiegt das Auto nun weniger als vorher, und der Benzinverbrauch sinkt. Die Fortbewegung wird dadurch effizienter. Materialisten verkaufen so etwas gern als einen Beweis für Evolution. Dabei ist es genau das Gegenteil. Dass die Evolution im stetigen Optimierungsprozess perfekt abgestimmte Funktionalitäten und neue Arten hervorbringt, konnte dieses Experiment nicht einmal annähernd belegen.

Ein weiterer Punkt ist die Problematik der Komplexität eines mehrzelligen Lebewesens. Angenommen, es hätten sich mit viel Glück und Zufall aus den ursprünglichen unspezifischen Eukaryoten Endothelzellen* entwickelt, dann ergeben diese Zellen nur Sinn, wenn es zugleich auch Blutzellen und Gewebezellen gäbe. Diese unterschiedlichen Zelltypen bilden nur dann ein orchestriertes Kollektiv, wenn sie koordiniert, gleichzeitig und

* Zellschicht zur Auskleidung der Innenseite der Blutgefäße

sinnvoll eingesetzt werden. Ohne einen Bauplan mit konkreter Zielvorstellung des Gesamtsystems ist das Szenario unvorstellbar, sonst müssten zeitgleich mehrere voneinander abhängige Mutationen eingetreten sein, die dieses Wunder der Wahrscheinlichkeitsrechnung bewerkstelligt hätten. Es ist nicht sinnvoll, wenn erst einmal ein paar Blutzellen entstehen, aber noch kein Blutkreislaufsystem existiert. Oder warum sollten Muskelzellen entstehen, wenn es weder Knochen noch Gelenke noch Nervenzellen gibt, die diese innervieren? Es ist mehr als offensichtlich, dass ein langsames sukzessives Entstehen dieser Strukturen völlig sinnlos wäre und nur halbfertige Organismen hervorbrächte, die im evolutionären Kampf ums Überleben keine Chance hätten. Von den Darwinisten werden Abläufe gesehen, die allein durch Mutation, Selektion und viel Zeit nicht zu erklären sind, zumal nicht jeder Einzeller diesen hypothetischen Weg der Evolution gegangen ist. Denn auch heute gibt es noch Einzeller, die anscheinend Einzeller bleiben wollten. Da stellt sich mir die Frage, warum einige Einzeller der frühen Erde evolviert haben sollten, während es andere nicht taten. Man braucht kein studierter Biologe oder Mediziner zu sein, es reicht der gesunde Menschenverstand, um zu erkennen, dass es so nicht passiert sein kann. Natürlich gibt es Materialisten, die das gänzlich anders sehen. Sie sollen hier nicht unerwähnt bleiben. Der deutsche Diplomphysiker und Kabarettist Vince Ebert macht keinen Hehl daraus, dass er Kritiker der Evolutionstheorie nur belächeln kann. Mit einem kabarettistischen Hochmut sieht er die Evolutionstheorie als zweifelsfrei bewiesen an, und Kritiker müssen in seinen Augen zwangsläufig uninformiert und fanatische bibeltreue Christen sein.[75] Die wirklich Uninformierten sind allerdings zumeist die materialistischen Naturwissenschaftler, die sich nicht einmal die Mühe machen, sich mit den wissenschaftlichen Gegenargumenten auseinanderzusetzen. Mit folgendem Zitat macht Ebert richtigerweise darauf aufmerksam, dass banale Statistiken wichtige Erkenntnisquellen sind: »Die Evolution arbeitet nicht mit festen Plänen und Zielvorgaben, sondern mit offenen Möglichkeiten. Wenn irgendeine besondere Fähigkeit oder Eigenschaft die Anzahl der Nachkommen erhöht, dann setzt sich diese Fähigkeit mit der Zeit durch. Das ist eine banale, statistische Rechnung.«[76] Warum rechnet er nicht ganz einfach einmal die statistische Wahrscheinlichkeit für das mehrfache Auftreten von voneinander abhängigen Mutationen aus? Oder die Wahrscheinlichkeit der zufälligen Verkettung von Aminosäuren zu komplexen Proteinen? Die Wahrscheinlichkeit ist hoch, dass ihm diese Wahrscheinlichkeiten von null nicht gefallen würden. Was die von ihm benannte besondere Fähigkeit, mehr Nachkommen zu erzeugen, mit der Entstehung neuer Arten zu tun hat (das ist ja letztendlich das, was Evolution ausmacht), kann sich mir nicht erschließen. Offensichtlich ist es nicht so einfach, wie es Ebert gern hätte. Denn nicht zuletzt finden sich auch in diesem Buch erdrückende Gegenargumente, die nichts mit einer religiösen Gesinnung zu tun haben, sondern ganz banale logische Rechnungen sind. Da diese Rechnungen jedoch nicht in Eberts Weltbild passen, erhalten sie auch keine Beachtung. Ebert berichtet davon, dass viele seiner Zuschauer nach seinen Veranstaltungen zu ihm kämen und ihm sagen würden, dass die Evolutionstheorie doch nur eine Theorie sei. Er würde darauf immer antworten: »Natürlich ist die Evolution ›nur‹ eine Theorie. Gravitation ist auch ›nur‹ eine Theorie. Trotzdem springt keiner vom Dach, weil sie ›nur‹ eine Theorie ist.«[77] Nun, die Gravitation lässt sich experimentell beobachten. Wer von einem Dach springt, wird unweigerlich auf dem Boden aufkommen und höchst wahrscheinlich tot sein. Auch wenn die Gravitation nur eine Theorie ist, kann ich die Effekte beobachten. Wenn ich es beobachten kann, kann ich es auch glauben. Bei der Evolutionstheorie verhält es sich aber gänzlich anders. Eine Makroevolution in der Form, dass eine neue Art aus einer anderen entsteht, lässt sich weder beobachten noch im Experiment erzwingen. Noch nie wurde das Entstehen einer neuen Art auch nur im Ansatz nachgewiesen, da ist es mehr als legitim, die Evolutionstheorie infrage zu stellen. Eberts Argument zur rein evolutionären Entstehung des Auges, das von Verfechtern des Intelligent Designs gern als Beispiel für ein nicht reduzierbar komplexes System genommen wird, basiert auf einer in den 1990er-Jahren entwickelten Computersimulation, die im Rahmen einer wissenschaftlichen Publikation von Daniel Nilson und Suzanne Pelger veröffentlicht wurde.[78] Mit großer Euphorie beschreibt Ebert diese Forschungsarbeit: »Nilson und Pelger starteten eine Computersimulation, die sie so programmierten, dass die Lichtempfindlichkeit pro Generation immer etwas besser werden sollte. Nach rund 100 000 durchlaufenen Generationsschritten hatte sich der ursprünglich lichtempfindliche Fleck in etwas verwandelt, was dem menschlichen Auge verblüffend nahekam.«[79] Nun kenne ich mich als Informatikprofessor mit Computersimulationen und Programmierung sehr gut aus, und ich kann dafür garantieren, dass eine Simulation nur das simuliert, was die Programmierer mit ihren Algorithmen hineinprogrammiert haben. Eine solche Simulation kann nur ein sehr vereinfachtes Abbild der Realität sein. Man kann sich außerdem ausmalen, dass diese Algorithmen so programmiert worden sind, dass die Wünsche und Absichten ihrer Entwickler mit eingeflossen sind. Wenn man die Natur verstehen möchte, kann man sie nicht nach limitierten menschlichen Vorstellungen programmieren und dann glauben, man könnte im Rahmen einer Simulation sinnvolle Rückschlüsse daraus ziehen. Welchen Wert kann eine solche Simulation haben? Ich betrachte lieber die Natur, denn sie ist echt und nicht auf menschliche Algorithmen angewiesen. Und wer die Natur beobachtet, findet – wie zum Beispiel bei den 70 000 Generationen von Escherichia-coli Bakterien – eine völlig andere Wahrheit ohne Evolution, und diese Wahrheit ist weder simuliert noch vom Menschen erschaffen.

Ab den 1920er-Jahren wurde Darwins Selektionsmechanismus durch neue Erkenntnisse aus dem Bereich der Genetik mit Mutation, Rekombination, Gentransfer und weiteren Faktoren zur sogenannten synthetischen Evolutionstheorie sukzessive erweitert. Dass die Evolution heutzutage als »wohlbewiesene Grundlage unseres Weltbildes«[80] betrachtet und ohne den Hauch einer kritischen Hinterfragung in Schulen und Universitäten gelehrt wird, basiert einzig und allein auf der vagen Annahme, dass neue Arten durch zufällige Kopierfehler während der Zellteilung entstehen, wobei diese Mutationen in der Regel nur zu geringfügigen Änderungen führen. Die meisten Mutationen sind für ihre Träger übrigens schädlich oder neutral. Nur die wenigsten führen tatsächlich zu einer geringfügigen Verbesserung.[81] Solche Mutationen und auch die Rekombination des Erbguts bei der Befruchtung sind gänzlich ungerichtet; sie treten unabhängig von den Lebensgewohnheiten und Umweltbedingungen völlig zufällig auf. Die Selektion hingegen funktioniert gerichtet. Selektionspositive Mutationen, die ihren Trägern Vorteile beim Überleben schenken, setzen sich gemäß dieser Theorie im Laufe der Zeit schließlich durch.

Im Folgenden möchte ich die beschriebenen Mechanismen von Mutation und Selektion einer ersten kritischen Auseinandersetzung unterziehen. In diesem Zusammenhang möchte ich dir von einem unglaublichen 16-jährigen Mädchen namens Ruby* aus Minnesota (U.S.A.) erzählen. Aufgrund einer Genmutation wurde bei ihr das Strømme-Syndrom diagnostiziert. Dieses Syndrom bringt mehrere Fehlbildungen mit sich. So hat sie unter anderem Fehlbildungen der Augen, des Gehirns, des Gehörs und der Wirbelsäule. Ruby ist ein fröhliches und vom Leben begeistertes Kind, das viele Menschen in seinen Bann zieht. Sie hat aktuell (März 2021) über 151 000 Follower bei Instagram und 187 000 Abonnenten bei YouTube. Aus rein biologischen Gesichtspunkten besitzt dieses Mädchen aus Sicht der Darwinisten selektionsnegative Veränderungen. Ich betrachte das jedoch gänzlich anders. Ruby ist eine große Bereicherung für viele Menschen. Es findet hier definitiv keine Selektion statt, sondern bei uns mitfühlenden Menschen löst sie tiefe Emotionen aus, und nicht nur Ruby, sondern viele ihrer Wegbegleiter wachsen mit dieser Situation weit über sich hinaus und gewinnen an Stärke

* https://angieandruby.com/

und Liebe. Hier wirkt das Gegenteil von Selektion, nämlich Integration. Evolution wird in der Regel nur an physischen Fähigkeiten von Individuen festgemacht (längerer Rüssel, bessere Tarnung, gebogener Schnabel etc.). Aber Tiere, und vor allem wir Menschen, sind mehr als das Produkt unserer mechanischen Handlungen. Evolution muss ganzheitlich betrachtet werden, wenn sie authentisch sein soll. In der Evolution spielen insbesondere unsere sozialen Bindungen und Empathie eine entscheidende Rolle. Was hat Ruby, stellvertretend für alle behinderten Menschen, für eine evolutionäre Power, wenn sie den Menschen, die sie umgeben, zu so viel Liebe, Mitgefühl und sozialer Verantwortung verhilft? Solche Menschen sind in unserer sozialen Einheit und Verbundenheit evolutionäre Booster. Aber in der klassischen Sicht der Evolution würden sie dem Selektionsdruck zum Opfer fallen. Was für eine falsche und eingeschränkte Sicht auf die Welt das doch ist! Durch das folgende Zitat von Hans-Peter Dürr sehe ich mich in meiner Ansicht bestätigt:

> *»Dieser seltsame ›Überlebens-Darwinismus‹, wonach der Stärkste die Goldmedaille bekommt, ist meines Erachtens eine gänzlich unsinnige Konzeption. Es geht nicht um den Wettbewerb der Ansätze, sondern um die Kreativität der Kooperation. Eine höhere Qualität entsteht nicht dadurch, dass zwei andere in Konkurrenz treten, sondern indem sie zusammenarbeiten.«*[82]

In der Rabenforschung kann man eindrucksvoll beobachten, dass eben keine individuellen Fähigkeiten und Egoismus gefragt sind, sondern dass Teamarbeit und Kooperationen zum Erfolg führen. Der Verhaltensforscher Thomas Bugnyar konnte beobachten, dass Raben durch koordinierte Teamarbeit einem Rudel Wölfe das erlegte Tier streitig machten. Einige Raben bissen und pickten im Sekundentakt den Wölfen in den Schwanz, die sich daraufhin vom Kadaver ständig abwandten und umdrehen mussten. Währenddessen stahlen die anderen Raben bis zu 90 Prozent des Kadavers.[83] Selektion ist ein Konzept des Egoismus. Egoistische Raben, die nur an sich denken würden, könnten den Wölfen den Kadaver kaum streitig machen. Hier versagt der Gedanke einer selektiven Evolution vollkommen.

Richard Dawkins kommentierte die Kritik eines promovierten Mediziners, der die Meinung vertrat, dass der Darwinismus davon ausgehe, dass wir durch blinden Zufall entstanden seien, auf folgende Weise: »Zum x-ten Mal: Natürliche Selektion ist genau das Gegenteil eines Zufallsprozesses.«[84] Nun, nur weil man etwas x-mal wiederholt, wird es dadurch jedoch nicht richtiger. Selektion ist weder kreativ noch schöpferisch, sie kann nur aus bereits Existierendem aussortieren, aber niemals erschaffen. Selektion ist immer in ein größeres Szenario eingebettet. Sie kann nicht separat betrachtet oder bewertet werden, denn sie ist unmittelbar abhängig von zufälligen Mutationen und weiteren Evolutionsfaktoren, die ihr zwangsläufig vorausgegangen sein müssen. Als Formel ließe sich es etwas vereinfacht folgendermaßen ausdrücken:

Mutation + Selektion + ganz viel Zeit = Evolution

Wenn auch nur einer der drei Summanden (hier die Mutation) zufällig bestimmt wird, dann muss das Ergebnis (hier die Evolution) zwangsläufig auch zufällig sein, daran kann die Selektion auch nichts mehr ändern. Um die Beobachtungen der Natur und die Ergebnisse von Experimenten korrekt wiedergeben zu können, möchte ich die Formel etwas anpassen. Dazu bedarf es jedoch einer Unterteilung des Begriffs der Evolution in die beiden Begriffe *Mikroevolution* und *Makroevolution*.[85]

Mikroevolution: Die Mikroevolution wird auch als infraspezifische Evolution bezeichnet, was so viel bedeutet wie Evolution innerhalb von Arten. Darunter versteht man Veränderungen, Anpassungen und Variationen von bereits vorhandenen Organen und Körperstrukturen innerhalb der jeweiligen Art durch Mutation und Selektion.

Die Mikroevolution ist durch Experimente und Beobachtungen überprüfbar und wird auch von niemandem infrage gestellt.

Makroevolution: Die Makroevolution wird auch transspezifische Evolution bezeichnet, sie ist demnach eine Evolution über die Artgrenzen hinaus. Darunter versteht man die Entstehung völlig neuer Lebensformen mit bisher nicht vorhandenen Organen und Strukturen. Es entsteht qualitativ neues genetisches Material nicht nur zur Bildung neuer Arten, sondern vor allem auch zur Bildung komplett neuer Gattungen, Familien, Ordnungen, Klassen und Stämme (➛siehe *Abbildung 4-3*, zum Begriff der Taxonomie, also der hierarchischen Einteilung, z. B. des Tierreichs in Kategorien). Makroevolution kann und konnte weder in der Natur noch in den Fossilien oder experimentell gefunden werden und ist Ausdruck evolutionistischen Wunschdenkens.

Abbildung 4-3: *Taxonomie am Beispiel der Hunderassen*

Die von mir oben beschriebenen Varianten der Darwinfinken sind ein Beispiel für Mikroevolution. Trotz verschiedener Ausprägungen handelt es sich letztendlich immer noch um Finken und Vögel. Es wurden keine neuen Organe oder anatomische Neukonstruktionen angelegt. Die Veränderungen sind letztendlich Variationsvorgänge innerhalb eines Grundtyps. Analog verhält es sich z. B. mit den Hunderassen, die sich genauso wie die Darwinfinken untereinander immer noch kreuzen können. Die Herausbildung rassespezifischer Eigenschaften im Rahmen der Variabilität (z. B. Dackel oder Pudel aus dem Urhund bzw. aus dem Wolf) zeigt vielmehr, dass die Ausgangsformen komplexe, vielfältige Gensätze besaßen, und im Rahmen der Evolution kam es zu keiner Zunahme, sondern zu einer Ausdünnung der genetischen Vielfalt. Aus einem Pudel kann kein Wolf mehr entstehen. Die Makroevolution würde genau das einfordern, doch es zeigt sich genau das Gegenteil. Sollten die Evolutionisten trotz aller Absurdität recht haben, so müsste es einen Übergang von Mikroevolution zu Makroevolution geben. Es muss also irgendwann eine solche Veränderung in einer Art stattfinden, dass dieses mutierte Geschöpf das erste und einzige seiner Art wäre. Dieses Geschöpf könnte sich nun nicht mehr mit den Tieren, aus denen es hervorgegangen ist, paaren. Damit es nicht sofort wieder ausstirbt, müsste in derselben Region die identische Mutation für ein gegengeschlechtliches Exemplar entstanden sein, denn sonst wäre das arme mutierte Tier nicht nur das erste, sondern gleichermaßen auch das letzte seiner Art. Im Rahmen der stammesgeschichtlichen Entwicklung müsste das dann oftmals selbst für alle hypothetischen Zwischenstufen immer wieder passiert sein. Der Evolutionsprozess muss hier erneut den vielbeschworenen Zufall auf seiner Seite haben, und auch eine weitere Wahrscheinlichkeit von null wird wieder einmal gänzlich ignoriert.

Man versuchte schließlich, die Makroevolution experimentell zu beweisen. Mit der Fruchtfliege *Drosophila melanogaster* wählte man ein Versuchstier, bei dem 60 Prozent seiner Gene auch in ähnlicher Form bei uns Menschen vorkommen. Die Zeitspanne bis zur Entstehung einer neuen Generation liegt bei ein bis zwei Wochen, wobei ein Fliegenweibchen rund 100 Eier pro Tag legt. In einem Jahr können so etwa 25 Fliegen-Generationen entstehen.[86] In diesem Experiment wurde die Mutationsrate künstlich erhöht, um den Evolutionsprozess zu beschleunigen. Doch trotz dieses Eingriffs zeigten die Fliegen auch nach zahlreichen Generationen keine Spur von Makroevolution. Die Fliegen blieben Fliegen, sie zeigten lediglich Variationen, z. B. Veränderung der Borsten oder Augenfarbe und -form, aber niemals neue Strukturen. Es traten vielmehr degenerierte Exemplare auf, die Beine als Fühler oder missgebildete Flügel besaßen.[87] Weder Beobachtungen in der Natur noch Experimente mit E.-coli-Bakterien oder Fruchtfliegen konnten auch nur annähernd Hinweise, geschweige denn Beweise liefern, die auf eine Makroevolution hindeuten würden. Es gibt nur eine folgerichtige Interpretation: Die Mikroevolution besitzt ein nur eingeschränktes Potenzial, ihre Wirkung ist begrenzt. Ein Übergang zur Makroevolution findet nicht statt.

Ich finde es erstaunlich, wie groß die Bereitschaft ist, gegen jede Logik, Beobachtung und Wahrscheinlichkeit an einem materialistisch geprägten Darwinismus festzuhalten. Unsere aktuelle Wissenschaft beschreitet den Weg der Erkenntnis vielerorts falsch herum. Ausgehend von einem niemals infrage gestellten Darwinismus wird vielmehr versucht, in einer rückwärts gerichteten Argumentation eine Wahrheit zu konstruieren, die zum gewünschten Ergebnis führt. So etwas bezeichnet man gemeinhin als *Zirkelbeweis* oder *petitio principii*, wenn also die eigentliche Schlussfolgerung zur Voraussetzung der Argumentation erkoren wird. Darwinisten gelangen nicht zu ihren Erkenntnissen, weil sie die Tatsachen und Beobachtungen konsequent interpretiert haben, sondern weil sie sich die für ihre vermeintliche Wahrheit erforderlichen Schritte so zurechtlegen, dass es keinen Bruch mit dem Paradigma gibt. Wer so handelt, folgt in meinen Augen einer Ideologie, doch darf er sich in unserer westlich orientierten Gesellschaft einen seriösen Wissenschaftler nennen.

Wenn Makroevolution tatsächlich stattgefunden haben soll, dann müsste es in den Fossilienfunden unzählige Hinweise auf Übergangsformen zwischen den Arten geben. Bis heute zeigt sich ein sehr ernüchterndes Bild, wie auch Steve Jones, Professor für Genetik am University College London, festgestellt hat:

> *»Die Funde offenbaren keineswegs die Vielzahl der Zwischenformen, die aufgrund der natürlichen Selektion und des aus ihr erwachsenden langsamen Fortschritts zu erwarten wäre, sondern viele Arten tauchen ohne Vorwarnung auf, bleiben in einer festen Form erhalten und verschwinden schließlich wieder, ohne Nachkommen zu hinterlassen. Die Geologie zeigt uns mit Sicherheit keine fein abgestufte Kette des Lebendigen. Das ist der schwerwiegendste Einwand, der sich gegen die Evolutionslehre einbringen lässt.«*[88]

Es gibt viele weitere hochrangige Experten, die die Fossilsituation ganz ähnlich bewerten, so auch Stephen Jay Gould, Paläontologe, Geologe und Evolutionsforscher an der Harvard Universität:

> *»Die fossile Überlieferung mit ihren abrupten Veränderungen kann keine Unterstützung für eine schrittweise Veränderung liefern. (...) Alle Paläontologen sind sich im Klaren darüber, dass die fossile Überlieferung herzlich wenig an Zwischenstufen enthält; die abrupten Übergänge zwischen großen Gruppen sind charakteristisch. (...) Wozu könnten denn unvollkommene Anfangsstadien nützlicher Strukturen gebraucht werden? Was fängt man mit einem halben Kiefer oder einem halben Flügel an?«*[89]

Gould spricht in seinem letzten Satz einen ganz wichtigen Punkt an, denn wie sollen wir uns die Zwischenformen genau vorstellen? Würden Zwischenformen überhaupt einen Sinn ergeben? Wären solche Zwischenformen mit unvollständig ausgebildeten

Körperteilen und -funktionalitäten überhaupt überlebensfähig? Armin Risi hat dazu einen wunderbaren Vortrag gehalten, bei dem er diese Absurdität am Beispiel der Fledermäuse sehr treffend darstellt.[90] Die ältesten Fledermausfossilien erscheinen schlagartig und vielfältig vor circa 52 Millionen Jahren, und der Fledermausbauplan ist seit diesem plötzlichen Erscheinen in den geologischen Schichten bis heute nahezu konstant geblieben.[91] Die Fledermäuse sind nicht etwa ein seltener Sonderfall im Tierreich, der hier spitzfindig ausgewählt wurde. Die Fledermäuse haben durchaus repräsentativen Charakter, bilden sie doch mit etwa 1100 Arten in etwa 200 Gattungen und 18 Familien nach den Nagetieren die zweitgrößte Säugetierordnung.[92] Risi nimmt die Darwinisten beim Wort; es muss also Zwischenstufen gegeben haben, und selbst wenn es keine Fossilienfunde dazu gibt, ihm würde es ja schon reichen, wenn ihm jemand eine Skizze einer Fledermausvorstufe vorlegen würde. Er stellt sich die Frage, wie so eine Übergangsform, ausgehend von einem rattenartigen Ursäugetier, wohl ausgesehen haben müsste? Dieses Ursäugetier müsste irgendwann durch Mutation längere dünne Finger und beginnende Flughäute ausbilden. Auch das Gehör mit der Fähigkeit, Ultraschall zu hören, müsste zumindest schon ein bisschen funktionieren. Dieses Tier wäre nicht in der Lage, sich ordentlich fortzubewegen oder sich mit einem halben Gehör zu orientieren. Es müsste sich zum Ultraschallhören ja auch gleichermaßen die Fähigkeit entwickelt haben, Ultraschalllaute auszusenden. Es müssten also nicht nur vereinzelte, sondern gleich mehrere sich ergänzende und voneinander abhängige Mutationen stattgefunden haben. Die Wahrscheinlichkeit dafür liegt praktisch bei null. Risi stellt vollkommen richtig fest: »Die nur zu 98 Prozent fertige Fledermaus wäre zu 100 Prozent lebensunfähig. Die knallt uns in die Wand, die kann nicht richtig fliegen, die wird von den Raubvögeln gefressen.«[93] Dawkins ist in seinem Buch *Der Gotteswahn* allerdings ganz anderer Meinung, er schreibt: »Ein halber Flügel ist natürlich nicht so gut wie ein ganzer Flügel, aber immer noch besser als überhaupt kein Flügel.«[94] Ich halte Goulds und Risis

Ansichten jedoch für deutlich plausibler. Mit einem halben Flügel kann man vielleicht einen Sturz von einem Baum eher überleben als ohne Flügel (das ist Dawkins Argumentation), aber das Tier kann damit weder gut fliegen noch gut rennen, es würde in kürzester Zeit den Fressfeinden aus der Luft oder an Land zum Opfer fallen. Betrachten wir als weiteres Beispiel den Specht. Dieser Vogel hämmert in der Balz bis zu 12 000-mal täglich auf Baumstämme ein, auch für die Nahrungssuche und den Bau einer Nisthöhle hört man das typische Trommelgeräusch quer durch den Wald. Einem Presslufthammer gleich schlägt sein Schnabel etwa 20-mal pro Sekunde mit einer Aufprallgeschwindigkeit von 25 km/h auf zum Teil härtestes Holz ein. Wie kann es sein, dass dieses Tier keine Gehirnerschütterung erleidet? Ein Mensch wäre nach nur einem solchen Kopfstoß wahrscheinlich für Wochen außer Gefecht gesetzt. Unter anderem besitzt der Specht eine spezielle Schädelanatomie, wobei sein Gehirn nicht direkt hinter dem Schnabel, sondern etwas oberhalb liegt. Die Wucht des Aufpralls wird so nicht direkt auf das Gehirn übertragen. Des Weiteren besitzt er nur sehr wenig Gehirnflüssigkeit, sodass sein Gehirn wenig Bewegungsspielraum hat, um gegen die Schädeldecke zu prallen. Julian Heiermann vom Naturschutzbund Deutschland beschreibt eine Art Stoßdämpferfunktion im anatomischen Aufbau des Spechts, sodass die Schläge gut abgefedert werden können. Er kommt schließlich zu dem Schluss, dass die Evolution dafür gesorgt habe, dass der Specht keine Kopfschmerzen bekommt.[95] Diese Aussage muss ich ganz klar anzweifeln. Wie hätte die Evolution über Jahrmillionen aus einem *herkömmlichen* Vogel ganz langsam einen holzhämmernden Specht machen können? Ich stelle es mir folgendermaßen vor: Die ersten Vorstufen der Spechte haben wohl erst ganz zaghaft an den Bäumen gepickt, aber ohne großen Erfolg. So konnten sie weder Futter finden noch Nisthöhlen bauen. Sie fielen der Selektion zum Opfer. Als die späteren Generationen (woher sie auch immer gekommen sein mögen) schon etwas fester hämmern konnten, bekamen die meisten von ihnen jedoch eine Gehirnerschütterung, denn ihre Stoßdämpferfunktion war noch nicht ganz ausgeprägt. Die Exemplare ohne Gehirnerschütterung konnten nur halbe Nisthöhlen ins Holz picken, während ihre Artgenossen, die noch Nester in den Baumwipfeln bauten, ihre Brut gut aufziehen konnten. Und wieder fielen sie der Selektion zum Opfer. Die von Dawkins so viel gepriesene Selektion würde solche Zwischenstufen umgehend aussortieren.

Selektion ist also kein Argument für Makroevolution, Selektion verhindert sie. Dabei gibt es noch viel deutlichere Gegenargumente als den halben Flügel oder den Specht. Wie könnte man eine langsame, schrittweise Entstehung des Lebenszyklus eines Schmetterlings erklären? Die Entwicklung von einem Ei zur Raupe über eine Puppe bis hin zum fertigen Falter, der wiederum Eier legt, ist höchst präzise abgestimmt. Dieser Zyklus kann nur funktionieren, wenn er von vornherein in seiner vollkommenen Ganzheit angelegt wurde. Man kann diesen Lebenszyklus unmöglich über eine schrittweise Entwicklung erklären. Einen halben Flügel konnte sich Dawkins noch mit viel Fantasie schönreden, aber wie soll ein halber Lebenszyklus eines Schmetterlings aussehen? Gab es zunächst nur Eier und Raupen? Aber Raupen sind geschlechtslos und können sich nicht paaren und keine Eier legen. Oder gab es nur den Schmetterling, der zunächst lebendgebärend war, bis einige Exemplare anfingen, Eier zu legen? Wozu Eier legen, wenn es die weiteren Schritte mit Raupe und Puppe noch nicht gäbe? Wie man es auch drehen und wenden möchte, es gibt keine plausible Erklärung für eine langsame, schrittweise Entstehung dieses Zyklus. Es geht nur ganz oder gar nicht. Dies ist ein wunderschönes Beispiel für ein System mit einer nicht-reduzierbaren Komplexität, ein Begriff, den ich in Kapitel 4.2: *Intelligent Design* (➛Seite 206) genauer erklären werde.

Die kambrische Explosion

Das Kambrium ist ein Zeitabschnitt der Erdgeschichte, der vor circa 540 Millionen Jahren begann und eine Dauer von etwa 60

Millionen Jahren hatte. Setzt man diese Periode in Verhältnis zum gesamten Erdzeitalter von 4,5 Milliarden Jahren, so erhalten wir einen nur sehr kleinen Abschnitt, der bei circa 8/9 der Zeitachse auftritt *(siehe Abbildung 4-4)*. Was ist nun das Besondere an diesem Zeitabschnitt? In ihm fand die sogenannte kambrische Explosion statt, urplötzlich, quasi aus dem Nichts erschienen in den geologischen Schichten dieser Epoche auf der gesamten Erde die Grundformen aller uns heute bekannten Tier- und Pflanzenarten. In den darunterliegenden Gesteinsschichten des Präkambriums, also aus der Zeit vor dem Kambrium, finden sich keine erwähnenswerten Fossilien.

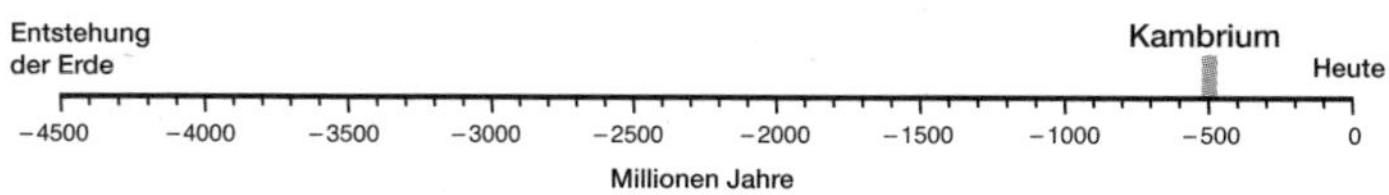

Abbildung 4-4: *Das Kambrium (grauer Zeitabschnitt) im Erdzeitalter*

Lesch erklärt in seiner Sendung α-Centauri dieses Phänomen der fehlenden Fossilien des Präkambriums und somit der auch fehlenden Vorstufen der Tierwelt folgendermaßen:

> *»Das (die kambrische Explosion, Anm. d. Verf.) scheint sich innerhalb von wenigen Millionen Jahren abgespielt zu haben, wenn man der Fossilienlage glaubt. Denn die ersten richtigen skelettartigen Fossilien kennt man erst seit dem Kambrium. (…) Es herrscht eine merkwürdige Datierungslücke, und zwar zwischen der Zeit vor dem Kambrium und dem Kambrium selbst. Da fehlen uns 200 bis 300 Millionen Jahre an (geologischen) Schichten, die sind einfach nicht da. Was ist denn da passiert? Das wissen wir nicht so genau. Es scheint damit zu tun zu haben, dass große Erosionsvorgänge tatsächlich große Teile der Erdgeschichte weggebügelt haben. Aber genau die, die uns fehlen, das müssen die Vorstufen für die Lebensexplosion sein, die man da im Kambrium beobachtet, also in*

den Fossilienlagen beobachtet, (...) das muss sich in diesen früheren Phasen abgespielt haben. Aber die haben wir nicht, genau das fehlt uns. Sozusagen die Schritte von den Einzellern zu den Mehrzellern, zu den komplexeren Lebewesen, genau dieser Übergang, der fehlt uns.«[96]

Wie kommt Lesch zu dem Schluss, dass es hier Erosionsvorgänge gegeben haben muss, die alle fossilen Übergangsformen ausgelöscht haben? Es gibt keine Evidenz für diese Behauptung. Solche Behauptungen werden nur deshalb aufgestellt, weil es die darwinsche Theorie verlangt. Der Weg der Erkenntnis wird von den Darwinisten meinem Eindruck nach zum wiederholten Mal falsch herum beschritten, denn in ihrem Verständnis muss es ja den Darwinismus und somit auch die fossilen Übergangsformen in jedem Falle gegeben haben. Also konstruieren sie sich dieses extrem unwahrscheinliche Szenario nur aus dem Grund, das materialistische Weltbild und den Darwinismus um jeden Preis zu bewahren, ganz gleich, welche Beobachtungen gemacht wurden. Ist es nicht eigenartig, dass dummerweise genau *die* geologischen Schichten, die eigentlich sämtliche Übergangsformen hätten enthalten müssen, spurlos verschwunden sind, und zwar auf der gesamten Erde? Schon wieder einer dieser unglaublichen Zufälle! Langsam wird es fast lustig, was man als Materialist und Darwinist doch bereit sein muss zu glauben, nur um nicht mit dem Paradigma zu brechen. Aber was sollte man als eingefleischter Darwinist auch anderes denken? Es kann in ihren Augen doch nur so gewesen sein. Wie würde wohl ein unvoreingenommener Wissenschaftler diese Situation bewerten? Die präkambrischen Schichten zeigen keine bis wenige Fossilien, es wird keine einzige hypothetische Vorstufe, wie sie von den Darwinisten gefordert wird, in den geologischen Schichten rund um den gesamten Erdball gefunden. Logisch und naheliegend wäre doch die Schlussfolgerung, dass es offensichtlich keine solchen Übergangsformen für die kambrische Vielfalt gegeben haben kann. Doch die Evolutionstheoretiker konstruieren sich fadenscheinige Erklärungsversuche, um ihre Theorie mit den Übergangsformen unter allen Umständen aufrechterhalten zu können. Sie sind allen Ernstes der Meinung, dass es auf der gesamten Erde quasi lückenlos und flächendeckend zu vollständig auslöschenden Erosionen kam und dass deshalb nirgendwo fossile Spuren der Millionen von hypothetischen Vorstufen aller Lebewesen und Pflanzen der Welt zu finden seien. Andere wiederum behaupten, dass der Übergang von den Einzellern zur komplexen Vielfalt des Kambriums in einer so kurzen Zeitspanne von etwa zehn bis 15 Millionen Jahren stattgefunden haben muss und dass es zur Entstehung einer fossilen Dokumentation nicht gereicht habe. Doch dem widersprechen Erkenntnisse aus dem bislang umfangreichsten Fossilienfund aus dem Kambrium im südchinesischen Chengjiang. 1984 fand man im Maotianshan-Schiefer eine äußerst umfangreiche und gut erhaltene fossile Fauna, die sogenannte Chengjiang-Faunengemeinschaft, die sogar 2012 zum UNESCO-Weltnaturerbe ernannt wurde.

Diese fossile Fauna hat ein Alter von 525 bis 520 Millionen Jahre, sodass der Zeitabschnitt der kambrischen Explosion in dieser Region ganz offensichtlich deutlich kleiner war als bisher angenommen. 2000 hat das Discovery Institut den weltweit führenden Kambrium-Paläontologen Prof. Jun-Yuan Chen aus der Volksrepublik China zu einem Vortrag an die Universität von Washington eingeladen. Dr. Stephen Meyer, den ich im Laufe dieses Kapitels noch näher vorstellen werde, berichtete im Rahmen seines Vortrags auf der Ligonier Ministries West Coast Conference 2014 von Chens beeindruckender Präsentation. Chen hat für diesen Vortrag viele unglaublich gut erhaltene, bis dahin völlig unbekannte Fossilien aus dem Maotianshan-Schiefer mitgebracht. Er berichtete davon, dass in einem Zeitraum von nur fünf Millionen Jahren eine ungeheure Vielfalt an Tierarten ohne irgendwelche Vorstufen plötzlich entstanden sei. Dann hielt er seine Hand mit abgespreizten Fingern in die Luft, um den Bottom-up-Evolutionsbaum Darwins zu symbolisieren. Er machte damit deutlich, dass laut Darwin alles mit dem Handballen als einfache Lebensform begann und sich die Vielfalt schließlich durch zufällige Mutation und Selektion immer weiter in die Fingerspitzen aufgezweigt habe. Er sagte dann, dass die kambrische Maotianshan-Schicht etwas völlig anderes zeige. Dann klappte er seine Hand nach unten, sodass die Finger nach unten zeigten. Seiner Schlussfolgerung nach war es genau umgekehrt. Die Schichten zeigen eine unglaublich große Vielfalt an perfekt ausgebildeten Tierarten, die über Jahrmillionen nach und nach vielmehr abnahm.[97] In der abschließenden Fragerunde meldete sich einer der Professoren der Universität von Washington zu Wort und fragte: »Prof. Chen, das war ein sehr faszinierender Vortrag, aber machen Sie sich keine Sorgen darüber, dass Sie Ihre Skepsis gegenüber der darwinschen Evolution frei äußern, wenn man wie Sie aus einem kommunistischen Land kommt?« Nach einer eigenwilligen Stille im Saal lächelte Chen und antwortete: »Nun, in China dürfen wir niemals unsere Regierung infrage stellen! Aber den Darwinismus, den dürfen wir infrage stellen. In Amerika darf man zwar die Regierung infrage stellen, aber niemals den Darwinismus.«[98] Mit dieser Aussage machte er mehr als deutlich, dass die Freiheit in der Forschung und Wissenschaft in der westlichen Welt in den Fesseln des Materialismus gehalten wird. Die politische Freiheit mag in China nicht existieren, aber die Freiheit in der Wissenschaft und Forschung ist uns in diesem Punkt weit voraus. Außerdem wird klar, dass es hierbei nicht um Wissenschaft gegen Kirche, also Evolution gegen Kreationismus geht. Chen stammt aus einem uns völlig fremden Kultur- und Glaubenskreis. Es geht hier ausschließlich um die richtigen und logischen Schlussfolgerungen, basierend auf einer sattelfesten Argumentation. Für mich ist es unbegreiflich, warum eine ernste wissenschaftliche Diskussion zum Darwinismus in unserer westlichen Welt nicht möglich ist. Aus welchem Grund werden die Kritiker als Spinner und religiöse Fanatiker dargestellt? Es sind vor allem die Materialisten, die hier zum Schutz ihres Weltbilds ganz bewusst in der Öffentlichkeit einen religiösen Fundamentalismus propagieren. Sie behaupten ganz einfach, dass Intelligent Design und jedwede Kritik an der Evolution nicht wissenschaftlich, sondern theistisch begründet sei, was schlichtweg falsch ist. Damit machen sie es sich äußerst leicht; denn dieser unhaltbare Vorwurf befreit sie in gewisser Weise davor, ordentliche Gegenargumente erbringen zu müssen. Ich muss zugeben, dass ich mich bei diesen Vorzeichen manchmal frage, inwiefern ein wissenschaftlicher Dialog überhaupt sinnvoll wäre. Materialisten sind eingefleischte Dogmatiker, ihr materialistisches Weltbild ist in der Regel eine Grundsatzentscheidung, an der sie hartnäckig festhalten. Kein Argument der Welt könnte sie von etwas anderem überzeugen. Max Planck (1858–1947), deutscher Nobelpreisträger für Physik (1919) und Begründer der Quantenphysik (siehe Kapitel 6: *Quantenmechanik und Spiritualität* ➛Seite 290), sprach etwas aus, was meine Zweifel an solchen Diskussionen radikal fortsetzen würde:

> *»Eine neue wissenschaftliche Wahrheit pflegt sich nicht in der Weise durchzusetzen, dass ihre Gegner überzeugt werden und sich als belehrt erklären, sondern vielmehr dadurch, dass die Gegner allmählich aussterben und dass die heranwachsende Generation von vornherein mit der Wahrheit vertraut gemacht wird.«*[99]

Solange es allerdings Menschen wie Dr. Günter Bechly, Dr. Eben Alexander oder auch mich gibt, die ihren wissenschaftlichen Blick auf die Welt vollkommen verändert haben, ist die Hoffnung auf Einsicht und Verstand nicht verloren. Planck spricht einen ganz wichtigen Punkt an, adressiert an die heranwachsende Generation. Das ist für mich die wichtigste Weiche, die wir für unsere Zukunft stellen müssen. Schulen, Hochschulen und Universitäten haben eine enorm große Verantwortung, und wir würden gut daran tun, wenn wir endlich damit begännen, die Welt gesamtheitlich zu betrachten. Es sollten alle Argumente und Gegenargumente der Evolutionstheorie besprochen werden, losgelöst von herrschenden Weltbildern und Vorurteilen.

Geben wir unseren Kindern die Freiheit in der Forschung und Wissenschaft zurück, statt sie dogmatisch in einem materialistischen Weltbild gefangen zu halten.

Verdummung in unseren Schulen

Als ich das Biologiebuch mit dem Titel *Linder Biologie* der Schule meiner Tochter durchgeblättert habe, fiel mir insbesondere eine Abbildung zur adaptiven Radiation der Arten auf. Unter der adaptiven Radiation versteht man, dass ausgehend von einem Ur-Insektenfresser als unspezifischer Vorfahre der Säugetiere vor etwa 250 bis 200 Millionen Jahren es durch eine schrittweise Abwandlung zu einer Auffächerung in die uns heute bekannten Tierarten gab. Dies soll in einem aus geologischer Sicht relativ kurzen Zeitraum von der Erdmittelzeit bis zur Erdneuzeit in circa 200 Millionen Jahren passiert sein. In dieser Abbildung wird gezeigt, wie sich aus diesem kleinen Ur-Säugetier z. B. die Elefanten, die Primaten, die Fledermäuse oder Wale entwickelt haben. In Kapitel 4.1.3: *Der Ursprung und die Evolution der Wale – damit sollte alles geklärt sein* (➤Seite 178) werde ich dir am Beispiel der Wale zeigen, dass diese Auffächerung und Stammbaumbildung in dieser Form so nicht stattgefunden haben kann und dass Beweise für diese Entwicklung fehlen. Ich möchte dir darüber hinaus zeigen, wie sehr die materialistische Wissenschaft unsere Kinder in den Schulen beeinflusst und ihr eigenes Weltbild schafft. Ich vermute, dass diese einseitige Beeinflussung nicht einmal absichtlich erfolgt, sondern dass sie das Resultat einer Selbstverständlichkeit und einer nie infrage gestellten Anschauung ist. Dies hat mich dazu veranlasst, eine E-Mail an das Ministerium für Schule und Bildung des Landes Nordrhein-Westfalen zu senden.

Sehr geehrte Mitarbeiter des Ministeriums für Schule und Bildung,
ich möchte Sie höflich um eine Stellungnahme zu meinem folgenden Anliegen bitten.

Mit großer Sorge musste ich feststellen, dass im Fachbereich der Biologie z. T. wissenschaftlich nicht verifizierte Theorien als bewiesen gelehrt werden. Konkret geht es um das wissenschaftliche Verständnis der Entstehung des Lebens und der Evolution. Mit einer unumstößlichen Selbstverständlichkeit wird in all unseren Lehrbüchern postuliert, dass das Leben aus toter Materie entstanden sei und dass die Entstehung des Menschen und der Artenvielfalt über den Darwinismus zu erklären sei. Unseren Kindern wird dabei fälschlicherweise beigebracht, dass dies wissenschaftlich bewiesen sei. Doch das ist nicht der Fall.

Ich würde mir wünschen – wenn man diese Inhalte in den Lehrbüchern weiterhin einsetzen möchte – sie bitte mit dem Hinweis zu versehen, dass es sich hierbei lediglich um unbewiesene Theorien handelt und dass es wissenschaftliche Argumente gibt, die dafür sprechen und dass es genauso welche gibt, die dagegen sprechen. Ich möchte damit nicht erreichen, dass plötzlich jeder zum Kreationismus erzogen werden soll, aber wir sollten unseren Kindern ehrlich beibringen und kenntlich machen, was wir aus wissenschaftlicher Sicht definitiv wissen und was nur spekulative Theorie ist. Das sind wir unseren Kindern schuldig, sodass sie ganz unvoreingenommen, selbstständig, auf den realen Fakten basierend, entscheiden können, welches Weltbild ihrer Meinung nach zutreffend ist.

Mir ist bewusst, dass auch an Universitäten die darwinistische Evolutionstheorie als Status quo und aktueller Stand der Wissenschaft betrachtet wird, ich habe schließlich selbst Medizin studiert. Genau das ist aber das Problem, dass hier dogmatisch an einem längst wankenden Weltbild festgehalten wird. Dieses wird ungeprüft fast schon ideologisch zur wissenschaftlichen Realität erhoben und verfälscht den Blick auf die Fakten. Warum halten wir es bei der Evolutionstheorie denn anders als sonst in der Wissenschaft, wo wir knallharte Forschungsergebnisse liefern müssen? Die darwinsche Evolutionstheorie zeigt, wie es durch Mutation und Selektion zu Anpassungen inner-

halb einer Art kommt, aber es gibt keinen Hinweis darauf, dass dadurch die Entstehung komplett neuer Arten oder gar des Menschen bewiesen werden könnte. Trotzdem bringen wir genau das unseren Kindern ohne Hinweis auf die fehlenden Beweise bei. Ich finde das beängstigend und wissenschaftlich grob fahrlässig.

Mich würde interessieren, wie Sie dies als Verantwortliche für unser Bildungssystem einschätzen.

Mit freundlichen Grüßen

Prof. Dr. rer. medic. Dipl.-Inform. Oliver Lazar

Ich erhielt auf meine Anfrage tatsächlich eine Antwort, in der man mich ohne Quellennachweis auf Erkenntnisse der Paläontologie und Molekularbiologie verwies. Es gebe fossile Beweise für die Evolution, und man hätte die Evolution bei Viren direkt nachweisen können. Ich musste mich sehr wundern, denn die fehlenden fossilen Beweise sind doch der größte Schwachpunkt der darwinschen Theorie. Darwin selbst hatte dies sogar zugegeben. In Kapitel 4.1.3: *Der Ursprung und die Evolution der Wale – damit sollte alles geklärt sein?* (➛Seite 178) stelle ich weitere wissenschaftlich fundierte Kritikpunkte zur Fossilienlage vor. Dass es Evolution in der Mikrobiologie gibt, ist nicht von der Hand zu weisen. Doch handelt es sich hierbei um Mikroevolution, das beweist jedoch noch lange nicht die Makroevolution mit der Entstehung komplett neuer Arten. Das vom Ministerium erwähnte Virus, für das es angeblich einen direkten Nachweis der Evolution geben solle, ist am Ende immer noch ein Virus geblieben. Wenn dem Virus Beine wachsen oder daraus eine Qualle oder ein Wurm entstehen würde, dann wäre das etwas anderes. Als ich nach wissenschaftlichen Quellen für die fossilen Beweise und den Nachweis für das Entstehen neuer Arten fragte, erhielt ich keine Antwort mehr. Letztendlich konnte man meine Aussagen zur Entstehung der Arten nicht argumentativ widerlegen, also hat man wohl von einer weiteren Diskussion Abstand genommen. Ein wissenschaftlicher Dialog wird nicht gesucht, sondern meistens mit dem Vorwurf eines kreationistisch ideologischen Manipulationsversuchs à priori abgelehnt. Unsere Wissenschaft und das Bildungssystem werden selbst von höchster Stelle aus größtenteils von Scheuklappen tragenden Dogmatikern bestimmt, die nicht nur fortschrittsfeindlich, sondern auch fortschrittsbehindernd sind. Für mich bedeutet Wissenschaft auch Weiterentwicklung und Korrektur von Fehlern, wenn neue Erkenntnisse vorliegen. In der Regel haben es jedoch Korrekturvorschläge besonders schwer, wenn sie in Konsequenz ein vorherrschendes Weltbild ins Wanken brächten. Arthur Ellison, Professor für angewandte Physik an der City University London, Präsident der englischen Society for Psychical Research, hat sich zum Thema von Veränderungen in der Wissenschaft folgendermaßen geäußert:

> *»Ich denke, kein echter Wissenschaftler würde je behaupten, dass irgendetwas keinesfalls geschehen kann. Gerade im 20. Jahrhundert haben sich viele Dinge ereignet, die frühere Generationen für unmöglich hielten. Wenn also zweitklassige Wissenschaftler (wie ich sie etwas unhöflich nenne) behaupten, dies kann unmöglich sein, wie das im Zusammenhang mit dem Paranormalen häufig der Fall ist, dann sagen sie im Grunde, dass unsere gegenwärtigen wissenschaftlichen Erkenntnisse sozusagen eine vollständige und erschöpfende Erklärung des menschlichen Wesens und des Universums liefern, was natürlich absurd (ridiculous) ist. Die Wissenschaft und ihre Theorien ändern sich ständig, und wir müssen erwarten, dass sie das auch künftig tun.«*[100]

Auch Dawkins stellt in seinem Buch *Gotteswahn* seine Auffassung von Veränderung und Korrektur in der Wissenschaft dar.

> *»Fundamentalisten wissen, dass sie recht haben: Sie haben die Wahrheit in einem heiligen Buch gelesen und sind sich schon im Voraus sicher, dass sie nichts von ihren Überzeugungen ab-*

bringen wird. (...) Wenn ich als Wissenschaftler dagegen an Dinge glaube (beispielsweise an die Evolution), dann nicht deshalb, weil ich ein heiliges Buch gelesen hätte, sondern weil ich die Belege untersucht habe. Das ist wirklich etwas ganz anderes. An Bücher über Evolution glaubt man nicht, weil sie heilig wären, sondern weil sie eine überwältigende Fülle von Belegen beschreiben, die sich gegenseitig stützen. Im Prinzip kann jeder Leser den Weg zurückverfolgen und die Belege selbst überprüfen. Wenn ein wissenschaftliches Buch unrecht hat, findet irgendwann jemand den Fehler, und in nachfolgenden Büchern wird er korrigiert. Dass so etwas bei heiligen Büchern nicht geschieht, liegt auf der Hand.«[101]

Ich stimme Dawkins in Bezug auf die Korrektur von Fehlern uneingeschränkt zu, jedoch fehlt es ihm hierbei ein wenig an der Selbstreflexion, denn seine Definition über Fundamentalismus bezieht er ausschließlich auf die religiösen, nicht aber auf die materialistischen Fundamentalisten. Er sagt, dass er die Belege (z. B. für die Evolution) untersucht habe. Ich würde mir jedoch wünschen, dass er sich die wissenschaftlichen Arbeiten zur Spiritualität und deren Belege auch einmal anschauen würde. Er spricht diesem Thema aber seine Glaubwürdigkeit ab, nicht etwa, weil er es selbst überprüft hat und die Belege widerlegen konnte, sondern à priori, weil er es weder glauben kann noch möchte. Er spricht hier von einem heiligen Buch und dessen Anhängern, die widersprechende Beweise ignorieren. Um sich und seine darwinistische Theorie zu schützen, flüchtet Dawkins in die religiös-wissenschaftliche Dualität. Er rückt eine rein religiöse Motivation in den Fokus der Diskussion. Ich glaube, er ist immun gegen die Erkenntnis, dass er es mit wissenschaftlichen Gegenargumenten zu tun hat und nicht mit religiösen. Dass er mit seiner Literatur zum Thema Evolution gar eigene *heilige* Bücher besitzt, an denen er trotz fehlender oder unzureichender Beweise und mehreren Wahrscheinlichkeiten von null ebenso dogmatisch festhält, wie die von ihm kritisierten Gläubigen an ihren heiligen

Schriften, scheint ihn nicht zu interessieren. Er bezeichnet sich selbst als Wissenschaftler, wobei dieser Satz impliziert, dass er die, die er kritisiert, für keine hält. Das ist ein fataler Irrtum. Es gibt eine immer größer werdende Anzahl hochrangiger, qualifizierter Wissenschaftler, die es schaffen, die Naturwissenschaften mit der Spiritualität auf hohem Niveau miteinander zu verbinden. Wohl wissend, dass solche Psi-Studien und ihre wissenschaftlichen Ergebnisse besonders kritisch beäugt werden, sind die Qualität und die Akribie beim Studiendesign und der Durchführung zumeist auf einem ungleich höheren Niveau als bei Studien auf den klassischen Gebieten. Er sagt in seinem Zitat, dass jeder Leser die Belege selbst überprüfen könne. Ich lade daher jeden Leser ein, die Belege unserer EREAMS-Studie über Jenseitskontakte (siehe Kapitel 7: *Gibt es eine Evidenz für eine Geistige Welt?* (➤Seite 319) zu überprüfen. Das Überprüfen der Belege ist ja nicht allein der materialistischen Naturwissenschaft vorbehalten, auch wenn Dawkins das offensichtlich so sieht. Nicht nur ich, auch viele in der Evolutionsbiologie weitaus kompetentere Wissenschaftler haben übrigens die Belege z. B. zur Entstehung des Lebens und der Arten überprüft und Fehler entdeckt. Aber ich bin mir sicher, dass es aus ideologischen Gründen in nachfolgenden Büchern keine Korrekturen geben wird, so wie er es beschrieben hat.

Heilige Bücher werden zwar nicht umgeschrieben, aber wenn man wie Dawkins ein fest verankertes Weltbild im Kopf hat, das einzustürzen droht, wenn die Fehler in seinem Weltbild nachgewiesen werden, dann trifft das leider ebenso für die von ihm bezeichneten wissenschaftlichen Bücher zu. Das Problem dabei ist nur, dass es anders als bei den heiligen Büchern *nicht* auf der Hand liegt. Wenn selbst Dr. Richard David Precht, einer der brillantesten Denker und Philosophen in unserem Land, in seinem Buch *Wer bin ich und wenn ja, wie viele?* ganz selbstverständlich und ohne jeglichen Zweifel mehrfach davon schreibt, dass Darwin doch *bewiesen* hätte, dass wir Menschen von den Tieren abstammen[102], so ist dies meiner Ansicht nach nicht dem

Resultat seiner eigenen Überprüfung der Evolutionstheorie geschuldet, sondern seinem blinden Vertrauen in die Naturwissenschaften. Dieses Vertrauen führt sogar so weit, dass er andersdenkende Philosophen und Wissenschaftler als »starrsinnig« bezeichnet.[103] Prechts Aussagen über eine mutmaßlich bewiesene Evolutionstheorie zeigen, dass die Strategie der Materialisten aufgegangen ist. Sie haben es geschafft, dass ein Gros der Menschen in unserer Gesellschaft und selbst große Denker die Evolutionstheorie Darwins als unumstößliche Realität und Selbstverständlichkeit verinnerlicht haben. Ich bin mir sicher, die meisten von ihnen kennen nicht einmal die Kritikpunkte und Schwächen dieser Theorie. Dennoch sind sie von ihrem Halbwissen überzeugt. Die beiden Psychologieprofessoren David Dunning und Justin Kruger bezeichnen dieses Phänomen als Dunning-Kruger-Effekt (siehe *Abbildung 4-5*). Der Effekt besagt, dass es bei vielen Menschen eine Verzerrung ihrer Selbstwahrnehmung in Bezug auf ihr Wissen und Können gibt. Unwissenheit und ein fehlendes Gesamtbild führen schließlich zu einer Selbstüberschätzung. Das Fatale daran ist, dass diese Menschen in ihrer unbewussten Selbstüberschätzung vollkommen von sich selbst und ihrem Wissen überzeugt sind. In der Grafik

Abbildung 4-5: *Dunning-Kruger-Effekt*

wird das als *Peak of Mount Stupid* (Gipfel des Berges Dumm) bezeichnet. Wenn diese Menschen eventuell noch akademisch angesehene Persönlichkeiten sind, deren Wort Gewicht hat, dann birgt das eine sehr große Gefahr für Missinterpretationen und falsche Weltbilder.

Die Kritik an der Evolutionstheorie in diesem Buch ist wissenschaftlich begründet. Es geht dabei weder um die Bibel noch um irgendeine Religion. Es ist kein Kampf zwischen Wissenschaft und religiöser Ideologie, sondern zwischen guter und schlechter Wissenschaft. Leider vermitteln wir unseren Kindern in Bezug auf die Entstehung des Lebens und der Arten eine sehr einseitige und nachgewiesenermaßen schlechte Wissenschaft. Wem würde es schaden, wenn wir in unseren Schulen und Universitäten offen und ehrlich alle Vor- und Nachteile der Evolutionstheorie vorstellen und zeigen würden, dass es seriöse Forschung gibt, die fernab von Religion unüberwindbare Hürden in der Theorie entdeckt hat, dass es einen Unterschied zwischen Mikro- und Makroevolution gibt, dass es an mehreren Stellen Wahrscheinlichkeiten von null gibt etc. Es würde den wissenschaftlichen Horizont unserer Kinder erweitern und nicht ideologisch infiltrieren. Geisler und Turek bestätigen dies:

> *»Aber die Darwinisten werden stets große Anstrengungen unternehmen, um sicherzustellen, dass genau das nicht geschieht. Sie würden lieber die Beweise unterdrücken als zuzulassen, dass sie ehrlich präsentiert werden. Warum? Weil dies der einzige Bereich ist, in dem den Darwinisten der Glaube fehlt – ihnen fehlt der Glaube daran, dass man ihre Theorie immer noch glauben wird, wenn unsere Kinder alle Beweise gesehen haben.«*[104]

Nach all den von mir vorgetragenen Argumenten wundere ich mich über die Skeptiker, die sich sogar in Vereinen organisieren und dennoch diese Art von Wissenschaft kritiklos tolerieren. Wo bleibt da die Skepsis? Hier wäre sie angebracht. Doch verharren sie lieber auf dem Gipfel des »Mount Stupid« der Dunning-Kruger-Kurve und denken nicht einmal daran, die wissenschaftlichen Erkenntnisse kritisch zu hinterfragen, stattdessen konzentrieren sie ihr Augenmerk lieber auf spirituelle Themen. Das ist im Grunde auch verständlich, denn für die Skepsis gegenüber wissenschaftlichen Erkenntnissen benötigt man Fachwissen, da trauen sich die Skeptiker meist selbst nicht heran, sie vertrauen blind der Expertenbegutachtung (peer review). Expertenbegutachtungen sind wichtig und gut. Sie sind jedoch nicht das Maß aller Dinge. Die Experten werden stets nach ihrem eigenen Weltbild und Wissen begutachten. Ein Querdenker, der womöglich etablierte Erkenntnisse auf den Kopf stellt, wird gnadenlos ausgegrenzt. Ein Gutachter, der Querdenker fördert, läuft Gefahr, selbst in die Schusslinie der Kritik zu geraten, und kaum jemand ist bereit, für solche wissenschaftlichen Revolutionen seine eigene Reputation aufs Spiel zu setzen. Die Wissenschaft zu kritisieren ist also schwierig, nur Spezialisten sind dazu in der Lage, eigenartigerweise glaubt beim Thema Spiritualität aber jeder, dass er sich auskenne und die Dinge scharf kritisieren könne, die er in der Regel nicht einmal kennt. Ich frage mich, mit welchem Recht das getan wird. Ich bin ebenfalls skeptisch, und meine Skepsis hat mir all die Missinterpretationen und Fehler in der Origin of Life-Forschung offenbart, die ich in diesem Werk sachlich und argumentativ vortrage. Skepsis ist gut und wichtig. Nur darf man nicht den Fehler begehen, sie ausschließlich auf Themen zu richten, die nicht ins eigene Weltbild passen. Wenn Ignoranz und Unwissen die Basis von Skepsis sind, dann wird aus Skepsis schnell Dogmatik.

4.3.1 Der Ursprung und die Evolution der Wale – damit sollte alles geklärt sein?

Ich denke, es ist an der Zeit, sich auch die Argumente der Darwinisten genauer anzuschauen, denn ihrer Meinung nach ist die Makroevolution schließlich längst bewiesen. Ohne Zweifel gibt es eine umfassende Forschung in diesem Bereich, aber ist die Argumentation wirklich schlüssig? Bei Millionen von Tierarten müsste es doch einfach sein, viele weitere Millionen von Vor- und Zwischenstufen zu finden, um die Makroevolution auch paläontologisch zeigen zu können. Nach so vielen Jahren der Forschung kristallisiert sich jedoch heraus, dass es nicht so einfach ist, auch wenn Dawkins das anders sieht:

> *»Viele entwicklungsgeschichtliche Übergänge sind sehr elegant durch mehr oder weniger kontinuierliche Reihen von Fossilien mit stufenweisen Veränderungen dokumentiert. In manchen Fällen ist das nicht der Fall, und das sind dann die berühmten ‚Lücken'. (…) Die Kreationisten schwärmen für ‚Lücken' bei den Fossilfunden, genau wie sie Lücken ganz allgemein lieben. (…) Lücken werden in den Köpfen der Kreationisten automatisch durch Gott gefüllt. (…) Es wäre ohne Weiteres vorstellbar, dass es überhaupt keine Fossilien gibt, und auch dann wären die Belege für die Evolution, beispielsweise aus Molekulargenetik oder geografischer Verteilung, immer noch überwältigend stark.«*[105]

Dawkins schreibt von *vielen* Übergangsformen in den Fossilien, die die stufenweisen Veränderungen dokumentieren, doch die wissenschaftliche Realität sieht meines Erachtens anders aus. Meine Recherchen haben ergeben, dass es nur sehr wenige Veröffentlichungen mit angeblich vollständigen Übergangsstufen gibt. Warum er dann von vielen spricht, ist mir schleierhaft. Es wäre aus meiner Sicht auch sehr hilfreich, wenn wir definieren würden, was man in diesem Zusammenhang eigentlich unter einer kontinuierlichen und lückenlosen Fossiliendokumentation genau versteht, denn Dawkins beschwert sich darüber, dass Evolutionskritiker nahezu jeden einzelnen Schritt der stufenweisen Entwicklung einer Tierart einfordern würden, was natürlich nicht machbar ist. Da stimme ich ihm zu. Aber reichen fünf fossile Zwischenstufen aus, um die Makroevolution von einem ferkelgroßen, an Land lebenden Kleinsäugetier bis hin zu einem Blauwal (mit bis zu 33 Metern Länge und 200 Tonnen Gewicht das schwerste und größte Wirbeltier, das je auf Erden gelebt hat) über einen Zeitraum von etwa 40 bis 50 Millionen Jahren zu beweisen? Oder brauchen wir eher zehn, 20 oder 100 solcher Zwischenstufen? Pauschal lässt sich das nicht beantworten. Es kommt sicherlich auf die jeweilige Komplexität der Umwandlung an, und die Umwandlung von dem kleinen Landsäuger zum Wal ist an Komplexität kaum zu überbieten. Fünf Zwischenstufen sind dafür aus meiner Sicht definitiv viel zu wenig, und dies dann als »kontinuierlich« und »lückenlos« zu bezeichnen, scheint mir etwas zu euphorisch. Außerdem, denke ich, kommt es gar nicht unbedingt nur auf die Anzahl der Zwischenstufen an, sondern vielmehr darauf, dass das argumentative Gesamtpaket schlüssig ist. Dazu wäre es hilfreich, wenn die gefundenen Fossilien insbesondere signifikante anatomische Übergangsstrukturen aufweisen und die geforderten Umwandlungen deutlich zeigen würden, z. B. ein Walgebiss, das sowohl Zähne als auch Barten* enthielte. Doch solche offenkundigen Umwandlungsstufen werden in den Fossilien nicht gefunden. Die Darwinisten zeigen uns immer nur Meilensteine einer hypothetischen Evolutionsfolge, also bereits vollständig entwickelte und eigenständige Tierarten mit perfekt ausgebildeten Strukturen, und ordnen diese dann nach ihrem Wohlwollen und durch die Brille des Darwinismus blickend in eine für sie passende stammesgeschichtliche Reihenfolge. Das muss nicht zwangsläufig falsch sein, doch gibt es durchaus andere Sichtweisen und Interpretationen, die fernab einer darwinistischen Wunschvorstellung, die das Fundament dieser Erkenntnisse ist, zu einem anderen Ergebnis führen. Aber schauen wir uns zunächst einmal an, welche Argumente die Darwinisten für die Makroevolution besitzen. Danach können wir uns ein sachliches Urteil bilden.

Im Grunde genommen berufen sich die Darwinisten allesamt auf ein und dasselbe Beispiel, nämlich die Evolution der Wale. Ihrer Meinung nach ist die schrittweise Entstehung der Wale lückenlos bewiesen. Das Paper *Der Ursprung und die frühe Evolution der Wale: Dokumentierte Makroevolution auf dem indischen*

* Barten sind lamellenartige Borsten im Oberkiefer der Bartenwale, womit sie Futter (insbesondere Krill) sehr effizient aus dem Wasser filtern.

Subkontinent von dem Urwalforscherteam rund um den Niederländer Johannes Thewissen ist dabei das heißeste Eisen im Feuer der Evolutionisten. In dem Paper rühmt man sich mit folgenden Worten: »Der Ursprung der Wale ist höchstwahrscheinlich das am besten verstandene Beispiel von Makroevolution in den fossilen Aufzeichnungen.«[106] Travis Park, ein Experte für prähistorische Wale am Natural History Museum in London, überbietet diesen Hochmut sogar noch: »Wale sind ein ikonisches Beispiel für die Evolution. Sie entwickelten sich von kleinen Säugetieren mit Hufen zu den Blauwalen, die wir heute kennen.«[107] Wenn die Evolution der Wale also das Beste ist, was die Darwinisten zum Thema Makroevolution zu bieten haben, dann sollte dies einer kritischen Betrachtung und eingehenden Überprüfung ohne jeden Zweifel standhalten können. Da Wale Säugetiere sind, stammen sie ebenso wie die gesamte Vielfalt der Säugetiere gemäß der Evolutionstheorie von an Land lebenden rattenähnlichen Kleinsäugetieren ab. Angeblich haben sich diese Landsäuger über viele Zwischenstufen hinweg durch einen (fast) kompletten anatomischen Umbau ins Meer begeben, um schließlich zum Wal zu werden. Diese Umwandlung begann vor circa 60 Millionen Jahren im Zeitalter des Tertiärs, wobei die ersten vollständigen Tiere moderner Walgruppen vor etwa 34 Millionen Jahren in den geologischen Schichten erschienen. Bevor ich die Walevolution einer sachlichen und kritischen Bewertung unterziehe, gebe ich dir einen Überblick über die einzelnen mutmaßlichen Entwicklungsstufen, wie sie derzeit von den Evolutionstheoretikern als bewiesene Tatsachen beschrieben werden.

Vor 50–48 Millionen Jahren (an Land lebend)

Abbildung 4-6: *Indohyus*

Indohyus (siehe *Abbildung 4-6*) war eine ausschließlich an Land lebende vegetarische Gattung der Paarhufer in der Größe eines Waschbären. Es besteht eine große Ähnlichkeit zu den heutigen Hirschferkeln.

Abbildung 4-7: *Pakicetus*

Pakicetus (siehe *Abbildung 4-7*) war etwas größer als Indohyus und erinnerte mit seiner Statur und seinem typischen Gebiss eines Fleischfressers an einen Wolf. Pakicetus lebte ausschließlich auf dem Land.

Vor 47-42 Millionen Jahren (an Land und im Wasser lebend)

Abbildung 4-8: *Ambulocetus natans*

Ambulocetus natans (siehe *Abbildung 4-8*) hatte eine Länge von etwa drei Metern und lebte sowohl an Land als auch im Wasser. Er erinnert ein wenig an ein Krokodil. Ein nahezu vollständiges Skelett wurde 1992 in Pakistan von Johannes Thewissen gefunden. 2011 wurde ein ganz ähnliches Exemplar in Peru entdeckt. Mit einer Länge von vier Metern und einem Alter von 43 Millionen Jahren wurde es auf Peregocetus pacificus getauft. Dieses Tier wies eine große Ähnlichkeit mit den heutigen Seelöwen auf.

Vor 41-35 Millionen Jahren (im Wasser lebend)

Abbildung 4-9: *Basilosaurus isis und Dorudon atrox*

Der Basilosaurus isis war mit 18 Metern Körperlänge das größte Säugetier dieser Zeit. Er war ein fleischfressendes Raubtier. So fand man Überreste des kleineren Dorudon atrox (siehe *Abbildung 4-9*) in seinem Magen.[108] Dorudon wurde bis zu fünf Meter lang. Beide lebten ausschließlich im Wasser. Sie besaßen kleine hintere Gliedmaßen, die nicht mit dem übrigen Skelett verbunden waren. Somit waren sie für eine Fortbewegung an Land untauglich. Evolutionisten sehen darin Rudimente, also zurückgebildete funktionslose Überreste der Hinterbeine der Landsäuger. Eine andere legitime Annahme ist, dass diese Strukturen eine wichtige Funktion bei der Paarung spielten. Laut Gingerich, einem der bekanntesten Walforscher der Welt, war der Basilosaurus eine evolutionäre Sackgasse. Daher wird der Dorudon auch aufgrund seiner körperlichen Proportionen eher als Vorläufer der modernen Wale betrachtet.[109]

34 Millionen Jahre bis heute (moderne Wale)

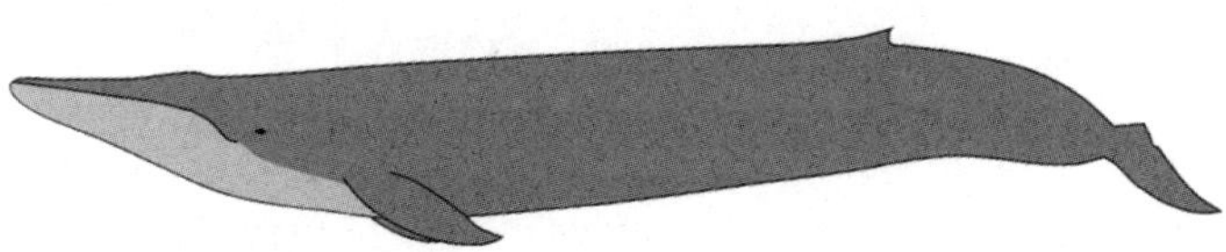

Abbildung 4-10: *Blauwal*

Basilosaurus und Dorudon verschwanden vor 36 Millionen Jahren aus den fossilen Aufzeichnungen. Sie waren zu diesem Zeitpunkt die einzigen hypothetischen Walvorstufen, für die es Funde gab. Vor 34 Millionen Jahren erschienen dann plötzlich erste fossile Funde moderner Walgruppen.[110] Für die Entstehung der Bartenwale, zu denen auch der Blauwal (siehe *Abbildung 4-10*) gehört, liegen zwei Theorien vor. Sie sollen aus den Zahnwalen hervorgegangen sein, wobei gemäß der ersten Theorie die Zahnwale fächerartige Zähne entwickelten, die wie eine Art Sieb wirkten.[111] Theorie zwei geht davon aus, dass einige Zahnwale zunächst ihre Zähne komplett verloren haben und erst später die Barten ausbildeten.[112]

Abbildung 4-11 zeigt die stufenweise hypothetische Entwicklung des kleinen waschbärgroßen, an Land lebenden Indohyus bis hin zum Blauwal, dem größten und schwersten Wirbeltier auf der Erde. Wenn man sich diese Abbildung anschaut, muss man sich berechtigterweise die Frage stellen, warum die Naturwissenschaftler genau diese Vorstufen gewählt haben? Denn augenscheinlich liegt es nicht auf der Hand. Unterschiedlicher hätten diese Tiere in Größe und Anatomie wohl kaum sein können. Dennoch ist man offensichtlich fest davon überzeugt, dass es stimmt.

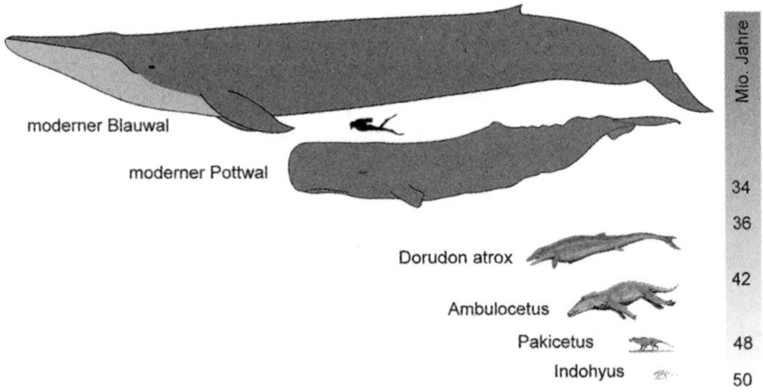

***Abbildung 4-11:** Größenvergleich der einzelnen hypothetischen Entwicklungsstufen*

Ich denke, wir stimmen alle darin überein, dass die hier vorgestellte, in meinen Augen sehr spärliche Fossilienfolge der angeblichen Walvorstufen allein kein gewichtiges Argumentationskriterium ist. Sämtliche gefundene Arten könnten problemlos eigenständige Arten darstellen, die einfach nur ausgestorben sind. Aber wie kommen die Evolutionisten darauf, dass ausgerechnet der kleine Indohyus eine Vorstufe der Wale sein soll?

Man fand beim Indohyus Gehörknöchelchen, die in ähnlicher Form auch beim Wal existieren. Daraus schloss man, dass Indohyus ein Urahn des Wals sein muss.[113] Damit auch jedem die (nicht vorhandene) Argumentation der Evolutionisten an dieser Stelle klar wird, wiederhole ich sie gern. Die Evolutionisten behaupten also, dass es einen morphologischen und anatomischen Komplettumbau vom kleinen Erdferkel zum gigantischen Blauwal gab. Bei diesem Wandel exorbitanten Ausmaßes hat sich wirklich alles(!) verändert, nur diese Gehörknöchelchen nicht. Diese kleine Struktur ist über all die enormen Umwandlungen hinweg immer gleich geblieben, und deshalb soll Indohyus eine Vorstufe der Wale sein. Alles soll sich verändert haben, nur dieses eine Detail nicht. Und genau dieses Detail wird dann als Abstammungsbeweis verwendet. Diese Argumentation ist paradox und absurd. Sie zeigt zum wiederholten Mal, dass ausschließlich der Wunsch nach einer stammesgeschichtlichen Evolution die Interpretation bestimmt und dass das Offensichtliche und Naheliegende ganz nach Belieben ignoriert werden. Meiner Ansicht nach ist es viel wahrscheinlicher, dass die Gehörknöchelchen eine konvergente Struktur sind, also ein anatomisch ähnliches Merkmal, das sich aufgrund ähnlicher Funktionalität und ähnlicher Anforderungen parallel in beiden, stammesgeschichtlich nicht verwandten Organismen gebildet hat.

Wale besitzen auch eine Speiseröhre, genau wie Haie, Frösche, Vögel, Reptilien u.v.m. Ist es sinnvoll, einen gemeinsamen Vorfahren anzunehmen, nur weil alle eine Speiseröhre besitzen? In den Augen der Evolutionisten sind diese sogenannten Homologien mit die wichtigsten Beweise für die Gültigkeit der Evolutionstheorie.[114] Auch Lesch führt diesen Punkt der Homologie als Beweis für Evolution an. Er zeigt dem Zuschauer eine Abbildung mit den Handknochen des Menschen, des Hundes, des Schweins, der Kuh, des Tapirs und des Pferdes (siehe *Abbildung 4-12*) und behauptet, das sei immer dasselbe.[115] Aus einer mir unerklärlichen Selbstverständlichkeit heraus soll man nun anscheinend glauben, weil es Ähnlichkeiten in der anatomischen Konstruktion gibt, müsse es eine stammesgeschichtliche Verwandtschaft geben. Ähnlichkeiten im anatomischen Aufbau sind doch kein Beweis für eine gemeinsame Abstammung! Ohne den Funken einer Selbstreflexion des Behaupteten und ohne eine Silbe kritischer Auseinandersetzung wird einem großen Publikum eine einzelne beschränkte Sichtweise der materialistischen Evolutionstheorie als die einzig gültige und seriöse Wahrheit aufgetischt.

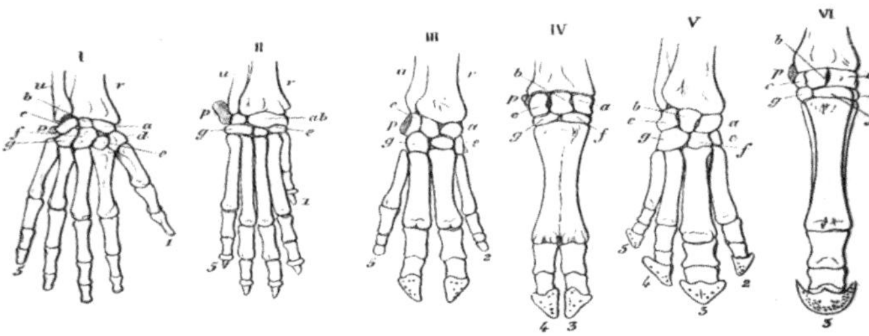

Abbildung 4-12: *Homologie der Handknochen bei verschiedenen Säugetieren. I Mensch, II Hund, III Schwein, IV Kuh, V Tapir, VI Pferd*

Mit dem folgenden vergleichenden Beispiel wird offensichtlich, dass die Evolutionstheoretiker einer Pseudoargumentation verfallen sind. Der österreichische Physiker Robert von Lieben und der US-amerikanische Erfinder Lee de Forest erfanden 1906 zeitgleich und völlig unabhängig voneinander die Elektronenröhre zum Erzeugen und Verstärken elektrischer Signale. Hier wurde dieselbe Funktionalität in ähnlicher Struktur völlig unabhängig voneinander entwickelt, weil eben gleiche Anforderungen und gleiche Umgebungsbedingungen auf ganz natürliche Weise zu ähnlichen Lösungen und Funktionalitäten führen. Für die Evolutionstheoretiker darf es eine solche parallele Erfindung der Elektronenröhre nicht gegeben haben. In ihren Augen muss ein gemeinsamer Vorgänger dafür existieren.

Ein weiteres Beispiel kommt aus der Informatik: Wenn ich die Argumentation der Homologie als Abstammungsnachweis in die Welt der Softwareentwicklung übertrage, würde ich zu dem Schluss kommen müssen, dass die Betriebssysteme Windows und Linux einen gemeinsamen Vorgänger besitzen, denn beide arbeiten mit Fensteransichten, Verzeichnisstrukturen, Benutzerverwaltung, Systemkonfigurationen etc. Ich kann versichern, dass eine neue Software nicht zwangsläufig dadurch entsteht, dass man eine vorhandene Lösung hernimmt und umschreibt. Natürlich verwenden Programmierer immer wieder aufs Neue etablierte Entwurfsmuster, die sich in der Programmierung bewährt haben, die sogenannten Design Patterns. Daher findet man selbstverständlich Parallelen im Quellcode verschiedener Softwarelösungen, doch bedeutet das nicht, dass es einen gemeinsamen Vorfahren-Quellcode gegeben haben muss. Bewährte Strukturen werden einfach immer wieder auch in völlig neue Entwürfe eingesetzt. Warum sollte das in der Biologie anders sein? Schließlich kommt hier ebenfalls Quellcode (DNA) zum Einsatz.

Wer die Behauptungen zur Homologie ohne Kritik einfach glaubt und übernimmt, darf sich einen seriösen Wissenschaftler nennen, und wer es wagt, auf diese offensichtliche, der Logik widersprechende Fehlinterpretation aufmerksam zu machen, wird als Spinner oder fanatischer Kreationist abgestempelt. Evolutionstheoretiker begeben sich mit ihren Behauptungen argumentativ nicht einmal mehr auf dünnes Eis, sie versuchen auf Wasser zu wandeln, nur um ihren unumstößlichen Darwinismus zu begründen.

Um den Bogen zurück zu den Walen zu spannen, möchte ich noch eine weitere Sequenz aus Leschs Videobeitrag zur Homologie heranziehen. Er hält eine große Abbildung mit dem Skelett eines Bartwals in die Kamera und behauptet: »Ein deutlicheres Beispiel gegen einen Intelligent Designer als den Wal gibt es eigentlich gar nicht.«[116]

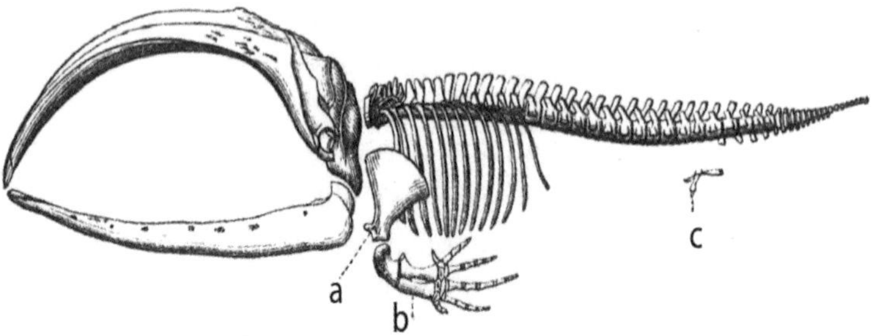

***Abbildung 4-13:** Skelett eines Bartwales (a Schulterblatt, b Vorderbein, c Rest des (angeblichen) Hinterbeins)*

Er verwendet hier den Begriff des *Intelligent Designs*, also auf eine intelligente schöpferische Quelle, auf die ich in Kapitel 4.2: *Intelligent Design* (➛Seite 206) genauer eingehen werde. Der Wal besitzt Brustflossen, die knöcherne Strukturen enthalten (siehe *Abbildung 4-13* a und b). Diese Strukturen weisen anatomische Ähnlichkeiten zu den zuvor vorgestellten Arm- und Handknochen der Landbewohner auf. In Leschs Augen hätte man doch »etwas Besseres designen können als das«. Einen Vorschlag, wie man es hätte besser machen können, bleibt er uns aber schuldig. Der Blauwal wiegt 200 Tonnen. Ich denke, es ist von Vorteil, dass die Flossen eine stabile knöcherne Struktur besitzen. Alles andere wäre schlecht konstruiert. Daher ist die Kritik an einer knöchernen Armstruktur im inneren der Brustflossen der 200 Tonnen-Kolosse für mich nicht nachvollziehbar. Außerdem ist die Interpretation von Design immer abhängig von den Bewertungskriterien des Betrachters, die nicht unbedingt mit den Kriterien des Designers übereinstimmen müssen. Design ist nicht selten auch das Resultat von Kompromissen, die man bei komplexen Systemen eingehen muss. Wer das schnellste Auto der Welt konstruiert, wird sicherlich nicht auch zugleich das sicherste Auto bauen können. Umgekehrt kann ich dem Design eines schwer gepanzerten Fahrzeugs nicht vorwerfen, dass es eine schlechte Aerodynamik besitzt und keine hohen Geschwindigkeiten erreicht. Oftmals ist es schließlich das Beste, einen guten

Mittelweg zu wählen, und dann ist eine einseitige Kritik einfach nicht legitim.

Ein weiterer »Beweis« für die Abstammung von einem Landsäugetier sind laut Lesch die »verkümmerten Hinterbeine« (siehe *Abbildung 4-13* c).[117] Diese angeblich »verkümmerten Hinterbeine«, die man auch schon in ähnlicher Form beim Basilosaurus und Dorudon fand, sind jedoch keine Rudimente eines früheren Landlebens. Darwinisten sind häufig vorschnell in ihrem Urteil, wenn sie Strukturen finden, die irgendwie ins Paradigma passen könnten. In diesem konkreten Fall nannte man diese Struktur einfach »verkümmerte Hinterbeine«, und schon glaubt es ein jeder. Diese knöcherne Struktur trägt aber in Wirklichkeit den Namen Chevronknochen (Sparrknochen), der eine sehr wichtige Funktion hat. Am Chevronknochen ist die Muskulatur der Geschlechtsorgane fixiert, insbesondere beim männlichen Wal die Rückziehmuskeln des zwei Meter langen ausstülpbaren Penis.[118] Armin Risi findet die richtigen Worte, um solche Fehlinterpretationen zu entblößen:

> *»Obwohl der Chevronknochen der Wale eine klare Funktion hat, wird er von Evolutionstheoretikern als ›Rudiment von Hinterbeinen‹ bezeichnet. Dies ist ein weiterer der vielen darwinistischen Zirkelschlüsse: Man nimmt die Postulate der Evolutionstheorie als Fakt, projiziert diese Annahmen auf den Chevronknochen der Wale und deklariert, dieser Knochen sei eine rudimentäre Struktur (= Reste von Hinterbeinen), und dieser ›Fakt‹ sei ein Beweis für die Evolutionstheorie.«*[119]

Es sprechen noch weitere Erkenntnisse gegen diesen extremen evolutionären Komplettumbau vom Indohyus zum heutigen Wal. Werfen wir einen Blick auf die dazu erforderlichen Mutationen und deren Wahrscheinlichkeiten vor dem Hintergrund der zur Verfügung stehenden Zeit. Wenn die Populationsgröße und die Mutationsrate bekannt sind, kann man ausrechnen, wie lang es dauert, bis eine Mutation an einer bestimmten Stelle auftritt. Damit es zu so massiven Umwandlungen wie bei der hypothetischen Entstehung der Wale gekommen sein kann, bedarf es allerdings nicht immer nur einzelner nacheinander auftretender Mutationen. Für gewisse Umwandlungen müssten mehrere passende Mutationen gleichzeitig auftreten, sonst könnten viele der neuen Strukturen nicht entstanden sein. Das Problem dabei ist, dass man aus statistischer Sicht für zwei gleichzeitig zufällig auftretende passende Mutationen bei den Säugetieren mehr Zeit benötigte, als das Universum alt ist. Nun bräuchten wir bei der evolutionären Entstehung des Wals nicht nur zwei, sondern gleich Hunderttausende solcher parallelen Mutationen, und weil dadurch ja neue Arten entstünden, müssten diese Mutationen gleichermaßen in mindestens einem gegengeschlechtlichen Exemplar in der gleichen Region auftreten.[120]

Aus statistischer Sicht liegt uns zum wiederholten Mal eine Wahrscheinlichkeit von praktisch null vor, und ebenfalls zum wiederholten Mal scheint dies keinen Evolutionswissenschaftler zu interessieren, denn diese Erkenntnis passt nicht zu ihrer Theorie. Objektiv betrachtet ist es schlichtweg falsch, dass sich Wahrscheinlichkeiten von null hingegen ganz selbstverständlich in postulierte Abläufe seriöser Forschung einbetten lassen. Es ist verrückt! Der Biologe und Paläontologe Dr. Günter Bechly erzählte in einem Interview, dass er durchaus Kollegen hat, die seine Zweifel an der Evolutionstheorie teilten. Aus Angst vor den Konsequenzen traut sich aber kaum jemand, dies auch öffentlich auszusprechen. »Laut Lehrbuch sollen sich die Wale (…) innerhalb läppischer fünf Millionen Jahre entwickelt haben (gemeint ist der Übergang vom Land- zum Meersäuger, Anm. d. Verf.). Für Bechly lag auf der Hand, dass die Geschichte so nicht stimmen kann. Und er war nicht der Einzige, dem Ungereimtheiten auffielen. Einmal erlebte Bechly, dass ein atheistischer Kollege ihm hinter vorgehaltener Hand heimliche Zweifel anvertraute: ›Mensch Günter, in fünf Millionen Jahren vom Landlebewesen zum Wasserlebewesen – das ist doch unmöglich!‹«[121] Thomas Mörs, Paläozoologe am schwedischen Museum für Naturgeschichte, berichtet in einem Artikel der *National Geographic News* über einen erstaunlichen Fund in der Antarktis. Man fand dort mit einem geschätzten Alter von 49 Millionen Jahren das bislang älteste Fossil eines vollständigen Wals. Er kommt zu dem Schluss, dass die Evolution von den Landsäugern zu den im Meer lebenden Walen wohl deutlich schneller abgelaufen sein muss, als man bisher annahm.[122] Ich frage mich, wie viel kürzer muss diese Zeitspanne noch werden, um zu erkennen, dass man es nicht mehr mit Evolution erklären kann? Egal, was man auch beobachtet und entdeckt, unsere Wissenschaftler klammern sich nahezu besessen an die Evolutionstheorie. Mit Vernunft hat das nichts mehr zu tun, es ist vielmehr der unbändige Wille der Darwinisten, der ihren Glauben an die Evolution nährt. Wie kann man außerdem einen 49 Millionen Jahre alten, vollständig entwickelten Wal mit der oben vorgestellten mutmaßlichen Zeitskala der Walevolution in Einklang bringen? Vor 49 Millionen Jahren befanden wir uns noch in der Phase von Indohyus und Pakicetus. Der US-amerikanische Biologe und Autor Jonathan Wells spricht nach diesem Fund in der Antarktis sogar von nur einer Million oder weniger Jahren für den Übergang vom laufenden zum komplett im Meer lebenden Wal.[123] Nun mögen sich ein bis fünf Millionen Jahre auf den ersten Blick vielleicht sehr viel anhören, aber entwicklungsgeschichtlich ist es nur ein Wimpernschlag. Wer schlussfolgern kann und sich nicht vor den Konsequenzen fürchtet, kann nur zu dem Schluss kommen, dass die beschriebene Walevolution in dieser Form nicht passiert sein kann.

Für mich ist es viel plausibler, dass diese angeblichen Übergangsformen in Wirklichkeit eigenständige Linien einer früher viel größeren Vielfalt der Flora und Fauna waren, genau wie es Prof. Chen bei seinem Vortrag eindrucksvoll gezeigt hat. Die genetische Vielfalt war früher viel größer als heute, einige Linien sind einfach ausgestorben, andere haben sich durch Adaptation, Variation und Selektion schließlich zu den heutigen Linien der Tierarten entwickelt. Eigentlich passierte genau das Gegenteil von Evolution, es wurden keine neuen Strukturen per Zufall entwickelt, die Vielfalt wurde vielmehr nach und nach nur reduziert. Diese Schlussfolgerung stimmt in Konsequenz mit sämtlichen Beobachtungen der Natur und der Experimente überein. Das kann man vom Darwinismus als Erklärung für Makroevolution jedenfalls nicht behaupten. Während die Kreationisten also laut Dawkins die beschriebenen Lücken offensichtlich mit Gott füllen, tun es die Darwinisten mit fadenscheinigen und erwiesenermaßen konstruierten Geschichten, die Ausdruck einer darwinistischen Interpretation sind. Vielen Darwinisten ist es gar nicht bewusst, dass sie einen viel größeren Glauben aufbringen müssen als diejenigen, die eine intelligente schöpfende Quelle in Betracht ziehen. Angenommen, es würde den Darwinismus gar nicht geben, und diese Theorie würde auch nicht in den Hinterköpfen der materialistischen Wissenschaftler herumgeistern, würde man dann aufgrund der Beobachtungen und Funde von angeblichen Übergangsformen überhaupt ausgehen? Oder würde man nicht eher eigenständige Tierarten finden, die plötzlich in den geologischen Schichten erschienen und schließlich auch wieder verschwunden sind? Sicherlich gibt es noch weitere Aspekte in der Walforschung, die im Rahmen dieses Werkes nicht erschöpfend untersucht werden können, jedoch sind die von mir hier vorgestellten Kritikpunkte an der Wal- und Makroevolution für sich schon mehr als überzeugend. Schlussendlich muss man feststellen, dass die wissenschaftlichen Erkenntnisse zur Walevolution, also das heißeste Eisen im Feuer der Evolutionstheorie, einer kritischen Betrachtung nicht standhalten können. Die gesamte Argumentation bezüglich der Makroevolution ist nichts weiter als eine Aneinanderreihung künstlich konstruierter Interpretationen, die von vornherein darauf abzielen, die mutmaßlich unantastbare, nicht zu hinterfragende Evolutionstheorie zu unterstützen. Beobachtungen, Wahrscheinlichkeiten, offensichtliche und naheliegende Erkenntnisse werden zum Schutz des Darwinismus nach Lust und Laune ignoriert oder zum Teil ganz bewusst fehlinterpretiert, nur weil es die Theorie verlangt und nicht etwa, weil es logische Konsequenz wäre. Wenn man sich anschaut, auf welch wackeligen Beinen die Evolutionstheorie steht, muss man sich schon sehr wundern, dass all dies ohne kritische Auseinandersetzung in unseren Schulen und Universitäten unterrichtet wird.

4.1.4 Junk-DNA und morphisches Feld

Am 25. April 1953 veröffentlichten James Watson und Francis Crick in der naturwissenschaftlichen Fachzeitschrift *Nature* einen Artikel mit dem Titel *A Structure of Deoxyribose Nucleic Acid*. Darin beschrieben sie erstmals die Doppelhelix-Struktur unseres Erbguts, wofür sie 1962 mit dem Nobelpreis für Medizin ausgezeichnet wurden.[124] Die DNA ist der zentrale Informationsträger des Erbguts eines Lebewesens, sie enthält eine Art Bauplan zur Zusammensetzung der Proteine. Sie kommt in Form einer strickleiterartigen Doppelhelix in jeder Zelle vor und besteht aus Desoxyribose- und Phosphatmolekülen. Die Sprossen dieses Stranges werden durch Basenpaare (Adenin-Thymin und Guanin-Cytosin) gebildet, die man meist mit den Buchstaben A, T, G und C abkürzt. Sie codieren die notwendigen Informationen für die Proteinsynthesen. Die menschlichen Zellen sind mit einem zweifachen Chromosomensatz von 23 Chromosomen ausgestattet, insgesamt ergeben sich so rund 30 000 Gene mit etwa drei Milliarden Basenpaaren.[125] Die DNA ist ein perfekter Informationsträger, in Kapitel 4.1.1: *Wie entstand das Leben ursprünglich?* (➛Seite 110) konnte ich bereits zeigen, dass man auf einem Gramm DNA-Material unglaubliche 100 Millionen Terabyte an Daten speichern kann. Dawkins beschreibt in seinem Buch *The Blind Watchmaker*[126], dass selbst in der DNA einer winzigen Amöbe 1000-mal mehr Information enthalten ist, als in allen 30 Bänden der Encyclopedia Britannica. Damit besitzt eine Amöbe etwa 30-mal so viel DNA wie ein Mensch. Die meisten Pflanzen besitzen im Übrigen deutlich mehr DNA (im Mittel 50 000 Gene) als die Säugetiere (im Mittel 25 000 Gene). Die menschliche DNA wurde 2004 erstmals komplett entschlüsselt; sie unterscheidet sich von der DNA einer Maus nur um ein Prozent und von der eines Schimpansen um zwei Prozent. Nur auf die DNA bezogen, sind wir also einer Maus ähnlicher als einem Menschenaffen.[127] Dennoch argumentieren viele Darwinisten, dass aufgrund der großen Ähnlichkeit zwischen menschlicher- und Affen-DNA es einen entwicklungsgeschichtlichen Zusammenhang geben muss und dies ein Beweis dafür sei, dass der Mensch vom Affen abstamme. Diese Behauptung basiert einzig und allein auf einem Wunschdenken, weil es so gut zur evolutionären Theorie passt. Sollten wir dann nicht den Mäusen ähnlicher sehen als den Affen? Das menschliche Genom stimmt zu 50 Prozent mit dem einer Banane und zu 70 Prozent mit dem von Löwenzahn überein, warum sehen wir dann nicht zumindest zur Hälfte wie eine Banane aus? Auch ist mir noch keine menschliche Pusteblume begegnet. Zu 99,5 Prozent besitzen übrigens alle Menschen ein identisches Erbgut.[128] Es ist kaum vorstellbar, dass die ganze menschliche Vielfalt nur über 0,5 Prozent der DNA bestimmt werden soll. Wenn wir all diese Zahlen und Phänomene betrachten, so kann man zweifelsohne feststellen, dass die Größe des Genoms weder mit der Komplexität eines Lebewesens noch mit dem Grad des Bewusstseins korreliert. Auch die Ähnlichkeit eines Genoms lässt keinerlei Rückschlüsse auf die phänotypische Erscheinung oder den Grad des Bewusstseins zu. Die DNA verwendet in ihrer Sprache vier Buchstaben: A, T, G und C. Mit diesen vier Buchstaben wird Information codiert. Darwinisten behaupten, dass die Ähnlichkeit in der Sequenz Rückschlüsse auf evolutionäre und stammesgeschichtliche Zusammenhänge zulassen würde. Doch betreten wir hier die Bühne der Information, das ist das Fachgebiet von Informatikern, nicht das von Biologen. Unsere Sprache besteht wie der DNA-Code auch aus Buchstaben, nur dass es ein paar mehr sind. Wir können damit ebenso Information codieren. Betrachten wir als Gegenbeispiel zur Ähnlichkeitsargumentation die zwei folgenden kurzen Sätze:

Darwinisten sind fest davon überzeugt, dass ihr Weltbild reine Wahrheit ist.

Darwinisten sind fest davon überzeugt, dass ihr Weltbild keine Wahrheit ist.

Beide Sätze sind gleich lang, sie enthalten zu 99 Prozent identische Zeichen und Positionen dieser Zeichen. Dennoch könnte der darin enthaltene Sinn, also die Semantik, kaum gegensätzlicher sein. Dieses Beispiel zeigt eindeutig, dass die Ähnlichkeit zweier codierter Sequenzen kein Maß für die Ähnlichkeit der darin enthaltenen Bedeutungen ist.[129] Es ist daher unlogisch, falsch und geradezu heikel, Schlussfolgerungen welcher Art auch immer aus der Ähnlichkeit von Codes ziehen zu wollen.

Wirklich interessant wird es meiner Ansicht nach ohnehin erst dann, wenn wir den Bereich der bisherigen Erkenntnisse verlassen; denn sie beruhen auf einem verschwindend kleinen Anteil von nur etwa 1,5 Prozent der menschlichen DNA. Nur 1,5 Prozent (!) der menschlichen DNA codieren wirklich die Proteine für die zellulären Proteinsynthesen. Diese Abschnitte bezeichnet man auch als Exon. Wozu die restlichen 98,5 Prozent der DNA benötigt werden, ist noch unbekannt, weshalb man diesen Sequenzen zunächst den Namen *Junk-DNA* (Müll-DNA) oder auch *Intron* gab.[130] Wenn also jemand behauptet, dass das Erbgut der Schimpansen zu 98 Prozent mit dem menschlichen Erbgut übereinstimmt, dann bezieht es sich lediglich auf die bekannten 1,5 Prozent der DNA, was die Sache deutlich relativiert. Was macht diese Junk-DNA nun so interessant? Lange Jahre betrachtete man die Junk-DNA als bedeutungslosen Genmüll, der sich im Lauf der Evolution sukzessive angesammelt hat. Das war viele Jahre lang ein gefundenes Fressen für die Darwinisten, die in ihrem immerwährenden Kampf gegen die Kreationisten nun zeigen konnten, dass der angeblich allmächtige und allwissende Schöpfergott einen ziemlichen Mist entworfen hatte. Welcher Gott würde einen Menschen erschaffen, der überflüssige 98,5 Prozent Genmüll in sich trägt? Das war in ihren Augen ein klarer Beweis dafür, dass alles rein materialistisch über lange Zeiträume durch Evolutionsmechanismen entstanden sein musste. Als dann aber 2003 das *Encyclopedia of DNA Elements Project (ENCODE)* vom *National Human Genome Research Institute* in Maryland/U.S.A. startete, ergab sich eine andere Betrachtungsweise für die Junk-DNA. Nach neun Jahren Forschungsarbeit glaubten die Wissenschaftler dieses Projekts zeigen zu können, dass die Junk-DNA regulative Funktionen beim An- und Abschalten von Genen übernimmt. Diese Schalterfunktionalität sei offenbar erforderlich, um das Genom lebendig zu halten. »Das Rätsel des Genmülls, der nun gar keiner mehr war, schien also geklärt zu sein, und die Wissenschaftler gingen davon aus, dass die nicht codierenden Sequenzen unverzichtbar zur Steuerung der Genomaktivität seien.«[131] Als diese Erkenntnisse 2012 veröffentlicht wurden, konnten die Kreationisten zum Gegenschlag ausholen, denn Gott hatte der Junk-DNA offensichtlich doch eine Funktion zugewiesen. Doch die wissenschaftliche Welt der Erkenntnisse ist sehr wechselhaft, denn das Blatt sollte sich kurz darauf wieder wenden. Ein Forscherteam um Enrique Ibarra-Laclette veröffentlichte im Fachjournal *Nature* 2013 einen Artikel, der alle Erkenntnisse zur Junk-DNA wieder auf null setzte.[132] Das Forscherteam konnte zeigen, wie eine kleine Wasserpflanze namens *Zwerg-Wasserschlauch* (Utricularia gibba) die wissenschaftliche Theorie des ENCODE-Projekts widerlegt. Der Zwerg-Wasserschlauch besitzt mit lediglich 80 Millionen Basenpaaren das kleinste bekannte pflanzliche Genom. Die zur gleichen Ordnung gehörende Weintraube besitzt hingegen mehr als das Fünffache an Basenpaaren, kommt aber nicht auf die Anzahl von 28 500 Genen, die der Zwerg-Wasserschlauch aufzuweisen hat. Die DNA der Wasserpflanze enthält nur erstaunliche drei Prozent Junk-DNA, was zeigt, dass die Genregulation offensichtlich auch ohne Junk-DNA funktioniert. Die Genregulation sitzt beim Zwerg-Wasserschlauch inmitten der Gene.[133]

Im Grunde genommen stehen wir also beim Thema Junk-DNA wieder am Anfang. Es gibt aber Indizien, die dieser Junk-DNA eine ganz andere Funktionalität zusprechen, und ich möchte diesbezüglich im Folgenden eine spekulative Hypothese aufstellen, die auch von Pim van Lommel in seinem Buch *Endloses Bewusstsein*[134] und von Christina von Dreien in ihrem Buch *Christina – Die Vision des Guten*[135] in ähnlicher Form formuliert wurde. Es macht den Eindruck, dass ein hoch entwickelter Organismus mit Bewusstsein stets einen großen Anteil an Junk-DNA besitzt. Die Funktionalität dieser DNA könnte durch ein externes Bewusstsein bestimmt werden. Die Junk-DNA ist möglicherweise eine Art Antenne für nicht-lokale (also quasi überall, unabhängig vom Ort verfügbare) Information bzw. ein nicht lokales Bewusstsein, das auch als morphisches Feld beschrieben wird. Dabei handelt es sich um ein Energiefeld, das als kosmisches Bewusstsein Informationen über die Morphologie, Strukturen, Prozesse aber auch über das Wissen von Lebewesen in sich trägt. Das von dem englischen Biologen Rupert Sheldrake postulierte *morphogenetische Feld* ist Teil des morphischen Feldes, und es lässt sich hervorragend mit dieser Hypothese in Einklang bringen. Dabei handelt es sich um ein höheres, nicht-lokales Informationsfeld, das das Verhalten und die Formgebung aller lebenden Organismen steuert. Armin Risi glaubt, dass »dieses Feld dem entspricht, was man traditionell als Ätherkörper oder Vitalkörper bezeichnet«.[136] Der Ätherkörper ist in vielen der traditionellen Lehren, wie z. B. des Ayurveda, seit Jahrtausenden bekannt. Auch der Sanskrit-Begriff *Pranamaya Kosha* beschreibt letztendlich diese Energiehülle, die Körper und Geist belebt. Er bedeutet die aus Energie (Prana) bestehende (Maya) Hülle (Kosha). Ich halte diese Energiehülle für die Schnittstelle zwischen dem grobstofflichen Körper und den feinstofflichen und geistigen Ebenen. Es hat den Anschein, dass ein Informationsaustausch zwischen DNA und diesem Informationsfeld stattfindet. Die hier formulierte Hypothese findet nicht nur Bestätigung in mehreren Experimenten, sondern auch durch den Quantenphysiker und Nobelpreisträger Erwin Schrödinger, der bereits 1944 die Vermutung äußerte, dass die DNA ein »nicht-statistisches Makromolekül« sei und als Quantenantenne für die Kommunikation mit dem nicht-lokalen Informationsfeld verwendet werden könnte.[137] Schrödinger war also der Meinung, dass quantenmechanische Prozesse mit der DNA als Empfänger für den Informationstransfer zwischen einer nicht-lokalen Informationsquelle wie dem morphischen Feld und den submolekularen Strukturen der lebenden Organismen verantwortlich sein könnten. Gemäß der Definition von Sheldrakes morphogenetischem Feld sind alle formgebenden und funktionalen Informationen lebendiger Organismen als Wellenfunktion im nicht-lokalen Raum präsent und gespeichert, und sobald wir uns im Reich der Wellen befinden, betreten wir die Quantenwelt, wie in Kapitel 6: *Quantenmechanik und Spiritualität* (➛Seite 290) dargestellt. In seiner Hypothese der morphischen Resonanz beschreibt er eine Art kollektives Gedächtnis außerhalb von Raum und Zeit, aus dem Lebewesen gleichermaßen schöpfen und beitragen können.[138] Wenn nun die DNA in der Lage wäre, in Resonanz mit dem morphischen Feld zu gehen, so könnte das die komplexen Strukturen und die evolutionäre Entwicklung lebender Organismen erklären.

Mit dieser Hypothese haben wir nun zum ersten Mal ein erklärbares Modell für ein Zusammenspiel eines physischen materiellen Körpers mit einem immateriellen Informationsfeld. Ich möchte mit meiner Hypothese noch ein Stück weiter gehen als Sheldrake, der in erster Linie mit seinem morphogenetischen Feld formgebende und funktionale Informationen betrachtet. Ich halte es durchaus für möglich, dass auch eine Seele in Resonanz mit DNA gehen kann, wie ich am Beispiel von Transplantationsstudien zeigen werde. Wie bereits in Kapitel 3.3: *Geist und Materie* (➛Seite 99) beschrieben, werden sämtliche Atome und Moleküle in den Zellen unseres Körpers in einem immerwährenden Prozess innerhalb weniger Wochen komplett ausgetauscht, nur die DNA nicht. Somit wäre ein mutmaßlicher Informationsaustausch zwischen DNA und dem nicht-lokalen Informationsfeld bzw. einer Seele niemals beeinträchtigt, was die notwendige Voraussetzung eines solchen Zusammenspiels wäre. Im Folgenden ein paar Beispiele, die diese Hypothese zur Resonanz zwischen DNA, morphischem Feld und Seelen erstaunlich gut stützen.

Als Erstes werfen wir einen Blick auf das menschliche Immunsystem, das durch unsere DNA gesteuert wird. Sogenannte Antigene von Bakterien, Viren und körperfremden Zellen müssen durch unser Immunsystem erkannt werden, damit die spezifischen Antikörper, also unsere Abwehrzellen, produziert werden können. Die produzierten Antikörper bekämpfen die *Eindringlinge* im Rahmen einer Immunantwort, wobei die zugrunde liegenden Informationen dazu im immunologischen Gedächtnis abgespeichert werden. Das kann letztendlich zu einer lebenslangen Immunität gegen bestimmte Erreger und Erkrankungen führen. Wer z. B. als Kind die Masern hatte, erhält eine lebenslange Immunität. Man kann also nicht noch einmal daran erkranken, weil das immunologische Gedächtnis die passende Abwehrstrategie bereits kennt. Nun stellt sich die Frage, wo sich dieses immunologische Gedächtnis im Körper, dessen atomare Zusammensetzung sich kontinuierlich verändert, genau befindet. Van Lommel ist der Ansicht, dass das immunologische Gedächtnis, das ja seinerseits ebenfalls einem ständigen Wandel unterworfen ist, nicht in der DNA selbst abgespeichert sein kann. Es müsste seiner Einschätzung nach im nicht-lokalen Raum gespeichert sein, und so gebe es einen permanenten Informationstransfer zwischen dem Informationsfeld im nicht-lokalen Raum und der DNA einer jeden Zelle.[139] Ich halte van Lommels Einschätzung für logisch und plausibel, zumal er diese Theorie durch einen Artikel aus dem Journal *Nature* untermauert. Darin berichtet das Forscherteam um Moira Gilliver von einer Resistenzentwicklung von Bakterienstämmen gegen bestimmte Antibiotika bei wilden Tieren, die in völliger Abgeschiedenheit lebten. Obwohl diese völlig isoliert lebenden Tiere unmöglich in Kontakt mit Antibiotika hätten kommen können, hatten sie dennoch eine Resistenz entwickelt.[140] Woher sollten die Bakterien in den Wildtieren die Information über die Antibiotikaresistenz erhalten haben? Die einzige plausible Erklärung für dieses Phänomen ist, dass die bereits resistenten Bakterienstämme diese Information in das nicht-lokale Informationsfeld eingespeist haben, sodass die Bakterien in den Wildtieren in Resonanz gingen und diese Information über ihre DNA schließlich wieder aufnahmen und in Funktionalität umsetzen konnten.

In einem anderen erstaunlichen Experiment konnte gezeigt werden, dass Ratten aus mehreren aufeinander folgenden Generationen gelernt haben, wie sie effizient aus einem Wasserlabyrinth entkommen können. Das Erstaunliche daran war, dass im Laufe der Zeit auch völlig fremde Ratten aus anderen Laboratorien auf der ganzen Welt dazu immer schneller in der Lage waren.[141] Das Wissen über eine geeignete Strategie zur Flucht aus dem Wasserlabyrinth muss sich also irgendwie auf alle Ratten der Welt übertragen haben. Ohne ein nicht-lokales Bewusstseinsfeld ist dieses Phänomen nur schwer zu erklären. Statistisch signifikante Ergebnisse konnten auch mit einem Experiment zur sogenannten *konditionierten Abneigung* bei Hühnerküken gemacht werden. Frisch geschlüpfte Küken bekamen ein kleines gelbes Licht in Form einer Leuchtdiode gezeigt, woraufhin sie begannen, danach zu picken. Währenddessen bekamen die Küken eine Substanz verabreicht, die in ihnen Übelkeit hervorrief. Schließlich hörten die Küken nach einer Weile damit auf, an dem gelben Licht zu picken. Nachfolgende Generationen von Küken zeigten tatsächlich eine signifikante Abneigung gegenüber dem gelben Licht. Offensichtlich hatten die ersten Küken ihre Abneigung in das kollektive Gedächtnis gespeichert, und durch die Effekte der morphischen Resonanz griffen die späteren Küken wieder auf dieses Verhaltensmuster zurück.[142]

In Kapitel 4.1.1: *Wie entstand das Leben ursprünglich?* (➛Seite 110) habe ich von pluripotenten embryonalen Stammzellen berichtet, die sich in jegliches spezifische Gewebe entwickeln können. Die genauen Gründe und Abläufe dafür sind wissenschaftlich noch nicht geklärt. Das morphische Feld, insbesondere das darin enthaltene morphogenetische Feld, könnte eine plausible Antwort auf das Phänomen der Stammzellentwicklung geben. Die darin enthaltenen Informationen über die Form und Funktionalität des materiellen Körpers könnten über die DNA an die

Zellen übertragen werden. Somit wären wir in der Lage, mithilfe des morphischen Feldes das Spezialisieren von Stammzellen in spezifisches Gewebe erklären zu können.

Ein weiteres interessantes Experiment wurde 2003 von Cleve Backster durchgeführt. Er konnte nachweisen, dass Zellen desselben Lebewesens auch über große Distanzen hinweg miteinander verbunden bleiben.[143] Dazu hat er weiße Blutkörperchen von der Wangenschleimhaut seiner Probanden entnommen und in einem Nährmedium am Leben erhalten. Das Experiment war nun so konzipiert, dass er seinen Probanden sehr erschütternde oder sexuell erregende Bilder zeigte, um zu beobachten, ob es Veränderungen in den weißen Blutkörperchen gebe. Sobald die Probanden mit den Bildern konfrontiert wurden, zeigten die weißen Blutkörperchen instantan* tatsächlich eine messbare Reaktion, und diese Reaktion blieb selbst dann noch erhalten, wenn die Probanden und ihre entnommenen Zellen weit voneinander entfernt waren (zwischen zwölf und 20 Kilometer). Backster hat die getrennt aufbewahrten Zellen sogar elektromagnetisch abgeschirmt, doch auch dann blieb die Reaktion noch immer erhalten. Die Zellen eines Lebewesens reagieren offensichtlich unabhängig davon, ob sie noch im Verbund existieren oder separiert wurden, auf die Gedanken und Gefühle ihres Besitzers.[144] In Anlehnung an die Quantenverschränkung (siehe Kapitel 6.1.2: *Nicht-Lokalität – Verschränkung im Raum* ➛Seite 305) wäre es durchaus passend, dieses Phänomen als *DNA-Verschränkung* zu bezeichnen. Verschränkung bedeutet, dass es eine nicht-lokale Verbundenheit zwischen den DNA-Molekülen gibt und dass sich räumliche Distanzen und Zeitspannen auflösen. Dies ist ein weiteres Indiz dafür, dass wir uns bei dieser Thematik in die Welt der Quantenprozesse hineinbewegen.

Das meiner Meinung nach deutlichste Zeichen dafür, dass unsere seelischen Aspekte über die DNA mit den körperlichen Strukturen verbunden sind, zeigt sich bei der sogenannten *Gedächtnistransplantation*. Darunter versteht man, dass die Patien-

* augenblicklich, ohne zeitliche Verzögerung

ten, die ein Spenderorgan transplantiert bekommen haben, eine Wesensveränderung erleben und zum Teil die Gedanken und Gefühle des Spenders in sich wahrnehmen können. Die U.S.-Amerikanerin Claire Sylvia gehörte zu den ersten Organempfängern, die von solchen Erlebnissen öffentlich berichteten. Sie erhielt 1988 im Yale New Haven Hospital durch eine Transplantation ein Herz und eine Lunge von einem Spender. Die persönlichen Daten des Spenders waren ihr, so wie es bei Transplantationen üblich ist, nicht bekannt. Wie sie in ihrem autobiografischen Buch *Herzensfremd*[145] aus dem Jahre 1999 berichtet, nahm sie nach der Implantation der Organe eine seltsame Wesensveränderung in sich wahr. Sie spürte eine Präsenz, es war, als hätte sich eine fremde Seele in ihrem Körper eingenistet. Später begleiteten sie sonderbare Träume von einem jungen Mann namens Tim, mit dem sie sich auf unerklärliche Weise in großer Liebe verbunden fühlte. Obwohl sie es früher immer verabscheute, aß sie plötzlich leidenschaftlich gern Chicken Nuggets, trank Bier und hatte einen für sie eigentlich gänzlich untypischen Aktivitätsdrang in sich. Sie liebte es auf einmal, Motorrad zu fahren und machte sogar eine Tour durch Frankreich. Sie erlebte diese Veränderungen so eindrücklich, dass sie sich auf die Suche nach der Familie des Spenders begab, um mehr darüber herauszufinden. Sie hatte die Angehörigen tatsächlich ausfindig machen können und berichtete ihnen von ihren Wesensveränderungen und ihren Träumen von dem jungen Mann namens Tim. Die Angehörigen konnten Claire Sylvia schließlich bestätigen, dass alle beschriebenen persönlichen Eigenheiten des Verstorbenen exakt auf ihn passten, sie würden ihn darin eindeutig wiedererkennen. Es stellte sich heraus, dass der Organspender tatsächlich Tim hieß, dass er gern Bier trank, Chicken Nuggets liebte und leidenschaftlicher Motorradfahrer war. Tim kam im Alter von 18 Jahren bei einem Motorradunfall ums Leben. Der Journalist, Autor und Betreiber des sehr erfolgreichen Thanatos-TV-Formats Werner Huemer beschreibt weitere dokumentierte Fälle:

»Inzwischen sind viele weitere Fälle dokumentiert, (...) so entwickelte beispielsweise eine 18-jährige Organempfängerin namens Danielle eine ausgeprägte Begeisterung für Musik, lernte Gitarre spielen und begann zu singen. Das Herz, das sie erhalten hatte, stammte von einem 18-jährigen Jungen, der Musiker gewesen war und Gedichte geschrieben hatte. (...) Ein anderer spektakulärer Fall, der ebenfalls eine Kontaktaufnahme aus dem Jenseits nahelegt, betraf ein zehnjähriges Mädchen, das das Herz einer ermordeten Achtjährigen erhalten hatte. Das Mädchen musste psychiatrisch behandelt werden, weil es seit der Implantation an schwersten Alpträumen litt. In den Sitzungen berichtete das Kind dann so detailgenau und realistisch davon, wie es in seinen Träumen getötet wurde, dass man die Polizei hinzuzog. Und die Informationen zum Tathergang entpuppten sich zum Erstaunen der Beteiligten als Schilderung wahrer Begebenheiten. Der Mörder des achtjährigen Mädchens, von dem das Herz stammte, konnte tatsächlich identifiziert und verhaftet werden!«[146]

In seiner 2000 veröffentlichten Studie zur Persönlichkeitsveränderung bei Organempfängern nach einer Herztransplantation bestätigt der Kardiologe und Psychologe Paul Pearsall von der Universität Hawaii die beschriebenen Phänomene.[147] Seiner Ansicht nach sind die Effekte von immunsupprimierenden Medikamenten, Stress nach dem chirurgischen Eingriff und statistischem Zufall keine hinreichenden Erklärungen für die Beobachtungen. Seine Studie wurde von vielen materialistisch geprägten Ärzten kritisiert; er hätte angeblich gültige Standards bei der Befragung nicht eingehalten und die beschriebenen Fälle seien nur Ausnahmefälle. In einem Artikel in der Süddeutschen Zeitung vom 24. 10. 2007 gibt Oliver Decker, Psychotherapeut am Transplantationszentrum der Universitätsklinik Leipzig, zu diesem Thema folgende Bewertung ab: »Viele Patienten nehmen die Perspektive distanzierter Selbstbeobachtung ein und fantasieren zudem ihr Organ aus. Die Fantasien gehen ins Mystisch-

Abergläubische.«[148] Im selben Artikel spricht der Autor von imaginierten Vorlieben, die der Organempfänger teils aus Dankbarkeit und teils aus Schuldgefühlen gegenüber dem Spender entwickelt hätte. Professor Hans-Werner Künsebeck, Psychologe in der Abteilung Psychosomatik und Psychotherapie an der medizinischen Hochschule Hannover, steigert sich fast schon grotesk in die Ablehnung der beschriebenen Phänomene hinein:

> *»Alles ist rational erklärbar. (…) Die immunsuppressiven Medikamente – das sind die Mittel, die verhindern, dass körpereigene Zellen das fremde Gewebe angreifen – bewirken mitunter eine Veränderung des Geschmackssinns. Frühere Leibgerichte schmecken dann vielleicht nicht mehr so gut, andere Speisen werden auf einmal als köstlich empfunden. (…) Wer dies dem Organspender zuschreibe, entwickle Strategien, mit dem neu gewonnenen Leben umzugehen. Aber das hat nichts Mystisches, es ist erklärbar.«*[149]

Nach Künsebeck hat also das immunsupprimierende Medikament Claire Sylvias Heißhunger auf Chicken Nuggets ausgelöst und nicht ihre seelische Verbundenheit zu Tim. An dieser rationalen Erklärung hege ich größte Zweifel. Die Erklärungsversuche der Materialisten zeigen erneut, dass sie die Wahrheit nicht sehen wollen, weil sie nicht in ihr Weltbild passt. Für sie hört die Welt an der Zellwand auf. Wenn die beschriebenen Phänomene nur Einbildung wären und materialistische Ursachen hätten, wie lässt sich dann erklären, dass einige Organempfänger von allen möglichen Verhaltensweisen auf der Welt genau diejenigen angenommen haben, die erwiesenermaßen zu dem Spender passten? Wie lässt sich erklären, dass korrekte Namen und Personenbeschreibungen gegeben werden konnten, obwohl der Organempfänger den Spender zuvor nicht kannte?

Ein Rationalist sollte hier erkennen, dass die Wahrscheinlichkeiten für diese Art der Erklärungen wieder einmal gegen null gehen. Die beschriebenen Phänomene lassen sich mit den Mitteln der materialistischen Naturwissenschaft eben nicht erklären. Ihre Erklärungsversuche sind plump und zeugen von Ignoranz und naturwissenschaftlichem Dogma. Auch das Argument, dass dieses Phänomen nur die Ausnahme sei, ändert nichts an der zugrunde liegenden Erkenntnis. Immerhin zeigen sich solche Phänomene in Pearsalls Studie bei 17 von 73 Personen[150] und »79 Prozent der Patienten erklärten bei einer Österreichischen Studie, sie fühlten und benahmen sich nicht anders als vor der Operation. 15 Prozent sagten, sie hätten sich tatsächlich verändert, schoben das aber auf die lebensbedrohlichen Erfahrungen. Nur sechs Prozent sagten, ihr Charakter sei durch das neue Organ ein anderer geworden«.[151] Selbst wenn diese Phänomene bei nur einem von 1000 Personen passieren würden, dann wäre es nichts, was man einfach wegwischen könnte. Es gibt durchaus plausible Erklärungen dafür, dass diese Verhaltensphänomene nach einer Transplantation nicht bei jedem auftreten. Jeder Mensch ist unterschiedlich empfänglich für spirituelle Ereignisse. Jemand, der sehr sensitiv ist, kann die hochfrequenten Schwingungen der feinstofflichen Welt, wie ich sie bezeichne, gut wahrnehmen, andere hingegen spüren nichts, da ihre Sensitivität weniger stark ausgeprägt ist oder sie ihr keine Aufmerksamkeit schenken. Wenn man der Spiritualität gegenüber nicht verschlossen ist, könnte die folgende Interpretation als eine nachvollziehbare Erklärung betrachtet werden. Ich glaube nicht, dass es sich bei den genannten Phänomenen um eine Art Zellgedächtnis handelt, wie es von vielen Autoren bezeichnet wird. Die Zellen selbst enthalten nicht die Erinnerungen, sondern bilden vielmehr mit ihrer DNA einen Ort der Resonanz und funktionieren wie eine Seelen-Antenne. Ich vermute, dass bei den Organempfängern, bei denen die beschriebenen Phänomene auftraten, eine seelische Verbindung zu ihrem Spender existiert. Im Folgenden verwende ich die Begriffe *Schwingung* und *Frequenz*, weil sie das spirituelle Phänomen am treffendsten beschreiben. Ich verwende sie explizit nicht im physikalischen Sinn, in unserer Sprache existieren aber keine besseren Begriffe dafür. Die Seelen von

Spender und Empfänger schwingen womöglich auf einer ähnlichen Frequenz, somit wären die Organempfänger in der Lage, mit der fremden DNA in Resonanz zu gehen. Auf diese Weise einer synchronisierten Schwingungsfrequenz finden die Seelen Zugang zueinander und zum morphischen Feld. Sind Empfänger- und Spenderseele über ihre Schwingungsfrequenz nicht miteinander verbunden, kommt es zu keiner Resonanz. Dementsprechend empfinden diese Patienten auch keine Gefühle oder Wahrnehmungen der verstorbenen Person. Umgekehrt wird die Seele des Verstorbenen auch kein Interesse daran haben, sich bei dem fremden Empfänger bemerkbar zu machen, da eine Verbundenheit in diesem Fall nicht gegeben ist. Deshalb bin ich fest davon überzeugt, dass Claire Sylvia eine enge seelische Verbindung zu Tim besitzt, und diese Verbindung existierte schon lange, bevor die beiden inkarniert waren.

4.2 *Intelligent Design*

> *»Ließe sich irgendein zusammengesetztes Organ nachweisen, dessen Vollendung nicht möglicherweise durch zahlreiche kleine aufeinanderfolgende Modifikationen hätte erfolgen können, so müsste meine Theorie unbedingt zusammenbrechen.«*[152]
>
> Charles Darwin

Bevor ich den Begriff *Intelligent Design* genauer erkläre, möchte ich zunächst die meiner Meinung nach prominentesten und wissenschaftlich seriösesten drei Vertreter dieser Theorie kurz vorstellen. Maßgeblich geprägt wurde der Begriff Intelligent Design durch den Biochemiker Prof. Dr. Michael J. Behe. In seinem 1996 erschienenen Bestseller *Darwins Black Box*[153] trägt er in einer tiefgreifenden wissenschaftlichen Argumentation gravierende biochemische Einwände gegen die Evolutionstheorie vor. Dieses Buch fand eine große Beachtung sowohl in der Bevölkerung als auch bei Kritikern und Fachleuten und wurde kontrovers diskutiert. Neben ihm ist auch Dr. Stephen Meyer, Mitbegründer des *Center for Science and Culture, part of the Discovery Institute*, ein sehr bekannter Vertreter dieser Theorie. Er ist Autor des *New York Times* Bestsellers *Darwin's Doubt: The Explosive Origin of Animal Life and the case for Intelligent Design.*[154] Als dritten führenden Kopf der Intelligent- Design-Theorie möchte ich noch den renommierten Molekularbiologen Dr. Douglas D. Axe nennen, der seine Studien und Erkenntnisse in vielen wissenschaftlichen Journals wie dem *Journal of Molecular Biology, The Proceedings of the National Academy of Sciences* und *Nature* sowie in seinem Buch *Undeniable: How Biology Confirms Our Intuition That Life Is Designed*[155] publizierte. Behe, Meyer und Axe sind drei höchst renommierte und in ihren Fachgebieten kompetente Wissenschaftler, die durch Beobachtung und logische Schlussfolgerungen gleichermaßen das Intelligent Design als die wahrscheinlichste Erklärung für den Ursprung und die Entwicklung des Lebens entdeckt haben. Insbesondere konnten sie sehr überzeugend zeigen, dass gewisse Strukturen und Abläufe in der biologischen Evolution unmöglich hätten ohne intelligente Planung umgesetzt werden können. Daraus resultiert letztendlich auch der Name *Intelligent Design.* Wer am Ende der intelligente Designer sein soll, wird in der Regel offengelassen. Materialisten schlussfolgern hieraus, dass wohl nur Gott gemeint sein kann. Dabei gibt es durchaus alternative Möglichkeiten, wie z. B. das von Rupert Sheldrake postulierte morphische Feld (siehe Kapitel 4.1.4: *Junk-DNA und morphisches Feld* ➤Seite 193) als Quelle von Erfahrung und Information. Doch wie soll man sich nun ein intelligentes Design genau vorstellen? Auf den ersten Blick hört sich das zugegebenermaßen erst einmal nicht besonders seriös und schon gar nicht wissenschaftlich an. Und wer sich nicht die Mühe macht, sich intensiv mit den Argumenten auseinanderzusetzen, kommt sehr schnell zu voreiligen Fehlbewertungen und Vorurteilen. Viele Materialisten sehen im Intelligent Design ohnehin nur einen weiteren Versuch der Kreationisten, ihren Glauben unter einem neuen Label zu verbreiten. In seinem Video *Hat*

Gott die Welt erschaffen? aus der Reihe Terra X Lesch & Co bestätigt Lesch meine Einschätzung:

> *»Das (die Kreationisten, Anm. d. Verf.) sind die Leute, die sagen, wir brauchen nur in die Bibel reinzugucken, und wenn wir jetzt die Bibel wörtlich auslegen, dann sehen wir doch, was der Fall ist. Und sie nennen sich nicht christliche Fundamentalisten der besonders wörtlichen Bibelauslegung, sondern sie nennen sich, um auch ein bisschen die Probleme mit der Wissenschaft zu vermeiden, Anhänger der Intelligent-Design-Theorie. Und das Argument geht folgendermaßen. Alles, was wir um uns herum sehen, ist von einer solchen Komplexität, das kann nicht von allein entstanden sein. Das muss gemacht sein. Gott hat diese Welt gewollt und hat sie auch gemacht.«*[156]

Auch Ebert meint zu wissen, was Intelligent Design ist. Er beschreibt es folgendermaßen:

> *»Das Konzept des Intelligent Designs (…) hat gar keinen Ansatz. Es lebt schlicht und einfach davon, dass es die Evolutionslehre für unglaubwürdig erklärt. Doch noch schlimmer: Die Anhänger des Intelligent Designs verkaufen ihre Ideologie als Wissenschaft. Eine Ideologie, die nachweisbare Erkenntnisse unterdrückt und auf Ignoranz und Dogmatismus beruht. Somit beinhaltet die Lehre vom Intelligent Design nicht nur die Abkehr vom wissenschaftlichen Denken, sondern auch die Abkehr von Freiheit und Demokratie.«*[157]

Ich könnte noch unzählige weitere solcher Zitate aufführen, doch soll das erst einmal reichen. Wie geht es dir dabei, wenn du diese Zitate liest? Klingt das nach einer wissenschaftlichen, argumentativen und sachlichen Auseinandersetzung? Leider nicht, ich würde mir wünschen, dass die Materialisten eine Offenheit und Unvoreingenommenheit gegenüber diesem Thema entwickeln würden, damit eine wissenschaftliche Diskussion entstehen kann.

Doch hier fängt das Problem schon an: Viele Materialisten sprechen dem Intelligent Design seine Wissenschaftlichkeit ab. Wissenschaft hin oder her, aber wenn sachliche Argumente, große Wahrscheinlichkeiten und logische Schlussfolgerungen die bisherigen Erkenntnisse in Erklärungsnot bringen, dann sollte man sie ernst nehmen. Im Übrigen gibt es viele Dinge in unserer Realität, die sich wissenschaftlich nicht erfassen lassen, z. B. der Ursprung unseres Moralgefühls, unsere Leidenschaft für etwas oder unsere unendliche Liebe für bestimmte Personen. Es ist eine fatale Fehleinschätzung, wenn man nur das als legitime Realität ansehen würde, was über die gängige wissenschaftliche Methodik nachweisbar ist. Wer sich mit dem Thema Intelligent Design intensiv beschäftigt hat, würde ohnehin nicht ernsthaft behaupten, dass die Argumente unwissenschaftlich seien. Dass Ebert der Intelligent-Design-Theorie nicht einmal einen Ansatz zuerkennt, ist für mich eher ein Hinweis darauf, dass er sich mit dem Thema nicht wirklich beschäftigt hat. Doch ist er es, der den Intelligent-Design-Vertretern Ignoranz und Dogmatismus vorwirft. An dieser Stelle gebe ich allen Materialisten einen guten Tipp. Wenn man die Argumente des Intelligent Designs wirklich widerlegen möchte, dann gibt es nur einen Weg: Die Argumente müssen aufrichtig und detailliert vorgestellt und schließlich durch Gegenargumente entkräftet werden. Mit inhaltslosen Behauptungen und Polemik kann man jedenfalls keinen halbwegs intelligenten Zuschauer oder Leser überzeugen. Ich finde den Diskussionsstil zwischen Materialisten und Intelligent-Design-Vertretern an vielen Stellen sehr befremdlich, da er von großer Emotionalität, Polemik und Fanatismus geprägt ist. Emotionalität ist ja zunächst einmal nichts Schlechtes, ich bewundere z. B. Dawkins für seine Hingabe und Leidenschaft in seinen Büchern. Man spürt in jeder Zeile, dass ihn das Problem wirklich bewegt und dass er voll und ganz hinter dem steht, was er schreibt. Ich habe vor seiner Leistung größten Respekt, nichtsdestotrotz darf man anderer Meinung sein. Jedoch sollte man seine Meinung argumentativ, gern auch emotional und leidenschaftlich, aber stets mit der notwendigen Achtung vortragen dürfen. Es gibt ein wunderbares Gedicht von Edmund Ruhenstroth mit dem Titel *Toleranz*, das sehr gut zu diesem Thema passt:

»Ich bin ein toleranter Mann,
das ist auch zu erstreben,
denn nur wer tolerant sein kann,
hat auch Erfolg im Leben.
Ich bin ein toleranter Mann
in allen Lebenslagen
und wer was auf dem Herzen hat,
der kann mir alles sagen.
Ich bin ein toleranter Mann
und das in jeder Phase,
doch wer nicht meiner Meinung ist,
der kriegt was auf die Nase.«[158]

Mir ist bei Lesch, Ebert und vielen anderen Kritikern des Intelligent Designs aufgefallen, dass sie die konkreten Argumente dieser Theorie weder nennen noch erklären. Wenn überhaupt, bleibt es bei sehr allgemeinen und oberflächlichen Aussagen. Ich habe die Argumente des Intelligent Design auch noch nicht erklärt, was aber weiter unten noch folgt. Ich finde es außerdem erstaunlich, dass die meisten Materialisten in ihren Büchern und Vorträgen sofort von Gott und religiöser Ideologie reden, sobald es um das Thema Intelligent Design geht. Weder Behe noch Meyer oder Axe argumentieren mit Gott. Gott und die Bibel spielen in ihren Argumentationen überhaupt keine Rolle, sie verwenden ausschließlich wissenschaftliche Argumente und logische Schlussfolgerungen. Warum also kann es sein, dass viele Materialisten behaupten, dass Intelligent Design keinen Ansatz habe und dass es eine religiöse Ideologie und eine Abkehr von Freiheit und wissenschaftlichem Denken sei? Es gibt aus meiner Sicht nur zwei legitime Erklärungen dafür. Entweder kennen sie die Argumente des Intelligent Designs einfach nicht oder aber sie haben keine Gegenargumente. Sie wissen zumeist schon, was die Grundidee von Intelligent Design ist, aber die Details der Argumentation, so habe ich zumindest den Eindruck, sind dann eher nicht bekannt. Damit sind wir dann wieder beim Dunning-Kruger-Effekt. Meist haben sie eine Grundsatzentscheidung für ihr materielles Weltbild getroffen, und andere Sichtweisen können für sie daher unmöglich wahr sein, weswegen in ihren Augen eine Auseinandersetzung mit diesen Argumenten reine Zeitverschwendung wäre.

Vor einigen Jahren wäre diese Einschätzung auch noch für mich zutreffend gewesen, doch als mir Joma die Tür in eine größere Welt geöffnet hatte, war ich bereit, Zeit und Mühe in neue Sicht- und Denkweisen zu investieren, und ich fand keine Spinnereien, sondern solide Argumente. Die wissenschaftlich anspruchsvollen Argumente von Behe, Meyer und Axe zu verstehen, ist mühsam, zeitintensiv, aber zugleich lohnenswert, und wenn man sie kritisieren möchte, muss man, selbst wenn es einem widerstrebt, diese Bücher gelesen haben. Bei den meisten Materialisten habe ich jedoch den Eindruck, dass sie die Mühe nicht auf sich genommen haben. Auch ich habe Dawkins gelesen, sonst würde ich es mir niemals erlauben, ihn zu kritisieren. Eine ehrliche Kritik wäre es meiner Ansicht nach nur dann, wenn man konkrete Argumente des Intelligent Designs vorstellen würde (z. B. den Geißelmotor von Bakterien), um sie dann argumentativ und sachlich zu widerlegen. Doch das passiert in den meisten Fällen nicht. Wer die Argumente für Intelligent Design nicht kennt, kann auch keine Gegenargumente formulieren. Zum Schutz ihres eigenen Weltbildes nehmen sie den einfachsten Ausweg aus diesem Dilemma und bezichtigen Intelligent Design einzig und allein als eine Theorie religiöser Fanatiker mit einer wörtlichen Bibelauslegung. Mit dieser Pseudoargumentation schützen sie sich davor, nicht in die Verlegenheit einer echten wissenschaftlichen Diskussion kommen zu müssen. Ein unkritisches Publikum bzw. eine unkritische Leserschaft kann man mit solchen Behauptungen leicht davon überzeugen, dass man es mit religiösen

Spinnern zu tun habe. Das macht eine weitergehende Diskussion obsolet, und man selbst steht auch noch als kluger seriöser Wissenschaftler da. Ich kann versichern, dass ich keiner Religion angehöre, weder die Bibel noch der darin beschriebene Gott spielen in meinem Leben eine Rolle, dennoch überzeugen mich die Argumente des Intelligent Designs mehr als die der darwinschen Evolutionstheorie. Im Folgenden möchte ich die Argumente des Intelligent Designs genauer vorstellen.

Das Intelligent Design gründet auf der Beobachtung der Natur und der Entdeckung von Systemen, die eine nicht reduzierbare Komplexität besitzen. Was ist damit gemeint? Der Grundgedanke der Evolution ist ja, dass alles durch sukzessive, langsame Veränderung Schritt für Schritt durch zufällige Mutation und Selektion entstanden sein muss. Viele kleine Veränderungen sollen schließlich zu kleinen Verbesserungen führen, so kann das System von Generation zu Generation immer ein kleines bisschen besser und komplexer werden. Nun findet man in der Natur aber an vielen Stellen Systeme, die eine solch große Komplexität mit aufeinander abgestimmten und abhängigen Komponenten besitzen, dass eine langsame, lineare Entstehung der evolutionären Argumentation widerspricht. Nicht reduzierbar bedeutet, dass ein hochgradig spezifisch komplexes System auf jede einzelne Komponente angewiesen ist. Wäre nur ein Bestandteil nicht vorhanden, wäre das komplette System ohne Funktion. Jeder Bestandteil für sich betrachtet, ist dabei ebenfalls ohne Funktion, nur im Verbund des Systems wird die Funktion letztendlich aktiv. Stell dir eine alte mechanische Uhr vor. Du musst nur ein kleines Zahnrad oder eine Feder entfernen, und sie funktioniert nicht mehr. Welchen Sinn und selektiven Vorteil sollte es also haben, wenn all die anderen Komponenten der Uhr ganz langsam und schrittweise nacheinander zufällig ohne Nutzen entstehen würden? Es ist ja nicht so, dass die Uhr mit jeder neuen Komponente ein bisschen besser funktionieren würde. Egal, welche Komponente der Uhr hinzugefügt würde, sie würde nicht laufen, es ergäbe keinen Vorteil oder Fortschritt.

Erst wenn das letzte Teil des Systems hinzugefügt würde, erhielte das Gesamtsystem seine Funktion. Dieser Prozess ist für mein Verständnis nur dann sinnvoll zu erklären, wenn das Gesamtsystem von vornherein in dieser Zusammensetzung geplant war. Für Dawkins ist dieser Gedanke einer intelligenten Planung nichts weiter als eine Illusion, die das Resultat der natürlichen Selektion sei.[159] Ich halte seine Einschätzung für grundlegend falsch. Selektion besitzt nicht das Potenzial, eine stufenweise Weiterentwicklung eines irreduziblen komplexen Systems zu erklären, sie verhindert es vielmehr, da sie sämtliche Vorgängerstufen eines solchen Systems als funktionslosen und unnötigen Ballast ausselektieren würde. Solch irreduzibel komplexe Systeme (und auch Prozesse) bedürfen der Kreativität und der Vorausschau. Das ist etwas, was Selektion nicht leisten kann.

Das prominenteste Beispiel eines nicht reduzierbar komplexen Systems ist die Bakteriengeißel (Flagellum). Einige Bakte-

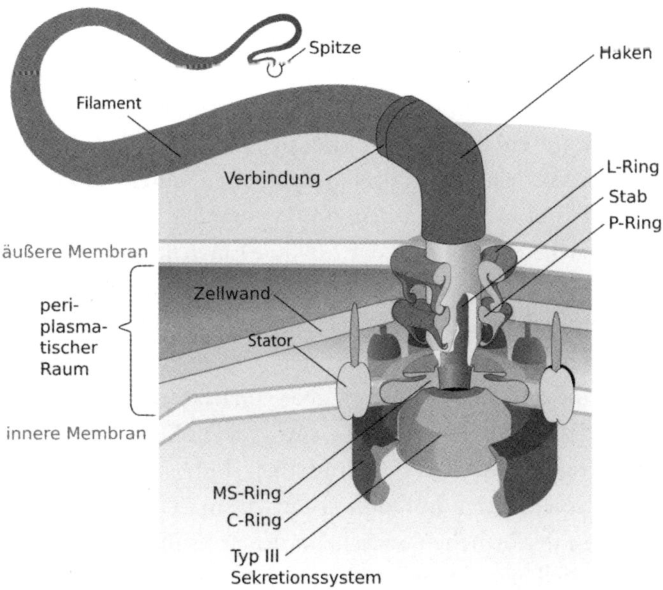

Abbildung 4-14: *Flagellum eines gram-negativen Bakteriums*

rien besitzen eine Art Außenbordmotor zur Fortbewegung, dabei handelt es sich um eine Geißel (ein fadenförmiger Schwanz), die durch einen in der Zellmembran lokalisierten Rotationsmotor angetrieben wird. Das Flagellum rotiert hierbei mit circa 3000 Umdrehungen pro Minute, wobei es auch Arten gibt, die mit bis zu 100 000 Umdrehungen arbeiten können.[160] *Abbildung 4-14* zeigt einen Querschnitt durch die Zellmembran eines Bakteriums mit dem darin eingebetteten Rotationsmotor für die Geißel.

Der Rotationsmotor wird von etwa 40 Proteinen gebildet und benötigt 40 weitere, um gesteuert zu werden.[161] Er besitzt Komponenten, die man auch von mechanischen Motoren her kennt, die von menschlichen Ingenieuren entwickelt wurden. So hat er unter anderem einen Rotor, einen Stator sowie verschiedene ringförmige Gleit- und Dichtungslager. Wie groß kann die Wahrscheinlichkeit sein, dass so ein komplexes System, das unseren mechanischen Motoren an vielen Stellen gleicht, über nutzlose Zwischenstufen langsam evolvierte, um erst im letzten Mutationsschritt zufällig eine Funktion zu erhalten? Meines Erachtens reicht der gesunde Menschenverstand, um zu erkennen, dass die Wahrscheinlichkeit dafür extrem gering sein muss. Der Geißelmotor entspricht ganz offensichtlich einer beabsichtigten Spezifikation, da die Einzelkomponenten aufeinander abgestimmt Hand in Hand arbeiten und einander bedingen. Wenn die Wahrscheinlichkeit für das zufällige Entstehen eines komplexen Systems extrem gering und eine Spezifikation erkennbar ist, dann deutet das meiner Einschätzung nach ganz klar auf Design hin. Das muss nicht gleich bedeuten, dass es Gott gemacht hat, das ist eine andere Diskussion, aber zunächst einmal ist festzustellen, dass für die erbrachte Leistung ganz offensichtlich Intellekt, Fertigkeit und Design erforderlich sind.

2004 spielten sich in Dover (Pennsylvania/USA) kuriose Szenen ab. In der örtlichen Schulbehörde gab es überzeugte Vertreter des Intelligent Designs. Sie gingen so weit, dass sie die Erkenntnisse dieser Theorie in die Lehrpläne staatlicher Schulen einbringen wollten. Ich bin ein absoluter Befürworter dieses Vorhabens, denn es gibt nichts Verwerfliches daran, auf die wissenschaftlichen Argumente gegen eine darwinsche Makroevolution aufmerksam zu machen. Es geht hierbei nicht um Religion, die Bibel oder Gott, es geht vielmehr darum, ein kritisches wissenschaftliches Auge zu schulen und zwischen guten, schlechten, wahrscheinlichen und unwahrscheinlichen Argumenten zu unterscheiden. Ich sehe es geradezu als unsere Pflicht an, sowohl für Intelligent Design als auch für die Evolutionstheorie sämtliche Vor- und Nachteile aufzuzeigen. Wahrscheinlich sind weitere wissenschaftliche Diskussionen und eine Sensibilisierung für das Thema in unserer Gesellschaft erforderlich, damit sich Intelligent Design als seriöse Theorie fernab von religiösem Fundamentalismus in argumentativer Sachlichkeit etablieren kann. Als der Biologielehrplan des Dover Area School Districts veröffentlicht wurde, enthielt dieser Hinweise darauf, dass die darwinsche Evolutionstheorie Lücken aufweise und diesbezüglich weitere Forschung erforderlich sei. Als eine alternative Betrachtungsweise wurde Intelligent Design genannt mit einem Verweis auf Literatur dazu, die in der Schulbibliothek zu finden sei. Dies löste eine enorme Welle von Empörung und Diskussionen aus. Viele Eltern protestierten dagegen und befürchteten, dass die Trennung von Kirche und Staat nicht mehr gewährleistet sei. Allein diese Argumentation ist vollkommen unsinnig! Was hat eine sachliche Kritik an der darwinschen Evolutionstheorie mit der Kirche zu tun? In den Augen dieser Kritiker war dieser Lehrplan also verfassungswidrig. Auch viele materialistische Wissenschaftler stellten sich gegen Intelligent Design und somit gegen Behe, der unfreiwillig zur personifizierten Repräsentation des Intelligent Designs wurde. Selbst das Discovery Institute, die größte institutionelle Organisation für Intelligent Design, kritisierte die Pläne des Dover Area School Districts. Sie haben sogar darum gebeten, Intelligent Design aus dem Lehrplan wieder zu entfernen. Doch es sollte anders kommen. Behe sah sich und seine Theorie des Intelligent Designs 2005 vor Gericht wieder. Mehrere Eltern (unter anderem Kitzmiller) reichten unter der Leitung des Chefanwalts Eric Rothschild Klage ein. Das Verfahren unter dem Titel *Kitzmiller versus Dover Area School District* wurde auf der ganzen Welt bekannt. Es stellte sich heraus, dass es um viel mehr als um einen Lehrplan für Biologie ging. Dieses Gerichtsverfahren wurde regelrecht zu einer großen, inszenierten Show, um die materialistische Wissenschaft und die Evolutionstheorie in ihrer uneingeschränkten Gültigkeit zu bestätigen. Es ging am Ende in dieser Gerichtsverhandlung nicht mehr darum, ob der Lehrplan für Biologie in Dover Intelligent Design enthalten darf oder nicht. Es ging um Intelligent Design selbst und ob es eine Wissenschaft sei.

Für mich war die Gerichtsverhandlung in dieser Form nicht nachvollziehbar. Dass die Aufnahme in den Lehrplan Gegenstand einer Verhandlung war, konnte ich noch nachvollziehen, die Zeit war eben noch nicht reif dafür. Aber die Frage, ob Intelligent Design eine Wissenschaft sei oder nicht, ging mir deutlich zu weit. Ich nahm an, dass die Wissenschaft eigentlich von Wissenschaftlern entschieden wird und nicht von Richtern, zumal Richter John E. Jones, ein ehemaliger Strafverteidiger und Chef des staatlichen Likörkontrollausschusses, offensichtlich kein Fachwissen in diesem Bereich vorzuweisen hatte.[162] Welchen Wert kann seine Entscheidung auf wissenschaftlicher Ebene haben? Hier wurden die juristischen Fragestellungen für mein Verständnis bei Weitem überschritten. Wie auch immer: Das Gerichtsverfahren begann, und im Zentrum der Verhandlung stand der Geißelmotor der Bakterien, der damit ganz unverhofft eine gewisse Popularität erlangte. Materialistische Wissenschaftler wollten zeigen, dass die einzelnen Komponenten des Geißelmotors auch eigenständig funktional waren, ohne im Gesamtsystem eingebettet sein zu müssen. Somit wäre die Behauptung Behes hinfällig, dass die Komponenten nur für den Zweck des komplexen Gesamtsystems designt wurden und einzeln keine Funktion besäßen. Der Geißelmotor hätte also auf sinnvolle, nachvollziehbare Art und Weise Stück für Stück und Komponente für Komponente evolvieren können. Das Hauptargument der Kläger war eine Komponente des Geißelmotors mit dem Namen Typ III Sekretionssystem (T3SS), das auch in *Abbildung 4-14* zu sehen ist. Das T3SS zeichnet sich durch einen Nadelkomplex aus, der dem Bakterium ermöglicht, seine eigenen Proteine wie mit einer Injektionsnadel in eine Wirtszelle zu injizieren. Das T3SS ist eine zentrale Komponente des Geißelmotors, und die materialistischen Wissenschaftler sahen sich durch diesen Nadelkomplex in ihrer Behauptung einer evolutionären Entstehung des Geißelmotors bestätigt. In ihren Augen existierte der Nadelkomplex zuvor schon als eigenständiges System und wurde im Rahmen der Evolution lediglich in den Geißelmotor integriert. Damit war klar, dass die Einzelkomponenten des Geißelmotors eigenständige Funktionen hatten, ohne Teil des Gesamtsystems sein zu müssen. Der Prozess war somit entschieden (wobei er das ganz offensichtlich schon vorher war), Richter John E. Jones bestätigte, dass der Dover Lehrplan verfassungswidrig und Intelligent Design keine Wissenschaft sei. Viele materialistische Wissenschaftler dankten Richter Jones für seine Entscheidung, denn die Vernunft habe schließlich gesiegt. Das *Time Magazine* zeigte Jones am 8. Mai 2006 sogar auf dem Titelblatt als einen der einflussreichsten Menschen in der Welt der Wissenschaftler und Denker.[163] Ich finde dieses Ereignis ehrlich gesagt sehr traurig, denn hier wird die Wissenschaft mit juristischen Füßen getreten. Ich habe Verständnis dafür, wenn die Justiz zum Schutz ethischer Werte und der Unversehrtheit von Mensch, Tier und Natur eingreifen muss. Aber hier geht es um eine wissenschaftliche Theorie über die Entstehung des Lebens und der Arten. Welchen Wert und Nutzen können eine richterliche Entscheidung bei dieser Fragestellung haben? Jones ist mit Sicherheit kein Wissenschaftler, schon gar nicht im Bereich der Biologie. Er ist nicht befähigt, die wissenschaftlichen Argumente abzuwägen, da er sie mit großer Wahrscheinlich nicht in der notwendigen Tiefe verstehen kann. Sein Urteil ist aus wissenschaftlicher Sicht wertlos. Wissenschaft wird von Wissenschaftlern entschieden, nicht von Richtern. Also lassen wir den juristischen Irrsinn hinter uns und werfen einen detaillierten Blick auf den T3SS Nadelkomplex, um uns mit dem einzigen Relevanten, nämlich der wissenschaftlichen Thematik auseinanderzusetzen. Hatten die Evolutionsbefürworter wirklich den größten Trumpf in der Hand? War der T3SS Nadelkomplex wirklich vor dem Geißelmotor vorhanden und somit eine evolutionäre Vorstufe? Der Mikrobiologe Prof. Dr. Scott Minnich konnte zusammen mit Meyer zeigen, dass der Geißelmotor definitiv zuerst entstand und erst später der eigenständige T3SS Nadelkomplex.[164] Ihre Ergebnisse wurden 2012 von Sophie S. Abbey und Eduardo P. C. Rocha aus Frankreich mit ihrer Publikation *The Non-Flagellar Type III Secretion System Evolved from the Bacterial Flagellum and Diversified into Host-Cell Adapted Systems*[165] in dem von Experten begutachteten Journal PLOS Genetics bestätigt. Es konnte gezeigt werden, dass die Gene für den Geißelmotor eine größere Mutationsdichte aufweisen als die Gene für den T3SS Nadelkomplex. Eine erhöhte Mutationsdichte wird im Allgemeinen als Indiz für ein größeres Alter betrachtet. Der T3SS Nadelkomplex zeigt eine sehr geringe Mutationsdichte, er ist definitiv eine jüngere Struktur und entstand daher nach dem Geißelmotor. Der Nadelkomplex ist vielmehr ein devolvierter (also ein verlustbehaftet zurückentwickelter) Geißelmotor und keine Vorstufe davon. Somit ist das Hauptargument der gerichtlichen Entscheidung durch wissenschaftliche Erkenntnis widerlegt. Es liegt nun einmal in der Natur der Wissenschaft, dass ständig neue Erkenntnisse erlangt werden, die immer wieder dazu führen, dass die bisherigen Theorien hinterfragt werden müssen. Deshalb kann ein Richterspruch auch nicht der Weisheit letzter Schluss sein. Er widerspricht sogar dem Gedanken freiheitlicher Forschung. Wissenschaft ist ein lebendiger Prozess, er bedarf des ständigen Austauschs, der Diskussion und Bewertung. Was heute noch wahr und schlüssig erscheint, kann morgen schon wieder durch etwas Neues ersetzt werden. So war es schon immer, und so wird es auch zukünftig sein, und kein Richter der Welt kann daran etwas ändern.

Ein nicht reduzierbar komplexes System kann auch durch einen nicht reduzierbar komplexen Prozess beschrieben werden. Unter diesem Gesichtspunkt möchte ich im Folgenden den Lebenszyklus der Schmetterlinge vorstellen. Diese filigranen, grazilen und wunderhübschen Tiere, die häufig weniger als ein Gramm auf die Waage bringen, haben mich schon immer fasziniert. Sie verkörpern für mich etwas Magisches, und in der Mythologie der Azteken und Maya war der Schmetterling das Symbol für Leben und Tod. Die alten Griechen gaben dem Schmetterling den Namen *Psyche*, das Wort für Seele. Sie sahen in den Tieren die Verkörperung der menschlichen Seele. Auch heute wird der Schmetterling in der spirituellen Betrachtungsweise gern als Symbol für Wandlung und Brücke zu den Seelen verstorbener Kinder angesehen. Vielleicht erklärt das auch meine große Verbundenheit zu den Tieren. Als kleiner Junge baute ich mir einen Raupenzuchtkasten, in den ich täglich frisches Futter für die Raupen legte. So konnte ich diese unglaubliche Metamorphose von einer kleinen Raupe über die Puppe bis hin zum fliegenden Falter aus nächster Nähe beobachten. Meist waren es die Raupen des Tagpfauenauges, die ich von Brennnesseln aus der Umgebung gesammelt hatte. Die kleinen schwarzen Raupen waren mit Stacheln versehen und fraßen und fraßen den ganzen Tag. Nachdem sich die Tiere mehrmals gehäutet hatten, suchten sie sich eine geeignete Stelle aus, wo sie sich kopfüber verpuppten. Nach etwa zwei Wochen schimmerte der schon fertige Falter durch die Hülle der Puppe, die schließlich aufplatzte. Man konnte es kaum glauben: Ein völlig neues Lebewesen, so schien es, schlüpfte empor, dessen bunte Flügel in den schillerndsten Farben erstrahlten. Wie ist das nur möglich? Das fragt sich wahrscheinlich jeder, der diese faszinierende Metamorphose einmal miterlebt hat. Gemäß der Evolutionstheorie entstand letztendlich jedes Lebewesen aus Einzellern, die sich durch Mutation und Selektion über lange Zeiträume ganz langsam immer mehr zu den heutigen Arten entwickelten. Wie soll man sich nun den Lebenszyklus des Schmetterlings erklären?

Was gab es zuerst? Das Ei und die Raupe? Die Raupe besitzt keine Geschlechtsorgane. Das ist eine schlechte Voraussetzung für die Fortpflanzung. Auch die Puppe macht diese Grundannahme nicht wahrscheinlicher. In der Puppe verflüssigt sich die Raupe nahezu komplett. Ein Großteil ihrer Zellen geht in den Zelltod. Diese sogenannten Larvalzellen werden also verdaut und bilden schließlich das Baumaterial für den Schmetterling, der komplett neue Organe und Strukturen erhält. Warum sollte sich eine Raupe verpuppen und komplett verflüssigen, wenn sie nicht wüsste, dass es danach weitergeht? Dieser Schritt in den Zelltod widerspricht dem Grundgedanken der Selektion, denn Selektion kann nicht in die Zukunft schauen und erkennen, dass das für einen bestimmten Zweck passiert. Das wird auch von Dawkins zugegeben: »Die Natur hat keine Augen und blickt nicht in die Zukunft. Sie plant nicht voraus. Sie hat kein Vorstellungsvermögen, keine Voraussicht, sie sieht überhaupt nicht.«[166] Aber genau das ist erforderlich, um den Entwicklungszyklus des Schmetterlings erklären zu können. Dawkins bleibt uns diesbezüglich eine Erklärung schuldig. Dieser Prozess kann nicht zufällig durch kleine einzelne Schritte über Jahrmillionen umgesetzt werden. Ein nur zu 50 Prozent fertiger Entwicklungszyklus ergibt keinen Sinn. Entweder er wird komplett umgesetzt oder gar nicht. Es gibt kein bisschen Ei und Raupe oder ein bisschen Verflüssigen, um Falter zu werden. Es bedarf eines Plans, eines Blicks in die Zukunft mit einem bestimmten Ziel und bestimmten Absichten. Dass so ein komplexer Prozess zufällig entstünde und dass jede kleine Veränderung auf dem Weg dahin auch noch evolutionäre Vorteile mit sich brächte, muss allein schon aus logischen Gründen strikt ausgeschlossen werden. Evolutionsvertreter würden nun so argumentieren, dass man den Ursprung dieses Lebenszyklus eben noch nicht entdeckt habe, deshalb gebe es keinen Grund, Intellekt, Planung und Design als Ausgangspunkt in Erwägung zu ziehen. Dennoch muss man sich die Frage stellen, wie es denn funktioniert haben könnte. Ich verlange ja nicht einmal einen Beweis. Eine schlüssige Theorie würde mir schon reichen. Deshalb bitte ich darum, dass ein Evolutionsvertreter mit all seiner Kreativität nur ein einziges mögliches, rein theoretisches Szenario formuliert, das die Entstehung des Lebenszyklus der Schmetterlinge allein durch Mutation, Selektion und viele kleine Einzelschritte über Jahrmillionen nachvollziehbar und logisch erklärt. Dies ist keine spitzfindige Aufgabenstellung von mir, sondern eine gute Gelegenheit, um dem Evolutionsgedanken eine glaubhafte und rationale Basis zu geben.

Die meisten Evolutionsvertreter machen sich hierzu aber keine detaillierten Gedanken. Sie sind überzeugt davon, dass das alles schon irgendwie auf ganz natürliche Art und Weise über Jahrmillionen entstanden sein muss. Aber genau das ist der springende Punkt. Die Vorstellung davon, wie so etwas rein evolutionär entstehen könnte, versagt schon in der Theorie. Anscheinend sind die Darwinisten bereit, einen weitaus größeren Glauben aufzubringen als den, den sie den Intelligent-Design-Vertretern immer vorwerfen.

Neben ihrem Lebenszyklus weisen viele Schmetterlingsarten weitere unglaubliche Fähigkeiten auf, die in ihrer Entstehung durch Mutation und Selektion nur schwer zu erklären sind. So bildet der in Nordamerika beheimatete Monarchfalter im Sommer zwei bis drei Generationen, die jeweils etwa vier Wochen lang leben. Thomas Emmel, Professor der Zoologie, berichtet davon, dass die letzte Generation im Spätsommer neun Monate – also neun Mal – länger lebt als die vorangegangenen Generationen, weswegen man sie auch als Methusalemgeneration bezeichnet. Man vermutet, dass es eine Veränderung in der DNA gibt. So besitzen ausschließlich die Tiere in der Methusalemgeneration circa sechs entsprechende Gene, die zu dieser Verlängerung der Lebenszeit führen.[167] Diese verlängerte Lebenszeit ist erforderlich, weil der Monarchfalter als Falter (und nicht etwa als Ei, Raupe oder Puppe) überwintert. Milliarden von Monarchfaltern machen sich im Herbst auf den Weg nach Mexico, teilweise Tausende Kilometer aus Kanada, um in den Nadelwäldern der transvulkanischen Gebirge Mexicos mehrere Monate lang regungslos auf den Bäumen zu verharren. Jeder einzelne dieser Milliarden von Monarchfaltern flog diese Strecke zum ersten Mal in seinem Leben. Im Frühjahr fliegen die Tiere wieder in den Norden, um sich zu paaren, Eier zu legen und kurz darauf zu sterben. Das bedeutet also, dass im Herbst kein Tier mehr lebt, das die Flugstrecke nach Mexico bereits kennt, und trotzdem kommen die Falter jedes Jahr aufs Neue immer wieder an der exakt gleichen Stelle in Mexico an. Woher kann dieses Wissen stammen? Wurde die Flugroute Stück für Stück per zufälliger Mutation in die DNA des Tieres geschrieben? Und warum besitzt die Wintergeneration andere Gene als die Sommergenerationen? Warum geben die überwinternden Falter ihre Methusalemgene nicht weiter, da die Sommergenerationen diese ja nicht mehr besitzen? Ich bin der festen Überzeugung, dass die Information, welche Generation länger lebt, wann losgeflogen werden muss, welche Route genommen und welches Ziel anzufliegen ist, aus dem morphischen Feld stammt. Das morphische Feld enthält die Erfahrungen und das Wissen vorangegangener Generationen, und durch die morphische Resonanz haben die Tiere Zugriff darauf.

Übliche Einwände gegen Intelligent Design

Viele überzeugte Materialisten, ob sie nun Wissenschaftler sind oder nicht, tragen immer wieder die gleichen Einwände gegen Intelligent Design vor. In ihrem Schutz lehnen sie weitere Diskussionen in der Regel kategorisch ab, da sie nur sich selbst als rational und informiert betrachten. Alles andere fernab von naturwissenschaftlichem Status quo wird von ihnen belächelt und als religiös motivierte Spinnerei abgetan. Inspiriert durch das Buch *Um Atheist zu sein, fehlt mir der Glaube*[168] von Dr. Norman L. Geisler und Dr. Frank Turek stelle ich im Folgenden diese üblichen Einwände vor. Geislers und Tureks Gegenargumentationen habe ich mit eigenen Gedanken vertieft und entsprechend kommentiert.

Einwand 1: Intelligent Design ist keine Wissenschaft
Dass Intelligent Design keine Wissenschaft sei, wurde 2005, wie bereits ausgeführt, durch Richter John E. Jones juristisch besiegelt. Was ich von diesem Urteil halte, habe ich auch schon zum Ausdruck gebracht. Mir ist es auch gar nicht so wichtig, ob man es offiziell eine Wissenschaft nennen darf oder nicht, denn entscheidend ist einzig und allein, ob es wahr ist. Die Liebe zu meinen Töchtern und meiner Frau ist definitiv real, doch wird es mir die Wissenschaft nicht beweisen können. Das braucht sie auch nicht, denn ich weiß es auch so. Wissenschaft hat nicht das Monopol auf Erkenntnisfähigkeit und Wahrheit. Obwohl es im Grunde also gar nicht so wichtig ist, bin ich aber trotzdem der Überzeugung, dass Intelligent Design definitiv eine Wissenschaft ist. Ihre Argumente bezieht diese Theorie aus empirisch nachweisbaren Fakten, die mit anerkannten Methoden gewonnen wurden (z. B. die große Mutationsdichte beim T3SS Nadelkomplex), aus der Betrachtung von Wahrscheinlichkeiten und logischen Schlussfolgerungen und nicht etwa aus heiligen Schriften. Die Erkenntnisse des Intelligent Designs werden veröffentlicht und können von der wissenschaftlichen Fachwelt diskutiert werden. Von daher erfüllt Intelligent Design alle erforderlichen Voraussetzungen, um als Wissenschaft anerkannt zu werden. Der Wissenschaftsbegriff wird aber von den Darwinisten von vornherein so eingegrenzt, dass Intellekt als Ursache für Information kategorisch und nicht etwa als Konsequenz von Erkenntnissen ausgeschlossen wird. Dadurch wird der Darwinismus von Beginn an auf ein materialistisches Weltbild geprägt. Welche Wahrheit kann eine solche Wissenschaft wohl finden? Meine Definition von Wissenschaft ist frei von Religion und Weltbildern, und jeder halbwegs intelligente Mensch weiß, dass das die einzig mögliche Form von Wissenschaft ist. Im Abschnitt 4.2.1: *Information* (➤Seite 232) werde ich zeigen, dass bei der Erforschung von historischen Ereignissen aus der Vergangenheit (z. B. die Entstehung von Leben) eine forensische wissenschaftliche Methodik zum Einsatz kommt. Diese Methodik liefert eine

große Evidenz für ein Intelligent Design. Sie ist dieselbe Methodik, mit der auch Darwin seine Evolutionstheorie begründete. Wer also Intelligent Design vorwirft, dass es keine Wissenschaft sei, muss es für Darwins Evolutionstheorie genauso tun, denn beide sind das Resultat derselben wissenschaftlichen Methodik.

Einwand 2: Intelligent Design ist religiös motiviert

Viele Darwinisten behaupten, dass Intelligent Design nur ein anderer und moderner Begriff für Kreationismus sei, und deshalb seien alle ihre Vertreter ausschließlich religiös motiviert. Ich bin definitiv nicht religiös motiviert, meine Motivation ist es, die Wahrheit zu finden. Wer sich die Bücher von Behe, Meyer, Axe oder anderer Wissenschaftler des Intelligent Designs anschaut, wird außerdem feststellen, dass keiner von ihnen argumentativ bei Gott oder der Kirche beginnt, sondern dass sie wissenschaftlich argumentieren. Es ist aber nicht auszuschließen, dass es auch einige Vertreter gibt, die tatsächlich religiös motiviert sind. Geisler und Turek haben dazu eine hervorragende Antwort gegeben:

> *»Na und? Macht das die These des Intelligent Design falsch? Macht die religiöse Motivation einiger Darwinisten den Darwinismus falsch? Nein, die Wahrheit liegt nicht in der Motivation der Wissenschaftler, sondern in der Qualität ihrer Forschung und der Stichhaltigkeit ihrer Beweise. Die Motivation oder Voreingenommenheit eines Wissenschaftlers bedeutet nicht zwangsläufig, dass er falsch liegt.«*[169]

Der Journalist Christoph Krachten, einer der bekanntesten deutschen Online-TV-Produzenten und Youtuber eines Wissenschaftskanals mit über 600 000 Abonnenten, veröffentlichte am 14. 05. 2017 ein Video mit dem Titel *Evolutionstheorie endgültig bestätigt – Kreationisten auf verlorenem Posten.* Er behauptet darin, dass die Evolutionstheorie ohne jeglichen Zweifel klar bewiesen sei. Dass dem bei Weitem nicht so ist, habe ich auf wissenschaftlicher Basis in diesem Buch bereits mehrfach gezeigt. Er behauptet im Übrigen, dass die von mir bereits erwähnte Liste *A Scientific Dissent From Darwinism*[170] des Discovery Instituts mit über 1000 höchst renommierten Professoren und Doktoren, die sich von der Evolutionstheorie distanzieren, gefälscht sei.[171] Ich stehe ebenfalls auf dieser Liste und kann dafür garantieren, dass ich mich dafür mit einem Motivationsschreiben und dem Nachweis meiner Abschlüsse bewerben musste. Er nennt diese Liste einen »ganz schlimmen Versuch der Manipulation, und sie sei Bullshit«. Zu behaupten, die Personen auf der Liste würden weder existieren noch an den genannten Universitäten arbeiten oder gar keine Wissenschaftler sein, entspricht offenkundig nicht der Wahrheit; ich bin ein lebender Beweis dafür. Er möchte, dass seine Zuschauer das Prinzip von Wissenschaft verstehen und nicht auf Propaganda hereinfallen. Er bezeichnet die Kritiker der Evolutionstheorie sogar als perfide. Ein seriöser Journalist, der wissenschaftliche Kompetenz ausstrahlen möchte, sollte jedoch die Dinge kennen und verstanden haben, die er kritisiert. Denn entgegen Krachtens Vorurteil hält sich Intelligent Design einwandfrei an die Regeln der Wissenschaft. In seinen Augen ist Intelligent Design allerdings nichts anderes als kirchliche Propaganda, und er ruft alle Vertreter des Intelligent Designs dazu auf, endlich vernünftig zu werden und aufzugeben, denn die katholische Kirche hätte die Evolution doch längst eingeräumt.[172] Was soll, bitte schön, die katholische Kirche damit zu tun haben? Nicht ein einziges Mal nennt oder erklärt er den Begriff *nicht reduzierbar komplexes System*. Er fokussiert sich einzig und allein auf die mutmaßlich religiöse Motivation statt auf eine argumentative wissenschaftliche Auseinandersetzung, wie man die Entstehung solcher Systeme ganz natürlich hätte erklären können. Das wäre jedoch der einzig legitime Weg gewesen, Intelligent Design infrage zu stellen. Doch endet es wieder einmal in dem typischen Bild, dass auf eine inhaltliche Diskussion verzichtet wird, oder besser: verzichtet werden muss, weil der verantwortliche Journalist von den wissenschaftlichen Argumenten des Intelligent Designs entweder keine Kenntnis besitzt oder diese vorsätzlich ignoriert.

Der Begriff Intelligent Design bewirkt, dass bei vielen Materialisten ein großes Stoppschild in ihren Köpfen erscheint, das ihnen sagt: »Halt! Nicht näher anschauen! Nichts von dem (was auch immer es eigentlich ist) kann wahr sein, weil es religiös motiviert ist.« Es gibt übrigens keine Korrelation zwischen der Motivation und dem Wahrheitsgehalt, wer das dennoch behauptet und glaubt, kann keine wissenschaftlich ehrenhaften Absichten haben. Weil Intelligent Design also nicht in das materialistische Weltbild passt, machen sich die meisten Journalisten und Wissenschaftler offensichtlich gar nicht erst die Mühe, sich die Argumente detailliert anzuschauen, und der Dunning-Kruger-Effekt schlägt wieder zu. Ich würde mir wünschen, dass diese Leute, bevor sie voreilig Kritik äußern, Zeit und Mühe in die Lektüre von Michael Behes Buch *Darwins Black Box* investiert hätten. In erster Instanz kümmert sich Intelligent Design nämlich überhaupt nicht um Gott oder die Kirche. Es ist eine rein wissenschaftliche Herangehensweise an die Thematik. Ich selbst gehöre keiner Religion an, dennoch halte ich Intelligent Design für deutlich plausibler als den Darwinismus. Kein Gott oder Glaube hat mich dazu gezwungen, ich folge lediglich den besten wissenschaftlichen Beweisen und Argumenten. Das ist auch der einzig gangbare Weg. Das Weltbild und der Glaube dürfen bei der objektiven Betrachtung und Bewertung von Argumenten einfach keine Rolle spielen.

Einwand 3: Das Argument der Unvollkommenheit

Das Argument der Unvollkommenheit ist in der Diskussion um Intelligent Design wahrscheinlich der am häufigsten verwendete Einwand. Er wird gleichermaßen von renommierten Wissenschaftlern, aber auch von Philosophen und Darwinisten jeglicher Art immer wieder vorgetragen. Die Darwinisten sehen in dem intelligenten Designer nichts anderes als einen Decknamen für den allmächtigen Gott. Sie sehen erstaunlicherweise Gott viel mehr darin als die Vertreter des Intelligent Designs selbst. Das macht es ihnen leichter, dagegen zu argumentieren. Die Befürworter des Intelligent Designs sehen lediglich eine intelligente Quelle als Ursache für nicht reduzierbar komplexe Systeme und somit für das Leben und die Entstehung der Arten. Das ist ein gravierender Unterschied. Ob letztendlich Gott, ein morphisches Feld, eine Geistige Welt oder Sonstiges dahintersteckt, ist eine völlig andere Diskussion. Darwinisten betrachten einen möglichen Designer also nur als Trick, damit der mutmaßliche Versuch der Kreationisten, alles mit Gott zu begründen, nicht sofort auffällt. Der Einwand der Unvollkommenheit beginnt also bei einem angeblichen Gott, der doch allwissend und allmächtig sei. Weiter wird dann gefragt, wie es sein kann, dass seine Schöpfungen nicht alle vollkommen sind. Der Designer hat in ihren Augen viele Fehler begangen, ein intelligenter Designer müsste doch in der Lage sein, vollkommene Systeme zu entwickeln. Vince Ebert präzisiert diese Frage noch: »Wenn uns angeblich tatsächlich ein kluger, allmächtiger Designer erschaffen hat, warum hat er dann so etwas Unnötiges wie den Blinddarm entwickelt?«[173] Zunächst einmal sei gesagt, dass der Blinddarm, oder genauer der Wurmfortsatz (Appendix), sehr wohl eine physiologische Funktion besitzt. Loren G. Martin, Professor für Physiologie an der Oklahoma State University, erklärt, dass der Wurmfortsatz eine sehr wichtige Rolle vor allem bei der Embryonalentwicklung, bei Kindern und jungen Erwachsenen spielt. Im etwa elf Wochen alten Embryo wandern Drüsenzellen in die Appendix-Schleimhaut ein und beginnen mit der Produktion von biogenen Aminen und Peptidhormonen, die für verschiedene biologische Kontrollmechanismen im Wachstum verantwortlich sind. Im Erwachsenenalter übernimmt der Wurmfortsatz die Funktion eines lymphatischen Organs. Er ist also Teil des Abwehrsystems und produziert B-Lymphozyten (eine Form von weißen Blutkörperchen) und eine bestimmte Klasse von Antikörpern (Immunglobulin A [IgA]).[174] Wäre es eigentlich zulässig zu fragen, warum es die Evolution über Jahrmillionen nicht geschafft hat, den angeblich überflüssigen Wurmfortsatz durch Mutation und Selektion verschwinden zu lassen? Es gibt aber noch viele weitere Beispiele, die ganz ähnlicher Natur sind. Leschs Einwand bezüglich der Brustflosse des Wals habe ich bereits vorgestellt (➛Seite 188 f.). Gern verweisen die Darwinisten auch auf das mutmaßlich schlecht designte menschliche Auge. Zum einen fragen sie sich, warum es so viele Brillenträger gibt, und zum anderen sei der sogenannte blinde Fleck Ausdruck schlechten Designs. Der blinde Fleck (Papille) ist die Stelle auf der Netzhaut (Retina), wo sämtliche Nervenfasern von der Innenseite der Netzhaut sich treffen und sich zum Sehnerv bündeln. Dieser tritt durch die Netzhaut aus und führt über die Sehbahn zum Gehirn. Da diese Austrittsstelle des Sehnervs keine Rezeptoren besitzt, nennt man sie auch den blinden Fleck. Nach Ansicht der Darwinisten hätte ein guter Designer so einen blinden Fleck nicht zugelassen. Ich denke jedoch, man kann keine pauschalen Aussagen über die Qualität eines Designs treffen, wenn man die Absichten des Designers nicht kennt. Doch eines darf man definitiv nicht übersehen, auch ein mutmaßlich schlechtes Design ist am Ende immer noch ein Design. Selbst ein augenscheinlich schlechtes Design kann mit Sicherheit nicht durch Zufall und Naturgewalten zusammengesetzt worden sein. In der realen physikalischen Welt müssen komplexe Systeme allerdings oftmals Kompromisse eingehen. Das ist etwas, was Darwinisten gern übersehen. Man kann einem Elf-Zoll-Notebook nicht vorwerfen, es sei schlecht designt, weil der Bildschirm viel zu klein sei. Der Designer hat es für den mobilen Einsatz entworfen und hat schließlich einen Kompromiss zwischen kompakten Abmessungen und Funktionalität gewählt. Das schnellste Auto kann nicht zugleich auch das sicherste sein und das sicherste nicht zugleich auch das schnellste. Man kann nicht einzelne Kriterien herauspicken und unabhängig vom Gesamtsystem bewerten, schon gar nicht, ohne die Ziele des Designers zu kennen. Es geht bei Intelligent Design auch überhaupt nicht darum, vollkommene und perfekte Systeme zu kreieren, sondern um die Erkenntnis, dass es irreduzibel komplexe Systeme gibt, die eines intelligenten Urhebers bedürfen. Aus meiner

Sicht ist es ohnehin eine falsche Grundannahme der Darwinisten, so etwas wie Vollkommenheit überhaupt einzufordern. Denn die Beobachtung unserer Welt zeigt uns, dass ein Designer, der zweifelsohne in der Lage wäre, ein besseres Design zu realisieren, dies ganz offensichtlich nicht notwendigerweise tut. Es gibt viele Beispiele in der Produktion, wo Bauteile ganz bewusst so gefertigt werden, dass sie nicht so lang halten, wie sie könnten. Entweder ist es nicht erforderlich, weil der Einsatzzweck des Produkts nicht für längere Dauer geplant war, oder weil der Hersteller will, dass wegen der Abnutzung oder Zerstörung ein neues Produkt gekauft wird. Vollkommenheit ist in solchen Produktionsprozessen nicht das Ziel. Auch meinen Kindern gebe ich nicht immer das beste Auto, die beste Kleidung, die beste Wohnung oder all mein Geld (auch wenn es mir manchmal so vorkommt). Sie sollen keine Vollkommenheit erleben, sondern den Wert der Dinge kennenlernen, Schwierigkeiten selbst meistern, auch mal scheitern dürfen und an ihren Aufgaben wachsen können. In einer vollkommenen Welt wäre das nicht möglich.

Der Einwand eines unvollkommenen Designs lässt fahrlässig außer Acht, dass der Planer viele verschiedene Motive haben könnte, wobei die Vollkommenheit des Systems womöglich sogar unerwünscht ist oder einfach nur eine untergeordnete Rolle spielt.[175] In Anbetracht dessen, dass wir alle Seelen sind, die Erfahrungen machen dürfen, sind unvollkommene Systeme in manchen Situationen unabdingbar. Wie könnten wir als Menschen sonst die Erfahrung des Alterns oder von Krankheiten machen, wenn unsere Körper vollkommen wären? Wir inkarnieren in diese unvollkommene Welt, nicht um perfekt zu sein, sondern um unsere Lernaufgaben zu meistern. Die ganze Diskussion darüber, ob ein System nun vollkommen oder unvollkommen ist und ob es ein gutes oder schlechtes Design hat, ergibt erst dann Sinn, wenn uns der Designer höchst persönlich seine Absichten mitteilen würde. Da dies nicht geschieht, ist der Einwand der Unvollkommenheit weder legitim noch relevant.

Einwand 4: Intelligent Design stopft Wissenslücken mit Gott

Dies scheint der Lieblingseinwand von Dawkins zu sein, denn in seinen Büchern wirft er den Intelligent-Design-Vertretern immer wieder vor, dass sie versuchten, jedwede Wissenslücke mit Gott zu erklären. Dieser Vorwurf erinnert ein wenig an frühere Epochen, in denen die Menschen all den Dingen, die sie sich nicht erklären konnten, einen göttlichen Ursprung zuerkannten. So galten die Nordlichter bei den Wikingern als Lichtreflexionen des Mondlichts in den Schildern der Walküren (weibliche Geistwesen), und kanadische Indianer sahen darin das leuchtende Erscheinen ihres Gottes. Heute wissen wir dank der wissenschaftlichen Erkenntnisse, dass nach einer Sonneneruption geladene Teilchen im Sonnenwind in Richtung Erde fliegen und durch das Magnetfeld der Erde zu den Polen geleitet werden. Beim Eintritt in die Erdatmosphäre werden dann Luftmoleküle angeregt, was das atemberaubende Leuchten am Nachthimmel (aurora borealis) hervorruft. Wenn es nach Dawkins und den anderen Darwinisten ginge, sollte es sich immer genauso abspielen. Es ist in ihren Augen immer nur eine Frage der Zeit, bis die Wissenschaft eine Erklärung für ein bestimmtes Phänomen gefunden hat. Und solange man noch keine rationale Erklärung für etwas gefunden hat, dürfe man schließlich nicht den Fehler begehen, diese Wissenslücke wie unsere primitiven Vorfahren mit Gott zu füllen. Die Schlussfolgerung, dass Intelligent-Design-Vertreter nur aus dem Mangel einer natürlichen Erklärung zu der Erkenntnis kommen, dass irreduzibel komplexe Systeme und der Ursprung des Lebens und der Arten eines intelligenten Urhebers bedürfen, ist jedoch nicht richtig. Es ist nicht das Fehlen einer Erklärung, was dem Intelligent Design das Fundament gibt, sondern eine Fülle empirisch nachweisbarer Fakten (z. B. E. coli- und Fruchtfliegen-Experimente) und die auf einer forensischen Forschung basierenden Beobachtungen vom Wesen der Information (mehr dazu im Kapitel 4.2.1: *Information* ➛ Seite 232). Noch nie in der Geschichte der Menschheit konnte auch nur eine einzige völlig natürliche Erzeugung spezifischer Information beobachtet werden. All unsere Beobachtungen und Erfahrungen zeigen, dass Information immer von einem intelligenten Wesen stammt. Es ist daher wissenschaftlich legitim, diese Schlussfolgerung zu ziehen, denn sie basiert auf wiederholbaren Beobachtungen und verifizierbaren Erfahrungswerten und nicht auf einer Lücke in unserem Wissen.

Ganz im Gegensatz zum Darwinismus, ließe sich Intelligent Design übrigens sehr wohl falsifizieren. Wenn jemals ein Naturgesetz entdeckt würde, das die rein natürliche Entstehung spezifischer Information erklären könnte, so müsste die Intelligent-Design-Theorie als widerlegt betrachtet werden. Solange dies jedoch nicht geschieht, muss man in der Konsequenz Intelligent Design als die klar bessere Deutung der vorliegenden Fakten betrachten. Während Vertreter des Intelligent Designs sowohl für natürliche als auch für intelligente Ursachen offen sind, bestehen Darwinisten beharrlich auf ausschließlich natürlichen Ursachen. Weil sie keine andere Möglichkeit von Schöpfung in Betracht ziehen, ist ihre Theorie im Gegensatz zum Intelligent Design nicht vorläufig und somit nicht offen für Korrekturen. Darwinisten sind schnell dabei, wenn es darum geht, die Kirchenlehre für ihren Dogmatismus zu kritisieren, sie selbst stehen dem aber in nichts nach.[176] Wie ich zeigen konnte, verwendet Intelligent Design nicht die Wissenslücken, um sie mit Gott zu füllen. Es sind vielmehr die Beobachtungen und empirischen Fakten, die auf eine intelligente Quelle hinweisen. Umgekehrt besitzen die Darwinisten jedoch eine riesengroße Wissenslücke, denn sie sind weit davon entfernt, eine brauchbare Erklärung für das Entstehen von irreduzibel komplexen, mit spezifischer Information versehenen biologischen Systemen geben zu können. Sie füllen ihre eigene Wissenslücke, die ihnen meist gar nicht bewusst ist, indem sie entgegen den Wahrscheinlichkeiten und logischen Zusammenhängen immer nur Mutation, Selektion und ganz viel Zeit als Lösung des Problems verkaufen. Ich konnte in diesem Buch bereits mehrfach zeigen, dass eine zufällige Mutation und eine rückwärts gerichtete, aussortierende Selektion nicht die

Kreativität und das Potenzial besitzen, das Entstehen komplexer Information zu erklären. Auch die viel gescholtenen langen Zeitperioden tun der darwinistischen Theorie aus statistischer Sicht keinen Gefallen. Geisler und Turek bringen es auf den Punkt:

> *»Darüber hinaus ignorieren sie (die Darwinisten, Anm. d. Verf.) vorsätzlich die positiven, empirisch nachweisbaren Beweise für einen intelligenten Schöpfer. Dies ist keine Wissenschaft, sondern Religion, die wissenschaftliche Beobachtungen außer Kraft setzt!«*[177]

4.2.1 Information

> *»Das Problem des Ursprungs des Lebens ist eindeutig und grundlegend äquivalent zum Problem des Ursprungs biologischer Information.«*[178]
>
> Bernd-Olaf Küppers,
> deutscher Physiker, Philosoph
> und theoretischer Biologe

Als ich eine erste Gliederung für dieses Buch entworfen habe, war mir klar, dass es auch ein Kapitel zur Entstehung des Lebens und der Evolution geben muss. Zu Beginn ging ich davon aus, dass dafür der Mediziner in mir gefragt sei. Ich dachte, ich müsste bestimmt mit meinen Kenntnissen der Anatomie, Chemie, Biologie, Biochemie, Physiologie und Physik argumentieren, um die bisherigen Theorien bewerten und eigene Rückschlüsse daraus ziehen zu können. Doch während ich für dieses Buch recherchiert und geschrieben und mich immer intensiver mit allen wissenschaftlichen Erkenntnissen dazu beschäftigt habe, ist mir eines klar geworden: Das, worauf es letztendlich hinausläuft, also das absolut Entscheidende für die ursprüngliche Entstehung des Lebens und der Arten ist *INFORMATION*. Es ist also nicht der Mediziner, sondern der Informatiker in mir, der sich dieser Thematik ganz offensichtlich annehmen muss. Um diese Erkenntnis zu begründen, werden wir uns anschauen, was Information eigentlich ist und wie man sie definieren kann. Bemerkenswert finde ich die Ausgangslage der folgenden Betrachtungsweisen, denn es gibt einen unerwarteten Konsens zwischen den Materialisten und ihren Kritikern. Alle sind sich einig darüber, dass die DNA komplexe codierte Informationen in sich trägt. Doch wie sind diese Informationen dort hingekommen? Wir werden untersuchen, welche Theorien den Ursprung und die Weiterentwicklung dieser Informationen begründen könnten.

Beginnen möchte ich mit einem Negativbeispiel, wie man Information definitiv nicht erklären kann. Der deutsche Informatiker Dr. Wolfgang Johannsen stellt in seinem Buch *Information und ihre Bedeutung in der Natur* sein evolutionär-energetisches Informationsmodell vor, dessen Basis die (völlig unbewiesene) biologische Evolution ist.

> *»Information, sofern sie Bedeutung trägt, ist biologisch, und sie ist an Energie gebunden. Sie ist biologisch, weil sie mit und durch die biologische Evolution entstanden ist. Semantische Information findet man also nur in Lebewesen (Eukaryoten, Archaeen, Bakterien) der biologischen Evolution. (…) Information ist ein Produkt der Evolution. Nirgendwo sonst als in den Organismen der Evolution gibt es sie – soweit wir dies innerhalb der Grenzen unseres Erkenntnishorizonts schlussfolgern können.«*[179]

Wenn Johannsen von »unserem Erkenntnishorizont« spricht, meint er eigentlich den Erkenntnishorizont der Materialisten. Mit seiner Verallgemeinerung dieser Einschätzung auf die gesamte Menschheit bin ich überhaupt nicht einverstanden. Mein Erkenntnishorizont und auch der vieler anderer reicht zumindest so weit zu erkennen, dass die naturwissenschaftliche Entstehung des Lebens und die Makroevolution schon allein aus statistischen Gründen abzulehnen sind. Wenn Johannsens Erkenntnishorizont durch sein materialistisches Weltbild bereits von vornherein limitiert ist, stellt sich die Frage, ob es sinnvoll ist, Modelle und Behauptungen aufzustellen, denen jegliche Grundlage einer ganzheitlichen Betrachtungsweise fehlt. Er behauptet ohne den Hauch einer Evidenz, dass bedeutungsvolle Information mit und durch die biologische Evolution entstanden sei. Eine angebliche Evolution benötigt aber einen funktionierenden Anfangszustand, der bereits Information in sich trägt, denn der hypothetische Prozess aus zufälligen Mutationen und Selektion kann nicht einfach bei null beginnen. Wer behauptet, dass Information ein Produkt der Evolution sei, muss, wie ich in diesem Kapitel bereits gezeigt habe, in seiner Theorie gleich mehrmals eine Wahrscheinlichkeit von null in Kauf nehmen. Doch das erwähnt Johannsen natürlich nicht. Wenn man versucht, den Ursprung biologischer Information für ein Lebewesen damit zu erklären, dass sie durch die biologische Evolution selbst entstanden sei, dreht man sich im Kreis. Wenn man nun fragen würde, wo die biologische Information eines Lebewesens herstammte, dann müsste Johannsen antworten: »Aus der Evolution des Lebewesens.« Und wenn man dann fragen würde, wie denn dann die Entstehung und Evolution dieses Lebewesens zu begründen sei, würde er antworten müssen: »Sie sind das Resultat der vorhandenen und mutierten biologischen Information.« Kaum zu glauben, dass sich seriöse Wissenschaftler mit so einem Zirkelschluss zufriedengeben. Die Evolution (genauer Makroevolution) ist überhaupt nicht bewiesen, sie ist ein theoretisches Konstrukt auf ganz wackeligen Beinen. Da stellt sich die Frage, welchen Wert eine neue Informationstheorie hat, wenn sie auf einer gänzlich unbewiesenen anderen Theorie aufgebaut ist. Ein weiteres Gegenargument für Johannsens Theorie sind meine Jenseitskontakte zu Joma, in denen mir die Medien Informationen liefern konnten, die sie unmöglich hätten wissen können. Woher sollen diese Informationen, z. B. über Jomas Unfallhergang oder ihre zwei gewonnenen Reitturniere, hergekommen sein? Die von Johannsen postulierte biologische Grundlage dieser Information ist in diesem Fall ganz zweifelsfrei nicht mehr vorhanden. Joma ist biologisch materiell nicht mehr existent, dennoch stammen die Informationen eindeutig von ihr. Diese Erkenntnis ist kein

Einzelfall, sondern die Regel, was wir eindrucksvoll mit höchster Signifikanz in unserer EREAMS-Studie nachweisen konnten. Grundsätzlich begehen die Materialisten einen fatalen Irrtum bei der Frage nach der ursprünglichen Herkunft von Information, denn ihrer Ansicht nach kann nur die Materie allein als einzige Ursache für Information und Leben infrage kommen. Der Diplomingenieur Prof. Dr. Werner Gitt, langjähriger Leiter des Fachbereichs Informationstechnologie an der Physikalisch-Technischen-Bundesanstalt (PTB) in Braunschweig, zieht daraus folgerichtig die Konsequenz:

> *»Wenn zufällige physikalische und chemische Prozesse die alleinigen Quellen sind, dann sind Absicht, Moral, freier Wille und Verantwortlichkeit ebenfalls nur Zufallsereignisse und haben keine Bedeutung an sich. In der Tat laufen die Behauptungen aller materialistisch gesinnten Autoren genau in diese Richtung.«*[180]

Gitt hat über 30 Jahre lang geforscht und sein Informationsmodell der *Universellen Information* (UI) stetig weiterentwickelt. Es ist eine Fortführung des Informationsmodells von Claude E. Shannon von 1948, auf dem auch die moderne Informatik aufbaut.[181] Gitt hat an Universitäten auf allen fünf Erdteilen über diese Thematik referiert, und zahlreiche Diskussionen und Wissenschaftler haben ihm bei seiner Entwicklung seines Konzepts der UI geholfen. Als seinen größten Durchbruch verstand er die Erkenntnis, dass Information eine eigenständige, nicht-materielle Größe ist. Auch nach unzähligen nationalen und internationalen Vorträgen ist es bislang noch niemandem gelungen, die von ihm formulierten Naturgesetze für Information, basierend auf seinem Informationsmodell der UI, zu widerlegen. Ich halte sein Konzept für das beste Modell zur Definition von Information, insofern sie beobachtbar und codiert ist. Wie wir noch sehen werden, gibt es insbesondere im Zusammenhang mit den Hellsinnen (z. B. Hellwissen, Hellfühlen etc.) oder telepathischer

Kommunikation auch einen möglichen Informationsaustausch ohne jegliche Sichtbarkeit oder Codierung.

Der Begriff *Information* ist nicht exakt definiert, er wird in wissenschaftlichen und technischen Zusammenhängen in verschiedenen Ausprägungen verwendet. Es fehlt an einer klaren, präzisen und allgemeingültigen Definition. Wenn wir im Folgenden gültige Argumente und Schlussfolgerungen aus dem Wesen von Information ableiten, so ist es eine unabdingbare Voraussetzung, eine exakte und vollständige Definition von Information zu besitzen. Gitts Informationsmodell der UI erfüllt meiner Ansicht nach genau diese Anforderung.[182]

Drei notwendige Bedingungen für Universelle Information

Angenommen, wir haben etwas entdeckt, von dem wir wissen möchten, ob es Information enthält. Dann müssen wir im ersten Schritt drei Überprüfungen in Bezug auf die verwendeten Symbole, die Sequenz und die Anordnung durchführen. Gitt veranschaulicht diese Überprüfung der notwendigen Bedingungen sehr schön anhand der altägyptischen Hieroglyphen, von denen wir mittlerweile wissen, dass sie Informationen enthalten. Aber wenn wir es nicht wüssten, woran könnten wir dann erkennen, ob die gezeigten Figuren einen tieferen Sinn ergeben und nicht einfach nur Verzierungen wie ein Tapetenmuster sind?

Also starten wir mit der Überprüfung. Die erste Bedingung erfordert, dass die Information verschiedene Zeichen verwendet. Das ist bei den Hieroglyphen definitiv der Fall (Eule, Adler, Wasserwellen etc.). Außerdem müssen diese Zeichen in unregelmäßiger Folge erscheinen, denn damit unterscheiden sie sich von künstlerischer Gestaltung mit aneinandergereihten gleichartigen Formen und Verzierungen. Auch diese zweite Bedingung wird von den Hieroglyphen erfüllt, denn es ist keine periodische Wiederholung von Symbolen erkennbar. Bedingung drei verlangt eine Darstellung der Symbole in einer erkennbar geordneten Weise. Gitt spricht von Reihen, Spalten, Ringen oder Spiralen als mögliche Anordnungen. Wie in *Abbildung 4-15* zu erkennen

Abbildung 4-15: *Hieroglyphen vom Sarkophag der Anchnesneferibre, Britisches Museum*

ist, sind die Symbole in Spalten angeordnet. Damit ist auch diese dritte notwendige Bedingung erfüllt. Wenn nun alle drei Bedingungen erfüllt sind, ist das allerdings noch kein Beweis dafür, dass wir es tatsächlich auch mit Informationen zu tun haben, es ist lediglich die Grundvoraussetzung dafür. Es bestünde ja durchaus die Möglichkeit, dass die alten Ägypter auf diese Art und Weise ihre Bauten und Gräber einfach nur verzierten. Erst durch den Fund des Rosettasteins 1799 konnten die Hieroglyphen als Sprache identifiziert und übersetzt werden. Der Rosettastein ist eine ganz besondere Steintafel aus dem Jahr 196 vor Christus. Sie zeigt Inschriften in drei verschiedenen Sprachen (Hieroglyphen, Demotisch und Altgriechisch) mit sinngemäß gleichlautender Bedeutung zu Ehren des ägyptischen Königs Ptolemaios V. Der Rosettastein bzw. seine dreisprachige Inschrift gilt als wichtigster Baustein zur Entzifferung der Hieroglyphen. Damit war klar, dass die Hieroglyphen eine Sprache sind, die Informationen enthält.

Fünf Ebenen der Universellen Information

Das Informationsmodell der UI basiert auf den drei genannten notwendigen Bedingungen, jedoch bilden diese nur den Beginn der Betrachtung. Gitt vervollständigt das Modell noch mit fünf Merkmalen von Information. Laut seiner Interpretation liegt Information immer dann vor, wenn in einem beobachtbaren System alle der folgenden fünf hierarchischen Ebenen vorkommen (siehe auch *Abbildung 4-16*):

> *»Statistik, Syntax, Semantik, Pragmatik und Apobetik. Information wird als Sprache dargestellt (sie wird formuliert, versandt und gespeichert). Ein abstraktes Alphabet, das individuelle Symbole enthält, wird verwendet, um Wörter (Codes) zu bilden. Dann werden die Bedeutung tragenden Wörter zu Sätzen zusammengefasst, entsprechend den Regeln der jeweils relevanten Grammatik (Syntax), um die beabsichtigte Bedeutung zu übertragen (Semantik). Universelle Information muss selbstverständlich ebenso die vom Sender erwarteten Handlungen (Pragmatik) und dessen beabsichtigte Ziele (Apobetik) enthalten. Pragmatik*

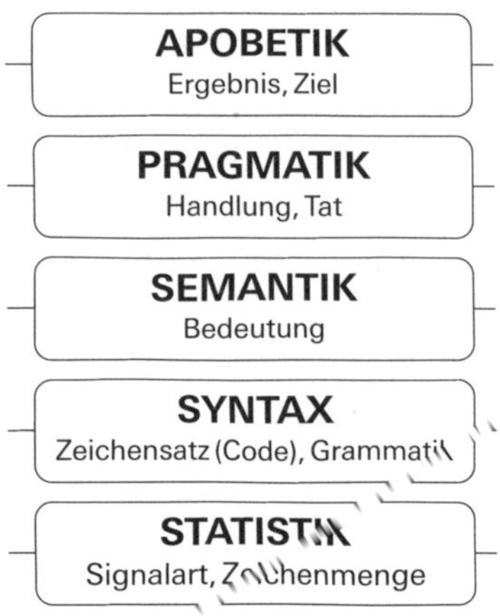

Abbildung 4-16: *Die fünf Ebenen der Universellen Information nach Werner Gitt*[10]

und Apobetik können explizit formuliert oder auch implizit erkennbar sein, ohne verbal beschrieben zu sein.«[184]

Ebene 1: Statistik

Diese unterste Ebene von Information entspricht prinzipiell dem, was der amerikanische Mathematiker und Elektrotechniker Claude E. Shannon (1916–2001) als Begründer der ersten Informationstheorie 1948 in seiner Arbeit *The Mathematical Theory of Communication*[185] veröffentlichte. Er betrachtete darin den Informationsbegriff ausschließlich vor dem Hintergrund, was für eine Übertragung und Speicherung wichtig ist. Sein Ziel war es, Informationen möglichst schnell durch das Transatlantikkabel zu schicken. Daher betrachtete er Information rein quantitativ, also wie viele Buchstaben, Ziffern und Wörter es im System gibt. Weitere Aspekte seiner Betrachtung waren die eingesetzten Zeichen des zugrunde liegenden Alphabets (z. B. A bis Z mit sechsundzwanzig Zeichen, binär mit 0 und 1 oder A, G, C und T der DNA) sowie die Häufigkeit dieser Zeichen und der daraus bestehenden Wörter. Ob diese Zeichen und Wörter eine Bedeutung in sich tragen, spielte für Shannon keine Rolle, für seine Ziele war es belanglos. Gemäß seiner Theorie steigt der Informationsgehalt einzig und allein mit der Anzahl der Zeichen an. Dass diese Betrachtungsweise den wahren Inhalt einer Information nicht annähernd beschreiben kann, liegt auf der Hand. Das folgende Beispiel zeigt die Folgen der shannonschen Betrachtungsweise:

a) Zwanzig geteilt durch vier ist gleich fünf
b) 20/4 = 5

Nach Shannon enthält die Variante a) mehr Information als Variante b), obwohl beide Aussagen auf der Bedeutungsebene inhaltlich gleich sind. Um auch die Bedeutung der Information zu berücksichtigen, muss die shannonsche Informationstheorie also noch um weitere Ebenen erweitert werden. Die nächste Ebene in Gitts Informationsmodell ist die Ebene der Syntax.

Ebene 2: Syntax

Unter Syntax versteht man die lexikalischen und grammatischen Regeln der Informationsdarstellung. Im Prinzip umfasst diese zweite Ebene zum einen das verwendete Zeichensystem und zum anderen das Regelwerk, wie diese Zeichen zu kombinieren sind. Die Kombination einzelner Zeichen muss sinnvoll sein, damit gültige Sequenzen entstehen. Bei unserem deutschen alphabetischen Zeichensystem könnten sich die folgenden beiden Zeichenketten ergeben:

> trdgjkl asoptbnxy kl aqoghr
> Dies ist ein korrekter Satz.

Die obere Zeile enthält zwar gültige Zeichen, jedoch wurden diese nicht ordnungsgemäß kombiniert. Es sind offensichtlich nur bestimmte Zeichenkombinationen erlaubt, damit gültige Wörter aus dem Wortschatz entstehen können. Der Begriff Syntax umfasst aber nicht nur die Bildung lexikalisch korrekter Wörter zur Wortschatzbildung, sondern auch die korrekte Verkettung dieser Wörter zu ganzen Sätzen. Die Satzbildung hat dabei nach bestimmten grammatischen Regeln zu erfolgen. Die Bedeutung solcher Sätze spielt allerdings auf dieser syntaktischen Ebene noch keine Rolle, deshalb ist folgender Satz lexikalisch und grammatisch zwar korrekt, aber frei von Sinn (Semantik):

> Der singende Schuh trinkt das traurige Auto.

Eine korrekte Syntax bildet also die Grundlage für die Darstellung sinnvoller Informationen, ist selbst aber völlig frei von Interpretation und Bedeutungsgebung. Ich denke, es ist offensichtlich, dass ein Codesystem niemals aus Materie von allein entstehen kann. Alle unsere Beobachtungen und Erfahrungen widersprechen dem und zeigen, dass ein Codesystem stets das Ergebnis eines geistigen Prozesses ist und einen kreativen und intelligenten Urheber besitzt.

Ebene 3: Semantik
Die Semantik ist das entscheidende Kriterium und das Kernstück für Information, denn sie repräsentiert die in der Information enthaltene Bedeutung. Die Semantik gibt der Information letztendlich ihren Sinn, ihre Aussagekraft. Als Empfänger einer Botschaft ist man zumeist an deren Inhalt und Bedeutung interessiert und nicht an den verwendeten Zeichenkombinationen und grammatischen Fertigkeiten. Ein Codesystem ist daher auch austauschbar, während die Bedeutung der Information gleichbleibt. In Erweiterung zu Gitts Modell ist für mich eine Information nicht zwangsläufig auf die ersten beiden Schichten (Statistik und Syntax) angewiesen, sie kann auch ohne Code existieren. Nur wenn es darum geht, Informationen in der materiellen Welt darzustellen, abzuspeichern oder zu übertragen, dann ist eine Codierung erforderlich. Als Beispiel dafür, dass es auch einen Informationsaustausch ohne Codierung geben kann, sei auf die nicht materielle Welt verwiesen. In der Kommunikation mit der Geistigen Welt findet ein Informationsaustausch zwischen einem Medium und Geistwesen auf telepathischer Ebene über die sogenannten Hellsinne (siehe Kapitel 7: *Gibt es eine Evidenz für eine Geistige Welt?* ➤Seite 319) statt. Einer der Hellsinne ist das Hellwissen, dabei besitzt das Medium durch die Verbindung zu dem Geistwesen, ohne den Umweg über eine Sprache oder Codierung gehen zu müssen, ganz plötzlich fremdes Wissen. Dies zeigt ganz eindeutig, dass Informationen weder materiell sein müssen noch Materie in irgendeiner Form benötigen. Gitt formuliert hierzu zwei wichtige Erfahrungssätze:

> *»Jede Universelle Information verlangt eine geistige Quelle als Urheber. Geschieht die Übertragung über mehrere maschinelle Glieder hinweg (z. B. über Autoradio, Antenne, Sendemast), dann muss am Anfang der Übertragungskette eine geistige Quelle (Sender) stehen.*
> *Universelle Information kann nicht durch zufällige, ungesteuerte physikalisch-chemische Prozesse entstehen.«*[186]

Ebene 4: Pragmatik

Gitt beschreibt die Ebene der Pragmatik als die vom Sender erwartete Reaktion des Empfängers auf die Information. Er sagt, dass jede Information den Empfänger zum Handeln auffordere, um ein gewisses Ziel zu erreichen. Den Zielaspekt des Senders beschreibt Gitt allerdings separat in der fünften Ebene als sogenannte *Apobetik*. Ich denke jedoch, dass nicht jede gesendete Information in Konsequenz ein Handeln des Empfängers erforderlich macht. Wenn eine gesendete Information das Ziel hat, dem Empfänger eine Erkenntnis zu vermitteln, so ist dies keine Handlungsaufforderung. Eine passendere Beschreibung der Pragmatik wäre aus meiner Sicht, sie als Information zu definieren, die in einem empfangenden System etwas bewirkt. So kann sich Pragmatik gleichermaßen z. B. auf das Konstruieren von Proteinen, das intuitive aber auch intelligente Handeln eines Menschen und auf passives Verständnis beziehen. UI besitzt auf dieser Ebene im Vergleich zu ungesteuerten physikalisch-chemischen Prozessen eine tiefgreifende, zielgerichtete Bedeutung. Entgegen dem Bestreben physikalischer und chemischer Systeme gemäß ihren Naturgesetzen stets den energieärmsten und stabilsten Zustand zu erreichen, werden durch UI getriggerte Prozesse in der Regel vielmehr in energiereichere und instabile Ungleichgewichtszustände gebracht (z. B. die Proteinbildung in wässriger Lösung; denn unter energetischen Gesichtspunkten müssten die Proteine in Wasser durch Hydrolyse wieder in ihre Aminosäurebestandteile zerfallen).

Ebene 5: Apobetik

Die höchste Ebene von Information bezeichnet Gitt als Apobetik. Dieser Begriff ist neu und wurde von ihm in Anlehnung an das griechische Wort apobeinon (= Ergebnis, Erfolg, Ausgang) gebildet. Der Apobetikaspekt der Information orientiert sich an den geplanten Zielvorstellungen des Urhebers. Der Sender möchte also Gefühle und ein konkretes Ziel erreichen. In dieser Ebene haben wir den Ursprung von Information. Ein intelligenter Geist, der Urheber einer Zielvorstellung, kreiert Information, die im Rahmen einer Übertragung an den Empfänger auf die darunterliegenden vier anderen Schichten zugreifen muss. Ich möchte hinzufügen, dass außerhalb der materiellen Welt die Schichten eins und zwei (Statistik und Syntax) nicht zwangsläufig erforderlich sind, da ein Informationsaustausch auch telepathisch über die Hellsinne stattfinden kann.

Abbildung 4-17 zeigt eine von mir ergänzte Darstellung von Gitts Informationsmodell. Insbesondere halte ich die Grenze zwischen Ebene zwei und drei für sehr wichtig (gestrichelte Linie), da sie den Übergang zwischen geistigen und materiellen Ebenen darstellt. Ähnlich hat es Gitt ja auch schon beschrieben. Information kann problemlos auch nur in den nicht-materiellen Ebenen drei bis fünf existieren, erst das Speichern oder Übertragen in der materiellen Welt macht die materiellen Ebenen mit Syntax und Statistik erforderlich.

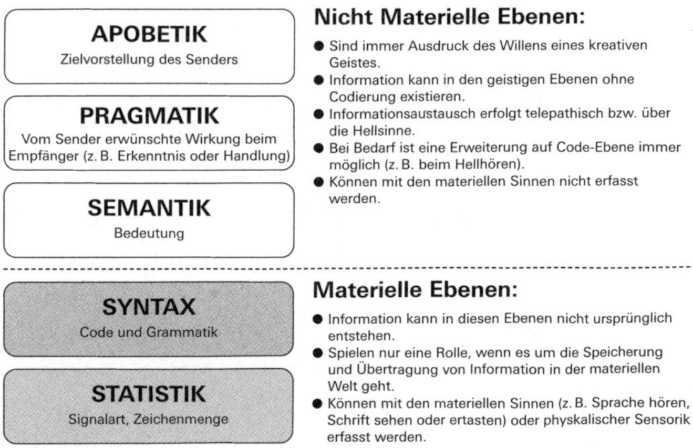

***Abbildung 4-17:** Die fünf Ebenen der Universellen Information, adaptierte Darstellung in Anlehnung an Werner Gitt*[187]

Die Entzifferung von Code (z. B. Hieroglyphen, Quellcode einer Software oder DNA) beginnt stets bei Ebene eins. Sukzessive erweitert man die Betrachtung dann bis hin zur fünften Ebene.

Code ist aber niemals der ursprüngliche Beginn von Information, das geschieht top down, also beginnend bei Ebene fünf. Das bedeutet zwangsläufig, wenn wir Information entdecken und zurückverfolgen, dass wir immer auf eine intelligente Quelle, einen Schöpfer treffen. Alle unsere Beobachtungen in der uns umgebenden Welt bestätigen diese Erkenntnis. Gitt stellt die materialistischen Wissenschaftler vor ein enormes Problem, denn »es ist kein Naturgesetz, kein Prozess und kein Vorgang in der materiellen Welt bekannt, wonach universelle Information von selbst in der Materie entstehen kann«[188]. 2011 wurde an der Cornell Universität (New York) ein Symposium mit 29 hochrangigen Wissenschaftlern durchgeführt, um über den Ursprung der biologischen Information zu diskutieren. Erstmals wurden ausgewiesene Spezialisten aus den Bereichen der theoretischen Informatik, Computertechnologie, numerischen Simulation, Thermodynamik, Evolutionstheorie, organischen Biologie, Entwicklungsbiologie, Molekularbiologie, Genetik, Physik, Biophysik, Mathematik und Linguistik auf höchstem wissenschaftlichem Niveau zusammengeführt. In dem Buch *Biological Information – New Perspectives* wurden die eindrucksvollen Vorträge des Symposiums zusammengefasst.[189] Der einstimmige Konsens in den 25 veröffentlichten Papern ist, dass biologische Information nur durch Intelligenz erschaffen werden kann. Auch Lesch kommt zu der Erkenntnis, dass die Naturwissenschaft die Bedeutung ihrer Systeme nicht erklären kann. Sie kann lediglich den Text der Natur auf seine grammatikalischen Regeln hin untersuchen. Am Beispiel eines Goethe-Textes macht er deutlich, dass die Naturwissenschaft zwar jeden einzelnen Buchstaben des Werkes, ja sogar die Druckerschwärze der Buchstaben bis aufs Kleinste untersuchen kann oder die Grammatik, aber die Interpretation des Inhalts gehört nicht dazu. Er sagt, wir müssen das Gesamtstück lesen, verstehen und interpretieren, ja sogar zum Teil zwischen den Zeilen lesen, um zu verstehen, was der Schöpfer des Stückes ausdrücken möchte. Das alles kann laut Lesch die Naturwissenschaft nicht leisten.[190] Die Schichten drei bis fünf (Semantik, Pragmatik und Apobetik) oberhalb der Syntax aus Gitts Informationsmodell sind also durch die klassischen Naturwissenschaften weder greifbar noch erklärbar. Am Anfang einer Information steht immer der Sinn und Zweck eines Geistes, und in der 100. Sendung von α-Centauri macht Lesch deutlich, dass die Physik und die Naturwissenschaft dies nicht begründen können:

> *»Physik hat überhaupt keine Begriffe wie Zweck und Sinn. Das sind keine naturwissenschaftlichen Begriffe. (…) Physik verlangt, dass die Systeme, die sie untersucht, reproduzierbar sind, die Experimente wiederholbar sind, und zwar an beliebigen Orten zu beliebigen Zeiten. Nur wir Menschen, wir sind keine physikalischen Systeme in dem Sinne. Weil wir sind nicht wiederholbar. Man kann uns nicht von einem Ort zum anderen setzen, ohne dass wir uns verändern. Selbst wenn die Zeit vergeht, verändern wir uns. (…) Physik kann die Welt nicht erklären. Physik kann erklären, wie die Welt funktioniert, sie kann aber nicht erklären, wieso sie so funktioniert. (…) Wir (die Physiker, Anm. d. Verf.) können nicht einmal verstehen, warum die Welt überhaupt angefangen hat. (…) Das ist eines unserer größten und schlimmsten Probleme, das wir in der Physik haben, dass wir offenbar immer über die Physik hinausgehen müssen, um die Physik selber begründen zu können. (…) Wir kommen, wie es so schön heißt, mit dem physikalischen Denken auf den Mond, aber nicht in den Himmel.«*[191]

Richard David Precht kommt zu einer ganz ähnlichen Schlussfolgerung, wenn es um das Thema Sinn bzw. Apobetik geht:

> *»Sinn ist keine wissenschaftliche Maßeinheit, kein Gegenstand und auch kein elektrophysiologischer Prozess.«*[192]

Wenn die Naturwissenschaft also keine Begriffe wie Sinn und Zweck besitzt, wie könnte sie dann die sinngebende Information in der DNA begründen? Die Antwort liegt auf der Hand: Offensichtlich gar nicht!

Wenn wir nun die Entstehung des DNA-Codes begreifen möchten, so müssen wir feststellen, dass dies ein Ereignis aus der Vergangenheit ist. Wir können nicht in der Zeit zurückreisen und die ursprüngliche Entstehung der DNA beobachten. Sowohl die Darwinisten als auch die Intelligent-Design-Vertreter stehen hier also vor demselben Problem. Sie versuchen, etwas zu ergründen, was in der Vergangenheit liegt. Somit stellt sich die Frage, welche Möglichkeiten und Methoden sind in der Wissenschaft zulässig,

Tabelle 4-1: *Empirische vs. Forensische Forschung nach Geisler und Turek*[193]

Empirische Forschung (Funktion)	**Forensische Forschung** (Ursachen)
erforscht die Gegenwart	erforscht die Vergangenheit
untersucht Regelmäßigkeiten	untersucht Einzelfälle
erforscht wiederholbare Vorgänge	erforscht nicht wiederholbare Ereignisse
Prüfung durch wiederholbare Experimente	Prüfung durch Gleichförmigkeit (Uniformitätsprinzip)
erforscht, wie Dinge funktionieren	erforscht, wie Dinge begannen
Beispiele: Wie funktioniert das Universum? Wie funktioniert das Leben?	*Beispiele:* Wie entstand das Universum? Wie entstand das Leben?

um solche in der Vergangenheit liegenden Ereignisse zu ergründen? Herkunftsfragen werden typischerweise mit forensischen Methoden untersucht. Geisler und Turek haben hierzu in *Tabelle 4-1* eine Übersicht erarbeitet, die die Unterschiede zwischen empirischer und forensischer Forschung aufzeigt.

Es gibt wissenschaftlich anerkannte Methoden, um historische Ereignisse zu untersuchen. Sie werden als *Analyse konkurrierender Hypothesen** bzw. als *Schluss auf die beste Erklärung*** bezeichnet. Doch nun stellt sich die Frage, wie können Forscher feststellen, welche Erklärung für die Entstehung von Information in der DNA denn nun die beste ist? Eine passende Antwort darauf stammt von einem Zeitgenossen Darwins, dem Geologen Charles Lyell. Er sagte, wenn man die Vergangenheit erforschen möchte, dann ist die Gegenwart der Schlüssel. Wenn wir die vergangenen Ursachen nicht mehr beobachten können, dann wäre es das Beste, wenn wir nach Erklärungen in aktuellen Prozessen und Ursachen suchen, um diese dann auf die historischen Ereignisse zu übertragen. Wenn wir jetzt die Frage stellen, welche aktuellen Prozesse und Ursachen für die Entstehung von Information verantwortlich sind, so können wir aufgrund unserer alltäglichen und beobachtbaren Erfahrung sagen, dass es immer eine Intelligenz ist. Immer dann, wenn wir eine Information in unserem aktuellen Leben erkennen, z. B. einen Softwarecode oder ein Radiosignal, und diese Information bis zur Quelle zurückverfolgen, so finden wir am Ende niemals einen materiellen Prozess, sondern immer einen intelligenten Schöpfer, sei es ein Programmierer, ein Redakteur, ein Ingenieur, ein Autor, ein Komponist oder ein sonstiger kreativer Geist. Diese legitime Erkenntnis eines Intelligent Designs verwendet hier dieselbe forensische Methodik zur Argumentation wie die Darwinisten. Dennoch wird dem Intelligent Design von vielen Menschen (und einem U.S.-Bezirksrichter) die Wissenschaftlichkeit abgesprochen. Konsequenterweise müsste man dies auch beim Darwinismus tun.[194]

* analysis of competing hypothesis (ACH)
** inference to the best explanation (IBE)

Dass ein rein natürlicher materieller Prozess mit zufälligen Mutationen und populationsbeeinflussender Selektion für die Entstehung sinngebender komplexer Information nicht infrage kommen kann, möchte ich gern aus Sicht eines Informatikers veranschaulichen. Das wäre ungefähr so, als würde ich meinen Studenten das Programmieren folgendermaßen beibringen: »Tippt bitte willkürlich auf der Tastatur eures Computers herum. Einmal am Tag haltet ihr kurz inne und begutachtet den dabei erzeugten Code. Im Sinne der Selektion behaltet ihr nur den Code, der vom Compiler* verstanden wird, alles andere löscht ihr heraus. Es bedarf dabei keiner Kreativität und Vorausplanung, der blinde Zufall und das anschließende Aussortieren reichen vollkommen aus. (Anmerkung: Selektion kann in der Realität jedoch nicht bewusst aussortieren, denn sie funktioniert ausschließlich populations- und nicht sinngesteuert.) Danach tippt ihr wieder völlig zufällig auf eurer Tastatur herum, und das Spiel beginnt von vorn. Das müsst ihr nur lang genug machen, und irgendwann habt ihr dann ein tolles Betriebssystem, eine Videoschnittsoftware oder einen Flugsimulator programmiert. Als Informatikprofessor würde man mit diesen Lehrinhalten nicht nur von den Studenten belächelt werden, man würde ziemlich schnell auch, im Übrigen völlig zu Recht, eine Kündigung wegen Inkompetenz erhalten. Doch wenn ein Biologieprofessor seinen Studenten genau dasselbe erzählt, gilt er mit solchen Aussagen als äußerst seriös und kompetent. Dieser Irrsinn ist für mich vollkommen unverständlich und rational nicht nachvollziehbar. Selbst wenn man bei einem existierenden funktionierenden Code zufällige Veränderungen vornehmen würde, entstünde niemals eine noch tollere Software. Es fände ausschließlich eine degradierende Wirkung statt, der Code verlöre an Funktionalität, niemals würde aus einem kleinen Hallo-Welt-Programm** der tollste 3D-Flugsimulator werden. Das ist in der Informatik so,

* Programm zum Übersetzen des Codes in ein ausführbares Programm

** Das *Hallo-Welt-Programm* ist ein sehr einfaches Programm, das lediglich die Zeichenkette »Hallo Welt« ausgibt.

und das ist in der Biologie nicht anders. Wer der Meinung ist, dass das zwar für die Informatik so stimmen möge, aber die Biologie doch etwas völlig anderes sei, unterliegt meiner Ansicht nach einem Irrtum. Zuordnungen zu Fachbereichen sind irrelevant, denn es geht hier um das allgemeine Wesen von Information. Es ist schon erstaunlich, mit welcher Selbstverständlichkeit Darwinisten bereit sind, entgegen jeglicher Logik und Beobachtung an solche Wunder zu glauben, nur damit ihr Weltbild nicht ins Wanken gerät. Das wirklich Schlimme daran ist jedoch, dass das alles im Namen einer empirischen Wissenschaft geschieht und von unseren Dozenten, Lehrern, Studenten und Schülern in blindem Gehorsam mitgetragen wird.

Das Eingangszitat für dieses Unterkapitel von Prof. Dr. Bernd-Olaf Küppers halte ich für hundertprozentig korrekt: »Das Problem des Ursprungs des Lebens ist eindeutig und grundlegend äquivalent zum Problem des Ursprungs biologischer Information.«[195] Wo ich Küppers allerdings vehement widersprechen muss, ist sein Versuch, Information als eine der Materie gleichartige naturwissenschaftliche Struktur zu betrachten. Auch viele seiner evolutionsbiologischen Kollegen gehen davon aus, dass Information von allein in der Materie entstehen kann. Doch ein solch schöpferischer Prozess konnte noch niemals von irgendjemandem in der Realität gezeigt werden. Und über das folgende Zitat von Eigen: »Information kommt aus Nicht-Information«[196], kann ich als Informatiker nur mit dem Kopf schütteln. Diese Aussage ist nicht nur hochgradig unlogisch, sie widerspricht jedweder Beobachtung und Erfahrung. Interessant ist auch folgende Aussage von Küppers. Auf die Frage »Was ist Leben?«, gab er folgende Gleichung als Antwort:

»Leben = Materie + Information«[197]

Dass diese Formel grundlegend falsch ist, lässt sich ganz einfach zeigen. Betrachten wir den Leichnam eines frisch verstorbenen Menschen. Der Leichnam besteht aus Materie, aus Zellen und biologischer Information in Form von DNA und RNA. Doch Leben ist keines vorhanden. Damit ist Küppers Formel falsifiziert. Leben ist viel mehr als das.

Information ist eine nicht-materielle Größe. Wir konnten durch unsere EREAMS-Studie mit großer Evidenz zeigen, dass unsere Verstorbenen auch ohne ihren materiellen Körper weiterhin existieren und Informationen übermitteln können. Information kann also völlig losgelöst von physikalischen Strukturen existieren. Gitt beweist diese Erkenntnis, dass Information eine nicht-materielle Größe ist, mithilfe des internationalen Systems für Maßeinheiten (SI*). In diesem System sind sieben voneinander unabhängige Basiseinheiten definiert. Alle anderen nur denkbaren physikalischen Einheiten, die sich auf die materielle Welt beziehen, können von diesen Basiseinheiten abgeleitet werden. Durch Multiplikation oder Division verschiedener Basiseinheiten werden diese schließlich beschrieben. *Tabelle 4-2* zeigt die sieben Basiseinheiten.

Tabelle 4-2: Die sieben SI-Basiseinheiten[198]

(1)	Länge	(Einheit: Meter, m)
(2)	Masse	(Einheit: Kilogramm, kg)
(3)	Stromstärke	(Einheit: Ampere, A)
(4)	Temperatur	(Einheit: Kelvin, K)
(5)	Stoffmenge	(Einheit: Mol, mol)
(6)	Lichtstärke	(Einheit: Candela, cd)
(7)	Zeit	(Einheit: Sekunde, s)

Eine davon abgeleitete Größe ist z. B. die Geschwindigkeit (Strecke/Zeit = Meter/Sekunde = m/s). Ausnahmslos sind alle materiellen Größen über Kombinationen dieser Basiseinheiten beschreibbar. Die universelle Information lässt sich jedoch nicht mithilfe dieser Basiseinheiten beschreiben, daher muss die universelle Information eine nicht-materielle Größe sein. Gitt be-

* Système International d'Unités

schreibt, dass andere Größen wie Bewusstsein, Wille und Leben ebenfalls nicht durch das SI-System beschrieben werden können. Daher müssen auch diese nicht-materielle Größen sein. Er bezeichnet es als zentrales Problem, dass die in der Wissenschaft anerkannte materialistisch geprägte Denkweise die Ursache gravierender Irrtümer ist, solange nicht-materielle Größen so behandelt werden, als seien sie materiell.[199]

4.2.2 Architektur im Universum

> *»Auch wir, die wir uns nicht mehr vor rachsüchtigen Göttern fürchten, empfinden Ehrfurcht und Staunen angesichts dieser unerwarteten Präzision eines Wachstumsmusters der Natur.«*[200]
>
> John Gowlett, ungarischer Architekt und Botaniker

Viele Strukturen in der Natur und in unserem Universum zeigen eine außergewöhnlich präzise Architektur. In verschiedenen Bereichen sowohl im Allerkleinsten als auch im Allergrößten finden wir immer wieder dieselben Konstruktionsmerkmale. Zurückzuführen ist das Ganze auf den sogenannten *goldenen Schnitt*. Andere Bezeichnungen dafür sind auch die göttliche Proportion, göttliche Teilung oder goldene Zahl. Dabei handelt es sich um ein äußerst faszinierendes Prinzip, das sich im Universum, in der Natur, in der Wissenschaft, aber auch in der Kunst ständig wiederholt. Der goldene Schnitt und seine Derivate wie die goldene Spirale, das goldene Dreieck oder der goldene Winkel lassen sich in Samenmustern und Blattanordnungen von Blumen, im menschlichen Innenohr, in der DNA, in Kunstwerken, in Schneckengehäusen oder in Galaxien, um nur einige zu nennen, wiederfinden. Der goldene Schnitt wird mit dem griechischen Buchstaben Φ (Phi) dargestellt, er wird berechnet als $(1+\sqrt{5})/2$ oder mit der irrationalen Zahl 1,6180339… dargestellt. Plastisch kann man sich diese Proportion folgendermaßen veranschaulichen. *Abbildung 4-18* zeigt eine gerade Strecke zwischen den Punkten A und B. Diese Strecke wird im Verhältnis des goldenen Schnitts unterteilt, wenn sich die ganze Strecke zum größeren Abschnitt gleich verhält, wie die größere Strecke zur kleineren. In dem Beispiel ist also das Verhältnis der Strecke AB zur Strecke AC genauso groß wie das Verhältnis der Strecke AC zur Strecke CB.

$$\frac{AB}{AC} = \frac{AC}{CB} = \Phi$$

Abbildung 4-18: *Der goldene Schnitt einer Strecke*

Dieses Verhältnis wird zumeist als sehr ästhetisch und harmonisch wahrgenommen, deshalb finden wir Architektur und Kunst besonders anziehend, wenn Merkmale des goldenen Schnitts darin enthalten sind. Viel erstaunlicher finde ich jedoch das Auftreten des goldenen Schnitts in der Natur. Mittlerweile gilt die Fibonacci-Reihe völlig unbestritten als ein anerkanntes Wachstums- und Entwicklungsmuster in der Pflanzenwelt.[201] Die Fibonaccizahlen stehen in direktem Zusammenhang mit dem goldenen Schnitt und sind in der Natur bemerkenswert oft zu finden. Sie sind auch Teil meiner Vorlesung zur prozeduralen Programmierung und zu Algorithmen, denn diese Zahlenfolge eignet sich hervorragend dazu, die Themen Iteration und Rekursion sehr anschaulich zu behandeln. Jeder Informatikstudent der Welt wird mindestens einmal in seinem Studentenleben mit diesem Thema konfrontiert. Doch das soll hier nicht die Problemstellung sein. Wir schauen uns stattdessen an, was das genau für eine Zahlenfolge ist und wo man sie überall finden kann. Erstmals wurde sie von Leonardo von Pisa (Fibonacci) 1202 in seinem Buch *Liber Abaci* beschrieben. Es handelt sich dabei um eine unendliche Folge natürlicher Zahlen, die mit einer Null und einer Eins beginnt. Alle nachfolgenden Zahlen ergeben sich dann als Summe der beiden Vorgängerzahlen. So berechnet sich z. B. die achte Fibonaccizahl mit dem Wert 13 aus der Addition ihrer beiden Vorgänger, also von 5 und 8 (5 + 8 = 13), die neunte Fibonaccizahl mit dem Wert 21 ergibt sich dann als Summe von 8 und 13 (8 + 13 = 21) usw.

0 1 1 2 3 5 8 13 21 34 ...

Wenn man nun die beiden Summanden zum Berechnen der jeweils nächsten Fibonaccizahl in Verhältnis setzt (z. B. 21/13 oder 89/55), ergibt sich annäherungsweise der goldene Schnitt. *Abbildung 4-19* zeigt die Samenanordnung im Korb einer Sonnenblume. Jeder Kern ist zugleich Teil eines linksdrehenden und eines rechtsdrehenden Spiralarms. Die Anzahl links- und rechtsdrehender Spiralarme sind in allen Sonnenblumen der Welt immer zwei benachbarte Fibonaccizahlen, häufige Kombinationen sind 21/34, 34/55 oder 55/89. Unmittelbar daraus resultiert auch die spezifische Anordnung der Kerne im Korb der Sonnenblume. Diese Anordnung ist nicht etwa zufällig, sondern mathematisch

Abbildung 4-19: *Sonnenblumenkerne mit links- und rechtsdrehenden Spiralarmen*

exakt versetzt um je 137,5°. Dabei handelt es sich um den goldenen Winkel, er berechnet sich aus dem vollen Kreis, also 360°, geteilt durch das Quadrat von Φ. Nur in dieser Anordnung wird die maximale Anzahl an Kernen im Korb der Blume untergebracht. Dieses Prinzip ist nicht nur bei den Sonnenblumen zu finden, sondern beispielsweise auch bei Gänseblümchen, bei Tannen- und Pinienzapfen, bei der Ananas und vielen weiteren Pflanzen.

Spiralen spielen in der Natur eine sehr wichtige Rolle. Auch sie lassen sich auf den goldenen Schnitt zurückführen. Diese sogenannten goldenen Spiralen sind logarithmische Spiralen, deren Wachstumsfaktor Φ ist. Das bedeutet, eine goldene Spirale wird mit jeder Vierteldrehung um den Faktor Φ breiter. *Abbildung 4-20* zeigt eine solche goldene Spirale, die annäherungsweise mithilfe von Quadraten der Fibonaccizahlen angefertigt wurde.

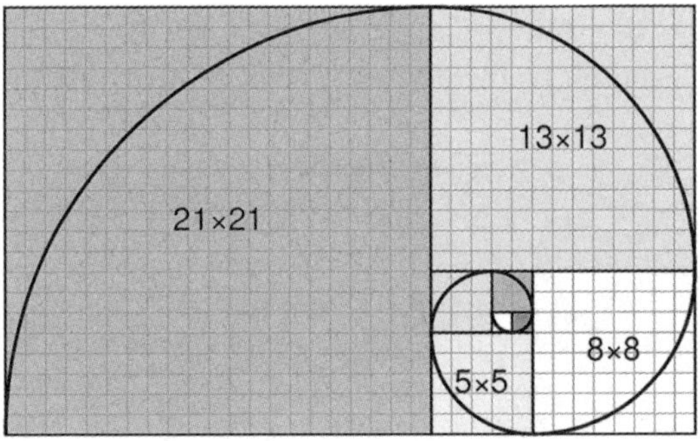

***Abbildung 4-20:** Goldene Spirale – Fibonaccizahlen*

Abbildung 4-21 zeigt exemplarisch ein Nautilus-Gehäuse und die Scheibengalaxie NGC 3147. Genau wie viele andere Muschel- und Schneckengehäuse und unzählige Scheibengalaxien (z. B. unsere Milchstraße) auch enthalten sie alle die Struktur der goldenen Spirale. Es gibt noch unzählige weitere Beispiele (z. B. Farne oder Wirbelstürme), doch würde es den Rahmen dieses Buches sprengen, sie alle zu behandeln.

Nachdem sich der goldene Schnitt in den größten uns bekannten Strukturen wie Galaxien zeigt, finden wir ihn auch

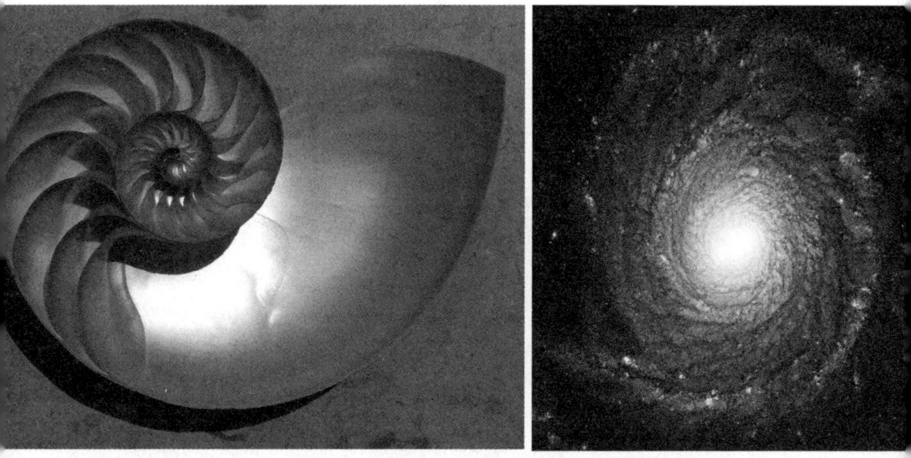

***Abbildung 4-21:** Goldene Spiralen im Nautilus-Gehäuse (links) und in einer Scheibengalaxie (rechts)*

in den kleinsten, z. B. in unserer DNA. »Ein DNA-Molekül misst 34 Ångström* in der Länge und 21 Ångström in der Breite in jedem vollen Zyklus der Spirale der DNA-Doppelhelix.«[202] Die Zahlen 34 und 21 sind benachbarte Fibonaccizahlen, setzt man sie ins Verhältnis 34/21, ergeben sie annäherungsweise den goldenen Schnitt Φ. »Die Fibonacci-Reihe zeigt, dass der goldene Schnitt nicht nur das Produkt menschlichen Schönheitsempfindens ist, sondern als objektives Entwicklungsmuster in der Natur vorkommt.«[203] All diese Beobachtungen und Erkenntnisse sind natürlich nicht zwangsläufig ein Beweis dafür, dass diese Strukturen einen intelligenten Urheber haben müssen, dennoch versetzt es die meisten Menschen, die dies zum ersten Mal sehen, stets in großes Erstaunen. Dieses Erstaunen rührt meiner Meinung nach daher, dass wir intuitiv erkennen, dass so etwas kein Produkt von Zufall oder rein chemisch physikalischer Prozesse sein kann. Für mein Empfinden enthalten die beschriebenen Phänomene rund um den goldenen Schnitt vielmehr klare Hinweise auf eine bewusste allumfängliche Architektur.

* Ein Ångström entspricht dem zehnmillionsten Teil eines Millimeters.

4. 3 Involution und vedisches Mysterienwissen

> *»Vergegenwärtige dir außerdem, Arjuna, dass alles aus der natürlichen Welt (…), im Bewusstsein selbst seinen Ursprung hat – dem einen höchsten göttlichen Bewusstsein. In der natürlichen Welt zerteilt sich das höchste Bewusstsein in viele Kräfte, sowohl materielle als auch geistig-seelische – die sich in endloser Vielfalt miteinander verbinden und neu verbinden. Alles Gekannte oder Erkennbare stammt aus dem höchsten Bewusstsein.«*[204] Krishna im Gespräch mit Arjuna über die Welt der Natur, Bhagavad-Gītā

Materialisten betrachten die Entstehung des Lebens völlig losgelöst von Bewusstsein. Für einen Materialisten scheint es ganz selbstverständlich zu sein, dass das Leben einfach und primitiv aus Materie beginnen und sich dann sukzessive zu komplexeren Systemen entwickeln musste, und das Bewusstsein kam erst später als Nebenprodukt dazu. Dieser Prozess wird – ohne ihn zu hinterfragen und ohne Alternativen zu erwägen – als notwendige Tatsache angesehen. Dieser Bottom-up-Entwicklungsprozess ist aber nicht alternativlos, wie ich noch zeigen werde. Weder der Darwinismus noch das Intelligent Design bemühen sich um eine Antwort auf die Frage, ab wann und in welcher Form Bewusstsein vorhanden ist. Doch für mein Verständnis ist genau das der entscheidende Punkt. Bewusstsein ist integraler Bestandteil unseres Lebens. Es ist genauso Teil unserer menschlichen Existenz wie die Funktionalität unserer Zellen oder unser Herzschlag. Es links liegen zu lassen und für die Erklärung des Lebens zunächst als unwichtig oder als Nebeneffekt zu betrachten, ist aus meiner Sicht die völlig falsche Herangehensweise. Wer sagt eigentlich, dass Bewusstsein irgendwann und irgendwie zu einem späteren Entwicklungsschritt zum Leben dazugekommen sein muss? Diese Interpretation ist wieder ein typisches Abbild der darwinistischen Denkweise in einem materiellen Weltbild.

Ein wahrer Wissenschaftler betrachtet die Vielfalt aller Möglichkeiten und führt mit einem ganzheitlichen Blick eine sachliche Bewertung durch. Wer sich von vornherein durch ein Weltbild eingrenzen lässt, kann nur die mutmaßliche Wahrheit finden, die mit diesem Weltbild konform ist. Man darf die Option, dass Bewusstsein nicht entstehen muss, sondern dass es außerhalb von Raum und Zeit schon immer existierte, nicht außer Acht lassen. Intelligent Design lässt zumindest erahnen, dass es vorab einen bewussten Designer gegeben haben muss. Damit ist Intelligent Design nicht auf die starren Grenzen des Materialismus beschränkt, und das geht meines Erachtens in die richtige Richtung. Keine aktuelle Wissenschaft ist in der Lage, das Entstehen von Bewusstsein zu erklären. Daher ist die Annahme, dass Bewusstsein vielmehr der Grund und die Quelle des Lebens ist und nicht sein Produkt, eine durchaus legitime Betrachtungsweise. Meinem ersten Eindruck nach, scheint mir dies sogar die weit bessere Erklärung zu sein, denn hierbei muss man weder an Wahrscheinlichkeiten von null noch an niemals beobachtete Makroevolution glauben. Möglicherweise können wir mit einem Blick in die Vergangenheit durch das Mysterienwissen der alten Hochkulturen ein tieferes Wissen und neue Antworten finden.

Die Sanskrit-Schriften der altindischen Hochkultur gelten als die älteste Schriftsprache der Welt. Die traditionellen Urtexte bezeichnet man als Veden oder vedische Schriften*. Sie enthalten erstaunlich präzises und modernes Wissen zur Medizin, Astronomie, Spiritualität und zu vielen weiteren Bereichen, die das menschliche Leben und die kosmische Existenz betreffen. In Kapitel 2.4.1: *Unsere Gesellschaft ist der Wissenschaft einen Schritt voraus* (➛Seite 79) habe ich bereits die durch die zeitgenössische Astronomie bestätigten kosmologischen Zeitangaben aus den vedischen Schriften vorgestellt. Es deutet sich damit meiner Ansicht nach an, dass die Inhalte der vedischen Schriften einer intelligenten und informierten Quelle entstammen müssen. Wenn solche spezifischen Angaben wie kosmologische Zeitangaben

* Sanskritwort Veda = göttliches Wissen, heilige Lehre

präzise und korrekt beschrieben werden, besteht ein legitimer Grund zu der Annahme, dass auch die anderen Inhalte einen gewissen Wahrheitswert enthalten. Auch wenn wir nicht alles wissenschaftlich belegen können, so ist es mindestens genauso richtig, diese Inhalte zu betrachten und ernst zu nehmen wie die chemische und biologische Evolution. Dieses geballte Wissen kann keinem primitiven Urvolk zugeschrieben werden, es deutet vielmehr auf eine geistig hoch entwickelte Kultur hin. Es stellt sich unweigerlich die Frage, woher dieses über 5000 Jahre alte Wissen stammt. In esoterischen Kreisen geht man davon aus, dass sich die Menschen aus diesem Zeitalter in einer anderen Schwingung befanden, was ihnen wohl ermöglichte, einen gewissen Zugang zu höheren geistigen Ebenen zu erhalten. Der Begriff Schwingung ist hierbei jedoch nicht im physikalischen Sinne zu interpretieren. Es geht darum, dass sich verschiedene Bewusstseinsdimensionen annähern, und die Verwendung des Schwingungsbegriffs sollte vielmehr als eine bildhafte Umschreibung dessen gesehen werden. Im Rahmen dieser geistigen Annäherung und Verbundenheit könnte diese Kultur zu ihrem Wissen gekommen sein. Ich halte es jedenfalls für sehr unwahrscheinlich, dass sich im Zeitalter der Jungsteinzeit ein Urvolk ein so großes und profundes naturwissenschaftliches und spirituelles Wissen ohne Zugang zu höheren Quellen erarbeiten konnte. Wie es auch immer geschehen sein mag, in jedem Falle ist es höchst beachtlich. Das Eingangszitat zu diesem Abschnitt stammt von Krishna, er ist eine hinduistische Form des Göttlichen und verkörpert die wahre Inkarnation des unendlichen kosmischen Bewusstseins. Gemäß der Überlieferung soll er im Jahre 3141 vor unserer Zeitrechnung die Bhagavad-Gītā formuliert haben, die man auch als die *Bibel Indiens* bezeichnet. Krishna spricht zu seinem Freund, dem Prinzen Arjuna, der als Anführer und Krieger unmittelbar vor einer anstehenden Schlacht beginnt, über das Leben nachzudenken. In diesem Gespräch offenbart ihm Krishna sein göttliches Wissen um die Welt und den Sinn des Lebens. Im Folgenden werde ich die von Krishna vorgestellten Konzepte zur

Entstehung des Lebens, der Natur, des Kosmos und die Bedeutung des Bewusstseins näher betrachten.

Was mich in der Bhagavad-Gītā besonders beeindruckt hat, sind die Aussagen zur Abwesenheit von Zeit und Raum, da sie sich stimmig in die Erkenntnisse der Quantenphysik einfügen. Ich werde die Erkenntnisse dazu in Kapitel 6: *Quantenmechanik und Spiritualität* (➛Seite 290) am Beispiel der Quantenverschränkung und des Quantenradierers zeigen. Insbesondere geht es im Folgenden erstmals um eine Betrachtungsweise für das Leben fernab von Materie. Begriffe wie Sinn, Moral, Gefühle, Fein- und Grobstofflichkeit, Bewusstsein, Geist und Seele werden von Beginn an in den Mittelpunkt gestellt. Denn anders als bei Darwins Evolutionstheorie, bei der alles eine materielle Ursache hat und über lange Zeiträume durch zufällige Mutation und Selektion ganz langsam in kleinen Schritten immer komplexeres Leben entsteht und irgendwann einmal als Nebenprodukt ein Bewusstsein hervorbringt, betrachtet man die Entstehung des Lebens in den vedischen Schriften genau umgekehrt. Alles Leben entsteht demnach letztendlich top-down aus Bewusstsein.

4.3.1 Das Reich der Natur und die Lebenskraft

Laut Krishna besteht die Essenz der Göttlichkeit aus zwei Aspekten, er nennt es sein niederes und sein höheres Selbst und beschreibt es folgendermaßen in der Bhagavad-Gītā:

> *»Mein niederes Selbst ist das Reich der Natur (Prakriti) (…) und es setzt sich aus acht Grundbestandteilen zusammen: Erde, Wasser, Feuer, Luft, Äther (Raum), Geist, Intellekt und Ichbewusstsein. Beachte, dass diese Grundkomponenten in aufsteigender Stufenfolge angeordnet sind, von der groben Materie (physikalische und chemische Elemente) bis zum Subtileren und Feineren: Geist, Intellekt und Ichbewusstsein (welches das Grundgefühl ist, als ein physisches Ich zu existieren). Und beachte, dass diese acht Bestandteile allesamt, auch die sehr subtilen, zu Prakriti, dem Kosmos, der Welt der Natur gehören. Jen-*

seits dieser Welt der Natur besitze ich einen zweiten, höheren Aspekt, der sich von der Natur insgesamt unterscheidet und doch mit ihr zusammenwirkt. Dieser ist mein spiritueller Bereich (Purusha). Purusha ist die Lebenskraft, die Bewusstseinsquelle in allen Wesen und der Beseeler allen Lebens. Diese geheimnisvolle Macht trägt und erhält das ganze Universum. Das Sichvermischen dieser beiden Bereiche, der Natur (oder Materie) und des Geistes (oder Bewusstsein), ist der Schoß aller Wesen. Das Leben selbst hat seinen Ursprung in dieser Vereinigung von Natur und Geist. Das ganze Universum entfaltet sich aus diesen beiden Aspekten von mir und wird sich schließlich in mich hinein auflösen. Ich bin reines Bewusstsein, Arjuna, der allen Elementen und Geschöpfen zugrunde liegende Wesenskern.«[205]

Hier wird erstmals genau das eingeführt, was ich in all den Kapiteln zuvor vehement vermisst habe, *Purusha*. Dieser Begriff existiert auch im Speziellen als *Prana (Purusha)*, in Tibet spricht man von *Sog Lung*, in Japan von *Ki* und in China von *Chi* oder *Qi*. Allen gemeinsam ist ihre Übersetzung als *Lebenshauch*, *Lebensatem*, *Lebensenergie* oder *Lebenskraft*. In Kapitel 4.1.1: *Wie entstand das Leben ursprünglich?* (➛Seite 110) bin ich der Frage nachgegangen, warum der Leichnam eines frisch verstorbenen Menschen eigentlich tot ist, denn all die organischen Verbindungen (DNA, RNA, Proteine, Enzyme etc.) und Zellen, die die Biologen als alleinige Lebensgrundlage betrachten, waren ja nach wie vor vorhanden, trotzdem ist das Leben entschwunden. Die Lebenskraft *Purusha* gibt die passende Antwort darauf. Sie ist die unsichtbare Kraft, ein hoher göttlicher Aspekt, der der Materie den Hauch des Lebens spenden, aber auch wieder nehmen kann. Krishna erklärt, dass die Natur (*Prakriti*) allein die Ursache von allem Materiellen im Universum ist, auch der menschliche Körper sei aus ihr allein hervorgegangen. Aber die Ursache für das Lebendigsein, sich als Individuum wahrzunehmen und in einem individuellen Körper Freude und Kummer zu empfinden, ist der göttliche Geist (*Purusha*).[206]

»Immer wieder rege ich die Natur an, ihre Vielzahl von Formen und Wesen hervorzubringen, wobei ich in deren Materie Geist einbringe und sie den Gesetzen ihrer jeweiligen Natur unterwerfe. Keine dieser Handlungen bindet mich in irgendeiner Hinsicht, Arjuna. Ich bleibe ungebunden und unbeteiligt, gleichgültig gegen die Früchte dieser Handlungen. Die Natur – in ihrer Nähe zu Gott – führt die Erschaffenstätigkeiten fort. Unter meinem wachsamen Auge nehmen die Naturgesetze ihren Lauf. Unter meiner Aufsicht über die Maßnahmen manifestieren sich das Belebte und das Unbelebte und wird das Rad der Welt in Drehbewegung versetzt. (…) ich bin der Quell von allem in der Schöpfung, der Ursprung aller Wesen, aller Lebenserscheinungen.«[207]

In Einklang zu Krishnas Erklärungen formuliert Armin Risi in seinem Buch *Ihr seid Lichtwesen* den Ursprung des physischen Lebens auf der Erde mit der *Involution*. Er beschreibt die Involution als ein Erklärungsmodell, das ältestes Wissen und neue Erkenntnisse verbindet und somit fernab von Darwinismus und Kreationismus zu einer ganzheitlichen Wissenschaft des Lebens führt.

»In einer Zeit, in der die Menschheit sich in religiöse und atheistische Einseitigkeiten verrannt hat, wird das Wissen um die geistige Herkunft des Menschen (Involution) zu einer revolutionären Offenbarung: Das Leben auf der Erde hat sich nicht aus Materie entwickelt, sondern aus den geistigen Urgründen des Kosmos heraus. Der Kosmos ist multidimensional, ebenso der Mensch. Die sichtbare materielle Welt ist eingebettet in höhere ‚unsichtbare' Welten. Lichtwesen sind eine lebendige Realität, und auch der Mensch ist ein Lichtwesen, nicht nur symbolisch und mythologisch, auch biologisch und anthropologisch. Was heute auf der Erde geschieht, hat eine lange Vorgeschichte, die in den höherdimensionalen Bereichen des Universums begann.«[208]

Risi beschreibt mit dem Konzept der Involution, wie der Mensch auf der Erde erschien. Er führt den Begriff der Materialisation ein. Das ist ein Vorgang, der durch die Einwirkung von Bewusstsein Feinstoffliches in Grobstoffliches verdichten kann. Doch was versteht man eigentlich unter Fein- und Grobstofflichkeit? Feinstofflichkeit ist kein wissenschaftlich anerkannter Begriff, er stammt vielmehr aus der Esoterik. Dabei handelt es sich um die immaterielle Ebene, ihr werden Begriffe wie ätherisch, spirituell und geistig zugeordnet. Es überrascht mich daher nicht, wenn die materialistische Wissenschaft mit diesem Begriff nichts anfangen kann. Die Grobstofflichkeit umfasst dagegen unsere physische, materielle Welt, und aus esoterischer Sicht unterscheiden sich diese Ebenen rein energetisch durch verschieden starke Verdichtungsstufen. Die Verwendung des Begriffs *Verdichtung* ist jedoch aus meiner Sicht nicht wörtlich zu interpretieren, denn Verdichtung suggeriert, dass man die zugehörigen Energien mit den Mitteln der Physik erfassen und messen könnte. Doch das ist (zumindest bis jetzt) nicht der Fall. Es existiert aber sonst kein anderer qualifizierter Begriff, der den Wandel vom Feinstofflichen zum Grobstofflichen und umgekehrt beschreibt, daher bleibe ich bei der esoterisch üblichen Wortwahl der Verdichtung. Involution kann als eine Erweiterung dieses Konzepts verstanden werden. Dabei kommt es zu einer hierarchischen Verdichtung von Lichtwelten und Lichtwesen aus den jeweils nächsthöheren Dimensionswelten heraus. Wenn in diesem Schöpfungsprozess die Grenze vom Feinstofflichen zum Grobstofflichen überschritten wird, führt die Involution nach Risi zu einer Materialisation.[209]

> *»Involution ist ein interdimensional-hierarchischer Schöpfungsablauf: die sukzessive Verdichtung der zweiten Dimensionswelt aus der ersten, der dritten aus der zweiten bis hin zur siebten, dem für uns sichtbaren Kosmos. (In den meisten Traditionen wird von sieben ›Welten‹ bzw. Schöpfungsebenen gesprochen.) Mit diesen Definitionen können wir die geistige*

Herkunft des Menschen mit einem einzigen Satz zusammenfassen: Die ersten Menschen entstanden durch eine Materialisation von Lichtwesen.«[210]

Die Bezeichnung *Lichtwesen* ist ein Bild für die von der Göttlichkeit geschaffenen Seelen aus dem kosmischen Bewusstsein.
Für das Konzept der Materialisation und Dematerialisation gibt es übrigens viele überzeugende Belege, von denen ich hier zwei etwas näher vorstellen möchte. Beginnen möchte ich mit einem Bericht der Sterbeforscherin Dr. Elisabeth Kübler-Ross.
Auf dem Weg zu ihrem Arbeitszimmer wurde sie von einer Frau angesprochen, ob sie sie begleiten dürfe, sie müsse mit ihr reden. Kübler-Ross erkannte die Dame, es war Frau Schwarz, eine alte Patientin von ihr. Das Sonderbare war jedoch, dass Frau Schwarz vor zehn Monaten gestorben war. Kübler-Ross konnte das, was ihr widerfuhr, nicht glauben, sie dachte, dass sie halluziniere, aber sie konnte die Frau tatsächlich anfassen. Sie beschreibt diesen Vorfall als das Unglaublichste, was sie je erlebt hat. Sie hoffte ständig, dass diese Wesenheit endlich wieder verschwinden würde, aber Frau Schwarz blieb an ihrer Seite. Im Büro angekommen, bat sie die Dame um einen Echtheitsbeweis und ließ sie etwas Handschriftliches auf ein Stück Papier schreiben. Mit dem liebevollsten Lächeln verband sich die Dame telepathisch mit Kübler-Ross und übermittelte ihr: »Sind Sie nun zufrieden?« Sie überbrachte die Botschaft, dass Kübler-Ross nicht mit ihrer Forschung zum Sterben und den nachtodlichen Erlebnissen aufhören darf, dass sie unterstützt werde und ihre eigentliche Arbeit erst beginnen würde.[211] Nachdem die Dame verschwunden war, besorgte sich Kübler-Ross sofort die alten Akten von Frau Schwarz. Die Unterschrift auf dem Krankenblatt stimmte haargenau mit der Unterschrift auf dem soeben erhaltenen Schriftstück überein.[212] Sie sagte, dass sie dieses Ereignis dazu bewogen habe, mit ihrer Forschungsarbeit fortzufahren. Dieser Bericht mag sehr befremdlich, vielleicht sogar verrückt klingen, und einige mögen denken, dass wir jetzt endgültig den Pfad einer se-

riösen Betrachtung verlassen hätten. Es gibt keine Beweise dafür, dass das beschriebene Phänomen wirklich so passiert ist, aber ich halte Frau Kübler-Ross für eine seriöse Wissenschaftlerin. Warum sollte sie sich eine solche Geschichte ausdenken, wohl wissend, dass ihr kaum jemand glauben würde? Mit so einer Geschichte bringt man sich selbst höchstens in Verlegenheit und zieht das Gelächter und die Häme der Skeptiker auf sich. Daher halte ich es für absolut authentisch. Nur wenn es wirklich wahr ist, nimmt man das alles in Kauf, weil man von dem Erlebten zutiefst überzeugt und beeindruckt ist.

Der Holländer Arnold Gerrit Henskes (1912–1948), besser bekannt unter seinem Künstlernamen Mirin Dajo, trat im Sommer 1947 allabendlich im bekannten Züricher Corso-Theater auf und demonstrierte seine körperliche Unverletzbarkeit. Er ließ sich vor dem anwesenden und oftmals schockierten Publikum von seinem Assistenten mehrfach mit einem spitzen Florett den nackten Oberkörper durchbohren. Er ließ diese Prozedur in völliger Ruhe über sich ergehen und empfand dabei keinen Schmerz, es floss kein Tropfen Blut, und das, obwohl die Klingen mehrere Organe penetrierten. Er ließ sich unter anderem im damaligen Kantonsspital von Zürich und dem Bürgerspital in Basel vor den Augen von Ärzten und Rechtsmedizinern durchbohren und ausgiebig untersuchen. Auch nach körperlichen Untersuchungen, nach EKG- und Röntgenuntersuchungen konnten die Ärzte keine Verletzungen erkennen. Fassungslos mussten sie eingestehen, dass es sich um keinen Trick handelte. Diese Untersuchungen erfolgten öffentlich, geleitet wurden sie von dem Schweizer Internisten Professor Rudolph Massini. Es wäre töricht, hierbei eine Verschwörung oder Inszenierung zu unterstellen, denn es waren einfach zu viele verschiedene Menschen an diesen Veranstaltungen beteiligt. Ein Betrug kann definitiv ausgeschlossen werden. Ich verzichte an dieser Stelle auf Fotos; wer sich aber ein eigenes Bild verschaffen möchte, findet in den Büchern von Armin Risi *Ihr seid Lichtwesen*[213] und von Luc Bürgin *Das Wunder – Mirin Dajo: Der unverletzbare Prophet und seine*

phänomenalen Kräfte[214] detaillierte Informationen und Fotos. Es existiert außerdem eine Videoaufnahme von seinen Auftritten und von der ärztlichen Untersuchung. Das Schweizer Fernsehen stellte zusammen mit dem Mysteries-Magazin die Originalaufnahmen der Weltöffentlichkeit zur Verfügung. Hervorheben möchte ich eine Szene des Videos, bei der Mirin Dajo mit einem quer in seinem Bauchraum steckenden Florett sich den anwesenden Leuten in stoischer Ruhe präsentiert. Professor Massini greift sich dabei nicht glauben könnend, was er da sieht, mehrmals fassungslos an den Kopf.[215]
Mirin Dajo erklärte stets, »dass seine Experimente und Demonstrationen ein hohes Ziel haben, nämlich den materialistischen Menschen die Einsicht in die Überlegenheit des Geistes über den Stoff zu vermitteln«.[216]

> *»Es ist meine Aufgabe, den Menschen die Kraft des Geistes zu zeigen. Gott hat mir meine Unverletzbarkeit geschenkt, damit ich erzählen kann von der Kraft des Geistes über die Materie – und von meiner Sendung, deren Ziel der weltweite Frieden ist. Diese göttlichen Kräfte sind nicht nur bei mir, sondern bei jedem wirksam.«*[217]

Mirin Dajo erklärte seine Unverletzbarkeit mit den Begriffen De- und Rematerialisation. Wenn das Florett in seinen Körper gestochen wurde, dematerialisierte sich sein Körpergewebe rund um den Fremdkörper und bildete eine Art Kanal. Beim Herausziehen rematerialisierte sich das Gewebe. Er verwendete außerdem den Begriff Supermaterialisation. Nach Armin Risis Interpretation meinte Dajo damit höchst wahrscheinlich eine Materialisation aus anderen Dimensionen, was dem Zuschauer wie eine Materialisation aus dem Nichts erschien. Dieses Phänomen ist vergleichbar mit dem Konzept der Involution, einer Materialisation von Lichtwesen aus höheren Dimensionen.[218] Zugegebenermaßen hört sich diese Geschichte um Mirin Dajos Wirken sehr verrückt an. Die Wissenschaft hat mitunter auch versucht, diese Phänomene mit ganz natürlichen Ursachen zu erklären, doch sind diese Erklärungsversuche dermaßen abwegig und mitunter sogar so lächerlich, dass man nur noch mit dem Kopf schütteln kann. Es wurde sogar behauptet, dass man bei vorsichtiger Handhabung jeden Menschen auf diese Weise durchstoßen könne oder dass Piercing-Kanäle im Körper vorhanden waren. Es wurde allen Ernstes behauptet, Dajo hätte Piercing-Kanäle durch seinen Brustkorb und Bauchraum getrieben und dabei sogar Organe wie die Lunge und das Herz durchbohrt! Als studierter und promovierter Mediziner kann ich mit absoluter Gewissheit sagen, dass solche Kanäle nicht durch den Körper getrieben werden können, ohne den Menschen dabei hochgradig zu verletzen oder gar zu töten (z. B. durch einen Pneumothorax, innere Blutungen u.v.m.). Der spätere Obduktionsbericht von Dajo hat eindeutig bestätigt, dass keine Fistulas vorhanden waren.[219] Es ist unfassbar, welchen Unsinn diese selbst ernannten Rationalisten von sich geben, nur um nicht mit dem Paradigma zu brechen.

Wenn also die wissenschaftlichen Erklärungsversuche ins Leere laufen, so ist es die einzig richtige Schlussfolgerung, der Echtheit Mirin Dajos Fähigkeiten Glauben zu schenken. Wer solche Dinge leugnet, befindet sich in der misslichen Lage, hoch komplexe inszenierte Betrügereien mit Hunderten von Eingeweihten aus verschiedenen Personenkreisen oder lächerlich anmutende medizinische Erklärungen in Kauf nehmen zu müssen.

Mirin Dajo besaß nicht nur selbstheilerische Kräfte, er konnte seine Fähigkeit auch dazu nutzen, anderen Heilung zu geben. Aber was passiert eigentlich bei so einer Geistheilung, und wie könnte ihre Funktionsweise beschrieben werden? Deutet man die Beobachtungen richtig, so findet eine Dematerialisation der erkrankten bzw. defekten Organe und Strukturen statt. Man kann es sich vielleicht vorstellen wie das Beamen in den Star-Trek-Filmen, nur dass nicht der gesamte Körper in eine andere energetische Form überführt wird, sondern nur die betroffenen Körperteile. Wie ich bereits in Kapitel 3: *Materie* (➛Seite 89) zeigen konnte, ist Materie nicht materiell. Alles ist reine Energie. Ein

Geistheiler scheint in der Lage zu sein, diesen Prozess durch sein Bewusstsein und seine Verbundenheit zu höheren geistigen Ebenen initiieren zu können oder zumindest als Kanal für Heilung zur Verfügung zu stehen. Nach der Dematerialisation kommt es zu einer Rematerialisation des gesunden Gewebes. Organe, versteifte Kniegelenke oder blinde Augen lösen sich quasi in der Feinstofflichkeit auf und rekonstruieren sich in ihrer anatomisch und physiologisch korrekten Anordnung, um schließlich wieder in voller Funktion verdichtet und materialisiert zu werden. Es ist durchaus möglich, dass das morphogenetische Feld bei der Rematerialisation als Informationsquelle eine Rolle spielt. Mir ist bewusst, dass man sich das beschriebene Szenario als aufgeklärter Westeuropäer kaum vorstellen kann, und die meisten von uns würden es wahrscheinlich erst dann glauben, wenn sie selbst dabei gewesen wären oder gar selbst Heilung erfahren hätten. Ich selbst bin den beschriebenen Ereignissen gegenüber durchaus auch kritisch eingestellt. Es hat etwas von mystischer Zauberei, und man könnte denken, dass hier ein professioneller Bühnenmagier am Werk war, der sein Publikum illusorisch täuschte. Doch bei genauerer Betrachtung spricht einfach zu viel dagegen. Es ist unmöglich, so viele verschiedene Personen in der Öffentlichkeit in einen Betrug dieser Größenordnung zu involvieren. Selbst medizinisches Fachpersonal konnte aus nächster Nähe sogar mithilfe von Röntgenbildern keine Täuschungen erkennen und schon gar keine Erklärungen für die nachweislichen Heilungserfolge geben.

Unter Abwägung aller Beobachtungen und zeitgenössischer Berichte scheint es mir am plausibelsten zu sein, dass die beschriebenen Ereignisse tatsächlich authentisch sind. Es fällt mir sogar deutlich leichter, an eine De- und Rematerialisation oder an eine Involution zu glauben, als an eine chemische und biologische Evolutionstheorie, die die von mir zuvor beschriebenen Schwächen besitzt. Im Gegensatz zur Entstehung von Leben aus toter Materie und der Makroevolution konnte das Prinzip der De- und Rematerialisation wenigstens wirklich beobachtet werden, und Beobachten ist schließlich die Grundlage jeglicher empirischer Forschung. Das Intelligent Design (ID) ist aus meiner Sicht der erste Schritt in die richtige Richtung. Es ist den materialistischen Konzepten argumentativ weit überlegen und bringt die Evolutionisten in große Erklärungsnot. ID lässt die konkrete Benennung des Designers zwar offen, doch läuft es auf eine bewusste, intelligente Quelle hinaus. Das ist aus meiner Sicht der entscheidende Punkt. Bewusstsein entsteht nicht am Ende der Entwicklung als zufälliges Produkt einer mutmaßlichen Evolution, Bewusstsein ist der Ursprung und die steuernde Instanz all dieser Entwicklungen. Je tiefer man sich mit den wissenschaftlichen Details dazu beschäftigt, desto klarer wird, dass Materie allein das Leben nicht begründen kann. In erster Instanz braucht es Bewusstsein und Intellekt.

Nach all den unglaublichen und eindrücklichen Erlebnissen und Gefühlen, die mich nach Jomas Unfall durchströmten, nach den höchst signifikanten Studienergebnissen unserer EREAMS-Studie zu Jenseitskontakten und nach Abwägung von Wahrscheinlichkeiten, logischen Schlussfolgerungen und schlüssiger Argumentation in Bezug auf die Entstehung von Leben und komplexer, sinnvoller Information komme ich zu der Erkenntnis, dass Bewusstsein nicht im Rahmen materieller Prozesse im Laufe der Zeit entstand und entsteht, sondern der Ausgangspunkt all dieser Entwicklungen sein muss. Alles, was die Welt und uns Menschen im Innersten ausmacht, stammt von jenseits der Materie, und wenn unser physisches Ende naht, wird sich unsere Seele auch wieder ihrer unendlichen Existenz jenseits von Zeit, Raum und Materie bewusst. Ich bin mir daher nach meiner intensiven Auseinandersetzung mit der Entstehung des Lebens absolut sicher, dass Joma nicht das Produkt materieller Abläufe war. Ihr Bewusstsein existierte schon vor ihrem materiellen Körper, und es existiert auch jetzt noch, nach ihrem physischen Tod. Der Körper ist für mein Verständnis nur ein phasenweiser Mitläufer in unserer ewigen Existenz, er ermöglicht uns und anderen, Erfahrungen zu machen, die unseren Seelen zu Wachstum verhelfen. In dieser ganzheitlichen Betrachtung halte ich somit das Konzept der Involution in Ergänzung zu den vedischen Schriften fernab von irgendeiner religiösen Gesinnung für die überzeugendste Erklärung, wenn es um die Entstehung der Welt, des Menschen und des Lebens allgemein geht. Rationalisten mögen diese Erkenntnis womöglich belächeln und aus Unwissenheit als Mystik oder esoterischen Blödsinn abtun. Doch sind sie sich zumeist gar nicht im Klaren darüber, dass sie für die Aufrechterhaltung ihres eigenen materialistischen Weltbilds einen noch viel größeren Glauben aufbringen müssen. Ich bin jedenfalls nicht bereit, an all die dafür erforderlichen Wunder zu glauben, die die Wissenschaft so geschickt vor ihren Studenten und Schülern zu verbergen weiß.

Nachdem die materialistische Evolutionstheorie im Leben keinen Sinn sieht und alles als Produkt des reinen Zufalls interpretiert, möchte ich dem widersprechen und dieses Kapitel mit einem Zitat von Krishna aus der Bhagavad-Gītā zum Sinn des menschlichen Lebens abschließen:

> *»Alles Leben dreht sich um dieses als ‚das Yajna-Rad' bezeichnete Opfergesetz (Opfer = selbstloses Handeln, Anm. d. Verf.). Wer davon abschweift und stattdessen danach trachtet, den Sinnen des persönlichen Vergnügens wegen freien Lauf zu lassen und damit die Bedürfnisse anderer ignoriert, lebt vergebens und vergeudet sein Leben. Warum setze ich, der Schöpfer, dies in Bewegung? Weil diese Welt ein Lernfeld ist, ein Ort zur Erziehung, Ausbildung und Erhöhung aller Wesen. Wenn wir es ablehnen zu lernen, können wir nicht den Nutzen der Schulung erlangen.«*[220]

5 Bewusstsein

»Der Geist, das Bewusstsein, die Seele müssen grundsätzlich als etwas vom Körper Unabhängiges, als etwas außerhalb des zentralen Nervensystems Existierendes betrachtet werden. Geist und Bewusstsein sind nicht, wie manche Wissenschaftler behaupten, ›die Ausscheidungen des Gehirns‹ und damit erloschen, sobald das Gehirn zu funktionieren aufhört, sondern der Geist hat sich das Gehirn, den gesamten Körper nach und nach erst erschaffen und wird sein Instrument immer weiter vervollkommnen.«[1]

Sir John Carew Eccles
australischer Nobelpreisträger für Medizin
auf dem Weltkongress für Philosophie
1978 in Düsseldorf

Für die meisten Gehirnforscher gibt es keinen Zweifel daran, dass unsere Gefühle, unsere Gedanken, unsere Erinnerungen, unsere Zukunftspläne, unsere Fantasie, unsere Intuition, aber auch unsere psychischen Störungen auf materialistischer Basis in unserem Gehirn entstehen. Das, was uns im Innersten ausmacht, mit all unseren individuellen Charakteristika wird radikal auf biologische, biochemische und physikalische Prozesse reduziert. Ganz unwissenschaftlich aber höchst intuitiv möchte ich diese Hypothese einer ersten Bewertung unterziehen. Für mich ist es unvorstellbar, dass z. B. die Liebe als das höchste aller Gefühle durch Neuronenaktivität im Gehirn entstehen könnte. Diese unglaubliche Liebe, die man z. B. für seine eigenen Kinder empfindet oder die Liebe zur Musik oder die kreative Entfaltung in der Kunst können doch kein Produkt von Aktionspotenzialen und biochemischen Abläufen im synaptischen Spalt sein. Ob ich mit meiner Intuition richtig liege oder die Wissenschaft erdrückende Beweise für ihre Behauptungen erbringen kann, werde ich im Folgenden genauer untersuchen.

Der Pharmakologe und Wissenschaftsjournalist Dr. Felix Hasler spricht in seinem Buch *Neuromythologie* geradezu von einem Neuro-Hype und einer gewissen Arroganz, dass die aktuelle Gehirnforschung vorgibt, genau über die biologischen Prozesse zur Entstehung unseres Denkens und Fühlens Bescheid zu wissen. Dieses überhebliche Denken hat leider gravierende Konsequenzen vor allem für Patienten mit psychischen Störungen, deren Ursache gänzlich als eine biologische oder physiologische Fehlfunktion im Gehirn betrachtet wird. Meiner Ansicht nach sind es auch nicht zuletzt die Pharmaunternehmen, die diese Betrachtungsweise noch weiter befeuern. Schließlich kann man damit den Einsatz teurer Medikamente rechtfertigen. Hasler konnte sehr eindrücklich zeigen, dass es die Pharmaindustrie immer wieder geschafft hat, Medikamente durch Manipulation von Studien auf den Markt zu bringen. Außerdem hätten Pharmaunternehmen viel Geld in die Popularisierung und Vermarktung neuer psychischer Krankheiten investiert.[2] Ich finde es eine verheerende Entwicklung, dass heute siebenmal so viele Psychopharmaka verschrieben werden wie noch vor 25 Jahren[3], insbesondere vor dem Hintergrund, dass eine aktuelle große Studie des Psychiaters Klaus Munkholm und seiner Kollegen zu dem Schluss kam, dass nahezu keine messbaren Vorteile von Antidepressiva gegenüber Placebo nachgewiesen werden konnten.[4] Entgegen der herrschenden Meinung und Praxis würde dies bedeuten, dass es keine wissenschaftliche Evidenz für den Einsatz von Antidepressiva gibt. Aber es gibt durchaus auch einen positiven Trend zu beobachten, so schreibt Dr. Gabriella Hunziker im deutschen Ärzteblatt, dass »sich glücklicherweise eine neue Generation von kritischen Neurowissenschaftlern bildet, welche sehr wohl die Begrenztheit der Hirnforschung erkennen«[5].

5.1 *Entsteht Bewusstsein im Gehirn?*

> *»Die Hypothese, dass Bewusstsein und Erinnerungen ausschließlich in unserem Gehirn erzeugt und gespeichert werden, ist jedoch immer noch unbewiesen. Ein direkter Nachweis, ob und wie Neuronen im Gehirn den subjektiven Kerngehalt unseres Bewusstseins hervorbringen, steht noch gänzlich aus. (…) Der materialistische Standpunkt greift in vielerlei Hinsicht zu kurz und ist in der heutigen Form nicht länger aufrechtzuerhalten. Es zeichnet sich immer deutlicher ab, dass sich Bewusstsein nicht ausschließlich aus der Aktivität des Gehirns erklären lässt.«*[6]
>
> Pim van Lommel

Dass das Zusammenspiel von Neuronen ursächlich für das Erzeugen von Bewusstsein verantwortlich ist, ist wissenschaftlich noch gänzlich unbewiesen. Neben dem niederländischen Kardiologen und Nahtodforscher Pim van Lommel kommt auch Mario Beauregard, Professor für Psychologie und Radiologie am Neuroscience Research Center der Universität von Montréal, zu der Überzeugung, dass der Materialismus als Erklärung für den Ursprung des Bewusstseins aus neurobiologischer und neurokognitiver Betrachtungsweise nicht länger haltbar ist.[7] Der deutsche Philosoph Dr. Richard David Precht bezieht sich in seinem Buch *Wer bin ich und wenn ja, wie viele?* auf aktuelle Erkenntnisse aus der Gehirnforschung. Das Messen und Lokalisieren von Gehirnaktivität im Kernspintomografen bei bestimmten emotionalen Auslösern (z. B. durch sexuell erregende oder aufwühlende Bilder) beschreibt er als den großen Renner unter den Neurobiologen. Er behauptet sogar, dass all unser Fühlen, Denken und Handeln mithilfe chemischer Signalsubstanzen entstünde.[8] Für mich ist diese Behauptung überhaupt nicht nachvollziehbar, zumal sie jeglicher logischen Schlussfolgerung entbehrt. Dass die chemischen Signalsubstanzen an unseren Gefühlen beteiligt sind, steht außer Frage, aber sie als Grund für ihre Entstehung zu bezeichnen, ist gänzlich unbewiesen und meiner Ansicht nach komplett falsch.

Leider macht kein Wissenschaftler darauf aufmerksam, dass es nichts weiter als eine unbewiesene Mutmaßung ist, stattdessen wird es als bewiesener Fakt interpretiert. Es werden hier aus meiner Sicht gravierende Fehler mit fatalen Konsequenzen begangen, wie ich im Folgenden beschreiben werde.

Die heutige Hirnforschung versucht die Entstehung von Bewusstsein und Gefühlen insbesondere durch den Nachweis erhöhter Aktivität in bestimmten Gehirnbereichen zu belegen. Hier kommen vor allem Verfahren der Neuroradiologie (z. B. EEG*, PET** oder fMRT***) als Methoden zum Einsatz. Insbesondere vermutet die Wissenschaft den Ursprung der Gefühle im Gehirnareal des limbischen Systems mit Amygdala und Thalamus. Es ist jedoch eine fatale Fehlinterpretation und fast schon naiv zu schlussfolgern, dass eine erhöhte Aktivität in bestimmten Hirnarealen gewisse Gefühle entstehen lasse. Dass diese Gehirnareale bei bestimmten Gefühlen involviert sind, konnte bereits in vielen Studien gezeigt werden. Aber auch das Entstehen der Gefühle dort zu verorten, ist keine zulässige Schlussfolgerung. Diese Denkweise ist aus meiner Sicht grob fahrlässig und Ausdruck materialistischen Wunschdenkens!

Stellen wir uns folgende Situation vor: Wir hören ein wundervolles, gefühlvolles Lied. Seine Melodie ist atemberaubend, sein Text berührt unser Herz. Nun möchten wir herausfinden, wo dieses Lied ursprünglich hergekommen ist. Wie ist der kreative Schöpfungsakt, die Komposition des Liedes zu erklären? Woher stammen die Melodie, der Rhythmus und der Text? Nun macht sich ein klassischer Wissenschaftler auf die Suche und untersucht das Radiogerät, das dieses Lied abgespielt hat. Was macht dieser Wissenschaftler nun, um den Ursprung zu finden? Wenn er die Strategie der Gehirnforscher einsetzt, schiebt er das Radiogerät durch einen Tomografen und entdeckt, dass bestimmte Bauteile darin aktiv sind, wenn das Lied gespielt wird. In dem Gerät fließt

* Elektroenzephalogramm
** Positronen-Emissions-Tomografie
*** funktionelle Magnetresonanztomografie

Strom durch Widerstände, Kondensatoren und Spulen. Komponenten werden warm oder geraten in Schwingung. Also schlussfolgert er leichtfertig, dass das Lied ursprünglich genau in diesen Komponenten entstanden sein muss. Das ist ganz offenkundig ein Trugschluss, das Radio ist schließlich nur ein Empfänger. Niemals wird ein Lied als kreativer Schöpfungsakt von dem Gerät erschaffen. Was ich hier beschrieben habe, entspricht im übertragenen Sinne ungefähr dem Niveau unserer aktuellen wissenschaftlichen Gehirnforschung. Unser Gehirn ist nicht die kreative Quelle unserer Gefühle; es ist vielmehr vergleichbar mit dem soeben beschriebenen Radiogerät. Aus meiner Sicht sind daher die Erkenntnisse unserer Gehirnforschung in Bezug auf den Ursprung von Gefühlen und Bewusstsein nichts wert. Die Gleichung: *Erhöhte Aktivität in einem bestimmten Gehirnareal = Ursprung und Lokalisation von Gefühlen und Bewusstsein* ist naiv und wenig überzeugend. So ist auch das Gehirn vielmehr ein Mediator, ein Empfänger für die irdische, körperliche Anbindung an die Seele als Träger der Gefühle und des Bewusstseins. Pim van Lommel hat durch seine Studien mit Patienten, die eine Nahtoderfahrung erlebten, beweislastige und eindringliche Erlebnisberichte gesammelt. Diese Berichte lassen nur einen Schluss zu, nämlich dass das Bewusstsein unabhängig vom Gehirn und Körper erfahrbar ist.[9]

Im Zusammenhang mit der Erforschung von Nahtoderfahrungen wird jedoch immer wieder kritisiert, dass diese Menschen ja eben nicht wirklich gestorben und deshalb auch diese Nahtodberichte nicht unbedingt aussagekräftig seien. Daher sind wir in unserer EREAMS-Studie (siehe Kapitel 7: *Gibt es eine Evidenz für eine Geistige Welt?* ➛Seite 319) noch einen Schritt weiter gegangen und haben mithilfe seriöser gut ausgebildeter Jenseitsmedien die Möglichkeit des Kontakts zum Bewusstsein von tatsächlich Verstorbenen untersucht. Dies ist mit erstaunlich großer Evidenz gelungen. Die Verstorbenen konnten sich in über 90 Prozent der Fälle über eindeutige, hoch spezifische Botschaften zu Ereignissen oder Geheimnissen, die nur die Verstorbenen selbst und deren Angehörige hatten wissen können, zweifelsfrei und eindrucksvoll beweisen. Die Körper und dementsprechend auch die Gehirne dieser Verstorbenen sind durch den Verwesungsprozess oder durch Einäscherung schon längst nicht mehr vorhanden, trotzdem konnte man mit ihrem Bewusstsein kommunizieren und ihre Gefühle erfahren.

Dass man das Gehirn für ein funktionierendes Bewusstsein nicht benötigt, wurde auch schon in verschiedenen anderen Studien gezeigt. So untersuchte der britische Neurologe John Lorber Menschen mit einem Wasserkopf (Hydrocephalus) auf deren Intelligenz. Bei einem Wasserkopf ist der Schädel mit zu viel Gehirnflüssigkeit (Liquor cerebrospinalis) gefüllt, während das Gehirn durch Schwund viel zu klein und unterentwickelt ist. Lorber untersuchte insgesamt 600 Patienten. Bei 60 von ihnen war der Befund extrem, und der Liquor nahm ein Volumen von über 95 Prozent des Schädelinneren ein. Während die eine Hälfte von ihnen schwere geistige Behinderungen zeigte, besaß die andere Hälfte einen IQ von über 100. Er berichtet zudem von einem jungen Studenten, der einen hervorragenden Universitätsabschluss in Mathematik erhielt. Seinem Professor fiel auf, dass er einen etwas vergrößerten Schädel besaß und schickte ihn zum Neurologen Lorber. Als dieser ihn untersuchte, zeigte sich, dass die Gehirnmasse zwischen den inneren Ventrikeln und der kortikalen Gehirnoberfläche statt der normalen 4,5 Zentimeter lediglich einen Millimeter betrug. Dieser Mann besaß also einen erstklassigen Universitätsabschluss und einen IQ von 126, zeigte ein ganz normales soziales Verhalten, und das alles im Prinzip ohne Gehirn.[10] Der kanadische Hirnphysiologe und Neurochirurg Wilder Penfield konnte durch elektrische Stimulation von bestimmten Arealen der Großhirnrinde mit einer dünnen Nadel akustische und visuelle Sinneseindrücke oder längst vergangene Erinnerungen im Patienten erzeugen. Trotz dieser Ergebnisse stellte er jedoch klar, dass es »keine Stelle an der Großhirnrinde gibt, wo Elektroschocks einen Patienten zu einer Überzeugung bringen oder zu einer Entscheidung veranlassen (...) oder etwas bewirken, was Geistesaktivität genannt werden könnte«[11].

Interessant waren auch die vom britischen Neurobiologen Steven Rose veröffentlichten Ergebnisse über die Untersuchung von Hühnerkükengehirnen. Die Küken lernten über einen induzierten Übelkeitsreiz, dass sie nicht an kleinen farbigen Lichtern picken sollten, obwohl sie von Natur aus an allem picken. Der Lernprozess war erfolgreich, und die Forschergruppe fand heraus, dass in den Gehirnen der Küken beim Lernen im linken Vorderhirn eine starke Entwicklung und Aktivität stattfand.[12] Daraus schloss man, dass die Erinnerung an das Gelernte in den entsprechenden Nervenzellen enthalten sein musste. Als man nun diesen Küken den betreffenden Gehirnbereich mit den aktiven Nervenzellen entfernte, ging man davon aus, dass das gelernte Verhalten verloren ginge. Dies war aber nicht der Fall. Die Küken haben ihre Erinnerung an das Gelernte behalten. Gleiches berichtet auch Penfield, der feststellte, dass es selbst nach der operativen Entfernung großer Bereiche der Großhirnrinde beim Menschen zu keinerlei Beeinträchtigung des Bewusstseins des Patienten kam.[13] Der Neurochirurg Eben Alexander erlitt eine schwere, durch das Bakterium E. coli hervorgerufene Meningitis. Während er im Koma lag, wurde seine gesamte Großhirnrinde von den Bakterien schwer angegriffen.[14] Die Großhirnrinde gilt als Sitz der höchsten integrativen Funktionen des Gehirns, und obwohl Eben Alexanders Neocortex absolut keine Aktivität mehr zeigte, erlebte er währenddessen die eindrücklichste und bewussteste Erfahrung seines Lebens. Offensichtlich ist unser Bewusstsein nicht das Produkt einer Gehirntätigkeit. Es existiert völlig losgelöst davon.

5.2 Liebe

»Die Liebe selbst kann nicht sterben, sie ist eine Konstante, die bei uns bleibt, auf alle Ewigkeit. Wenn du Menschen wirklich geliebt hast, wirst du sie nie verlieren.«[15] Gordon Smith

Ich durfte die Begrenztheit der irdischen Gefühlswelt durchbrechen und bedingungslose unendliche Liebe auf Seelenebene erfahren. Mir wurde klar, dass sich liebende Seelen durch nichts und niemanden trennen lassen, weder durch den Tod noch durch ein Leben, in dem man sich nie begegnet ist. Die Liebe ist letztendlich das einzig Relevante unserer unendlichen Existenz, und doch vermag die Wissenschaft die Liebe nicht zu erklären, und daran wird sich auch in Zukunft nichts ändern. Hans-Peter Dürr hat die höhere Beschaffenheit der Liebe gut erkannt:

> *»Wenn du versuchst, die Liebe zu erklären, dann zerstörst du etwas; denn in dem Augenblick, wo man meint, die Liebe begriffen zu haben, hat man sie zerstört!«*[16]

Wahre Herzensliebe kommt nicht aus der materiellen Welt, daher wird die konventionelle, klassische und materiell ausgerichtete Wissenschaft auch niemals Beweise für ihren Ursprung finden können, solange sie sich ausschließlich auf biochemische und physikalische Vorgänge fokussiert. Der Hamburger Psychologie-Professor Heinrich Berbalk schreibt über die Liebe, dass zwar viel über sie nachgedacht, aber wenig geforscht wurde.[17] Dies hat mich dazu veranlasst, eine Literaturrecherche über ein renommiertes Recherchesystem für wissenschaftliche Datenbanken und Bibliothekskataloge zum Thema Liebesforschung durchzuführen. Mit dem Suchbegriff »Marketing« erhielt ich 6,7 Millionen Treffer, bei der Suche nach »Love« gab es immerhin noch 3 Millionen Ergebnisse. Doch als ich die gefundenen Quellen zum Thema Liebe dann etwas genauer betrachtete, fand ich nahezu nichts zu der Herzensliebe, von der ich oben berichtete. Es ging darin fast immer nur um die Liebe zum Job, um Liebes- und Dating-Apps oder um die Liebe zum Geldverdienen. Zu einem verschwindend geringen Prozentsatz fanden sich vereinzelt tatsächlich auch Veröffentlichungen zu Liebesbeziehungen, die sich in erster Linie auf das Finden eines geeigneten Partners, sexuelle Attraktivität und psychologische Analysen von

Verhaltensweisen zwischen Mann und Frau beschränkten. Die Erforschung tiefer Herzensliebe, wie sie z. B. zwischen Eltern und ihren Kindern besteht, ist annähernd nicht existent. Würde man die Menschheit befragen, worüber sie gern mehr erfahren möchte, über den Ursprung und die Beschaffenheit der Liebe zu den Menschen, die ihnen unendlich viel bedeuten oder zu neuen Marketingstrategien in der Textilindustrie, so bin ich mir sicher, dass sich kaum jemand für das Marketing entscheiden würde. Ich bin überzeugt davon, dass man zur Erforschung von Herzensliebe akzeptieren muss, dass diese Liebe nicht über den Materialismus erklärt werden kann, sondern von höherer geistiger, vielleicht sogar göttlicher Natur ist.

5.2.1 Das Gehirn - ein Organ der Liebe?

> *»Ein liebender Mensch liegt im Koma, und der andere erweckt ihn mit seiner Liebe und ständigen Fürsorge wieder zum Leben.(…) So klar die wissenschaftliche und medizinische Erklärung auch klingen mag, jetzt weiß ich aus Erfahrung: Liebe heilt und erweckt zum Leben. Julia (Nawalnys Ehefrau, Anm. d. Verf.), du hast mich gerettet, und das sollten sie in die Lehrbücher für Neurowissenschaften schreiben.«*[18]
>
> Alexei Nawalny, nachdem er
> nach seiner Nowitschok-Vergiftung
> aus dem Koma erwacht war.

Bei meinen Recherchen zur wissenschaftlichen Erforschung der Liebe wiesen alle von mir gefundenen Artikel immer zwei Gemeinsamkeiten auf. Die Gehirnforscher untersuchten ausschließlich die partnerschaftliche Liebe zwischen Mann und Frau, und sie verorteten den Ursprung der Liebe stets im Gehirn. Meiner Ansicht nach ist es zunächst einmal erforderlich, den Begriff der Liebe genauer zu spezifizieren. Liebe ist nicht gleich Liebe, und die Wissenschaft betrachtet ausschließlich den einen Aspekt des Verliebtseins mit einem Lebenspartner. Philosophen verwenden für diese leidenschaftliche Form der begehrenden und erotischen Liebe den altgriechischen Begriff *Eros*. Studien fokussieren sich dabei unweigerlich auf Begrifflichkeiten wie *Glückshormone*, *Erregung* und *Sexualität*, allesamt Eigenschaften der materiellen Welt. Natürlich ist das auch eine Form von Liebe, aber es gibt weitere Ebenen, die von der Forschung komplett ignoriert werden. So gibt es die Liebe zur Familie und zu Freunden. Man kann sein Haustier lieben, sein Hobby, sein Auto, die Musik, die Natur und vieles mehr. Im Folgenden möchte ich jedoch zwei ganz besondere Formen der Liebe herausstellen, da sie die größtmöglichen Manifestationen im Diesseits und Jenseits darstellen. 2014 veröffentlichten die Disney-Studios eine Neuauflage des Films *Dornröschen* mit Angelina Jolie in der Hauptrolle als dunkle Fee Maleficent. In der Geschichte belegte sie die neugeborene Königstochter Aurora aus Wut auf den König mit einem Fluch. An ihrem 16. Geburtstag sollte sie sich an einer Spindel stechen und daraufhin in einen todesähnlichen Schlaf fallen. Der Fluch könne nur von einem Kuss der wahren Liebe aufgehoben werden. Aurora wuchs heran, und sie liebte das Moor, die Natur und all die Wesen, die dort im Reich der dunklen Fee lebten. Aurora und Maleficent näherten sich unerwartet an und bauten eine innige und liebevolle Beziehung zueinander auf. Maleficent zog Aurora auf und liebte dieses Kind schließlich wie ihre eigene Tochter. Sie musste hilflos mit ansehen, wie sich ihr selbst ausgesprochener Fluch, gegen den auch sie machtlos war, unaufhaltsam erfüllte. Als Aurora sich dann im Alter von 16 Jahren tatsächlich an der Spindel stach und in einen todesähnlichen Schlaf fiel, sollte der Fluch durch einen Kuss wahrer Liebe von Prinz Philip gebrochen werden. Doch als er sie küsste, passierte nichts. Aurora wurde nicht wach. Verzweifelt, in tiefster Liebe und mit einem gebrochenen Herzen verabschiedete sich Maleficent von dem leblosen Körper Auroras. Zum Abschied hauchte sie unter Tränen einen zärtlichen Kuss auf Auroras Stirn. Daraufhin öffnete Aurora ihre Augen, und der Fluch war gebrochen. Der Kuss wahrer Liebe stammte also nicht vom potenziellen Liebespartner Prinz Philip, sondern von einer Mutter. Diese Geschichte ist natürlich nur ein Märchen, aber jeder, der eigene Kinder hat, wird es nachvollziehen können. Unter normalen Umständen gibt es in einem irdischen Leben keine größere Liebe als die Liebe zum eigenen Kind. Natürlich kann die Liebe zum Partner durchaus ähnliche Ausmaße annehmen, und ich hoffe, dass jeder dieses Glück erfahren darf. Aber die Liebe zum eigenen Kind hat in der Regel einen noch höheren Stellenwert. Diese Art von Liebe führt uns nicht in einen Libido hormonell geprägten Zustand von Erregung, der im Besonderen Gegenstand wissenschaftlicher Forschung ist, sie ist vielmehr eine reine, bedingungslose Form von unendlicher seelischer Verbundenheit.

Wenn man diesen Bereich des irdisch Erfahrbaren überschreitet, findet man noch eine weitere Ebene von Liebe, die den meisten Menschen zu Lebzeiten allerdings verwehrt bleibt. Es ist die Form von Liebe, die ihren Ursprung in höheren Dimensionen der Geistigen Welt hat, eine Liebe, wie ich sie in Kapitel 1: *Und plötzlich war alles anders* (➛Seite 17) beschrieben habe. Diese unendliche, bedingungslose und alles überstrahlende Liebe lässt sich mit menschlichen Worten nicht adäquat beschreiben. Nur wer diese Liebe wirklich selbst einmal gespürt hat, kann sie auch verstehen. Diese Liebe ist absolut real, sie wird z. B. in unzähligen Berichten von Menschen mit Nahtoderfahrungen erwähnt. Auch ich durfte und darf diese Liebe immer wieder fühlen, und wer sie nur einmal erlebt hat, wird eine immerwährende Sehnsucht danach verspüren. Diese verschiedenen Ebenen von Liebe spiegeln meiner Ansicht nach unterschiedliche Qualitäten wider, die es in der Forschung auch zu berücksichtigen gilt. Eine wissenschaftliche Betrachtung der Ebenen jenseits der partnerschaftlichen Liebe (Eros) ist leider nicht existent, daher dringen die bisherigen Forschungsergebnisse nicht an den Kern der wahren Herzensliebe heran.

Die amerikanische Anthropologin Prof. Dr. Helen Fisher war in den 1990er-Jahren eine der ersten Forscherinnen, die sich mit dem Zusammenspiel von Liebe und Gehirnaktivitäten beschäftigt hat. Das folgende Zitat von ihr macht mehr als deutlich, dass sie eine sehr beschränkte Sicht auf die Liebe hat, weil es wieder nur um Fortpflanzung und Endokrinologie geht. Sie bezeichnet die Liebe als »eine der zentralen Hirnstrukturen, die sich zur Steuerung von Paarung und Fortpflanzung entwickelten«.[19] Also ich kann mit Sicherheit bezeugen, dass die Liebe zu meinen Kindern, zu meinen Tieren oder zur Natur nicht dadurch zustande kommt, dass ich mich fortpflanzen will. Die Deutsche Presse-Agentur berichtete von einer Studie, bei der 35 Prozent der Hundebesitzer angaben, ihr Haustier mehr zu lieben als ihren Partner.[20] Hier versagt die Annahme vollkommen, dass der Paarungstrieb der Ursprung von Liebesgefühlen sei. Wie könnte man mit dieser Ansicht z. B. auch die Liebe zwischen homosexuellen Paaren erklären? Zwei gleichgeschlechtliche Menschen verlieben sich der Liebe wegen und nicht, weil sie sich Hoffnung auf Fortpflanzung machen. Könnte es sein, dass eine solche wissenschaftliche Betrachtungsweise der Homosexualität ganz unterschwellig sogar den Stempel einer Krankheit aufdrückt? Ich finde, dass die wissenschaftlichen Erklärungsversuche für die Liebe von Frau Fisher im Ansatz schon falsch und nur Ausdruck eines materialistischen Paradigmas sind. Die Liebe ist kein Hilfswerkzeug, damit es zur Fortpflanzung kommt, sie selbst ist das größere, wichtigere Prinzip.[21] Paarung und Fortpflanzung sind sicherlich Aspekte der partnerschaftlichen Liebe, aber sie bringen sie doch nicht ursprünglich hervor. Fisher kommt ebenso wie der Ulmer Neurowissenschaftler und Psychiater Prof. Dr. Dr. Manfred Spitzer zu dem Schluss, dass das Gehirn das Organ der Liebe sei.[22] Sie begründen ihre Erkenntnis mit der Biochemie und mit Resultaten der funktionellen Magnetresonanztomografie (fMRT), einem bildgebenden Verfahren, das Hirnaktivitäten sichtbar macht. Dabei misst die fMRT die Neuronenaktivität nicht direkt, es werden lokale Durchblutungsunterschiede dargestellt. Dr. Francesco Bianchi-Demicheli, Psychiater und Sexologe der Universitätskliniken in Genf, und Stéphanie Ortigue von der Universität Syracuse in den USA entwickelten zur Untersuchung von Liebe im Gehirn sogar ein neurologisches Analyseverfahren namens *Neuro-Imaging of Love*, das ebenfalls mit Aufnahmen aus der fMRT arbeitet.[23] Sie untersuchten mit der gleichen Strategie wie die beiden Neurobiologen Dr. Andreas Bartels vom MaxPlanckInstitut in Tübingen und Prof. Dr. Semir Zeki vom University College London frisch verliebte Probanden, indem sie ihnen Fotos von ihren geliebten Partnern zeigten, während sie dabei ihre Gehirnaktivität mittels fMRT untersuchten. Sie konnten feststellen, dass vier begrenzte Hirnregionen beim Gefühl der Liebe aktiv waren (der vordere cinguläre Cortex, der Insellappen, der Nucleus caudatus und das Putamen).[24] Neben der neuronalen Aktivität spielt auch die Ausschüttung von Botenstoffen im Gehirn eine tragende Rolle, wie Prof. Dr. Michael Berner, Direktor des Klinikums Karlsruhe, ausführt.[25] Die wichtigsten Hormone sind dabei das Noradrenalin und Dopamin. Das Noradrenalin aktiviert den Körper, macht euphorisch und ähnelt mit seiner aufputschenden Wirkung dem Kokain. Der Neurotransmitter Dopamin vermittelt positive Gefühlserlebnisse, er stimuliert wie bei Suchtkranken das Belohnungssystem im Gehirn und wird deshalb auch als Glückshormon bezeichnet. Somit entstehe nach Ansicht der Forscher eine Art Sucht nach Liebe, weil das Bedürfnis entstünde, das Belohnungssystem immer wieder aufs Neue zu stimulieren. Sehnsucht und Verlangen nach Liebe werden aus Sicht der Forschung also in erster Linie durch hormonelle Faktoren erklärt. Können uns diese Erkenntnisse wirklich bei der Suche nach dem Ursprung der Liebe Aufschluss geben? Definitiv nicht. Die Schlussfolgerungen, die die Wissenschaftler aus ihren Beobachtungen abgeleitet haben, tragen zur Lösung der Ursprungsfrage nichts bei. Sie bezeichnen das Gehirn als das Organ der Liebe und behaupten, dass die Liebe und auch andere Gefühle im Gehirn entstünden. Bei der Entstehung des Gefühls der Liebe sollen außerdem Hormone maßgeblich beteiligt sein. Wie ich bereits kritisiert habe, halte ich es nicht für legitim und für absolut unlogisch, wenn allein aus einer erhöhten Aktivität in bestimmten Bereichen des Gehirns statt einer Beteiligung plötzlich ursächliche Entstehungsprozesse für die Liebe und andere Gefühle erkannt werden sollen. Eine erhöhte Aktivität deutet doch nicht zwangsläufig auf ein Hervorbringen dieser Gefühle hin. Der Grund für diese Interpretation liegt einzig und allein darin, dass das Gehirn die oberste physikalisch noch erfassbare und messbare Ebene im menschlichen Körper darstellt. Aber gerade vor dem Hintergrund, dass Materie nicht materiell (siehe Kapitel 3: *Materie* ➤Seite 89) und letztendlich nichts weiter als ein energetisches Schwingungsmuster ist, stellt sich die Frage, warum man bei der Rückverfolgung zum Ursprung an den Grenzen des Gehirns einfach aufhört zu suchen. Die Möglichkeit, dass die Energie der Gehirnmaterie nicht die oberste Grenze bildet, sondern dass darüber hinaus weitere Ebenen des Bewusstseins existieren, wird von unserer Wissenschaft gänzlich ignoriert. Die Wissenschaftler legen hier zum wiederholten Mal ihre Ehrlichkeit ab, denn wären sie ehrlich, dann müssten sie sich zurückhaltender ausdrücken, z. B. so: »Im Zuge unserer Untersuchungen konnten wir in bestimmten Gehirnarealen eine erhöhte Aktivität feststellen. Diese Areale bilden die oberste für uns erfassbare Ebene, wo wir mit den aktuell verfügbaren Gerätschaften etwas messen können. Vor dem Hintergrund eines rein materialistischen Weltbildes gehen wir davon aus, dass die Liebe oder auch andere Gefühle und Wünsche an den besagten Regionen im Gehirn ursprünglich entstehen müssen, denn es existiert keine weitere, diesen Arealen übergeordnete materielle Struktur im physischen Körper. Wie dieser ursprüngliche Entstehungsprozess im Inneren des Gehirns genau aussieht, kann aktuell nicht beantwortet werden und ist daher nur eine weltbildkonforme Vermutung.« Das wäre einmal eine ehrliche Beschreibung der Situation. Aber das wird so leider nicht gemacht. Stattdessen beansprucht der Materialismus wieder einmal das alleinige Anrecht auf wissenschaftliche Realität, und es werden Artikel veröffentlicht, in denen Wissenschaftler mit einer mir völlig unverständlichen Selbstverständlichkeit behaupten, dass die Liebe ihren Ursprung im Gehirn hat. Auch dass biochemische Prozesse eine Erklärung für das ursächliche Entstehen von Liebe sein sollen, halte ich für grundlegend falsch. Die beteiligten Hormone spielen zwar ebenso wie die aktivierten Gehirnareale eine große Rolle im Zusammenspiel des physischen Körpers mit der Seele bzw. dem Bewusstsein, aber sie sind lediglich Schnittstellen, Begleit- und Folgeerscheinungen, doch werden sie von der materialistischen Wissenschaft zur Ursache erkoren.

5.2.2 Die Liebe aus philosophisch spiritueller Sicht

Erfüllt eine philosophische bzw. spirituelle Betrachtung der Liebe überhaupt den wissenschaftlichen Anspruch und könnte man die Liebe damit wirklich grundlegend erklären? Davon bin ich absolut überzeugt, denn die Grenzen des Materialismus dürfen auf der Suche nach Wahrheit keine Rolle spielen. Ich möchte daran erinnern, dass die Wissenschaft allein kein Garant für die Entdeckung von Wahrheit ist. Es gibt Ebenen der Realität, die die Wissenschaft schon definitionsgemäß niemals erreichen kann, dafür braucht man eine ganzheitliche Sicht.

Platon beschreibt die Liebe als »die Sehnsucht nach der Ganzheit«. Während er jedoch die Ganzheit noch über den Eros definierte, möchte ich sie mit einer neuen und erweiterten Interpretation versehen. Sehnsucht nach Ganzheit muss zwangsläufig bedeuten, dass man offensichtlich getrennt ist von dem Ganzen, mit dem man gern eins wäre. Und wenn man schließlich eins geworden ist, hat man das Ziel der ewigen unendlichen Liebe erreicht. Liebe ist das intensivste Gefühl der Welt, und sie zeigt sich durch eine grenzenlose große Zuneigung zu einer anderen Person bzw. Seele, verbunden mit dem Wunsch, alles zum Wohl dieser Person bzw. Seele zu tun, ohne selbst etwas dafür zu verlangen. Das Glücklichsein in der anderen Seele hervorzurufen, ist wiederum das größtmögliche selbst erfahrbare Glück. Naturgemäß gibt es uns sehr nahestehende Seelen, wie Familie und Freunde in der irdischen Inkarnation, aber manchmal auch Seelen aus der Seelenfamilie, die wir in unserer Inkarnation gar nicht unbedingt kennenlernen müssen. Für diese Seelen empfinden wir die größte Liebe, und insbesondere im Verlust und in der Trennung spüren wir die Stärke dieses Gefühls. Niemand sonst, als der wahrhaft Liebende, kann in die unendliche Tiefe der Trauer, des Leids und der Sehnsucht herabstürzen. Auch Sigmund Freud sagte bereits, dass »wir niemals ungeschützter gegen das Leiden sind, als wenn wir lieben« und Thomas von Kempen wusste schon, dass man ohne Schmerz nicht in der Liebe lebt.[26] Dieser Schmerz ist die Sehnsucht nach der Ganzheit, was uns wieder zurück zu Platon führt. Es ist letztendlich der Wunsch danach, mit denen, die man liebt, wieder vereint zu sein.

In einer ganzheitlichen Betrachtungsweise kommen noch weitere Aspekte hinzu. Beginnen möchte ich dabei mit einem Zitat Jesu, der in meinen Augen ein stark erweitertes Bewusstsein besaß. Im Matthäus-Evangelium 22, 39 sagte er: »Du sollst deinen Nächsten lieben wie dich selbst.« Für mein Verständnis hat er damit nicht etwa gemeint, dass man nett zu seinem Nachbarn sein soll. Es bedeutet vielmehr: »Erkenne dich selbst im anderen.« Andere Menschen sind inkarnierte Aspekte des Göttlichen, genau wie man selbst ein Aspekt des Göttlichen ist. Es geht darum zu erkennen, dass wir alle Teile des Göttlichen sind und dass die Liebe unsere Verbundenheit ist. Am Ende unserer Entwicklung werden sich alle Aspekte wieder in der Göttlichkeit vereinen. Mahatma Gandhi hat diese Erkenntnis ebenfalls auf so wundervolle Weise formuliert: »Du und ich – wir sind eins. Ich kann dir nicht wehtun, ohne mich zu verletzen.« Die Trennung ist eine Illusion, die wir trügerisch in unserer dreidimensionalen Welt vor Augen geführt bekommen. Aber die Liebe ist der Weg in höhere Dimensionen, in denen es keine Trennung mehr gibt, dort sind wir alle eins. Eine der meiner Meinung nach wichtigsten Stellen in der Bhagavad-Gītā bestätigt diese Sichtweise und macht deutlich, dass Liebe in der einen allumfassenden Seele der Göttlichkeit ihren Ursprung hat.

»Das ist Brahman, das Göttliche, das jenseits der Zeit liegt, das auch dann nicht zu Grunde geht, wenn das Sein selbst sich auflöst!

Ebendieses ewige, absolut Göttliche ist das höchste Ziel.(…) All jene, die zu dieser höchsten Heimstatt gelangen, gelangen zu mir, um dann nie wieder von mir getrennt zu werden, nie mehr wiederzukehren.
Dieser unsterbliche Zustand lässt sich nur durch Liebe erreichen, durch unbeirrbare, ausschließliche Hingabe an mich (das Göttliche). So wie die einzelne Woge kein vom Meer unabhängiges Sein hat, besitzt die Einzelseele kein wirkliches, von mir, der allumfassenden Seele, gesondertes Sein.«[27]

Krishna im Gespräch mit Arjuna
über die Unsterblichkeit, Bhagavad-Gītā

Mit der Liebe durch »unbeirrbare, ausschließliche Hingabe an das Göttliche« meint Krishna nicht, dass man sich religiös fanatisch einem individuellen obersten Gott hingeben soll. Gemeint ist, dass jeder Mensch und damit jede Einzelseele ein Aspekt der Göttlichkeit ist, und es geht darum, jeden Menschen, jede Seele zu lieben. Selbstlose Seelen, die frei von Unwissenheit und Egoismus sind, können diesen sogenannten nördlichen Pfad beschreiten und das Rad der Inkarnationen verlassen, um sich schließlich mit der Göttlichkeit auf ewig zu vereinen.

5.2.3 Liebe ist …

»Love is the light
scaring darkness away
…
The power of love
a force from above
cleaning my soul.«
Frankie goes to Hollywood -
The Power of Love

Die Antwort darauf, was tiefe Herzensliebe wirklich ist, findet man weder in den materiellen Strukturen unseres Gehirns noch in hormonellen Prozessen. Die wissenschaftlichen Erklärungsversuche sind in Bezug auf eine Ursprungsbetrachtung argumentativ viel zu schwach. Wenn es um den Ursprung von Liebe geht, so muss sich die Wissenschaft eingestehen, dass sie darüber einfach nichts weiß. Im Schutz von endokrinologischen Zusammenhängen und funktioneller Magnetresonanztomografie wird übertrieben euphorisch genau das Gegenteil behauptet. Ich denke, ich konnte in einer sachlich neutralen Analyse zeigen, dass dieser Argumentation jedoch jegliche Grundlage fehlt. Wenn man sich auf die Suche nach dem Ursprung der Liebe macht, so muss man bereit sein, die Grenzen des Physischen zu überwinden. Nur in einer ganzheitlichen Betrachtung werden wir uns der Wahrheit annähern können, und dazu entwickle ich hier keine trockene, praxisfremde Theorie, und ich philosophiere auch nicht esoterisch verrückt über mögliche Realitäten in geistigen Dimensionen. Ich schlussfolgere aus meinen persönlichen Erlebnissen, die nach Jomas Unfall so eindrucksvoll in mein Leben traten. Die Ergebnisse unserer EREAMS-Studie konnten meine Eindrücke zudem höchst signifikant untermauern. Wir konnten mit größter Evidenz zeigen, dass das Bewusstsein und die Liebe eines Verstorbenen auch nach dem Tod des physischen Körpers weiter existieren. Unsere Resultate sind dermaßen eindeutig, dass man sich als Wissenschaftler die Frage stellen muss, ob es überhaupt sinnvoll ist, weiterhin in ausschließlich materiellen Strukturen des Körpers nach den Ursachen von Liebe zu suchen, wenn es sie ganz offensichtlich auch völlig losgelöst davon gibt. Das Essenzielle unseres Selbst ist nicht der Körper, sondern die Liebe. Daran hege ich nicht den leisesten Zweifel; ich brauche für diese Erkenntnis auch keinen Glauben, es ist mein Wissen. Im Rahmen meiner eigenen medialen Ausbildung durfte ich bereits einige Male selbst mit den Verstorbenen verschiedener Hinterbliebener in Kontakt treten. Ich möchte daher ein wenig von meinen persönlichen Empfindungen dabei berichten.

Professionelle und erfahrene Medien können darüber sicher viel detaillierter berichten als ich, doch möchte ich die Erfahrungen aus Sicht eines Wissenschaftlers näher beleuchten. Ob meine Wahrnehmungen Allgemeingültigkeit besitzen, kann ich nicht mit Sicherheit sagen; ich kann nur für mich sprechen. Ich weiß aber von anderen angehenden und auch professionellen Medien, dass sie es ganz ähnlich empfinden. Wenn Verstorbene aus der Geistigen Welt sich mit mir verbinden, dann ist die Liebe das erste und stärkste Gefühl, das ich wahrnehmen kann. Diese Liebe der Verstorbenen ist sehr prägnant, und sie entsteht nicht in meinem Inneren, sie wird vielmehr durch Resonanz von mir mitgefühlt. Ich kann versichern, dass in einer medialen Verbindung diese Liebe kein von mir selbst erzeugtes oder eingebildetes Gefühl ist, sondern dass es von außen aktiv an mich herangetragen wird. Kribbeln und Gänsehautschauer, die ich keineswegs bewusst herbeiführen kann, begleiten diese Präsenzen. Das Erlebnis, mit einem anderen Bewusstsein in Verbindung zu stehen, empfinde ich als absolut real, höchst eindrucksvoll und unbeschreiblich bewegend. Gut ausgebildete Medien können in so einer Verbindung mitunter sehr präzise Informationen von dem Verstorbenen erhalten. Dazu später mehr in unserer EREAMS-Studie. Der Tod beendet nicht die Existenz und die Liebe eines Menschen, der Tod befreit die Seele lediglich von den Ketten der körperlichen Inkarnation und lässt sie in ihrem wahren, ursprünglichen Glanz voller Liebe erstrahlen. Bewusstsein und Liebe sind unzerstörbar, unendlich und ewig. Die Geistige Welt ist ohne den kleinsten Zweifel absolut real.

Wenn ich meine Erkenntnisse über die Liebe nun zusammenfasse, so befinden wir uns auf dem Weg zurück zum Ursprung jenseits von Materie in der Geistigen Welt. Die Liebe der Seelen ist zweifellos auch ohne einen Körper noch vorhanden, allerdings verrät sie uns noch nichts über ihren Ursprung. Im Grunde genommen haben wir lediglich den nächsten Schritt vom Gehirn zur immateriellen Seele in die Geistige Welt gemacht, doch wohin führt uns der Weg nun weiter? Mir scheint es am plausibelsten, dass die Herzensliebe in der einen allumfassenden Seele der Göttlichkeit ihren Ursprung hat, und wer diese *göttliche* Liebe nur einmal selbst gefühlt hat, wird dies auch nicht in Zweifel ziehen.

Für immer

Nicht in deinem Kopf.
Nicht in deinen Sorgen.
Nicht in deinem Schmerz
und auch nicht tief verborgen.
In keinem Botenstoff,
auch nicht in Neuronen.
Brauch' weder ein Hormon
noch flinke Elektronen.
Nicht in deinem Körper,
auch nicht im Verstand.
Es ist nicht verloren,
was uns einst verband.
Nicht in den Atomen,
ich bin nun befreit.
Ich bin ein Gefühl
und deine Ewigkeit.
Auch ohne einen Körper
bin ich dir so nah.
Wir sind nicht getrennt,
vertrau mir, es ist wahr.
Oliver Lazar

6 Quantenmechanik und Spiritualität

Was genau hat die Physik der Quantenmechanik mit den Themen Spiritualität, Entstehung von Bewusstsein und Geistige Welt überhaupt zu tun? Wenn man einen Blick in die esoterische Literatur wirft, dann wohl eine ganze Menge. Man findet erstaunlich oft Verweise auf die Quantenmechanik, die nicht selten als Beweis für die Existenz geistiger Ebenen herhalten muss. Bei einem Großteil dieser Literatur stimme ich den konservativen Physikern in ihrer Kritik daran zu. Auch ich habe den Eindruck, dass sich viele mutmaßlich spirituelle Lehrer, Esoteriker sowie physikalisch interessierte Philosophen, angetrieben von dem unabdingbaren Willen, einen wissenschaftlichen Beweis für die Existenz der Geistigen Welt, das Prinzip *Geist erschafft Materie* oder gar der Quantenheilung zu finden, zum Teil mit geradezu naiven Argumentationen auf dieses Thema der Quantenmechanik gestürzt haben. Im Schutz physikalischer Fachbegriffe und mathematischer Formeln wiegen sie sich scheinbar argumentativ auf der sicheren Seite. Welcher esoterisch Interessierte würde diese Ausführungen auch jemals anzweifeln, wo doch die Quantenmechanik selbst für Physiker unerklärliche Phänomene hervorbringt. Die Bandbreite der Argumentationsqualität in solcher Literatur variiert hierbei sehr stark von naiv und kurios bis hin zu hoher Wissenschaftlichkeit. Auch wenn die Darstellungen in seinem Buch und in seinen Vorträgen sehr einseitig und mitunter verletzend sind, so macht der Physiker Dr. Holm Gero Hümmler dennoch berechtigterweise darauf aufmerksam, dass einige unseriöse Heiler, Schamanen und Philosophen in der esoterischen Szene unterwegs sind, die sich auf unwissenschaftliche Art und Weise bei der Quantenphysik und Relativitätstheorie bedienen, um ihre Methoden und Ansichten zu begründen.[1] Auch der Physiker, Mathematiker und Philosoph Dr. Lars Jaeger spricht in diesem Zusammenhang von »Laien, die die Quantenphysik dafür missbrauchen, ihre abwegigen Weltsichten zu unterfüttern«[2]. Aber ist diese zum Teil sehr hart, abwertend und pauschal formulierte Kritik an einem solchen Weltbild wirklich immer berechtigt? Esoteriker werden gern von den Naturwissenschaftlern unberechtigterweise über einen Kamm geschoren. Wie so häufig im Leben, besitzt auch die Esoterik viel Licht, aber noch mehr Schatten. Leider bringt diese Schattenseite die komplette esoterische Gemeinschaft in Verruf und macht es seriösen Forschungsarbeiten in diesem Bereich im Grunde doppelt schwer.

Beschäftigen wir uns im Folgenden also mit der lichtvollen Seite der Esoterik. Denn es gibt durchaus auch sehr hochwertige wissenschaftliche Auseinandersetzungen zu diesem Thema. Mitunter sind es etablierte, seriöse Wissenschaftler und prominente Personen, die der Auffassung sind, dass die materielle Welt aus dem Geistigen und aus unseren Gedanken entsteht. Selbst der Begründer der Quantenmechanik und Physik-Nobelpreisträger Max Planck war der Auffassung, dass die Materie ohne den Geist nicht bestünde.[3] Die Eheleute Christine und Frido Mann haben ein ganzes Buch mit dem Titel *Es werde Licht: Die Einheit von Geist und Materie in der Quantenphysik*[4] zu diesem Thema geschrieben. Christine Mann ist Psychologin und die Tochter des berühmten Quantenphysikers und Nobelpreisträgers Werner Heisenberg. Frido Mann ist ebenfalls Psychologe und der Enkelsohn von Thomas Mann. In ihrem Buch schreiben sie von der Überwindung des Materialismus und von einer ganzheitlichen Betrachtung der Welt und des Menschen und wie sich die Realität aus unseren Gedanken formt. Einen ganz ähnlichen Ansatz verfolgt auch der Biologe, Physiker, Geograf und Pädagoge Dr. Ulrich Warnke. Er beschreibt in seinem Buch *Quantenphilosophie und Spiritualität*[5] äußerst komplexe Zusammenhänge und schlüssige Argumentationsketten, die mitunter auf der Heisenberg'schen Unschärferelation, der Superposition und einem sehr berühmten Experiment mit einem Doppelspalt beruhen. Diese Themen werden von mir im Folgenden genau erklärt, wobei ich vor dem Hintergrund aktueller Forschungsergebnisse die Frage beantworte, inwiefern die Quantenmechanik das Entstehen von Realität aus unserem Bewusstsein heraus bestätigen kann. Doch wenn wir eine Antwort darauf finden möchten, müssen wir uns zunächst mit den Grundlagen der Quantenmechanik auseinandersetzen.

Die Quantenmechanik ist zugegebenermaßen ein äußerst anspruchsvolles Themenfeld. Wahrscheinlich wird sie sogar dein Verständnis der klassischen Abläufe, der kausalen Zusammenhänge und Strukturen, die dir aus deinem täglichen Leben bekannt sind, komplett auf den Kopf stellen. Ich werde dich mit auf eine Reise in die physikalische Wissenschaft der Quantenmechanik nehmen, um dir vor Augen zu führen, dass die Welt, die du zu kennen glaubst, unglaubliche und undenkbare Realitäten sowie Phänomene in sich birgt. Meine Hoffnung ist, dass ich dich mit der Quantenmechanik für neue Wahrnehmungen und Betrachtungsweisen unserer Welt sensibilisieren kann, denn dann fällt es auch deutlich leichter, andere Wirklichkeiten und vielleicht sogar geistige Ebenen in Betracht zu ziehen. Anders als viele esoterische Autoren verweile ich nicht im Wissen und in den Aussagen des letzten Jahrhunderts, sondern beziehe aktuelle und ernüchternde Forschungsergebnisse zur Quantenmechanik in meine Ausführungen mit ein.

Isaac Newton formulierte 1687 die Bewegungsgesetze, die die Fundamente der klassischen Mechanik bilden. In unserem Alltag sind wir es gewohnt, in der newtonschen Mechanik mit Kausalitätsprinzip zu denken, so gibt es für alles offensichtlich Erlebte immer einen Ursache- Wirkung-Zusammenhang im Zusammenspiel der Kräfte. In unserer makroskopischen Welt sind die Abläufe in der Regel deterministisch, d.h. ihre Einzelschritte sind vorhersagbar und eindeutig. Wenn ich also mit meinem Fuß aufs Gaspedal meines alten Land Rover Oldtimers trete, so wird eine

Kaskade in Gang gesetzt, die vorhersagbar ist. Vereinfacht dargestellt, erhält der Vergaser mehr Benzin, die Motordrehzahl steigt, und das Fahrzeug wird beschleunigt. Wenn wir jedoch die Welt des Makroskopischen verlassen und immer tiefer in die Materiestrukturen von Atomen und Molekülen eintauchen, verhält es sich plötzlich ganz anders. Der Determinismus löst sich quasi völlig auf, da die Grenzen von Zeit und Raum verschwinden. Ich werde mich im Folgenden bemühen, dir die meiner Ansicht nach relevanten Erkenntnisse der Quantenmechanik möglichst anschaulich und verständlich zu präsentieren, ohne dass wir uns im tiefen Dschungel des wissenschaftlichen Detailreichtums verirren. Das folgende Zitat von Richard Feynman sollte uns zudem für die möglichen Verständnishürden in diesem Kapitel motivieren:

> *»(…) ich denke, dass ich mit Sicherheit sagen kann, dass niemand die Quantenmechanik versteht.«*[6] Richard Feynman
> (US-amerikanischer Physiker,
> Nobelpreisträger des Jahres 1965)

6.1 *Was ist die Quantenmechanik?*

> *»Die Quantenmechanik beginnt da (…), wo die Dinge unscharf werden, unbestimmt, wo Dinge anfangen, sich merkwürdig zu verhalten.«*[7] Harald Lesch

Ende des 19. Jahrhunderts herrschte unter den Physikern eine gewisse Selbstzufriedenheit in Bezug auf die wissenschaftlichen Erkenntnisse. Man sonnte sich im Ruhm der Errungenschaften der Newton'schen Mechanik und Elektrodynamik und sah alle offenen Fragen der Physik prinzipiell als beantwortet an. Das folgende Zitat des schottischen Physikers James Clerk Maxwell bei seiner Antrittsvorlesung an der Universität Cambridge im Jahre 1871 unterstreicht diesen Eindruck: »Schon in wenigen Jahren werden alle fundamentalen physikalischen Konstanten annähernd bestimmt worden sein, und (…) die einzige Beschäftigung, die dann den Wissenschaftlern bleibt, wird sein, diese Messungen eine Dezimalstelle weiter zu treiben.«[8] Doch dann hat 1900 der deutsche Physiker und spätere Nobelpreisträger Max Planck eine Revolution in Gang gesetzt. Er stellte eine Formel für das Strahlungsspektrum sogenannter schwarzer Körper auf, also wie Objekte Wärme abstrahlen.[9] Dabei besaß seine Formel augenscheinlich einen Schönheitsfehler, der ihn selbst viele Jahre lang hat zweifeln lassen. Aber wie so häufig in der Geschichte der großen Entdeckungen sind es gerade die Fehler und Anomalien, die der Menschheit zu den großen Quantensprüngen verhelfen. Der Schönheitsfehler bestand darin, dass die Energie nicht kontinuierlich abstrahlte, sondern portioniert in Paketen. Diese Energiepakete bezeichnete er als Quanten. Fünf Jahre später war es schließlich der bis dahin völlig unbekannte Physiker Albert Einstein, der den Quanten zu weltweitem Ruhm verhalf. Er hatte die Hypothese aufgestellt, dass *jede* elektromagnetische Strahlung ausschließlich in Quanten auftritt. Doch diese Behauptung hatte die physikalische Welt dieser Zeit schwer erschüttert, denn dies bedeutete, dass das Licht, das bis zu diesem Zeitpunkt allseits als Welle angesehen wurde, nun einen Teilchencharakter bekommen hatte. Diese Lichtteilchen bezeichnete Einstein als Lichtquanten, heutzutage ist die Bezeichnung Photon üblich.[10] Einstein postulierte in seiner Lichtquantenhypothese, dass ein auf ein Metall auftreffendes Photon seine Energie an ein Elektron in diesem Metall abgibt. Die Energiegewinnung in unseren Solarzellen beruht genau auf diesem Effekt. Einstein erhielt 1922 den Nobelpreis für Physik übrigens nicht etwa für seine allgemeine oder spezielle Relativitätstheorie, sondern genau für diese Entdeckung des photoelektrischen Effekts. Einstein hielt trotz seiner Entdeckung des Teilchencharakters weiterhin an den Welleneigenschaften des Lichts fest, schließlich haben viele Experimente den Nachweis dazu erbracht, z. B. die Farben und Frequenzen der spektralen Zusammensetzung, die wir vom Regenbogen her kennen. Und so stand die Welt vor einem Problem. Was war

Licht denn nun, eine Welle oder ein Teilchen? Licht kann offensichtlich beides sein. Diese Doppelnatur des Lichts bezeichnet man auch als den Welle-Teilchen-Dualismus, dieser ist Ausgangspunkt für all die physikalischen, esoterischen und philosophischen Interpretationen in der Quantenmechanik.

6.1.1 Der Welle-Teilchen-Dualismus im Doppelspalt

Der Welle-Teilchen-Dualismus zeigt sich am eindrucksvollsten in dem berühmten Doppelspalt-Experiment. Das Experiment wurde erstmals 1802 vom englischen Augenarzt und Physiker Thomas Young mit Licht durchgeführt. Ich bin mir sicher, dass dich dieses Experiment staunen lässt, widerstrebt es doch unserer gewohnten logischen Wahrnehmung. Wir werden erkennen, dass die Dinge in der Quantenwelt sich nicht so verhalten, wie wir es aus unserem Alltag her kennen, und wenn es jemand zunächst für einen Trick oder eine Täuschung halten würde, so könnte ich das gut verstehen. Aber dieses Experiment wurde vielfach unter kontrollierten Bedingungen wiederholt, und es zeigte sich immer das gleiche Resultat. Bevor ich dir das Experiment beschreibe, müssen wir uns jedoch zunächst mit dem Begriff der Wahrscheinlichkeit auseinandersetzen, denn damit verhält es sich auf Quantenebene komplett anders als in unserer makroskopischen Welt.

Stellen wir uns zwei Bierdosen vor, eine ist voll, die andere ist leer. Beide Dosen sind von außen nicht unterscheidbar, und wir wissen nicht, welches die volle bzw. die leere Dose ist. Wir müssten raten, um die volle Dose zu bestimmen, und die Wahrscheinlichkeit dafür liegt bei 50 Prozent. Um Gewissheit zu bekommen, muss man eine der beiden Dosen inspizieren. Es mag nun komisch klingen, dass ich das hier so betone, aber es gibt in diesem Szenario klare Fakten, eine Dose ist voll, eine Dose ist leer, und diese Realität existierte schon vor der Überprüfung der beiden Dosen. Das Nachschauen, welche Dose voll ist, hatte also keinen Einfluss auf die bereits vorher und auch danach noch existierende Realität (vorausgesetzt, der Experimentator hat das

Bier nicht ausgetrunken). In der Welt des Kleinsten gelten bezüglich der Wahrscheinlichkeit jedoch andere Gesetze. Wir übertragen das Beispiel mit den Bierdosen nun in die Quantenwelt. Die Wahrscheinlichkeit, die volle Dose zu finden, basiert nicht mehr auf dem Umstand unserer Unwissenheit. Sie ist vielmehr ein integraler Bestandteil des Quantensystems, das nun mehrere mögliche Realitäten entstehen lassen kann. Das hypothetische Quantenbier befindet sich vor unserer Überprüfung daher gleichzeitig in beiden, aber genauso gut in keiner der Dosen. Der Zustand dieses Quantenbieres ist unscharf, es überlagern sich mehrere mögliche Zustände ohne Manifestation, was man auch als Superposition bezeichnet. Erst in dem Moment, wenn das Quantenbier in Wechselwirkung mit einem anderen System tritt, z. B. wenn wir eine Bierdose überprüfen, zwingen wir das Quantenbier dazu, einen objektiv bestimmbaren Zustand einzunehmen. Unsere Beobachtung lässt offensichtlich den Zustand der Superposition kollabieren, und es entsteht Realität. Das hört sich verrückt an. Aber in einem von der Außenwelt isolierten und geschlossenen System zeigen sich genau diese Phänomene.

Werfen wir nun einen Blick auf das Doppelspalt-Experiment und lassen uns das ganze Phänomen mit *echten* Quantenteilchen nachverfolgen. Bis heute wurde das Experiment schon unzählige Male wiederholt, dabei wurde es jedoch nicht nur mit Licht (Photonen), sondern in gleicher Weise auch mit Elektronen,

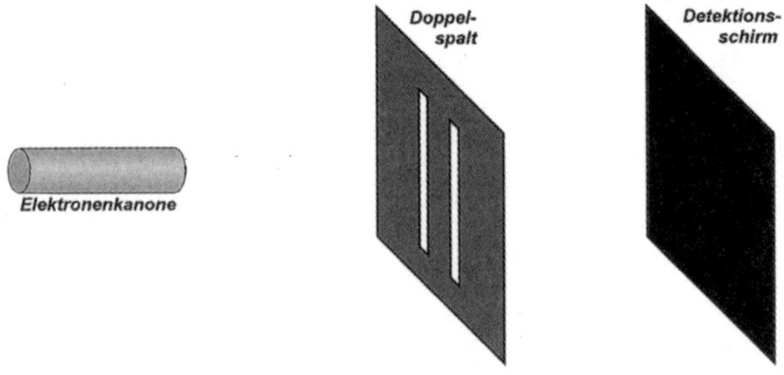

Abbildung 6-1: *Doppelspalt Versuchsaufbau*

Atomen und Fullerenen (komplexen Kohlenstoffmolekülen), also mit den Bestandteilen von echter Materie durchgeführt. Egal, womit man das Experiment auch durchgeführt hatte, es zeigten sich immer die gleichen Resultate des Welle-Teilchen-Dualismus. Der Versuchsaufbau für das Basis-Experiment ist recht einfach (siehe *Abbildung 6-1*).

Wir verwenden ein Elektronenstrahlsystem (Elektronenkanone) und schießen Elektronen auf eine Platte, die zwei kleine parallele Spalten besitzt. Hinter dieser Platte befindet sich ein empfindlicher Detektionsschirm, der die auf ihn einschlagenden Elektronen sichtbar macht und erfasst. Bevor wir diesen Versuch nun mit Quantenteilchen durchführen, ist es sinnvoll, sich den Versuch zunächst mit Teilchen anzuschauen, die wir aus unserem makroskopischen Alltag her kennen. Also ersetzen wir kurzzeitig die Elektronenkanone durch einen Sandstrahler (siehe *Abbildung 6-2*). Nach Betätigung des Sandstrahlers fliegen die Sandkörner auf die Zwischenplatte mit dem Doppelspalt zu, dabei bilden die Sandkörner, die die Spalten passieren können, zwei homogene Musterbalken auf dem hinteren Detektionsschirm.

Das Szenario ist vergleichbar mit einer Schablone, die man über ein Blatt Papier hält und so dann mit einer Sprühfarbe genau das Muster des Schablonenausschnitts aufs Papier überträgt. Dieses Ergebnis ist gemäß unserer alltäglichen Erfahrung keine Überraschung und entspricht voll und ganz unseren natürlichen Erwartungen. Doch nun tauschen wir den Sandstrahler wieder

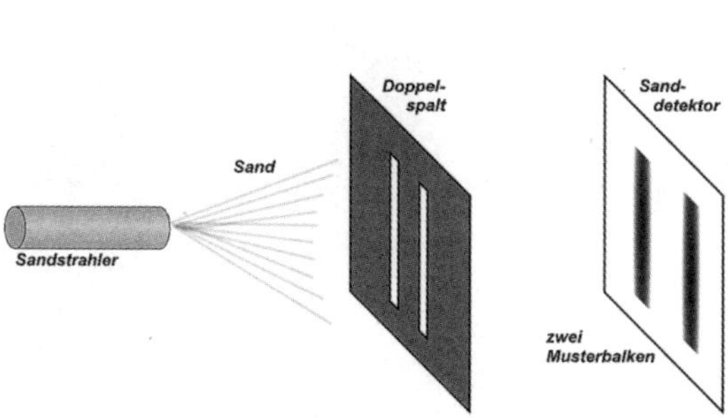

***Abbildung 6-2:** Doppelspalt mit Sandstrahler*

zurück und verwenden die Elektronenkanone. Wir feuern Elektronen in Richtung Doppelspalt, und man erwartet jetzt prinzipiell das gleiche Ergebnis, wie beim Versuch mit dem Sandstrahler. Doch in der Quantenwelt verhalten sich die Teilchen nicht mehr so wie ihre makroskopischen Brüder. *Abbildung 6-3* zeigt das Ergebnis des Doppelspalt-Experiments mit Elektronen, bei dem nicht etwa zwei Musterbalken sichtbar werden, sondern mehrere Musterbalken mit unterschiedlicher Intensität, wobei die Intensität nach außen hin abnimmt. Diese sogenannten Interferenzmuster sind in der Physik wohlbekannt, sind sie doch immer ein klares Indiz für das Zusammenspiel und die Überlagerung von Wellen.

Stell dir vor, die Platte mit dem Doppelspalt stünde zur Hälfte im Wasser. Wenn nun eine Welle heranrollte, so träfe sie auf die Platte, und Anteile der Welle passierten die beiden Spalten. Dahinter entstünden zwei neue Wellen die sich zum Teil überlagerten, man spricht auch von Interferieren. Dort, wo zwei Wellenberge zusammenträfen, verstärkten sie sich, und es entstünde eine noch größere Welle. Träfen zwei Wellentäler aufeinander, verstärkten sie sich auf die umgekehrte Art, wir erhielten ein tiefes Wellental. Dort, wo ein Wellental auf einen Wellenberg stieße, neutralisierten sie sich, und die Wasseroberfläche würde glatt werden. Wenn wir diesen Effekt nun auf das Doppelspalt-Expe-

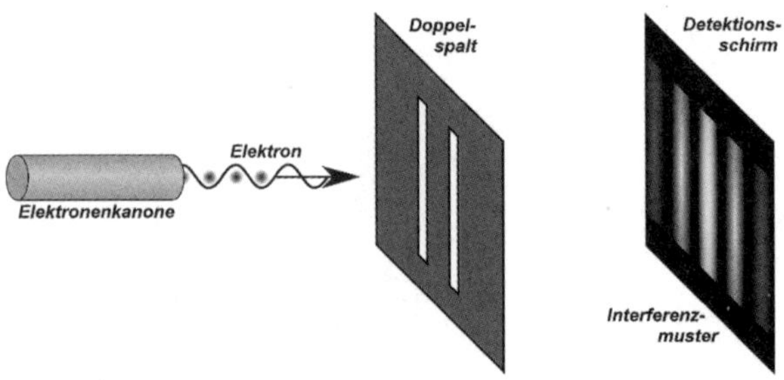

Abbildung 6-3: *Doppelspalt mit Elektronen und dem typischen Interferenzmuster*

riment mit den Elektronen übertragen, so kann das nur bedeuten, dass die Elektronen beim Passieren des Doppelspalts offensichtlich Welleneigenschaften besitzen müssen. Die auf dem Detektionsschirm entstandenen Musterbalken repräsentieren die Wellenüberlagerungen, wohingegen die leeren Zwischenräume durch das Neutralisieren der Wellen entstanden sind. *Abbildung 6-4* verdeutlicht die Ausbreitung der Wellen hinter den Spalten. Dort, wo sich die Wellenlinien schneiden, kommt es zu einer Verstärkung, sodass wir genau in der Mitte des Detektionsschirms, wo es die meisten Überlagerungen gibt, den hellsten Musterbalken erhalten. Nach außen hin kommt es immer weniger zu verstärkenden Überschneidungen, sodass die Intensität der Muster etwas schwächer wird. Zwischen den Musterbalken hat sich das Wellensignal ausgelöscht, und der Schirm bleibt dort schwarz.

Es ist Zeit, ein kleines Zwischenresümee zu ziehen, bevor wir noch tiefer in die Thematik eintauchen und das Experiment erweitern. Wir haben also Elektronen, denen wir als Bausteine von Atomen Teilchencharakter zuschreiben würden, mit einer Elektronenkanone auf eine Platte mit einem Doppelspalt geschossen. Die auf dem Detektionsschirm dahinter auftreffenden Elektronen werden in unserem Experiment als heller Lichtpunkt dargestellt. Beim Auftreffen auf dem Schirm sind die Elektronen also

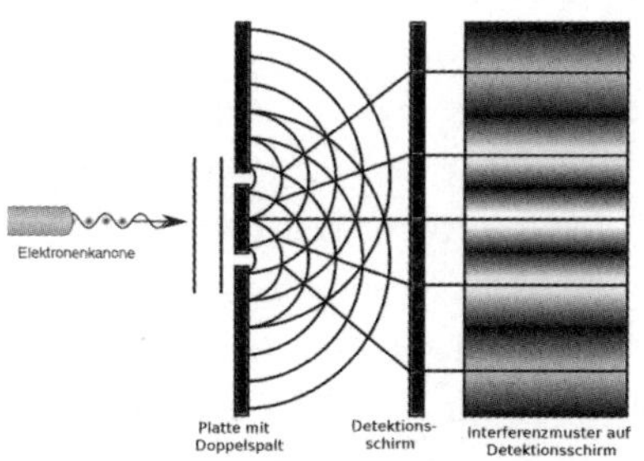

***Abbildung 6-4:** Die beiden Wellen überlagern sich hinter den Spalten und erzeugen das Interferenzmuster*

definitiv Teilchen. Aber auf dem Weg von der Kanone durch den Doppelspalt hindurch in Richtung Schirm verhalten sie sich offensichtlich anders. Sie schwingen auf einer bestimmten Frequenz wie eine Welle, und hinter den Spalten überlagern sich ihre Wellen, sonst ließe sich das Interferenzmuster auf dem hinteren Schirm nicht erklären. Beim Auftreffen der Welle auf den Schirm kollabiert jedoch die Welleneigenschaft der Elektronen, und sie manifestieren sich wieder als Teilchen an einer konkreten Position. An welcher Position sich die Elektronen genau manifestieren werden, nachdem sie von der Elektronenkanone abgeschossen wurden, ist übrigens nicht vorherbestimmbar. Obwohl die Elektronenkanone immer mit der gleichen Intensität und Richtung schießt, scheinen die Elektronen völlig zufällig auf dem Detektionsschirm einzuschlagen. In Summe erscheint aber immer das verblüffende Interferenzmuster.[11] Sie verhalten sich im Zusammenspiel offensichtlich wie sich überlagernde Wellen. Als Nächstes wurden die Elektronen aber nicht mehr zu mehreren aus der Elektronenkanone geschossen, sondern einzeln nacheinander abgefeuert. Man erwartete nun, dass das Interferenzmuster verschwinden würde, da wir es ja nun mit einzelnen Elektronen zu tun hatten, die nicht mehr mit anderen Elektronen und ihren Wellen hinter dem Spalt hätten interferieren können. Doch die Überraschung war sehr groß, denn das Interferenzmuster blieb auch bei einzeln abgefeuerten Elektronen unverändert bestehen. Somit ergab sich nur eine mögliche Erklärung für das Phänomen, ein einzelnes Elektron läuft gleichzeitig durch beide Spalten hindurch, und seine Welle interferiert dahinter mit sich selbst.[12] Nun stellte sich die Frage, was denn mit einem einzelnen Elektron beim Flug durch den Raum im Wellenzustand eigentlich passiert? Wo ist es währenddessen? Welche Konsistenz hat es in der Zwischenzeit? Befindet sich das Elektron als Teilchen womöglich in der Welle und wird von ihr durch den Raum getragen? Fliegt eine Hälfte des Elektrons durch den ersten und die andere Hälfte durch den zweiten Spalt? Um der Sache auf den Grund zu gehen, hat man das Experiment erweitert. Um festzustellen, durch wel-

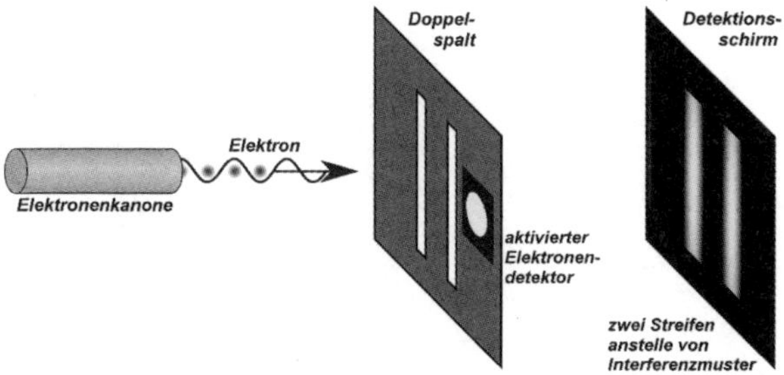

Abbildung 6-5: Doppelspalt mit Elektronen und eingeschaltetem Detektor

chen Spalt ein Elektron fliegen würde, wurde ein Detektor an eine der Spalten angebracht, der das Elektron beim Passieren des Spalts erfassen konnte. Und was dann passierte, war der Ausgangspunkt größter philosophischer und physikalischer Diskussionen um das Zustandekommen von Realität im letzten Jahrhundert. *Abbildung 6-5* zeigt das Doppelspalt-Experiment mit einem eingeschalteten Detektor an einem Spalt.

Man mag es kaum glauben, aber nur durch das Hinzufügen eines aktivierten Detektors verschwindet das Interferenzmuster auf dem hinteren Schirm, und wir bekommen das für normale Teilchen sichtbare Bild von zwei Musterbalken wie bei dem Sandstrahler. Es macht fast den Eindruck, als wollte das Elektron nicht dabei entdeckt werden, wie es als Welle durch die Spalten kam, denn auf einmal verhielt es sich wieder wie ein Teilchen, das tatsächlich vom Detektor gemessen werden konnte. Es konnte also eindeutig gemessen werden, ob ein Elektron durch den linken oder den rechten Spalt geflogen kam. Wenn dir das noch nicht verrückt genug vorkommt, dann schau dir an, was passiert, wenn man den montierten Detektor ausschaltet (siehe *Abbildung 6-6*).

Ist der Detektor inaktiv, erscheint wieder das Interferenzmuster. Es scheint fast so, als würde das Elektron ein Gespür für die von uns konstruierte Situation besitzen und mitbekommen, ob wir es beobachten möchten oder nicht. Das Elektron befindet

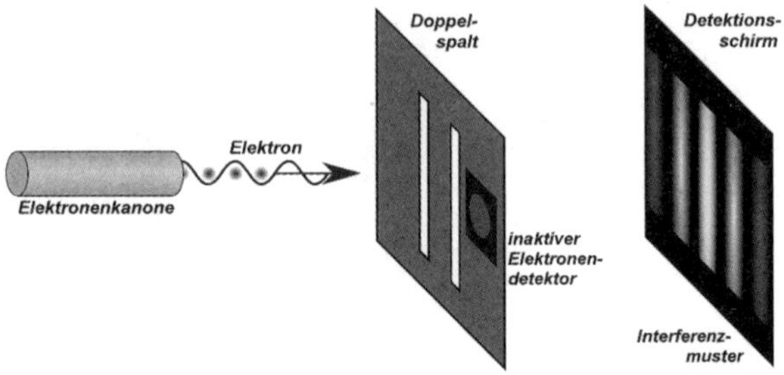

Abbildung 6-6: *Doppelspalt mit Elektronen und ausgeschaltetem Detektor*

sich, solange es nicht beobachtet wird, als Wellenfunktion in der Superposition. Es besitzt also weder eine bestimmte Position noch einen bestimmten Impuls, es befindet sich dematerialisiert im Prinzip an allen im Wahrscheinlichkeitsraum zulässigen Orten. Die Wellenfunktion gibt quadriert die Aufenthaltswahrscheinlichkeit des Teilchens wieder.[13] Schließlich waren es die drei Physik-Nobelpreisträger Erwin Schrödinger, Werner Heisenberg und Max Born, die dieses Verhalten von Quantenteilchen über die Schrödinger-Gleichung und die Heisenberg'sche-Unschärferelation als Ort-Impuls-Unschärfe beschrieben. Wenn wir das Elektron also nicht beobachten, muss es sich erst dann für einen Aufenthaltsort entscheiden und sich manifestieren, nachdem es den Doppelspalt passiert hat und auf den hinteren Schirm stößt. Doch betrachten wir noch einmal die Situation mit eingeschaltetem Elektronendetektor. Offensichtlich beeinflusste der Prozess des Beobachtens das Verhalten des Elektrons. Unser bewusstes Hinschauen ließ die Wellenfunktion kollabieren, das Elektron wurde dazu gezwungen, sich zu manifestieren, Realität musste in diesem Moment entstehen. Doch was bedeutet dabei genau »in diesem Moment«? Das Erstaunliche dabei ist, dass der Elektronendetektor *hinter* dem Spalt angebracht wurde. Somit musste sich das Elektron eigentlich schon vor dem Durchqueren des Doppelspalts dazu entschieden haben, ob es als Teilchen durch eine Spalte oder als Welle durch beide fliegen muss.

Doch woher wusste das Elektron, dass es hinter dem Doppelspalt gemessen werden würde, denn sonst hätte es doch wie vorher einfach als Welle beide Spalte passieren können. Somit ist aber auch klar, dass die Messung selbst die Teilcheneigenschaft des Elektrons nicht allein herbeiführen kann, denn die Entscheidung, ob es Welle oder Teilchen ist, muss definitiv vor dem Durchqueren des Doppelspalts und somit auch vor dem Messen stattfinden. Da die Messung hinter dem Doppelspalt stattfand, musste es offensichtlich eine zeitlich rückwirkende Beeinflussung auf das Elektron gegeben haben. Ist das nicht der absolute Wahnsinn? Wir sind Zeugen einer Art Zeitmaschine geworden. Könnte das eventuell ein erster Hinweis darauf sein, dass es so etwas wie die Zeit vielleicht gar nicht gibt? Dieses Phänomen der zeitlichen retroaktiven Einflussnahme werde ich dir mit dem Experiment des Quantenradierers in Kapitel 6.1.3: *Der Quantenradierer – Verschränkung in der Zeit* (➤Seite 307) auf noch eindrücklichere Weise präsentieren.

Viele Jahre gab es keine zufriedenstellende Erklärung für dieses Phänomen, das nicht nur Philosophen und Esoteriker zu neuen Betrachtungsweisen über die Entstehung von Realität verführte, sondern auch viele Physiker. In der Literatur berufen sich viele Autoren auch heute noch gern auf diese ursprünglichen Betrachtungsweisen aus dem letzten Jahrhundert. So überrascht es nicht, dass Warnke die Aussagen zweier Physik-Nobelpreisträger für seine Ausführungen zitiert: »Bewusstsein erzeugt Realität«[14] von Eugene Wigner und »Realität wird durch Beobachtung geschaffen«[15] von Nils Bohr. Natürlich kann man so argumentieren, dass es offensichtlich keine vom Beobachter unabhängige Realität mehr gibt. Aber man darf eines dabei nicht vergessen: Die Beobachtungen in diesem Doppelspalt-Experiment beruhten auf einem geschlossenen Quantensystem. Ein geschlossenes Quantensystem ist ein künstlich erzeugter idealisierter und isolierter Rahmen für das Experiment, bei dem das beobachtete System im Vakuum in keinerlei Wechselwirkung zur Außenwelt steht. Doch das entspricht nicht der Realität in unserer makroskopischen, materiellen Welt, wo es zwangsläufig immer und überall zu Wechselwirkungen kommt. Wir sind in unserer Welt jederzeit den Einflüssen aus unserer Umgebung ausgesetzt, Quantenteilchen kollidieren permanent z. B. mit Gasmolekülen, Photonen oder Strahlung. Die in der mikroskopischen Quantenwelt wellenförmige Existenz von Teilchen in der Superposition kann es auf makroskopischer Ebene in einem offenen, realen System oder in Verbindung mit einer Messung, die nichts anderes als eine Wechselwirkung ist, daher nicht geben.[16] Diese blitzschnelle Zerstörung der Quantennatur der Superpositionen durch schon kleinste Wechselwirkungen mit der Umgebung bezeichnet man auch als Dekohärenz.[17] Die aktuelle Forschung in der Physik hat insbesondere in den letzten Jahren große Fortschritte gemacht. Diese neuen Erkenntnisse werden leider viel zu selten bis gar nicht in die komplexen Betrachtungsweisen vieler esoterischer Ansätze mit einbezogen. Weisheiten und Zitate sind etwas Wundervolles, doch bin ich mir ziemlich sicher, dass z. B. ein Nils Bohr mit dem heutigen physikalischen Wissen um die Dekohärenz sein Zitat von früher so nicht mehr wiederholen würde. Neben Warnke und den Manns gibt es noch viele weitere Autoren, die zu dem Thema, dass Bewusstsein Realität erschafft, sehr wertvolle und schlüssige Theorien formuliert haben. Ich schätze diese Gedankenspiele und bin sehr dankbar für die zum Teil sehr präzise herausgearbeiteten Schlussfolgerungen. Jedoch halte ich diese Theorien insbesondere vor dem Hintergrund der aktuellen physikalischen Errungenschaften für eher unwahrscheinlich. Ich sehe mich bei meiner Einschätzung vor allem auch durch die Arbeiten von David Wineland und Serge Haroche bestätigt. Die beiden Physiker schafften es, einzelne Photonen von der Umgebung zu isolieren und sie in ihren Superpositionen zu beobachten, ohne deren Quantenzustand zu zerstören. Es fand also eine Beobachtung statt, die die Wellenfunktion nicht hat kollabieren lassen. Dies ist ein klarer Beweis dafür, dass unsere Beobachtung keine Realität erschafft. Mit ihrem Experiment konnten sie den Dekohärenzprozess sogar direkt nachweisen. Wineland und Haroche erhielten im Jahre 2012 für ihre bahnbrechende experimentelle Methode zum Messen von individuellen Quantensystemen den Nobelpreis für Physik. Damit entziehen wir jeglicher *Beobachtung-erschafft-Realität-Philosophie* zumindest vorerst den Boden.

6.1.2 Nicht-Lokalität – Verschränkung im Raum

Die Verschränkung gehört zu den erstaunlichsten Phänomenen der Quantenmechanik, stellt sie doch unser alltägliches Erleben von räumlicher Trennung und Ortsbezug komplett infrage. Verschränkung bedeutet, dass sich zwei Teilchen ortsunabhängig einen Zustand teilen, sie stehen also miteinander in Verbindung, auch wenn sie räumlich beliebig weit voneinander entfernt sind.[18] Um die Verschränkung anschaulich nachvollziehen zu können, konstruieren wir ein weiteres Experiment. Zunächst müssen wir verschränkte Teilchen herstellen, und dazu schicken wir einzelne Photonen durch einen nichtlinearen Kristall. Das Photon wird in diesem Kristall umgewandelt, und es entstehen beim Austritt zwei neue miteinander verschränkte Photonen mit jeweils der halben Energie. *Abbildung 6-7* zeigt den Versuchsaufbau und die Lichtwege der beiden verschränkten Photonen.

Nach dem Austritt aus dem Kristall laufen die beiden Photonen verschiedene Wege, sie sind daher räumlich getrennt und zweifelsfrei an verschiedenen Orten. Die Verschränkung von

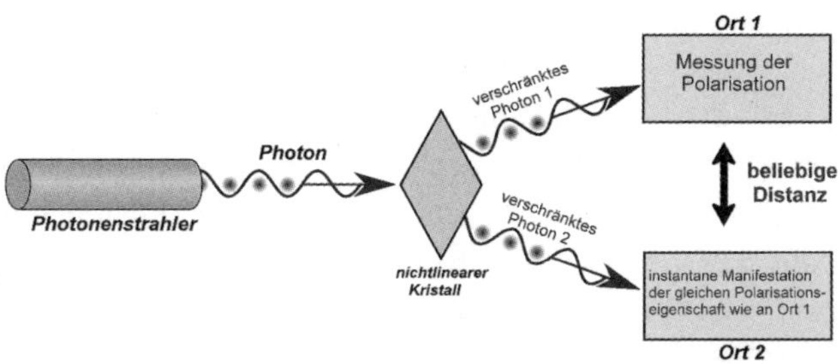

Abbildung 6-7: *Instantan gleiche Polarisation beim Messvorgang an einem verschränkten Photon*

Photonen kann anhand ihrer Polarisation, also der Richtung ihrer Schwingung, festgemacht werden. Die Polarisation ist im Photon während des Wellenzustands in der Superposition nicht definiert, sie entsteht erst im Moment des Messens. Mit anderen Worten, der Teilchenzustand des Photons mitsamt seiner Polarisation wird erst durch den Messvorgang selbst erzeugt und bestimmt. Wenn man nun bei einem der beiden Photonen die Messung vornimmt und somit dessen Polarisation festlegt, so legt man *gleichzeitig* auch die Polarisation des anderen verschränkten Photons fest. Das Verrückte daran ist, dass es keine Rolle spielt, wie weit die beiden Teilchen voneinander entfernt sind. Teilchen A könnte auf der Erde sein und Teilchen B irgendwo in der Andromeda-Galaxie. Der Messvorgang an einem Teilchen erzeugt instantan, also ohne die kleinste Zeitverzögerung, auch denselben Messwert am anderen Teilchen. Doch wie soll dieser unmittelbar zeitgleiche Informationsaustausch über beliebige Distanzen funktionieren? Wenn für den Informationsaustausch also keine Zeit vergehen darf, muss die Geschwindigkeit des Austauschs unendlich groß sein. Doch das ist nicht in Einklang mit der Relativitätstheorie zu bringen, die besagt, dass die höchstmögliche Geschwindigkeit auch für den Informationsaustausch die Lichtgeschwindigkeit sei, und diese ist nicht unendlich groß, sondern liegt bei ungefähr 300 000 Kilometer pro Sekunde. In jedem Fall müsste es also zu Verzögerungen kommen, doch das ist bei der Verschränkung nicht der Fall. Diese Erkenntnis konnte Einstein übrigens zu Lebzeiten nie akzeptieren, er bezeichnete das Phänomen sogar als »spukhafte Fernwirkung«. Welche Erklärung kann es für dieses Verhalten geben? Offensichtlich sind die beiden verschränkten Photonen gar nicht getrennt, sondern bilden noch immer eine ortsunabhängige Einheit. Quantensysteme, die aus mehreren Teilchen bestehen, bleiben immer ein Ganzes, ganz egal, wie weit die einzelnen Teilchen voneinander entfernt sind. Dieser auf mikroskopischer Quantenebene gemessene Effekt wirkt auch in unsere makroskopische Welt hinein. So macht man sich seit Kurzem diesen Verschränkungseffekt in neuen Technologien zunutze. 2016 wurde im Rahmen eines chinesischen Forschungsprojektes der Quantensatellit Micius in seine Umlaufbahn gebracht, der verschränkte Photonen an zwei 1200 Kilometer weit entfernte Bodenstationen sendete. Mithilfe von verschränkten Photonen ist es möglich, einen abhörsicheren Austausch von Quantenschlüsseln für den Aufbau von sicherer Kommunikation zu gewährleisten.[19] Die Verschränkung ist ein eindeutiger Beweis dafür, dass unsere dreidimensionale räumliche Welt nicht die einzige Realität sein kann. Unsere räumliche Welt muss vielmehr in einer raumlosen Dimension eingebettet sein bzw. parallel zu ihr existieren. Es gibt ohne Zweifel eine Realität, in der die Lokalisation von Teilchen nicht existent ist. Unsere Definition von Ort, räumlicher Trennung und Distanz fällt damit in sich zusammen. Man spricht bei diesem Phänomen auch von der Nicht-Lokalität von Teilchen.

6.1.3 Der Quantenradierer – Verschränkung in der Zeit

Der Astronom, Mathematiker und Physiker Dr. Josef M. Gaßner bezeichnet den Quantenradierer als »die verrückteste Geschichte, die es überhaupt gibt in der Quantenmechanik«[20]. Was Gaßner hier als verrückt bezeichnet, ist genau eine solche Erkenntnis, bei der wir Menschen mit unserem irdischen Verstand an eine Grenze stoßen, an eine Grenze, die Dawkins nicht wahrhaben möchte. Der Quantenradierer stellt unser deterministisches Verständnis von Ursache-Wirkung-Zusammenhängen unserer Realität in Raum und Zeit vollkommen auf den Kopf. Ich gebe zu, es könnte jetzt etwas komplexer und durchaus auch skurril werden, aber ich verspreche dir, dass es sich lohnt, hier am Ball zu bleiben. Wir erweitern nun das Doppelspalt-Experiment, indem wir direkt hinter dem Doppelspalt einen nichtlinearen Kristall anbringen. Statt Elektronen schießen wir nun Photonen auf den Doppelspalt, die vom Kristall in jeweils ein verschränktes Photonenpaar umgewandelt werden. Wir lenken eines der verschränkten Photonen auf einen Detektionsschirm, während wir das andere zu einem separaten Detektor lenken (siehe *Abbildung 6-8*). Photonen, die

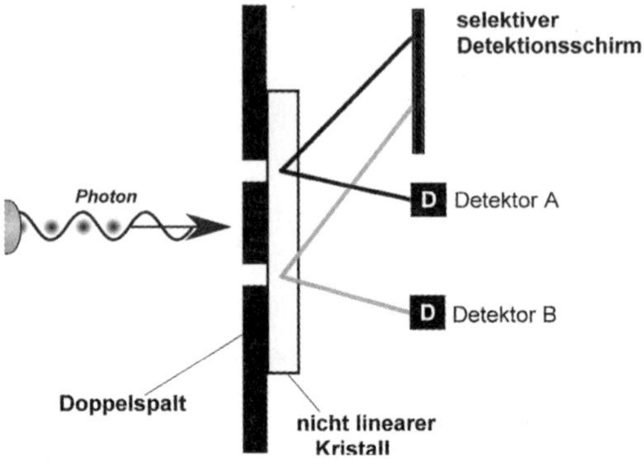

Abbildung 6-8: *Detektion von verschränkten Photonen ohne Interferenzmuster (in Anlehnung an Josef M. Gaßner*[21]*)*

durch den oberen Spalt kommen, werden zu Detektor A gelenkt, die durch den unteren Spalt kommen, zu Detektor B. Immer wenn wir an Detektor A oder B ein Photon messen, erfassen wir zugleich den Einschlagsort des verschränkten Photons auf dem Detektionsschirm. So können wir eine Korrelation zwischen diesem Einschlagsort auf dem Schirm und dem jeweiligen Detektor aufbauen. Wie zu erwarten war, zeigt sich hierbei kein Interferenzmuster, sondern sowohl für Detektor A als auch für B erzeugen die Photonen jeweils einen einzelnen Balken. Im Vergleich zu unserem bisherigen Doppelspalt-Experiment mit aktivem Detektor ist das erst einmal gar nicht viel Neues.

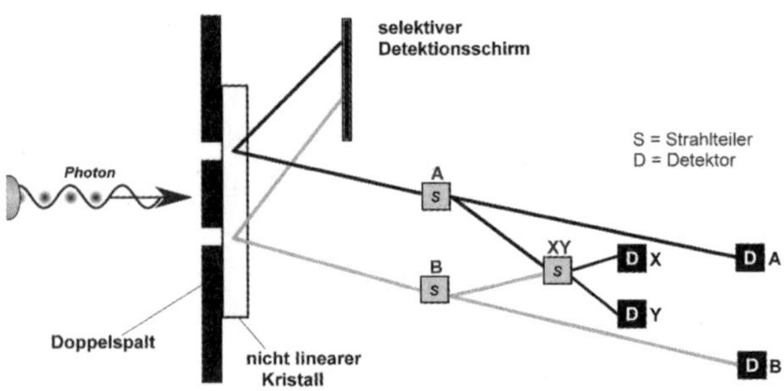

Abbildung 6-9: *Der Quantenradierer (in Anlehnung an Josef M. Gaßner*[22]*)*

Doch jetzt modifizieren wir den Versuchsaufbau mit drei Strahlteilern, die ein Photon zufällig zu 50 Prozent Wahrscheinlichkeit in die eine Richtung und zu 50 Prozent in die andere Richtung ablenken (siehe *Abbildung 6-9*).

Wenn nun ein Photon durch den oberen Spalt geflogen ist, dann wird im Kristall daraus ein verschränktes Photonenpaar erzeugt. Eines der Photonen wird auf den in der Grafik oben befindlichen Detektionsschirm gelenkt, während das andere Photon in Richtung Strahlteiler A läuft. Am Strahlteiler A wird es mit einer Wahrscheinlichkeit von 50 Prozent wie gehabt zu Detektor A weitergeleitet. In diesem Fall verändert sich in der Korrelation zwischen dem Einschlagsort auf dem Detektionsschirm und dem Detektor A nichts zu vorher, wir erhalten einen einzelnen Musterbalken. Läuft das Photon aber den Weg von Strahlteiler A zu Strahlteiler XY, so wird es dort mit einer Wahrscheinlichkeit von 50 Prozent an den Detektor X und mit einer Wahrscheinlichkeit von 50 Prozent an den Detektor Y weitergeleitet. Für ein Photon, das durch den unteren Spalt gelaufen ist und schließlich beim Strahlteiler XY landet, gilt jedoch dasselbe. Mit anderen Worten, ein in Detektor X oder Y gemessenes Photon kann nicht mehr eindeutig dem oberen oder dem unteren Spalt zugeordnet werden. Wir haben die Information, durch welchen Spalt es gekommen ist, ausradiert. Das Erstaunliche dabei ist jetzt, wenn wir die Detektoren X und Y mit den Einschlagsorten der verschränkten Photonen auf dem Detektionsschirm korrelieren, dass wir plötzlich wieder das Interferenzmuster erhalten. Als wenn das allein nicht schon verrückt genug wäre, kommt der eigentliche Clou aber erst jetzt. Schau dir einmal die Abstände vom Kristall zum Detektionsschirm einerseits und zu den Strahlteilern und Detektoren andererseits an. Der Weg zum Detektionsschirm ist viel kürzer als der Weg zu den Strahlteilern. Da sich Photonen immer konstant mit Lichtgeschwindigkeit bewegen, kommt das Photon, das auf den Detektionsschirm gelenkt wird, viel früher an als das andere. Während sich das eine Photon also auf dem Detektionsschirm schon zeigen muss, ist das andere verschränkte Photon noch unterwegs. Die Entscheidung in den Strahlteilern, wohin das Photon weitergeleitet wird, ist da noch gar nicht gefallen. Trotzdem weiß das erste Photon bereits vorab, ob es sich als Balken oder Interferenzmuster zeigen muss. Somit gibt es nur eine zulässige Schlussfolgerung. Die zufällige Entscheidung in den Strahlteilern muss definitiv in der Zeit rückwärts wirkend auf das Verhalten des ersten Photons Einfluss nehmen.[23] Dies ist kein Zaubertrick, und es zeigt sich eine neue, unseren Erfahrungen widerstrebende Realität. Unser Verständnis von Zeit wird in diesem Experiment ad absurdum geführt. Verschränkte Photonen sind also nicht nur nicht-lokal, sie existieren auch außerhalb des uns bekannten Zeitgefüges.

Interessanterweise gibt es in der Gehirnforschung Experimente, die einen ganz ähnlichen Effekt einer solch zeitlichen Rückdatierung zeigen. Der Neurowissenschaftler Benjamin Libet hat mit seinem Team Probanden mit leichten Stromschlägen auf dem Handrücken stimuliert und einerseits die objektive Wahrnehmung des Zeitpunkts des Reizes über die Messung der Gehirnaktivität mittels Elektroenzephalogramm (EEG) und andererseits die subjektive Wahrnehmung durch den Probanden selbst gemessen. Es zeigte sich, dass die objektive Wahrnehmung des Reizes, also die im EEG erkennbare Aktivität, mit etwa einer halben Sekunde Verzögerung erkennbar war. Die subjektive Wahrnehmung hingegen, also das bewusste Wahrnehmen des Reizes, erfolgte erstaunlicherweise früher, unmittelbar zum Zeitpunkt der Reizauslösung. Die Sinneswahrnehmung im Gehirn muss nach Libet daher durch eine zeitliche Rückdatierung die subjektive bewusste Erfahrung zum wirklichen Zeitpunkt der Reizauslösung generiert haben.[24]

An der Universität von Princeton gründete Robert G. Jahn 1979 mit der Princeton Engineering Anomalies Research (PEAR) eine der renommiertesten Psi-Forschungsgruppen der Welt. Bis zum Jahr 2007 wurden zahlreiche hochwertige und kontrollierte Studien durchgeführt.[25] Unter anderem gab es ein berühmtes Experiment zur Psychokinese. In diesem Experiment ging es darum, dass die Versuchspersonen einen Zufallsgenerator mit ihren Gedanken beeinflussen sollten. Der Zufallsgenerator erzeugte völlig zufällige Sequenzen der Zahlen Null und Eins. Die Zahlenfolgen wurden dabei aus dem weder chemisch noch physikalisch beeinflussbaren radioaktiven Zerfall einer radioaktiven Quelle generiert.[26] Die Versuchspersonen erhielten die Aufgabe, die Zahlenfolgen so zu beeinflussen, dass entweder mehr Nullen oder mehr Einsen entstehen sollten. *Abbildung 6-10* zeigt das höchst signifikante Ergebnis eines Teilnehmers nach 62 Versuchsserien.

Am rechten Rand der Grafik befindet sich das jeweilige Endergebnis für alle drei Durchgangsarten nach jeweils 125 000 Durchgängen. Die Kurve in der Mitte mit der Beschriftung *BL* zeigt die Werte des Zufallsgenerators, ohne dass jemand gedanklich darauf einwirkte. Die Werte bewegen sich dabei erwartungsgemäß in der Nähe der Nulllinie, das bedeutet, es wurden im Mittel genauso viele Nullen wie Einsen generiert. Die obere Kurve mit der Beschriftung *HI* zeigt das Ergebnis für die Durchgänge, bei denen möglichst viele Einsen erzeugt werden sollten. Die untere Kurve, die mit *LO* beschriftet ist, repräsentiert das Ergebnis für die Durchgänge, bei denen die Teilnehmer im Zufallsge-

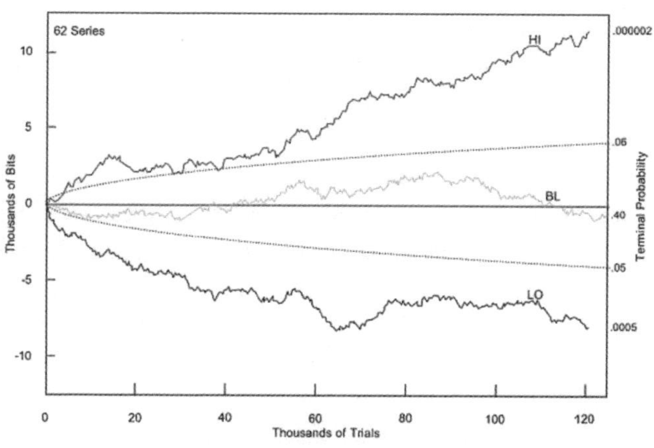

***Abbildung 6-10:** Endergebnis des Psychokinese-Experiments mit einem Zufallsgenerator (Quelle: Roger D. Nelson, 2017)*[27]

nerator möglichst Nullen erzeugen lassen sollten. Sowohl die Ergebnisse für *HI* als auch für *LO* sind hoch signifikant, das bedeutet, die gedankliche Beeinflussung der Zufallszahlen hat so gut funktioniert, dass es nicht mit Glück oder Zufall erklärt werden kann. In der Statistik ist es üblich, mit einem Signifikanzniveau von 0,05 (= fünf Prozent) zu arbeiten. Man kann das so interpretieren, dass etwas als signifikant gilt, wenn die Wahrscheinlichkeit, dass das Ergebnis nur zufällig zustande gekommen ist, höchstens fünf Prozent beträgt. Die Fünf-Prozent-Signifikanzniveaus sind ebenfalls in der Grafik eingezeichnet. Es ist deutlich zu erkennen, dass die *HI*- bzw. die *LO*-Kurve diese Grenzwerte bei Weitem überschreiten. Aus statistischer Sicht kann prinzipiell ausgeschlossen werden, dass diese erfolgreichen Manipulationen nur zufällig entstanden sind.

Der deutsch-amerikanische Physiker und Parapsychologe Helmut Schmidt führte dieses Experiment in einer Variante durch, die uns zurück zu dem Aspekt mit der in der Zeit rückwärts gerichteten Wirkung führt. Schmidt hat seinen Versuchspersonen nicht nur aktuell erzeugte Zufallszahlenfolgen zur psychokinetischen Manipulation vorgelegt, sondern auch Zahlenfolgen, die er im Vorfeld bereits aufgenommen und den Teilnehmern dann ohne ihr Wissen während des Experiments aus dem Speicher zugespielt hatte. Diese vorab gespeicherten Daten bezeichnet man auch als pre-recorded Targets (PRT). Das Erstaunliche war nun, dass auch diese PRT-Versuchsreihen signifikante Ergebnisse lieferten, die statistisch betrachtet nicht mit Zufall zu erklären waren. Wie konnte eine im Vorfeld gespeicherte Zufallszahlenfolge deutlich mehr Einsen bzw. Nullen enthalten als die Zufallsverteilung der zeitgleich aufgenommenen Kontrollzahlenfolge, wenn die psychokinetische Beeinflussung davon doch erst später stattfand? Offensichtlich besitzt die psychokinetische Beeinflussung einen Effekt, der in die Vergangenheit wirkt.[28]

Prof. Dr. Gitt hat schon vielmals einen wundervollen Vortrag mit dem Titel *Herkunft des Lebens aus Sicht der Information* gehalten. In diesem Vortrag leitet er aus seinen Naturgesetzen zur

Information sehr schlüssig ab, dass gemäß seiner Argumentation Gott allwissend und ewig sein muss. Anstelle von »Gott« bevorzuge ich eher Begriffe wie *Göttlichkeit* oder *Geistige Welt*, doch ändert das nichts an seiner hervorragenden Argumentation. Allwissend und ewig bedeutet für mein Verständnis, dass die Geistige Welt außerhalb unseres Zeitgefüges existiert und unsere Vergangenheit, Gegenwart und Zukunft überblicken kann. Während wir Menschen uns eventuell noch vorstellen können, dass es geistige Wesen gibt, die in unsere Vergangenheit und Gegenwart blicken, tun wir uns ungemein schwer damit, wie sie auch in unsere Zukunft schauen können. Wir Menschen haben doch einen freien Willen, ich kann mich jede Sekunde meines Lebens frei entscheiden, wie also sollte das möglich sein? Gitt veranschaulicht das Ganze in seinem Vortrag mit einer kleinen Geschichte. Er erzählt davon, dass ihn seine Frau zum Bäcker geschickt hat mit der Bitte, er solle fünf Brötchen kaufen. Beim Bäcker angekommen, ist er sich nicht sicher, welche Brötchen er nehmen soll. Weil die Mohnbrötchen im Angebot sind, nimmt er drei Mohnbrötchen, ein normales und eines mit Sonnenblumenkernen. Nun stellt er die Frage, ob man in der Geistigen Welt schon vorher wusste, wie er sich entscheiden würde. Wenn die Geistige Welt ewig und allwissend ist, musste sie es schon vorher gewusst haben.[29] Mit unserem beschränkten menschlichen Verstand bekommen wir das aber nicht so richtig hintereinander. Wie kann ich mich frei entscheiden, und trotzdem weiß die Geistige Welt im Voraus, wie ich mich entscheiden werde? Der Quantenradierer zeigt uns experimentell, dass es tatsächlich so sein kann. Der Zufall entscheidet in den Strahlteilern, welchen Weg das Photon nehmen wird, dennoch weiß das andere damit verschränkte Photon schon vorher, was passieren wird. Aus meiner Sicht lässt sich das nur so erklären, dass es eine Dimension geben muss, die außerhalb der Zeit existiert. Wenn intelligente geistige Wesen aus einer zeitlosen Dimension auf unsere materielle Existenz blicken, sehen sie alles, was war, ist und sein wird, zugleich. Für uns Menschen, die in dieser Raumzeit leben, ist das nicht nachvollziehbar, aber offensichtlich gibt es kein Vorher und Nachher, es gibt nur das Jetzt. Zeit ist ein rein menschlich erfahrbares Konstrukt.

In meinen eigenen Jenseitskontakten, aber auch bei denen einiger Studienteilnehmer unserer EREAMS-Studie finden sich immer wieder Aussagen unserer Verstorbenen zu unserer zukünftigen Entwicklung oder zu zukünftigen Ereignissen. Meist geht es um Veränderungen im Beruf oder in der Liebe, aber auch um schicksalhafte Ereignisse (z. B. Krankheiten) und persönliche Weiterentwicklung. Oftmals werden diese Voraussagen dann im Nachhinein bestätigt. Insgesamt ist die Geistige Welt aber sehr zurückhaltend, wenn es um zukünftige Themen geht, unser freier Wille darf wohl nicht zu sehr durch diese Vorausschau beeinflusst werden. Wir erhalten nur genau so viel Information, wie es für unser Leben wichtig ist. Dass ein Blick in unsere Zukunft möglich ist, beschreibt auch der Psychiater Brian L. Weiss in seinem Buch *Die zahlreichen Leben der Seele*. In diesem Buch beschreibt Weiss, wie er durch die Therapie seiner Patientin Catherine einen Zugang zu ihren vergangenen Leben, aber auch zu ihren geistigen Führern und Lehrern erhielt. In der Trance berichtete sie von erstaunlichen Erlebnissen aus den verschiedenen Epochen vergangener Vorleben. Immer wieder meldeten sich in diesen Gesprächen auch hoch entwickelte Geistwesen zu Wort, Catherine sprach dann mit einer anderen Stimme. Weiss fragte sich, ob neben dem Blick in die Vergangenheit wohl auch ein Blick in die Zukunft möglich sei. Dies wurde ihm eindeutig bestätigt.[30]

6.2 *Was kann die Quantenmechanik für die Spiritualität leisten?*

In Kapitel 2: *Wissenschaft und Spiritualität* (➛Seite 48) habe ich bereits beschrieben, dass die materialistische Wissenschaft gewisse anfängliche Glaubensvoraussetzungen benötigt, um überhaupt funktionieren zu können, und somit ist sie definitiv auch nichts anderes als ein Glaube. Ihrem Glauben nach sind Objektivität, Kausalität, Zeit und Raum selbstverständlich gegebene

Tatsachen, und sie werden ohne den Hauch eines Zweifels als real vorausgesetzt. Für mich ist es daher nicht nachvollziehbar, wenn man die Begriffe Wissenschaft und Glaube als Gegensätze definiert. Die Bezeichnung *Glaube* ist eigentlich unglücklich gewählt, denn sie suggeriert, man müsse glauben und könne nicht wissen oder logisch argumentativ schlussfolgern, was ein fataler Irrtum ist. Es macht keinen Unterschied, ob man sich mit dem Glauben an die Wissenschaft oder mit dem Glauben an die Geistige Welt beschäftigt. Es ist in meinen Augen gleichwertig, ich würde sogar den Begriff der Geistigen Welt als intrinsischen Teil des Begriffs der Wissenschaft interpretieren. In meinen Augen enthält eine ganzheitliche Wissenschaft nicht nur materialistisch geprägte Aspekte, sondern ebenso die geistigen, solange man nach den gängigen Regeln der wissenschaftlichen Methodik arbeitet. Das Gute an dieser ganzheitlichen Wissenschaft ist, dass sie sich selbst hinterfragen kann, zumindest wenn der Freiheitsgedanke der Forschung auch gelebt wird und die Dogmatiker und Reputationsfetischisten ausgeklammert werden. Eine solche Wissenschaft oder besser: ein solcher Glaube an die Wissenschaft unterscheidet sich insbesondere dadurch von Religionen, dass er gezwungenermaßen nachvollziehbare Argumente vortragen muss, um andere zu überzeugen. Die Erkenntnisse müssen veröffentlicht und im Rahmen einer öffentlichen Diskussion begutachtet werden. Für eine Religion wäre das undenkbar, nicht aber für einen Glauben an die Geistige Welt.

Mit den wissenschaftlichen Erkenntnissen der Quantenmechanik müssen die oben genannten Glaubensgrundsätze der klassischen Wissenschaft als solche nicht nur infrage gestellt, sie müssen als logische Konsequenz daraus als widerlegt betrachtet werden. Ich stelle nicht die Existenz von Kausalität, Zeit und Raum infrage, aber als Glaubensgrundsätze für eine ganzheitliche Betrachtung der Welt versagen sie. Diese klassisch wissenschaftlich geprägte Interpretation ist nicht die einzig zulässige Realität. Die Welt ist weitaus komplexer und vielschichtiger, als es die aktuelle Wissenschaft erfassen oder verstehen kann. Meiner Ansicht nach hat die Quantenmechanik das Fundament der materialistischen Naturwissenschaft durch ihre eigenen Erkenntnisse zum Einsturz gebracht. Ich bin der festen Überzeugung, dass der Glaube an eine Geistige Welt durch gängige wissenschaftliche Methoden gute Argumente für seine Evidenz liefern und sich einer fachlichen Diskussion stellen kann. Mit diesem Buch und unseren Studien versuche ich, einen Teil dazu beizutragen.

Ich bin mir sicher, die Quantenmechanik liefert Fakten dafür, dass die Welt, wie wir sie kennen, bewiesenermaßen auch ganz anders sein kann. Denn wenn du erkennst, dass es Materie eigentlich gar nicht gibt, dass Ursache-Wirkungs-Zusammenhänge und die Dimensionen von Raum und Zeit sich auflösen, dann fällt es auch deutlich leichter, sich vielleicht auch die Existenz einer geistigen Dimension vorzustellen. Genau hier sehe ich die Berechtigung für das Zusammenspiel von Quantenmechanik mit spirituellen Themen. Einige Wissenschaftler und Philosophen gehen sogar noch einen Schritt weiter und begründen die Entstehung von Bewusstsein mit quantenmechanischen Prozessen. Ich halte diese Betrachtungsweise jedoch für falsch, denn meiner Ansicht nach braucht Bewusstsein nicht entstehen, es war schon immer da und ist vielmehr der Ursprung für alles. Ich finde außerdem, dass sich viele Esoteriker und Philosophen beim Thema Quantenmechanik deutlich zu weit aus dem Fenster gelehnt haben. Die Quantenmechanik ist meiner Ansicht nach kein Beweis für das Konzept, dass Bewusstsein Realität erschafft, wenngleich ich davon überzeugt bin, dass Bewusstsein der Ursprung alles Seins und auch der materiellen Welt ist. Doch das Prinzip, dass bewusstes Beobachten der Auslöser für die Entstehung von Realität sei, kann als widerlegt betrachtet werden. Das Doppelspalt-Experiment, das die Welt der Physiker, Esoteriker und Philosophen im 20. Jahrhundert noch zum Beben gebracht hatte, wurde durch Wineland und Haroche durch die Dekohärenz demystifiziert. Sie zeigten, dass man ein Quantensystem beobachten kann, ohne die Wellenfunktion und Superposition kollabieren lassen zu müssen. Das Entscheidende, was die Quantenmechanik für die Spiritualität leisten kann, ist meiner Ansicht nach die Erkenntnis, dass uns die Verschränkung von Quantenteilchen die Existenz einer Realität ohne Ort und ohne Zeit offenbart. Unser Raum-Zeit-Gefüge stellt daher nur eine Ebene in einer mehrschichtigen Realität dar. Diese verschiedenen Schichten von Realität scheinen nicht voneinander getrennt zu sein, so wird unsere Welt durchströmt von einer nichtlokalen und zeitlosen Dimension. Unter dem Gesichtspunkt der Quantenmechanik kommt es zu einer Aufhebung von Ursache-Wirkungs-Zusammenhängen, stattdessen tritt der Begriff der Gleichzeitigkeit an diese Stelle. Was wir als das *Jetzt* empfinden, umfasst jeden Augenblick sowohl in der Vergangenheit als auch in der Zukunft zugleich. Aus der Perspektive einer ewigen Geistigen Welt degeneriert Zeit zum Nichts.[31]

Pascal Voggenhubers Wahrnehmung der Geistigen Welt bestätigt diesen Eindruck von sich auflösenden Grenzen zwischen den Welten. Er gibt in seinem Buch *Botschafter der unsichtbaren Welt* die Erklärungen seines Geistführers über die Struktur der Geistigen Welt wieder, die erstaunlich gut mit den Effekten der Quantenmechanik in Einklang zu bringen sind.

»Das menschliche Gehirn braucht Strukturen, ihr wollt alles irgendwie einordnen können. Genauso wollt ihr die Geistige Welt einordnen. Also unterteilt ihr sie in Ebenen und Dimensionen. Doch in Wirklichkeit gibt es hier weder Zeit noch Raum. Und wenn Zeit und Raum nicht existieren, dann kann es auch weder Ebenen noch Dimensionen geben, jedenfalls nicht so, wie ihr sie versteht. Für euer Verständnis braucht oder wollt ihr oft eine Einteilung, darum gibt es Geistwesen, die versuchen, euch unsere Welt, die für euch total unlogisch ist, in einer gewissen Logik zu erklären. Sie entspricht aber nicht wirklich dem, wie unsere Welt ist.«[32]

Ich möchte dir noch gern einen weiteren interessanten Erklärungsansatz von Christina von Dreien vorstellen. Die junge

Schweizerin besitzt verschiedene paranormale Begabungen, unter anderem verfügt sie über eine multidimensionale Wahrnehmung. Sie erklärt den Aufbau der Welt mit ihren Dimensionen folgendermaßen:

> *»Es ist gar nicht so einfach, dieses Thema für den dreidimensionalen Verstand zu erklären. Dimensionen sind eine Art Frequenzbereiche oder Sphären des Bewusstseins. Wichtig ist zu verstehen, dass zwischen den Dimensionen keine räumliche Abgrenzung steht, sondern eine geistige. Die individuelle Wahrnehmung von Dimensionen ist vom persönlichen Energieniveau, von der persönlichen Schwingungsfrequenz eines Lebewesens abhängig. Gemäß dieser persönlichen Schwingungsfrequenz folgen dann auch das entsprechende Bewusstsein und die entsprechenden Begabungen.«*[33]

7 Gibt es eine Evidenz für eine geistige Welt?

»Man kann sich auf zwei Arten irren.
Indem man glaubt, was nicht wahr ist. Oder indem
man sich weigert zu glauben, was wahr ist.«[1]
Søren Kierkegaard

Um die Frage nach einer Evidenz für die geistige Welt beantworten zu können, muss man zunächst klären, inwiefern man diesen speziellen Forschungsbereich überhaupt mit Wissenschaft erfassen kann. Also schauen wir uns einmal an, wie wissenschaftliche Forschung eigentlich definiert ist. Das Springer-Lehrbuch *Forschungsmethoden und Evaluation* von Nicola Döring und Jürgen Bortz gilt als ein Standardwerk in diesem Bereich, und darin heißt es, wer wissenschaftliche Forschung betreibt, sucht mithilfe anerkannter wissenschaftlicher Methoden, auf der Basis des bisherigen Forschungsstandes, zielgerichtet, nach gesicherten neuen Erkenntnissen, dokumentiert nachvollziehbar den Forschungsprozess und die Ergebnisse und stellt die Studie in Vorträgen und Publikationen der Fachöffentlichkeit vor.[2] Döring und Bortz unterteilen die Forschungswelt in zwei Hauptkategorien. Die erste Kategorie bilden die nicht-empirischen Wissenschaften, wozu die Formalwissenschaften (Mathematik, Philosophie, …) und die Geisteswissenschaften (Rechtswissenschaft, Geschichte, Theologie, …) gehören. Die zweite Kategorie enthält die empirischen Wissenschaften, dazu zählen die Sozialwissenschaften (Soziologie, Psychologie, Medizin, …), die Naturwissenschaften (Physik, Chemie, Biologie, …) und die Technikwissenschaften (Maschinenbau, Elektrotechnik, Informatik, …). *Tabelle 7-1* stellt diese Einteilung in Wissenschaftskategorien dar.

Tabelle 7-1: Nicht-empirische vs. empirische Wissenschaften (in Anlehnung an Döring und Bortz[3])

Nicht-empirische Wissenschaften		Empirische Wissenschaften		
Formal-wissenschaftenx	Geistes-wissenschaften	Sozial-wissenschaften	Natur-wissenschaften	Technik-wissenschaften
Mathematik	Rechts-	Soziologie wissenschaften	Physik	Maschinenbau
Philosophie	Geschichte	Psychologie	Chemie	Elektrotechnik
etc.	Theologie	Medizin	Biologie	Informatik
	etc.	etc.	etc.	etc.

Bevor ich nun den Bereich der spirituellen Wissenschaften einführe, möchte ich noch erklären, was man eigentlich unter Empirie bzw. einer empirischen Wissenschaft versteht. Der Begriff Empirie bedeutet Erfahrung, eine empirische Wissenschaft kann daher als eine auf Erfahrung und Beobachtung basierende Wissenschaft bezeichnet werden. Daraus lässt sich bereits ableiten, welche Form von Forschung damit charakterisiert wird. Mithilfe systematischer und standardisierter Prozesse durch quantitative und qualitative Methoden werden Erkenntnisse in Bezug auf die Forschungsfragen auf Basis von Beobachtungen erhoben. Die dabei gewonnenen empirischen Daten sind gezielt auf das Forschungsproblem ausgewählte und dokumentierte Informationen über die Erfahrungswirklichkeit.

Wo könnte man nun die spirituelle Wissenschaft in diesem Modell platzieren? Die meisten werden wahrscheinlich sagen, die Spiritualität gehört zu den Geisteswissenschaften und ist somit eindeutig nicht-empirisch. Ich denke, man muss das differenzierter sehen. Man kann die spirituelle Wissenschaft nicht pauschal kategorisieren, es gibt sicherlich Aspekte der Spiritualität, die zweifellos in den Bereich der Geisteswissenschaften gehören und sich einer empirischen Forschung entziehen. Doch ist die Spiritualität sehr vielschichtig. So besitzt sie darüber hinaus viele Aspekte, die man ganz klar in die Bereiche der Soziologie, Psychologie, Medizin, Naturwissenschaften und sogar der Informatik einordnen kann. Mit anderen Worten, die spirituelle Wissenschaft kann bei vielen Themen ganz eindeutig empirisch erforscht werden. Alle von Döring und Bortz genannten Kriterien sind meiner Ansicht nach auch in der spirituellen Forschung in vielen Bereichen anwendbar.

In unserer säkularen Gesellschaft mit ihrem materialistischen Weltbild ist zumeist kein Platz für Menschen, für die die Existenz der Geistigen Welt absolut real ist. Nicht selten werden sie als religiöse oder esoterische Spinner abgestempelt und belächelt. Ein Teilnehmer unserer EREAMS-Studie bringt seine Enttäuschung darüber folgendermaßen zum Ausdruck:

> *»Es ist so schade, dass unsere Gesellschaft Jenseitskontakten so ablehnend gegenübersteht. Es könnten so viel mehr Trauernde getröstet werden. Und die Sitter könnten mit anderen darüber reden, ohne für verrückt erklärt zu werden.«*

Dabei gibt es so viele Menschen, die eigene übersinnliche Wahrnehmungen erlebt haben oder sogar Kontakt zu ihren Verstorbenen erhielten. Zu diesen sogenannten Nachtodkontakten wurde erst kürzlich eine umfangreiche Studie mit über 1000 Teilnehmern unter der Leitung von Evelyn Elsaesser veröffentlicht. Diese wissenschaftliche Studie mit dem Titel *Untersuchung der Phänomenologie und der Auswirkungen von direkten und spontanen Nachtodkontakten (NTK)*[4] erfüllt einen hohen wissenschaftlichen Standard und wird einer etablierten Methodik absolut gerecht. Evelyn Elsaesser beschäftigt sich bereits seit 30 Jahren vor allem mit der Erforschung von Nachtoderfahrungen, und für dieses Forschungsprojekt konnte sie mehrere Professoren und Doktoren aus Großbritannien und den USA als Projektpartner und wissenschaftliche Komitees gewinnen. Im Gegensatz zu unserer EREAMS-Studie, bei der wir mit einem Medium als Schnittstelle zur Geistigen Welt arbeiten, untersuchte Elsaesser die Nachtodkontakte direkt von den Trauernden selbst zu ihren Verstorbenen. Dies kann z. B. durch das Wahrnehmen oder Fühlen einer Präsenz, durch Berührungen, Hören oder Sehen des Verstorbenen geschehen sein. 40 bis 50 Prozent der Bevölkerung haben bereits einen solchen NTK erlebt, zumeist im Schlaf.[5] Obwohl dieses Phänomen anscheinend sehr verbreitet ist, wird darüber öffentlich jedoch nicht geredet. Das Ziel von Elsaessers Arbeit und auch unserer EREAMS-Studie ist es, endlich eine seriöse öffentliche Diskussion zu diesem Thema zu ermöglichen. Menschen sollten wegen ihrer Wahrnehmungen und Erfahrungen im Umgang mit der Geistigen Welt keine Angst mehr haben müssen, bloßgestellt oder ausgelacht zu werden. Mit unserer wissenschaftlichen Arbeit leisten wir wahre Pionierarbeit und stellen die Diskussion um ein Weiterleben unserer Seelen auf ein solides Fundament, das auch von einer aufgeklärten Gesellschaft nicht länger ignoriert oder belächelt werden kann. Doch wie schon im Eingangszitat erwähnt, weigert sich ein Großteil unserer Gesellschaft zu glauben, was wahr ist. Unsere Forschung ist weder manipuliert noch das Produkt esoterischen Wunschdenkens, sie spiegelt die Wahrheit im Rahmen der wissenschaftlichen Methodik eindeutig wider. Doch die meisten Menschen haben ganz selbstverständlich schon von Kindesbeinen an ein materialistisches Weltbild eingeimpft bekommen, das kritiklos akzeptiert und niemals hinterfragt werden darf. Ich hoffe, dass sich dieses gesellschaftlich festgefahrene Weltbild durch unsere wissenschaftliche Arbeit endlich von seinen dogmatischen Fesseln befreien kann.

Einen deutlich anderen und positiveren Umgang in der Öffentlichkeit genießt mittlerweile die Erforschung von Nahtoderfahrungen (NTE), die in den letzten 20–30 Jahren enorm an Akzeptanz gewonnen hat. Insbesondere durch die häufige Beteiligung von medizinischem Personal und Ärzten, denen man naturgemäß ein hohes Maß an Glaubwürdigkeit zuschreibt, fanden solche Berichte und Studien immer mehr den Weg auch durch etablierte und seriöse Informationskanäle in die Öffentlichkeit. Den Grundstein dafür bildete sicherlich das 1975 erschienene Buch des Psychiaters Dr. Raymond Moody *Leben nach dem Tod*[6], ihm folgten viele weitere Autoren, insbesondere Evelyn Elsaessers *Was wir aus Nahtod-Erfahrungen für das Leben gewinnen*[7] und Pim van Lommels *Endloses Bewusstsein*[8] waren weitere Meilensteine auf diesem Gebiet. Aber auch die Sterbeforscherin Dr. Elisabeth Kübler-Ross hat wahre Pionierarbeit auf diesem Gebiet geleistet. In ihrem Werk *Über den Tod und das Leben danach*[9] beschreibt sie die Erfahrungen von Sterbenden mit außerkörperlichen Erfahrungen. Sie berichtet z. B. von blinden Menschen, die im Angesicht des Todes ihren Körper verließen und plötzlich sehen konnten.

> *»Und diese Blinden, die ein außerkörperliches Erlebnis hatten und zurückgekommen sind, können ihnen im Detail sagen, was für Farben und welchen Schmuck sie zu jener Zeit, so sie anwesend waren, trugen, was für ein Muster ihr Pullover oder ihre Krawatte hatte und so weiter. Sie verstehen, dass es sich hierbei nicht um etwas handelt, was man fantasieren kann.«*[10]

Der Psychologe und Arzt Dr. Brian L. Weiss berichtet von einem ähnlichen Fall. Er war unter anderem Leiter der psychologisch-pharmakologischen Abteilung an der Universitätsklinik Miami und Chefarzt der psychiatrischen Abteilung. Mit über 4000 Rückführungspatienten gehört er zu den bekanntesten und erfolgreichsten Reinkarnationstherapeuten der Welt. Er berichtet von einem Vorfall bei einer Reanimation einer älteren Dame, die im Mount Sinai Medical Center in Miami (Florida) einen Herzstillstand erlitt. Ihr Kardiologe und weiteres ärztliches Personal waren vor Ort auf der Intensivstation. Sie versuchten die Dame mit Reanimationsmaßnahmen wieder ins Leben zurückzuholen. Dem Kardiologen fiel dabei sein goldener Kugelschreiber auf den Boden, und dieser rollte unter ein Fenster. In einer kurzen Pause hob er ihn wieder auf. Die Dame konnte schließlich wiederbelebt werden, und sie erzählte ihrem Kardiologen wenig später, dass sie aus ihrem Körper geschwebt sei und alles beobachtet hätte. Der Kardiologe meinte nur, dass das nicht sein könne, sie wäre schließlich ohne Bewusstsein gewesen und im Koma gelegen. Da sagte die Dame, dass sie gesehen habe, wie er seinen goldenen Stift fallen gelassen und wenig später wieder aufgehoben habe. Der Arzt war sprachlos und wunderte sich, dass die Dame das gesehen hatte, nicht nur, dass sie ohne Bewusstsein war, zudem war sie auch noch blind.[11]

Skeptiker betrachten diese Phänomene oftmals als ein Resultat von Sauerstoffmangel im Gehirn. Ich vertrete hierbei genau die Position von Dr. Kübler-Ross: Warum verordnet man dann nicht allen blinden Menschen der Welt einfach einen Sauerstoffmangel? Außerdem führt Sauerstoffmangel stets zu Konfusion und Bewusstlosigkeit, aber niemals zu einem gesteigerten Bewusstsein. Skeptiker beziehen sich auch gern auf ein weiteres Pseudoargument, nämlich, dass alles nur Halluzinationen seien, die durch das körpereigene Dimethyltryptamin (DMT), ein natürlich vorkommender Serotoninantagonist aus der Zirbeldrüse, entstünden. Dr. Eben Alexander besaß bei seiner Nahtoderfahrung einen von Bakterien völlig geschädigten Neokortex, dieser hätte unmöglich vom DMT stimuliert werden können[12], dennoch wird hartnäckig an solchen Argumenten festgehalten. Einer der größten Vorwürfe gegenüber den Nahtoderfahrungen ist jedoch, dass die Patienten nicht wirklich gestorben seien. Somit wären die Aussagen und Erfahrungsberichte darüber auch nicht wirklich bedeutungsvoll. Darum sind wir mit unserer ERE-AMS-Studie auch einen Schritt weitergegangen: Die Verstorbenen in unserer Studie sind tatsächlich und unwiederbringlich tot. Erklärungsversuche von Zweiflern und Kritikern über Sauerstoffmangel im Gehirn, DMT oder dass man nicht richtig tot war, laufen bei uns daher ins Leere. Kritiker sehen bei solchen Jenseitskontakt-Studien zumeist, dass die eigene emotionale Verfassung und die Sehnsucht der Teilnehmer nach dem Verstorbenen diese Phänomene aus einem Wunsch heraus produzieren könnten. Um das als Ursache auszuschließen, ist das wichtigste

Kriterium für eine Evidenz der Geistigen Welt aus meiner Sicht das Erbringen eines eindeutigen Beweises, also dass z. B. ein Hinterbliebener eine Botschaft mit einer ihm noch unbekannten Information erhält, die ausschließlich vom Verstorbenen stammen kann und die sich bei einer späteren Überprüfung als wahr erweist oder dass ein Medium private Geheimnisse und Tatsachen nennt, die es unmöglich hätte wissen können.

7.1 *EREAMS-Studie zur Wirksamkeit und Authentizität von Botschaften aus der geistigen Welt*

Ich bin …
Ich bin die Liebe, die uns ewig vereint.
Ein Leben, das euch nun so sinnlos erscheint.
Ich lass euch nicht los und ihr auch mich nicht.
Ein Gedanke an mich erhellt stets mein Licht.
Ich bin nicht fort, ich bin nur nebenan,
auch wenn man mich nicht mehr anfassen kann.
Ein Streicheln, das zu 'ner Gänsehaut führt,
das ist meine Seele, die euch sanft berührt.
Mein Bett, meine Kleidung, mein Zimmer, mein Duft,
ich bin euch so nah, doch es herrscht eine Kluft.
Berühren, Umarmen, das geht leider nicht.
Ein Schmerz, der brutal mein Herzlein zersticht.
Freunde werden kommen, ob neu oder alt,
ihr werdet verstanden, sie geben euch Halt.
Ich kann euch fühlen und seh'n, was ihr macht.
Es gibt mir viel Kraft, wenn ihr lebt und auch lacht.
Oliver Lazar
Für alle Eltern, die ein Kind haben
vorausgehen lassen müssen

Der Studienname EREAMS steht für *Empirical Research of the Effectiveness and Authenticity of Messages from Spirit*. Das Ziel dieser Studie ist die empirische Erforschung der Wirksamkeit und

Authentizität von Botschaften aus der Geistigen Welt. Ich habe mich ganz bewusst dazu entschieden, diese Studie nicht über ein wissenschaftliches Journal zu veröffentlichen, denn die Gefahr ist zu groß, dass dann unsere Arbeit genau wie die Cardeña-Studie in einer Sackgasse endet. Für Veröffentlichungen über andere Kanäle hätten wir die Rechte an unserer eigenen Studie dann auch wieder zurückkaufen müssen, das schien mir nicht der richtige Weg zu sein. Die meisten interessierten Menschen wüssten wahrscheinlich auch nicht einmal, wie und wo man ein solches Journal bekommen kann. Somit ist auch die Reichweite viel zu gering. Mir geht es auch nicht um wissenschaftliche Reputation. Ich möchte vielmehr die Menschen erreichen, die unsere Ergebnisse für ihr Leben wirklich gebrauchen können. Wie viele Menschen hätte ich über ein parapsychologisches Journal schon erreichen können, außer ein paar andere Wissenschaftler aus dieser exotischen Nische, die in der wissenschaftlichen Welt ohnehin kontrovers diskutiert wird. Eine Expertenbegutachtung (peer review) ist daher aus meiner Sicht hier nicht angebracht und auch kaum möglich, denn wissenschaftliche Experten zu Jenseitskontakten gibt es nicht. Eine peer review ist meiner Ansicht nach auch immer nur dann erforderlich, wenn das Thema eben nur von Experten aus diesem Bereich verstanden werden kann. Wenn man also z. B. etwas aus dem Bereich der quantenmechanischen Prozesse veröffentlicht, braucht es nun mal Spezialisten, um den Inhalt auch beurteilen zu können. Aber die EREAMS-Studie ist dermaßen einfach aufgebaut, dass es jeder ohne Vor- oder Fachwissen verstehen kann. Es werden ganz simple Fragen, z. B. zu eindeutigen Beweisen oder dem empfundenen Trost, gestellt. Es ist nichts wirklich Kompliziertes dabei. Daher lade ich jeden einzelnen Menschen dieser Welt herzlich ein, sein eigener Experte zu sein und sich einfach ein eigenes Bild davon zu machen. Ich lege unser Studiendesign und unsere Methodik völlig offen, sodass jeder für sich selbst frei entscheiden kann, ob unsere Vorgehensweisen und Schlussfolgerungen nachvollziehbar und stimmig sind.

In unserer Studie wurden 243 Jenseitskontakte (auch Sittings genannt) untersucht, die von zwei renommierten und europaweit bekannten Medien durchgeführt wurden. Unter einem Jenseitskontakt oder auch postmortalen Seelenkontakt versteht man die Verbindungsaufnahme zwecks Kommunikation zwischen der Seele einer verstorbenen Person (oder eines Tieres) mit den Hinterbliebenen oder einem Medium, das die empfangenen Botschaften dann übersetzen und übermitteln kann. Der Wunsch nach Kommunikation besteht im Allgemeinen sowohl im Diesseits von den Hinterbliebenen als auch im Jenseits von den Verstorbenen. Die bisherigen Erfahrungen zeigen, dass die Botschaften aus der geistigen Welt stets voller Liebe und Fürsorge sind, und sie dienen letztendlich immer der Heilung, dem Trost und manchmal auch der Führung. Eine solche Kommunikation kann ohne bewusste Steuerung stattfinden, dabei handelt es sich um die in der Elsaesser-Studie untersuchten Nachtodkontakte (NTK), die zumeist im Schlaf aber auch im Wachbewusstsein auftreten können. Nach Elsaesser waren über 90 Prozent der Menschen mit einer solchen Erfahrung von der Authentizität des Kontakts überzeugt. Nach ihrem NTK glaubten 92,8 Prozent der Teilnehmer an ein Leben nach dem Tod, und 94,6 Prozent sind davon überzeugt, dass die verstorbene Person sie kontaktieren kann. 35,9 Prozent haben nach ihrem NTK ein Jenseitskontaktmedium aufgesucht.[13] Genau solche Jenseitskontakte sind Gegenstand unserer EREAMS-Studie. Ein Mensch trifft also die bewusste Entscheidung, in Kontakt mit der Seele des Verstorbenen zu treten, dies geschieht in der Regel durch die Konsultation eines Mediums.

7.1.1 Der aktuelle wissenschaftliche Stand zu Jenseitskontakten

»Arthur Fords Bedeutung für die Wissenschaft liegt darin, dass er die bis heute (1971, Anm. d. Verf.) sichersten Beweise für

Kontakte mit dem Jenseits geliefert hat. Sein Weltruf gründet sich auf die Aussagekraft seiner Botschaften von ‚drüben'. Wie ich selbst vermögen Tausende von Menschen zu bestätigen, dass die von ihm übermittelten Nachrichten ganz persönliche Informationen enthielten, deren Inhalt nicht zuvor abgesprochen worden sein konnte und die nur von dem Verstorbenen selbst ausgehen konnten.«[14]

Professor Jerome Ellison,
Universität New Haven,
über das Medium Arthur Ford

Ich glaube, dass das, was viele von uns als übernatürlich bezeichnen, vielmehr etwas ganz Natürliches ist. Wissenschaftliche Studien aus diesem kontrovers diskutierten Forschungsgebiet über Jenseitskontakte sind nur spärlich vorhanden. Hinzu kommt, dass die öffentlichen Medien bei der Veröffentlichung solcher Erkenntnisse meist sehr zurückhaltend sind, da sie sich damit schnell einen unseriösen Ruf verdienen könnten (➛Kapitel 2.3: *Freiheit in der Forschung* ➛Seite 72). Deshalb halte ich es für wichtig, dass es mutige Wissenschaftler gibt, die immer wieder aufs Neue weitere Studien aus diesem Bereich durchführen und veröffentlichen. Irgendwann können die Erkenntnisse nicht mehr ignoriert oder überhört werden. Ich hoffe, wir tragen mit unserer EREAMS-Studie einen Anteil dazu bei.

Seit über 100 Jahren gibt es wissenschaftliche Untersuchungen zu Jenseitskontakten, dennoch kann man den aktuellen wissenschaftlichen Stand zu diesem Thema als sehr überschaubar bezeichnen. Studien mit wissenschaftlichem Anspruch gibt es nur sehr wenige. Diese finden zumeist den Weg über wenig beachtete parapsychologische Journals, Kongresse, populärwissenschaftliche Literatur und Diskussionsrunden in die Öffentlichkeit. Manchmal landen solche Studien tatsächlich auch in anerkannten medizinischen oder psychologischen Journals, die jedoch ausschließlich medizinisch assoziiert sind und z. B. Untersuchungen der Gehirnfrequenz eines Mediums während eines Sittings oder psychophysiologische und psychopathologische

Phänomene und Zusammenhänge enthalten. Damit laufen die Untersucher zumindest nicht Gefahr, in der wissenschaftlichen Welt als Spinner abgestempelt zu werden. Einige wenige Forschungsprojekte haben sich aber tatsächlich auch mit dem Informationsgehalt von Botschaften von Jenseitskontaktmedien beschäftigt, die im Folgenden näher betrachtet werden.

Einer der ersten seriösen Wissenschaftler, die eine solche evidenzbasierte Forschung von Botschaften und deren Informationsgehalt durchführten, war der englische Physiker Sir Oliver Joseph Lodge (* 12. Juni 1851; † 22. August 1940). Er gilt als der erste Entdecker der elektromagnetischen Strahlung und war ein Pionier der Funktelegrafie. Von 1900 bis 1920 leitete er die Universität von Birmingham und war als Präsident der Society for Psychical Research tätig. Sein jüngster Sohn Raymond Lodge kam im Ersten Weltkrieg als Soldat an der Front ums Leben. In der Folge versuchte Raymond über ein Medium Kontakt *von der anderen Seite* aus zu seinem Vater aufzunehmen. Er konnte seine Weiterexistenz mehrfach beweisen. Sir Lodge erforschte fortan diese Ereignisse und Botschaften, die schließlich nicht nur von ihm, sondern auch von vielen anderen Wissenschaftlern als völlig authentisch bestätigt wurden. Er veröffentlichte seine Studien in dem 1916 erschienenen Buch *Raymond, or Life and Death*[15], das seinerzeit ein aufsehenerregender Bestseller wurde.

Ein weiterer nennenswerter Wissenschaftler auf diesem Gebiet war der berühmte Psychologe Gardner Murphy (* 8. Juli 1895; † 18. März 1979). Er studierte an den Universitäten Yale und Harvard und promovierte 1923 an der Columbia Universität. Dort war er später auch als Professor für Psychologie tätig und hat sich den Ruf als einer der einflussreichsten Psychologen der Welt erarbeitet. Im Jahre 1944 wurde er zum Präsidenten der American Psychological Association und 1949 zum Präsidenten der British Society for Psychical Research gewählt, 1951 wurde er zum Direktor der Parapsychology Foundation berufen.[16] Als höchst angesehener Wissenschaftler veröffentlichte er eine sorgfältig konzipierte und durchgeführte Studie zu medial übermittelten Informationen. Er kam zu der Erkenntnis, dass es keine andere zulässige Erklärung dafür gibt, als dass diese Informationen vollkommen zweifelsfrei von den Verstorbenen stammen müssen. Er stellte in seiner Studie mehrere Beispiele von übermittelten Botschaften vor[17], die in ähnlicher Form auch in unserer EREAMS-Studie zu finden sind. Wie ich noch zeigen werde, kann unsere Studie die Ergebnisse von Murphy voll und ganz bestätigen.

Erwähnenswert ist auch die brasilianische Studie *Mediumship: review of quantitatives studies published in the 21st century* von Bastos Jr. und seinem Team von der Bundesuniversität Mato Grosso do Sul aus dem Jahre 2015.[18] Ziel dieser Studie war es, eine Übersicht über alle seit 2000 veröffentlichten quantitativen Studien im Zusammenhang mit medialen Fähigkeiten zu erstellen. Die Forscher durchsuchten dazu verschiedene elektronische Kataloge (PubMed, Lilacs, Web of Science und weitere); am Ende konnten sie lediglich sechs Studien identifizieren, die sich mit der Korrektheit medialer Botschaften auseinandersetzten. Eine dieser Studien bezog sich auf ein bereits vor vielen Jahren verstorbenes Schreibmedium im Rahmen einer retrospektiven Untersuchung, die hier nicht näher betrachtet werden soll.

Der Aufbau der anderen Studien war relativ gleich: Verschiedene Medien gaben in einer Dreifachblindstudie Sittings für mehrere nicht anwesende Klienten. Die Klienten mussten dann im Nachhinein unter mehreren zur Auswahl stehenden möglichen Sittings dasjenige auswählen, das ihrer Meinung nach am besten zu ihnen bzw. ihrem Verstorbenen passte. In der Studie von O'Keefe und Wiseman aus dem Jahre 2005 gab es fünf professionelle Medien und fünf Sitter. Die Sitter mussten über eine Punktbewertung bestimmen, welches Sitting am besten passte, dabei zeigten sich keine signifikanten Unterschiede zwischen den Bewertungen. Lediglich bei einer Bewertung gab es eine korrekte Tendenz. Mit dieser Studie konnten daher mediale Fähigkeiten nicht bestätigt werden.[19] Ein ähnliches Design, aber ein anderes Ergebnis zeigte die Studie von Beischel und Schwartz aus dem Jahre 2007. Teilgenommen haben acht Medien und acht Sitter, wobei jeder Sitter zwei für ihn bestimmte Sittings in Abwesenheit erhalten hatte. Auch hier sollten die Sitter aus den diversen Sittings über eine Punktbewertung die beiden für sie bestimmten Sittings herausfinden. Es zeigten sich signifikante Ergebnisse, in 81 Prozent der Fälle (13/16) wählten die Sitter die für sie bestimmten Sittings korrekt aus.[20] 2015 wiederholten Beischel und sein Team diese Studie mit zunächst 14 Medien und 28 Sittern und danach noch einmal mit 20 Medien und 40 Sittern. Auch hierbei zeigte sich eine deutlich positive Signifikanz für die korrekte Zuordnung und somit für tatsächlich vorhandene mediale Fähigkeiten.[21] Auf die gleiche Weise untersuchten Jensen und Cardeña 2009 mit einem Medium und sieben Sittern diesen Sachverhalt. Durch ein Bewertungssystem sollte das für den Sitter am besten passende Sitting herausgefunden werden. Zwar konnte keiner der sieben Sitter das für ihn bestimmte Sitting korrekt zuordnen, aber die Bewertung der Sittings war signifikant besser als zufällig erwartet.[22] Ein weiteres solches Experiment wurde 2011 von Kelly und Arcangel durchgeführt. In einem ersten Durchgang mit vier Medien und zwölf Sittern konnten lediglich zwei von zwölf das für sie bestimmte Sitting identifizieren. In einem zweiten Durchgang mit neun Medien und 40 Sittern waren es immerhin 14 von 38.[23] Insgesamt zeigt sich bei diesen Zuordnungsstudien ein sehr diffuses Bild, eine klare Erkenntnis lässt sich daraus nicht ableiten, daher ist es umso wichtiger, dass weitere Studien aus diesem Bereich durchgeführt werden. Bei den letztgenannten Studien muss ich leider feststellen, dass mir das Design der Experimente mit der nachträglichen Zuordnung von Sittings nicht gut gefällt. Ein Sitting ist ein höchst sensibler Vorgang zwischen dem Medium, dem Verstorbenen und dem Sitter. Das Medium geht in Resonanz zur Seele des Verstorbenen, und es entsteht ein gemeinsamer *heiliger* Moment der Verbundenheit, der durch Liebe, Mitgefühl und Respekt gegenüber dem Sitter und der Seele aus dem Jenseits erfüllt ist. Dies kann nur gewährleistet werden, wenn es einen persönlichen Kontakt zwischen den beteiligten Personen gibt. Durch die dreifache Verblindung (➛Seite 66) können sie sich meiner Ansicht nach jedoch nicht intensiv genug wahrnehmen. So werden notwendige Voraussetzungen für ein gutes Sitting in der Basis schon unterbunden. Ich bin mir sicher, dass es bessere Methoden gibt, die Existenz medialer Fähigkeiten, die Echtheit von Botschaften und vor allem die Existenz der Seelen nach dem physischen Tod zu beweisen, als durch das nachträgliche Zuordnen von verblindeten Sittings zu Sittern. Es spricht doch nichts dagegen, dass ein Medium direkten Kontakt zu dem Sitter hat; es dient letztendlich der Qualität einer guten Verbindung. Die üblichen Vorwürfe von Coldreading, Hotreading und eingesetzten telepathischen Fähigkeiten des Mediums zur Informationsgewinnung aus den Gedanken und Erinnerungen des Sitters können auch auf andere Weise gewissenhaft ausgeschlossen werden. So untersuchen wir in unserer EREAMS-Studie z. B. inwiefern Botschaften mit Informationen, die weder der Klient noch das Medium zum Zeitpunkt des Sittings kennen konnten, im Nachhinein verifiziert werden konnten. Das geschah z. B. in meinem ersten Sitting mit Joma, als sie dem Medium vom Reiten erzählte und zwei Einsen zeigte. Weder das Medium noch ich konnten das zuordnen, aber einige Wochen später erzählte mir Jomas Mutter, dass ihre Tochter kurz vor ihrem Unfall zwei Mal den ersten Platz bei einem Reitturnier gemacht hatte. Diese Information konnte weder vom Medium erfunden worden oder telepathisch von mir gekommen sein, sie konnte nur von Joma stammen.

Neben diesen wissenschaftlichen Veröffentlichungen findet man aber auch immer wieder vereinzelt Berichte von Untersuchungen und kleineren Studien, so erzählte z. B. das momentan treffsicherste Medium der Welt, Gordon Smith aus Schottland, auf dem Online-Kongress *Flow Summit 2020* davon, dass er bei Jenseitskontakten von der Universität Glasgow untersucht wurde, während er Botschaften von Verstorben durchgab. Dabei war sein Gehirn im Schlafmodus und seine Herzfrequenz bei nur einem Drittel des Normwertes, doch es schien, als sei er komplett wach. Er berichtete davon, dass er bei einer dieser Sitzungen den Namen des Mörders von der ermordeten Tochter der Klientin durchgegeben bekam, der Mörder wurde schließlich gefasst und vor Gericht gestellt.[24]

Das bekannte Medium Theresa Caputo (Long Island Medium) ließ sich 2013 vor laufenden Kameras durch den US-amerikanischen Psychiater und Spezialisten für Gehirnerkrankungen Dr. Daniel Amen untersuchen. Während sie eine Jenseitskontaktsitzung gab, zeigten sich im quantitativen EEG signifikante Veränderungen in ihren Hirnwellen. Die Aktivität der Alphawellen, die einen Zustand zwischen wach und schläfrig repräsentieren (auch das Tor zur Meditation genannt), nimmt im gesamten Gehirn signifikant ab. Der Zustand eines Mediums während eines Jenseitskontakts kann daher nicht mit einer Meditation gleichgesetzt werden. Zugleich gab es eine signifikante Erhöhung der Deltawellen im ganzen Gehirn und besonders stark in den seitlichen Temporallappen.[25] Deltawellen repräsentieren den unbewussten Bereich, traumlosen Tiefschlaf, Trance und eine intuitive Aufmerksamkeit mit Erhöhung des Einfühlungsvermögens. Die gleiche Untersuchung wurde 2019 auch bei dem aus seiner TV-Sendung bekannten Medium Tyler Henry (Hollywood Medium) durchgeführt, während er dem Schauspieler Steve-O einen Jenseitskontakt zu seiner Mutter gab.[26] Es zeigten sich sehr ähnliche Ergebnisse. Während eines Jenseitskontakts arbeiten die Gehirne der Medien ganz offensichtlich nicht mehr im Normalmodus, sondern besitzen die wunderbare Fähigkeit, sich auf geistiger Ebene mit der Seele zu verbinden. Die EEGs zeigen deutlich, dass die telepathisch übermittelten Eindrücke im Gehirn visualisiert und erkannt werden, sodass daraus schließlich die Botschaften übersetzt werden können.

»Ich habe in mehr als vierzig Jahren rund achttausend Séancen abgehalten, und die fähigsten und hartnäckigsten Wissenschaftler dreier Generationen haben mein Wirken und mich

selbst unzählige Male unter die Lupe genommen. Sie haben Elektronengeräte eingesetzt und Detektive, sie haben mich nicht nur auf Herz und Nieren geprüft, sondern kaum ein Organ meines Körpers außer Acht gelassen, sooft es darum ging, die physiologischen Veränderungen in der Trance und während der Kommunikation mit anderen Wesen festzustellen. Sie haben getestet und analysiert, was es zu testen und zu analysieren gab, und am Ende der Untersuchung das Faktum der aufgetretenen Phänomene bestätigt – geklärt und als realen Sachverhalt in unseren Wissenskatalog aufgenommen haben sie es noch nicht. Ich weiß nicht, wie viele Manifestationen über welche Zeiträume hinweg noch geprüft werden müssen, ehe man solche Vorgänge ad hoc akzeptiert wie irgendeine beliebige physikalische Erscheinung. Ich fürchte, ich werde diesen Tag nicht mehr erleben.«[27]

Arthur Ford,
das wohl am meisten jemals
untersuchte Medium der Welt,

Arthur Ford sollte Recht behalten, er starb 1971, und heute, 50 Jahre später, hat sich an der Situation immer noch nichts geändert. Dennoch hat es für mich den Anschein, dass sich unsere Gesellschaft immer mehr in einen Wandel begibt und sich immer weiter für diese spirituellen Wahrheiten öffnen wird. Nicht zuletzt durch die Arbeit mutiger Wissenschaftler und die Veröffentlichung seriöser Studien aus diesem Forschungsgebiet der spirituellen Wissenschaft wird das Fundament für eine Welt konstruiert, die die Unsterblichkeit der Seelen nicht länger leugnen kann. Dazu braucht es weder eine Religion noch einen Glauben oder eine Ideologie, es wird lediglich auf die bewährten Wege der Empirie und etablierter Methoden der Wissenschaft zurückgegriffen. Ich bin mit einem materialistischen Weltbild aufgewachsen und habe es viele Jahre auch voller Überzeugung gelebt. Doch wenn es gute Argumente und sogar eindeutige wissenschaftliche Erkenntnisse gibt, die eine materialistische Betrachtungsweise immer unwahrscheinlicher werden lassen, dann kann man das nicht einfach ignorieren, denn Ignorieren ist das Gegenteil von Wissenschaft. Der deutsche Philosoph und Pädagoge Stefan Ahmann beschreibt es in seinem Buch *Eine neue Aufklärung* sehr treffend:

> *»Der Satz ›Ich glaube‹ im Sinne von ›Ich habe ein spirituelles Weltbild, ich glaube an Transzendenz‹ macht semantisch immer weniger Sinn, einfach weil angesichts der massiven, unwiderleglichen Evidenz, die wir heute zur Verfügung haben, dieser sogenannte Glauben längst zu Wissen geworden ist. Hingegen der Satz ›Ich glaube nicht‹ im Sinne von ›Ich glaube allein an die materielle Welt, die ich sehe, und nicht an eine transzendente geistige Welt‹ müsste eigentlich ersetzt werden durch die Formulierung ›Ich weigere mich, zur Kenntnis zu nehmen …‹ oder ›Ich will nichts wissen von …‹ Anders gesagt: Wenn man mit dem Wort ›Glauben‹ eine rational nicht begründbare Weltanschauung bezeichnen will, dann passt dieses Wort nur noch für den materialistischen ›Glauben‹, aber nicht für den ›Glauben‹ an Transzendenz, denn, um es zu wiederholen: Wir wissen um Transzendenz. Eine Dimension jenseits der von uns als materiell wahrgenommenen Welt ist die einzig mögliche Erklärung für zahlreiche gut dokumentierte Phänomene.«*[28]

Ich träume manchmal von einer Welt, in der sich ein jeder Mensch bewusst sein darf, dass er immer begleitet und geliebt wird, dass es keine Trennung gibt, dass jede Handlung und Entscheidung nicht nur Einfluss auf das aktuelle Leben haben, sondern dass man sich über den Tod hinaus für seine Taten im Positiven als auch im Negativen verantworten darf und muss. Wenn Staatschefs, die Luftangriffe auf hilflose Kinder, Schulen und Krankenhäuser befehlen, sich durch wissenschaftliche Evidenz darüber bewusst werden, dass sie eines Tages jeder einzelnen Seele, deren Tod sie zu verantworten haben, wieder begegnen, und das Leid jedes Einzelnen so fühlen müssen, als wäre es ihr eigenes, dann bin ich mir sicher, dass sich unsere Welt im

Großen und im Kleinen zu einem respekt- und friedvollen Miteinander entwickeln kann. Die Jenseitsforschung birgt daher nicht nur das Potenzial zur individuellen, sondern auch zur globalen Heilung.

7.1.2 Wie arbeitet ein seriöses Medium?

Arbeitsrechtlich betrachtet, gibt es keine offizielle Berufsbezeichnung für ein Medium. Es gibt weder eine staatlich anerkannte Ausbildung noch die Zuerkennung eines einem Heilpraktiker gleichwertigen Status. Die Bezeichnung Medium ist daher nicht geschützt, und im Prinzip darf sich jeder so nennen. Das birgt eine große Gefahr für jene Hinterbliebenen, die sich in ihrer Trauer auf die Suche nach einem geeigneten Medium begeben. Es gibt zweifelsohne zwielichtige Gestalten in dieser Branche. Manchmal sind es einfach nur Betrüger, aber manchmal auch völlig überforderte Möchtegernmedien, die ihre eigenen Kompetenzen und Fähigkeiten weit überschätzen. In beiden Fällen bedeutet dies für die Hinterbliebenen letztendlich eine emotionale Katastrophe, und das ohnehin schon große Leid wird durch so einen Fehlgriff zumeist noch verstärkt. Es gibt aber einige Kriterien, an denen man meiner Meinung nach ein gutes und seriöses Medium erkennen kann.

Ein Medium sollte immer über eine fundierte Ausbildung verfügen und dies auch offen kommunizieren und nachweisen können. Die Ausbildung sollte definitiv umfangreicher als zwei Wochenendseminare sein. Ein gutes Medium berichtet davon im Normalfall auf seiner Homepage und weist seine Kompetenz z. B. durch langjährige Schulungen bei renommierten anderen Medien und Organisationen nach, die namentlich genannt werden.

Das Medium sollte unbedingt nach dem britischen Spiritismus ausgebildet worden sein und auch danach arbeiten.

An dieser Stelle möchte ich kurz auf die Unterscheidung der Begriffe *Spiritismus* und *Spiritualismus* eingehen. Spiritismus ist ein von der Religion völlig losgelöstes Prinzip, bei dem es vornehmlich um das Überleben der Seele und das evidenzbasierte

Beweisen in Jenseitskontakten geht. Der Spiritismus bildet die Basis für den Spiritualismus, der mehr als kirchlich organisierte Religion zu verstehen ist. Ich betrachte jede Form von Religion allerdings sehr skeptisch. Sie gibt oft starre Regeln vor und ist der Quell von Dogmatismus. Ich ziehe es vor, den Spiritismus losgelöst von religiösen Dogmen als Teil der Wissenschaft zu betrachten, womit er sich gemäß den neuesten Erkenntnissen einem stetigen Wandel unterziehen kann.

Der britische Spiritismus verwendet in den Jenseitskontakten unabdinglich immer die Beweismethode. Das bedeutet letztendlich, dass das Medium, bevor es eine Botschaft übermittelt, den Verstorbenen zunächst beweisen muss. Ohne einen adäquaten Beweis ist die Botschaft nichts wert.

Stell dir folgende Situation vor, ein Angehöriger sitzt bei einem Medium, das folgende Botschaft durchgibt: »Ich habe hier deine Oma und sie sagt, dass sie dich immer begleitet und liebt.« Würdest du dem Medium glauben? Wohl eher nicht. Eine solche Botschaft ist keinen Cent wert. Aber was wäre, wenn das Medium schon etwas präzisere Beschreibungen benutzen würde? »Ich habe hier deine Oma, sie geht etwas krumm und zeigt mir, dass sie Schmerzen im Rücken hat. Sie trinkt gern Kaffee und sagt, dass sie dich begleitet und liebt.« Wie ist es damit? Die Beschreibung der Oma passt wahrscheinlich auf 95 Prozent aller Omas und ist somit ebenfalls nicht brauchbar. Die Beweise müssen eine wesentlich höhere Qualität aufweisen und sehr spezifisch sein. Am eindrucksvollsten sind solche Beweise, die so individuell und speziell sind, dass sie nur der Verstorbene und der Hinterbliebene allein kennen können, oder wenn die durchgegebene Botschaft sich erst im Nachhinein durch Recherche verifizieren lässt. Im Folgenden werde ich mehrere solcher Beispiele aus den von uns untersuchten Sittings zitieren, die die geforderten Kriterien vollständig erfüllen und von einer über jeden Zweifel erhabenen Qualität sind. Denn nur wenn man spezifische Beweise erhält, kann man sicher sein, dass es eine authentische Botschaft ist, und nur dann kann Heilung und Trost entstehen.

Im britischen Spiritismus wird großer Wert auf die Unterscheidung von Sensitivität und Medialität gelegt. Sensitivität ist die intuitive Wahrnehmung des Raumes oder von Personen über die sechs Hellsinne:

Hellfühlen: Darunter versteht man das Wahrnehmen von körperlichen und emotionalen Befindlichkeiten.

Hellsehen: Das hat nichts mit »in die Zukunft schauen« zu tun. Objektives Hellsehen bedeutet *echtes* Sehen von Gegenständen, Personen, Szenarien etc. mit den eigenen Augen oder, was häufiger der Fall ist, das subjektive Hellsehen vor dem inneren Auge.

Hellhören: Darunter versteht man das Hören einzelner Wörter oder auch ganzer Sätze. Auch hierbei unterscheidet man zwischen subjektivem Hören einer inneren Stimme und dem objektiven, echten Hören, was zumeist sehr hochfrequent und schnell wahrgenommen wird.

Hellwissen: Das Medium weiß plötzlich gewisse Sachen.

Hellriechen: Darunter versteht man das Wahrnehmen eines bestimmten Geruchs, z. B. eines Parfums oder Zigarettenqualms.

Hellschmecken: Darunter versteht man das Wahrnehmen von einem Geschmack; so hat das Medium z. B. plötzlich den Geschmack von Erdbeerkuchen oder Vanille im Mund.

Über die Sensitivität kann man also Energien in seiner Umgebung und von Personen lesen. Das hat aber mit der geistigen Welt nichts zu tun. Es sind verschiedene Ebenen. Jemand der sensitiv ist, besitzt jedoch in der Regel auch sehr gute mediale Fähigkeiten, denn die Kommunikation aus der Geistigen Welt läuft ebenfalls über die Hellsinne ab. Ein gutes Medium kann also differenzieren zwischen Energien, die aus dem lokalen Raum oder von Personen stammen, und den Energien von Seelen und Geistwesen aus der Geistigen Welt. Diese Unterscheidung gehört zu den wichtigsten Aspekten des britischen Spiritismus.

Wenn du dich zu diesem Thema noch weiter informieren möchtest, empfehle ich dir ein hervorragendes YouTube-Video von dem Medium Nina Herzberg mit dem Titel *Sensitivität und Medialität im Alltag.*[29]

Auch wenn in einem Sitting hoch spezifische Informationen durchgegeben werden, die ausschließlich dem Verstorbenen zugeschrieben werden können, so gibt es für einige Menschen immer noch Zweifel an ihrer Authentizität. Der Zweifel liegt dann oft darin begründet, dass diese Informationen nach Ansicht einiger Skeptiker nicht unbedingt vom Verstorbenen stammen müssen, sondern möglicherweise aus einer Art energetischer Datenbank bzw. einem Informationsfeld wie dem morphischen Feld oder der Akasha-Chronik stammen könnten. Doch das ist nicht wahr, denn es gibt einen gravierenden Unterschied zwischen dem Lesen von Information und einem Seelenkontakt aus der Geistigen Welt. Aus Sicht eines Informatikers kann ich ohne jeden Zweifel bezeugen, dass keine Datenbank der Welt in der Lage ist, Liebe zu speichern. Doch die Liebe ist der Schlüssel zur Verbundenheit zwischen den Seelen, und keine Information der Welt könnte das je ersetzen. Daher beschreibe ich im Folgenden, wie sich im Allgemeinen ein Seelenkontakt anfühlt, damit du einen Eindruck von dieser Art der Kommunikation erhältst, die weit über die reine Informationsgewinnung hinausgeht.

Nachdem ich mittlerweile eine eigene mediale Grundausbildung absolviert habe, beschreibe ich hier also nicht nur Dinge, die mir von anderen Medien zugetragen wurden, sondern größtenteils meiner eigenen Wahrnehmung entstammen. Auch wenn es individuelle Unterschiede in der Wahrnehmung gibt, so zeigen sich gewisse Grundmuster, die anscheinend von jedem Medium auf eine gleiche oder zumindest sehr ähnliche Weise empfunden werden. Häufig macht sich ein Seelenkontakt zu Beginn durch eine Gänsehaut bemerkbar. Diese Gänsehaut kann auf eine Körperseite beschränkt sein, vom Kopf bis zum Unterschenkel auf- und abwandern, aber auch nur lokal an einzelnen Stellen auftreten. Häufig verspürt ein Medium bei einem Seelenkontakt ein inneres Vibrieren, und es wird von einem Gefühl einer Präsenz, gepaart mit einer unbeschreiblichen Liebe, umgeben. Diese Liebe ist das Band zum Hinterbliebenen. Sobald diese Verbindung steht, kann die Wahrnehmung und telepathische Kommunikation beginnen. Je nach Talent und den seelischen Erfahrungswerten des Mediums werden dann die Hellsinne von der Seele angesprochen, so ist es z. B. auch möglich, dass die Seele ihre Todesursache übermittelt, indem sie das Medium ihre damaligen körperlichen Leiden spüren lässt.

Jedes Medium hat unterschiedlich stark ausgeprägte Sinne; man darf sich die Kommunikation nicht wie ein tatsächliches Gespräch vorstellen, sondern eher als emotional untermalte symbolische Sprache. Bilder und Symbole erscheinen einem Medium wie eine Erinnerung, hier ist es wichtig, die eigenen Gedanken verstummen zu lassen, damit sich nicht eigene Themen und Bilder mit den übermittelten Bildern vermischen. Manche Medien können aber auch mit ihren physischen Augen sehen, z. B. wie ein Verstorbener sich zeigt, so wie er zu Lebzeiten ausgesehen hat. Besonders wertvoll ist für mein Empfinden, wenn ein Medium Worte oder gar Sätze hören kann. So können Namen, Orte und sogar für den Verstorbenen typische Floskeln präzise mitgeteilt werden. Ein gutes Medium hat Routine in dieser Art der Kommunikation und kann regelrecht in einen Redefluss kommen und über die verschiedenen Hellsinne viele Informationen erhalten.

Ein gutes Medium erkennt man auch daran, dass es im Vorfeld möglichst wenig über dich wissen möchte. Je weniger ein Medium über dich weiß, desto einfacher wird es sein, authentische und überzeugende Beweise zu erbringen. Man sollte auch immer auf eine Geld-zurück-Garantie achten, denn ein Medium ist auch nur ein Mensch, und es kann immer einmal auch schlechte Tage geben, oder aber die Seele fühlt sich bei diesem Medium nicht wohl und möchte nicht in den Kontakt gehen, oder die Zeit ist einfach noch nicht reif dafür. Natürlich kann es auch passieren, dass die Botschaften von dem Medium falsch übersetzt werden, denn man darf nicht vergessen, dass das Medium kein Telefongespräch mit dem Verstorbenen führt, sondern eine Symbolsprache über die Hellsinne interpretieren und übersetzen muss. Dabei kann es selbstverständlich auch zu Fehlinterpretationen kommen, wenngleich ein gutes Medium sehr viel Routine in der Übersetzung besitzt. Dann gibt es aber auch Skeptiker, die nach zehn eindeutigen, korrekten Beweisen eine einzelne falsche Information erhalten und plötzlich wieder alles infrage stellen. Manchmal setzen sich die Sitter aber auch selbst und damit ihren Verstorbenen zu sehr unter Druck. Sie vereinbaren vorab schon ganz penibel Erkennungszeichen und Sätze, die unbedingt wortwörtlich genannt werden sollen. Wenn man sich vorab eine zu große Erwartungshaltung aufbaut und sich ausschließlich nur auf ganz bestimmte Dinge fixiert, kann sich das ebenfalls schlecht auf die Performance des Sittings auswirken. Man sollte ganz offen, ohne Druck und voller Liebe in ein Sitting gehen und darauf vertrauen, dass die Geistige Welt genau das Richtige übermitteln wird. Die wichtigsten Kriterien für ein gutes Medium sind aber sicherlich die Empfehlungen und die Reputation. Gute Medien sind meist sehr gefragt und häufig für längere Zeiträume bereits ausgebucht. Lange Wartezeiten, aber auch ein gut strukturiertes Anmeldeverfahren für einen Termin sind weitere Hinweise auf ein seriöses Medium.

Wer weitere Informationen zu diesem Thema erhalten möchte, dem empfehle ich Tanja Schlömers Erklärungen aus erster Hand dazu. Sie ist eines der Medien aus unserer EREAMS-Studie, und sie hat eine sehr empfehlenswerte Podcast-Serie mit dem Namen *Mein Leben mit der geistigen Welt*[30] herausgebracht. In den Folgen drei und vier der ersten Staffel ihres Podcasts beschreibt sie im Detail, wie so ein Besuch bei einem Medium abläuft und worauf man bei der Auswahl eines Mediums achten sollte. Auch Pascal Voggenhuber hat ein sehr empfehlenswertes Video mit dem Titel *Wie du ein echtes Medium findest und auswählst*[31] veröffentlicht, in dem er die entscheidenden Kriterien bei der Auswahl eines guten Mediums hervorragend zusammenfasst.

7.1.3 Projektdesign

Das EREAMS-Projekt ist eine fragebogenbasierte Studie zur Erforschung von Botschaften aus der Geistigen Welt im sogenannten Mixed-Methods-Ansatz. Dieser kombiniert und integriert qualitative sowie quantitative Forschungsstrategien, was letztendlich zu einer Erhöhung des Erkenntnisgewinns führen soll. Die Studie beleuchtet dank der Angaben der Sitter, welche Erfahrungen sie in einem Jenseitskontakt gemacht haben, ob ihrer Meinung nach ein authentischer Seelenkontakt stattgefunden hat und wie er wahrgenommen wurde. Damit kristallisieren sich die folgenden beiden Hauptforschungsfragen heraus:

1 Authentizität der medial übermittelten Botschaften
Die wichtigste Frage in unserer Studie ist, ob der Jenseitskontakt authentisch war, also ob es tatsächlich einen echten und überprüfbaren Kontakt zur Seele des Verstorbenen gab. Der Schwerpunkt der Studie liegt daher auf der Untersuchung und Überprüfung der durchgegebenen Beweise, die die wichtigste Voraussetzung sind, damit die vom Medium durchgegebenen Botschaften überhaupt geglaubt und angenommen werden können.

2 Auswirkungen des Sittings auf den Glauben und die Tröstlichkeit
Die zweite Forschungsfrage setzt sich damit auseinander, inwiefern ein Jenseitskontakt den eigenen Glauben an eine Geistige Welt verändern und sich das auf die Heilung und Tröstlichkeit auswirken kann.

Zur Erhebung der Daten haben wir einen kompakten Fragebogen mit 13 einfachen Fragen entwickelt. Wir haben uns ganz bewusst auch aus ethischen Gründen dazu entschieden, nicht zu viele Fragen zu stellen, um die größtenteils noch trauernden Teilnehmer nicht noch zu überfordern oder zu demotivieren. Je nachdem wie umfangreich der Klient seine Erfahrungen in den Freitextfeldern kommentiert hat, konnte die Bearbeitung in einem Zeitraum von etwa fünf bis zehn Minuten abgeschlossen werden. Dies sind die Fragen des Fragebogens:

Persönliche Daten
- Wie alt sind Sie?
- Ihr Geschlecht?

Motivation
- Was hat Sie dazu motiviert, zu einem Jenseitskontakt zu gehen?

Vorher – Nachher
- Wie sehr glaubten Sie an ein Weiterleben der Seelen nach dem körperlichen Tod, BEVOR Sie bei dem Medium waren?
- Wie sehr glauben Sie an ein Weiterleben der Seelen nach dem körperlichen Tod, NACHDEM Sie bei dem Medium gewesen sind?

Beweise
- Wie viel Prozent der Botschaften waren Ihrem Eindruck nach korrekt bzw. stimmig?
- Konnte das Medium eindeutige Beweise liefern, also von Ereignissen oder Tatsachen berichten, die es unmöglich hätte wissen können?
- Da Sie die letzte Frage mit »eindeutig ja« bzw. mit »eher ja« beantwortet haben, würden wir gern noch weitere Details zu diesen Beweisen erfahren und bitten Sie, diese mit uns zu teilen.

Bewahrheitung
- Gab es im Sitting Aussagen, die weder Sie noch das Medium sofort verifizieren konnten? Wenn ja, haben sich diese im Sitting gemachten unbewiesenen Aussagen im Nachhinein bewahrheitet? (Möglichkeit zur freien Kommentierung)

Überzeugung
- In welchem Maße sind Sie nach dem Jenseitskontakt davon überzeugt, dass die verstorbene Person weiterhin Teil Ihres Lebens ist, Sie begleitet, Ihre Gefühle und Gedanken kennt und alles Wichtige mitbekommt?

Trost

– Bitte geben Sie an, in welchem Maße der Jenseitskontakt tröstlich für Sie war.

Ein Wiedersehen mit der/dem Verstorbenen

– Wie sehr sind Sie durch das Sitting davon überzeugt, dass Sie die verstorbene Person in der Geistigen Welt wiedertreffen werden?

Fragen zum Jenseitskontakt

– Hier können Sie ganz offen weitere Punkte zu Ihrem Sitting ansprechen und auch sehr gern eine Rückmeldung dazu geben.

Die Teilnehmer unserer Studie buchten ihren Termin für einen Jenseitskontakt über die Homepage des Managements der beiden Medien. Die beiden Medien bekamen erst einen Tag vor dem jeweiligen Termin eine Nachricht, mit der ihnen der Name und die Uhrzeit des Termins mitgeteilt wurden. Sie erhielten auf eigenen Wunsch vorab sonst keinerlei Information über den Sitter oder mögliche Verstorbene. Die Sittings fanden in den Räumlichkeiten der Medien statt, wo es dann auch zu einem persönlichen Kontakt kam. Warum aus unserer Sicht ein persönlicher Kontakt sehr wichtig ist und wie wir uns von dem Vorwurf des Hot- und Coldreadings befreien, werde ich später noch erklären.

Da wir diese Studie ohne Forschungsgelder aus eigener Kraft umsetzen mussten, war es außerdem erforderlich, sämtliche Abläufe dazu in unser gewöhnliches Tagesgeschäft zu integrieren. Ein Sitting dauerte durchschnittlich 45 Minuten. Weil auch herausgefunden werden sollte, ob Angaben aus dem Sitting, die weder dem Sitter noch dem Medium bekannt sein konnten, später verifiziert wurden, fand die Befragung nicht unmittelbar nach einem Jenseitskontakt statt, sondern erst circa drei bis vier Wochen nach dem Termin. Dazu habe ich dann jedem Teilnehmer eine individualisierte E-Mail mit dem Link zum Online-Fragebogen zugesendet. Es wurde sichergestellt, dass jeder Klient nur einmal teilnehmen konnte. Die Zeit zwischen Sitting und Befragung ermöglichte es den Klienten außerdem, das Erlebte in

Ruhe reflektieren und mit gewissem Abstand völlig unbefangen bewerten zu können. Somit konnte auch eine eventuell falsche positive Beantwortung des Fragebogens, ausgelöst durch eine mögliche anfängliche Euphorie direkt nach dem Sitting, ausgeschlossen werden. Die Rücklaufquote betrug 66 Prozent, also zwei von drei Klienten nahmen an der Befragung tatsächlich auch teil. Das ist ein sehr guter Wert, der sicherlich mit der emotionalen Tiefe dieses Ereignisses zu begründen ist. Der Eindruck, dass männliche Teilnehmer sich etwas schwerer tun, sich für diese Thematik zu öffnen und dies dann auch noch in einem Fragebogen anderen (wenn auch anonym) mitzuteilen, bestätigte sich durch die deutlich geringere Rücklaufquote von nur 45 Prozent; die Frauen für sich hatten eine Rücklaufquote von 69 Prozent. Insgesamt erhielten wir in dieser internationalen Studie 243 Fragebögen aus Deutschland, Österreich, den USA, Dänemark, der Schweiz, Spanien, Luxemburg und Frankreich. Die Erhebung begann im März 2019 und endete im April 2020.

7.1.4 Projektteam

Das Projektteam setzt sich aus folgenden Personen zusammen:

- Prof. Dr. rer. medic. Oliver S. Lazar
  Wissenschaftliche Projektleitung, Essen, Deutschland
- Bettina-Suvi Rode
  Spirituelle Buchautorin, Lehrerin, Coach und Medium, Dortmund, Deutschland
- Tanja Schlömer
  Spirituelle Lehrerin, Coach und Medium, Bottrop, Deutschland
- Kathrin Stephan
  Psychologische Psychotherapeutin, Tübingen, Deutschland

7.1.4 Demografische Daten

Es zeigt sich ein deutlicher Unterschied in den Geschlechtern, bei 243 Fragebögen wurden 220 von Frauen (90,53 Prozent) und nur 23 von Männern (9,47 Prozent) ausgefüllt. Das Thema der Jenseitskontakte ist sehr emotional behaftet. Frauen können sich ganz offensichtlich dafür besser öffnen und gestehen es sich viel eher ein, dass es da mehr geben muss. Durch die fehlende gesellschaftliche und wissenschaftliche Akzeptanz scheinen viele Männer, geprägt durch ein materialistisches Weltbild, sich nicht wirklich darauf einlassen zu können und zu wollen. Der geringe Anteil an Männern ist meines Erachtens auch unmittelbar auf den Einfluss der Natur- und Technikwissenschaften zurückzuführen. Der sogenannte MINT*-Bereich ist extrem männerlastig. Der Anteil weiblicher Studienanfängerinnen aus dem MINT-Bereich lag im Wintersemester 2017/18 bei 31,5 Prozent. In der Berufswelt sind von 7,7 Millionen Beschäftigten im MINT-Bereich bisher nur 15,2 Prozent weiblich.[32] Männer sind vermehrt naturwissenschaftlich ausgebildet, und wenn die Schulen und Universitäten nichts anderes als ein materialistisches Weltbild lehren, dann ist es keine Überraschung, wenn sich nur wenige Männer für die Geistige Welt öffnen können; denn das wäre mit der Hinterfragung des eigenen Weltbildes verbunden. Frauen stehen anscheinend vielmehr zu ihren Gefühlen und trauen sich auch, dies öffentlich zuzulassen und auszudrücken. Das durchschnittliche Alter der Teilnehmer betrug 48,88 Jahre, der jüngste Teilnehmer war 18, der älteste 86 Jahre alt.

7.1.6 Resultate

Bei der Untersuchung der Beweggründe für die Buchung eines Jenseitskontakts (siehe *Abbildung 7-1*) war die Trauerverarbeitung die mit Abstand größte Hauptmotivation, wobei die Klienten mehrere Gründe zugleich angeben konnten. 78,19 Prozent aller Klienten gaben diesen Grund an, gefolgt von den ungeklärten Fragen mit 36,63 Prozent, der Liebe mit 31,69 Prozent und der Neugier 20,99 Prozent.

Unter den sonstigen Beweggründen wurden Sehnsucht, Schuldgefühle und »Wissen aus dem Jenseits erfahren« genannt. Eine scharfe Trennung der Motivationen ist nicht immer möglich, denn die Trauerverarbeitung überschneidet sich z. B. mit der

* Mathematik, Informatik, Naturwissenschaften und Technik

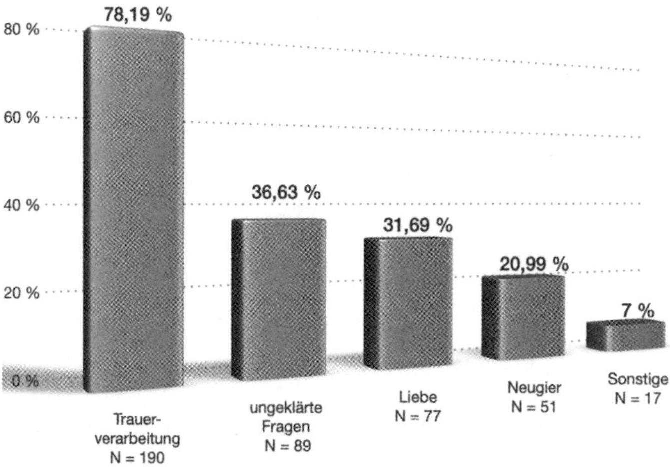

Abbildung 7-1: *Was hat Sie dazu motiviert, einen Jenseitskontakt zu buchen?*

Liebe und der Sehnsucht. Trauer findet ja nur deshalb statt, weil man den Verstorbenen liebt. Die Sehnsucht ist letztendlich ein natürlicher Aspekt davon. Insgesamt haben neun Klienten (alles Frauen) ausschließlich aus Neugier, also ohne weiteren Grund, einen Jenseitskontakt gebucht. Ein Fragebogen ist mir bei der Analyse besonders aufgefallen. Darin gab ein Mann an, dass er seiner verstorbenen Frau noch zu Lebzeiten versprechen musste, nach ihrem Tod zu einem Medium zu gehen. Dieser Mann hatte angegeben, dass er vor dem Besuch bei dem Medium keinen Glauben an das Weiterleben der Seelen besaß. Nach dem Besuch gab er an, dass er eindeutige Beweise erhielt; 90 Prozent der Aussagen waren korrekt und stimmig. Er empfand das Sitting als sehr tröstlich und war nun vollkommen davon überzeugt, dass ihn seine Frau im Alltag begleitet und er sie eines Tages wiedersehen wird. Er kommentierte das Sitting folgendermaßen:

> *»Ich habe bis zum Sitting nicht daran geglaubt, aber es kamen Sachen zur Sprache, die nur wir innerhalb der Familie wissen konnten, kein anderer sonst.«*

Ich finde diese Geschichte so wundervoll, ja fast romantisch, weil der Mann aus Liebe zu seiner Frau über seinen Schatten gesprungen und entgegen seiner Überzeugung trotzdem zu einem Medium gegangen ist. Seine Frau und das Medium haben ihm dafür ein wundervolles Geschenk gegeben.

Abbildung 7-2 zeigt die Verteilung, inwiefern die Sitter *vor* ihrem Besuch bei dem Medium an ein Weiterleben der Seelen nach dem physischen Tod glaubten. 40,33 Prozent waren bereits schon vorher davon überzeugt, 44,86 Prozent hielten es für möglich, 11,93 Prozent waren eher skeptisch und 2,88 Prozent besaßen keinen Glauben daran. Auffällig war hierbei der Unterschied zwischen Männern und Frauen. Anteilig betrachtet waren die Männer mit 26,09 Prozent nahezu doppelt so skeptisch und nicht-glaubend wie die Frauen mit 13,64 Prozent.

87,59 Prozent (127 von 145) der Sitter, die nicht ohnehin schon voll überzeugt waren, zeigten eine Steigerung in ihrem Glauben. 116 Sitter sind mit ihrer Ansicht dazu auf dem gleichen Level geblieben (davon waren allerdings bereits 98 schon zuvor voll überzeugt). Bei keinem einzigen Sitter ist der Glaube nach dem Sit-

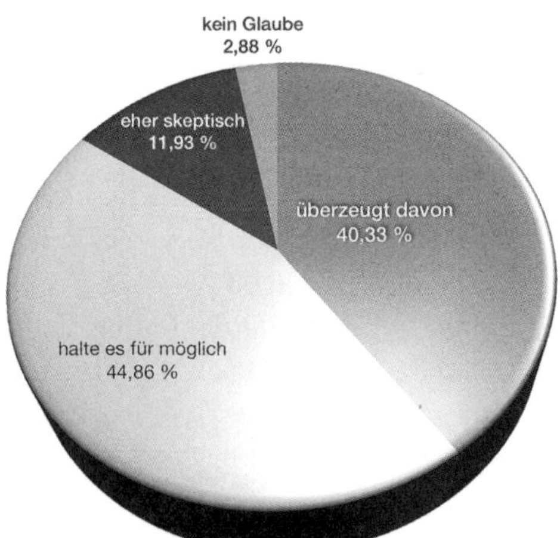

Abbildung 7-2: *Glaube an ein Weiterleben der Seele nach dem physischen Tod – vor dem Sitting*

ting weniger geworden. Sieben Sitter gaben an, vorher keinen Glauben an ein Weiterleben der Seele nach dem Tod gehabt zu haben, fünf davon waren danach vollkommen überzeugt, zwei hielten es immerhin für möglich. Alle sieben Sitter gaben an, eindeutige Beweise bekommen zu haben. Ihre Botschaften hatten dabei eine durchschnittliche Stimmigkeit und Korrektheit von über 86 Prozent. Ein sehr häufiger Kritikpunkt, der von vielen Skeptikern genannt wird, ist, dass der Klient doch ohnehin an die Echtheit eines Jenseitskontakts glauben würde, denn sonst ginge er doch gar nicht erst hin. Die eigenen Wünsche und Hoffnungen würden dann die Wahrnehmung so beeinflussen, dass das Sitting stets als positive Erfahrung erlebt würde. Doch diese Betrachtungsweise entspricht nicht der Realität, wie auch unsere psychologische Psychotherapeutin Kathrin Stephan aus unzähligen Sitzungen mit Hinterbliebenen bestätigen kann. Denn es gibt kaum jemand Kritischeren als einen trauernden Hinterbliebenen, dem es wirklich und ausnahmslos um die absolute Wahrheit geht. Die Sehnsucht nach einem authentischen Kontakt macht also nicht blind, sie schärft vielmehr den kritischen Blick, denn ein Hinterbliebener würde es nicht zulassen, sich selbst zu belügen. Bettina blickt auf eine jahrelange Erfahrung mit mehreren Tausend Jenseitskontakten zurück. Sie beschreibt es folgendermaßen:

> *»Niemand ist so kritisch wie eine Mutter oder ein Vater, die ein Kind verloren haben. Es wird immer gesagt, dass die alles glauben. Nein. Genau die, genau die Menschen, die in tiefster Trauer sind, die glauben an nichts mehr, und indem sie an nichts mehr glauben, lassen sie ganz oft auch den Menschen ein zweites Mal sterben, weil sie es oft nicht zulassen können, dass die Seele weiterexistiert, und darüber muss die Seele schrecklich traurig sein.«*[33]

Das Beispiel mit dem Mann, der für seine verstorbene Frau zum Sitting ging und die Daten der anderen sechs Teilnehmer, die keinen Glauben daran besaßen, zeigen jedoch ganz klar, dass die eigenen Ansichten für den Erfolg eines Sittings absolut keine Voraussetzung sind. Es spielt also keine Rolle, ob jemand im Vorfeld daran glaubt oder nicht.

Abbildung 7-3 zeigt die Verteilung *nach* dem Besuch beim Medium für den Glauben an ein Weiterleben der Seelen nach dem physischen Tod. Kein einziger Teilnehmer wählte mehr die Option »kein Glaube«, lediglich ein einzelner männlicher Klient entschied sich für »eher skeptisch«. Damit ergeben sich folgende Prozentwerte: 0 Prozent besitzen keinen Glauben, 0,41 Prozent sehen es eher skeptisch, 13,99 Prozent halten es für möglich und eindrückliche 85,6 Prozent sind überzeugt davon. Ich finde, das ist eine beachtenswerte Veränderung. Im Grunde wurde die gesamte Skepsis ausgemerzt.

Die Untersuchung der Authentizität eines Seelenkontakts ist die wichtigste Forschungsfrage in dieser Studie. Warum ist die Authentizität so wichtig? Authentizität gibt den Hinterbliebenen Gewissheit, und der einzige Weg, Gewissheit aus der Geistigen Welt zu erhalten, sind eindeutige Beweise des Verstorbenen. Das

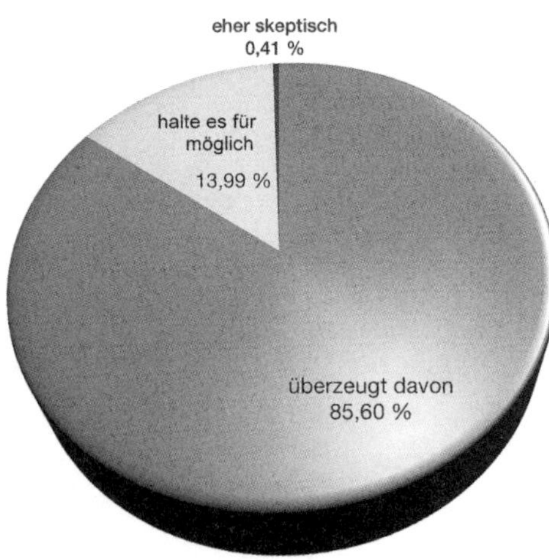

***Abbildung 7-3:** Glaube an ein Weiterleben der Seele nach dem physischen Tod – nach dem Sitting*

ist das Kernstück des britischen Spiritismus. Das Medium muss den Verstorbenen beweisen, denn nur eindeutige Beweise besitzen das Potenzial, um auch den anderen Botschaften aus dem Sitting Gewicht und Glaubwürdigkeit zu verleihen sowie wahren Trost und Heilung zu spenden. Der Zusammenhang zwischen guten Beweisen und dem Maß an Tröstlichkeit scheint offensichtlich, wir werden diesen Zusammenhang nichtsdestotrotz in einer Korrelationsanalyse überprüfen. Der erste Parameter aus diesem Bereich der Beweise bezieht sich auf die Korrektheit und Stimmigkeit der Botschaften. Hierbei sollte es um den Gesamteindruck des Sittings gehen. Es kann ja durchaus passieren, dass das Medium zwar einen richtig guten Beweis nennen kann, der Rest des Sittings aber dann nicht mehr so richtig passt oder dass andere Beweise nicht stimmen. Manchmal kann ein einziger falscher oder schlechter Beweis alles zunichtemachen, was das Medium an guten Beweisen bereits vorgetragen hat. Bei der Stimmigkeit und Korrektheit beträgt der Mittelwert 82,86 Prozent. 33 Teilnehmer gaben sogar den maximalen Wert von 100 Prozent an, nur zwei hingegen 10 Prozent. 184 Personen, das sind mehr als dreiviertel aller Teilnehmer, lagen bei ihrer Bewertung zwischen 80 und 100 Prozent. Diese Werte zeigen, dass ein Großteil der Sitter das gesamte Sitting als stimmig und korrekt empfand.

Der von Skeptikern gern vorgetragene Einwand, ein Medium würde sich den Barnum-Effekt zunutze machen, wird durch unser Studiendesign bereits von vornherein ausgeschlossen. Der Barnum-Effekt besagt, dass die Sitter vage und allgemeingültige Aussagen auf sich beziehen und dadurch dann der Überzeugung sind, dass sie für sie selbst zutreffend seien. Doch fokussieren wir uns ausschließlich auf hoch spezifische Aussagen. Darüber hinaus muss man sich die Frage stellen, wie man sich eigentlich sicher sein kann, dass das Medium tatsächlich Botschaften vom Verstorbenen durchgibt und nicht etwa rät, recherchiert hat oder durch Coldreading den Klienten versucht zu analysieren? Um diesen Sachverhalt genauer zu beleuchten, überlegen wir uns, welche Ergebnisse wir wohl unter dieser Annahme eines Betrugs zu erwarten hätten. Wenn man also so ein Sittinggespräch aus einem rein materialistischen Weltbild heraus betrachtet, müssen sämtliche übernatürlichen Erklärungen ausgeschlossen werden. Dass sich ein Medium beim Übermitteln der Botschaften auf plumpes, zufälliges Raten der Beweise verlässt, können wir zwar nicht vollständig ausschließen, aber ruhigen Gewissens vernachlässigen. Denn die Wahrscheinlichkeit, hoch spezifische Beweise zufällig zu nennen, die nur der Klient, seine Familie oder der Verstorbene wissen können, geht in Anbetracht der Unmengen an Möglichkeiten gegen null. Ein Medium, das ausschließlich so arbeiten würde, dürfte sehr schnell arbeitslos sein. Wir konzentrieren uns auf ein realistischeres Szenario. Wenn wir davon ausgehen, dass sich ein mutmaßlich betrügerisches Medium clever anstellt und vorab Recherche zum Klienten betrieben hat, dann würde dies zwar kaum Details liefern können, aber ein paar Informationen wären unter Umständen dennoch zu finden. In der Regel hat ein seriöses Medium vor dem Termin allerdings nicht sonderlich viele Informationen zur Hand. Es würde von sich aus freiwillig auf jegliche Vorabinformationen verzichten. So erhalten Bettina und Tanja, die beiden Medien aus unserer EREAMS-Studie, von ihrem Management erst einen Tag vor dem Termin den Namen des Klienten und die Uhrzeit des Termins mitgeteilt, sonst nichts. Oftmals ist der angegebene Name des Klienten aber nicht einmal der wirkliche, oder der Klient hat sich über den Namen eines Freundes angemeldet. Manchmal haben Tanja und Bettina jeweils bis zu 16 Klienten an einem Wochenende, und diese an nur einem Tag zu recherchieren, wäre im Grunde unmöglich. Doch kehren wir zu unserem konstruierten Szenario mit fiktiven Betrügermedien zurück. Wir würden davon ausgehen, dass solch ein Medium mittels Coldreading seinen Sitter lesen und daher passende Informationen ermitteln könnte. Sämtliche Coldreading-Strategien (z. B. Barnum-Effekt, Rainbow Ruse oder Shotgunning) funktionieren allerdings meist nur in Gruppenveranstaltungen, und sie liefern ausschließlich allgemeingültige Aussagen und keine spezifischen Detailinformationen.

Grundlage für unsere Untersuchung ist daher die Frage aus dem Fragebogen zu den eindeutigen Beweisen und den Ereignissen und Tatsachen, die das Medium unmöglich hätte wissen können. Die Betonung liegt hierbei auf dem unmöglichen Wissen durch unverwechselbare Beweise. Vage Aussagen und Allerweltsdinge (siehe Barnum-Effekt) in den Beweisen, wie z. B. »Der Verstorbene ist gern spazieren gegangen«, »Der Verstorbene ist gern verreist« oder »Sie haben eine Schachtel mit alten unsortierten Fotos in Ihrem Haus« können nicht als Beweise der Kategorie *unmögliches Wissen* betrachtet werden. Solche Pseudobeweise werden im Übrigen auch von den Sittern nicht als sonderlich überzeugend empfunden. Man darf nicht vergessen, nur weil jemand in Trauer ist und sich einen Jenseitskontakt sehnlichst wünscht, wird er nicht auf einmal naiv und dumm, ganz im Gegenteil, er wird kritischer als je zuvor. Auch in der Trauer bleiben Skepsis, gesunder Menschenverstand und die Fähigkeit, etwas kritisch zu hinterfragen, nicht nur erhalten. In der Regel werden diese Eigenschaften sogar noch verstärkt. Ein Sitter ist auf der Suche nach Trost und Heilung, er will sich nicht selbst belügen. Wer also behauptet, der Barnum-Effekt sei der Grund für das positive Erleben eines Jenseitskontaktes, hat sich wahrscheinlich noch nie wirklich mit trauernden Menschen unterhalten. Niemals würden sich eine Mama oder ein Papa, die ihr Kind verloren haben, durch den Barnum-Effekt täuschen lassen, das passiert einfach nicht! Wer das dennoch behauptet, kann sich nicht wirklich mit diesem Thema an vorderster Front beschäftigt haben.

Damit du ein Gefühl dafür bekommst, wie gute Beweise aussehen und wirken können, habe ich einmal einige beispielhafte Beweise aus den Berichten der Sitter ausgewählt, da ich es für sehr wichtig halte, die Beweise nicht nur als reine Zahlen in die Statistik aufzunehmen, sondern ihnen auch ein Gesicht zu geben:

> »Das Medium verwendete die gleichen Redewendungen, und neben dieser Form des Ausdrucks, war auch die Gestik gleichermaßen.«

»Nicht nur über die verstorbenen Personen wurde berichtet, sondern das Medium wusste auch, dass ich zwei Babys im Bauch verloren habe, auch das war korrekt. Sogar die Haustiere (einen Hasen und einen Fisch) der Verstorbenen hat sie gesehen. Welches Mädchen hat denn schon einen einzelnen Fisch als Haustier? Das kann man sicherlich nicht einfach erraten.«

»Da ich dem Ganzen eher skeptisch gegenüber war, war ich sehr überrascht, wie das möglich ist! Es gab Aussagen, die nur der Verstorbene und ich wussten! Eigentlich ist es für mich noch immer unbegreiflich, aber auf eine Art und Weise auch tröstlich! Es ist schön, wenn man weiß, dass es danach nicht ›ganz‹ vorbei ist!«

»Das Medium hat meinen Vater so gut beschrieben, als hätte sie ein Foto von ihm gesehen. Sie hat Besonderheiten seines Lebens erwähnt. Außerdem waren ihr Sachverhalte zur Todesursache, zur Beerdigung und zu unserem Haus bekannt, die die mir bis dahin unbekannte Frau nicht wissen konnte. Sie beschrieb mein Verhältnis zu meinem Vater und wusste, dass ich Einzelkind bin.«

»Sie zählte sogar die Lebensmittel auf, die mein Vater am liebsten mochte.«

»Das Sitting war sehr beeindruckend, und ich habe bedeutend mehr Informationen bekommen, als ich für möglich gehalten habe. Ebenfalls nahm das Medium Kontakt mit meinem Opa auf. Sie konnte genau wiedergeben, was ich an seinem Sterbebett zu ihm gesagt habe.«

»Im Sitting wurden einige Gegebenheiten genannt, die nur mein Mann und ich wussten.«

»Das Medium hatte keinerlei Vorwissen über mich und beschrieb meinen Vater sowie andere Verstorbene mit Ausdrucksweisen, Redensarten und Interessen, die eindeutig waren.«

»Das Medium kannte spezielle körperliche Merkmale meines Partners, die sie nicht wissen konnte, da ich sie nie erwähnte. Sie beschrieb sehr detailliert die Umstände, unter denen es passierte. Sie wusste, dass ich täglich bestimmte Rituale durchführe, um mich seiner Seele näher zu fühlen. Sie schilderte bestimmte Ereignisse und beschrieb seinen Charakter sehr gut, als würde sie ihn kennen. Sie beschrieb weitere Seelen, die anwesend waren, obwohl das Medium nicht wusste, dass ich nicht nur meinen Partner, sondern auch meine Oma und meine Hündin verlor, selbst die Rasse war korrekt. Dies alles sind für mich Beweise, dass es mehr geben muss auf dieser Welt, als das, was wir mit unseren Augen wahrnehmen. Woher sonst sollte sie alle diese sehr privaten Informationen über mich kennen, die auch nicht durch Dritte in Erfahrung zu bringen sind oder durch öffentlich zugängliche oder soziale Medien, vor allem wollte sie auch von mir keinerlei Vorabinformation, sie legte nur kurz ihre Hände auf meine und sofort wusste das Medium alles.«

»Mir wurde die genaue Todesursache genannt (Selbstmord durch Kohlenmonoxid).«

»Es wurden mehrere klare Beweise geliefert. Das Medium wusste, wer verstorben ist, kannte Namen, wusste, wodurch die Menschen verstorben sind und beschrieb die Art und Weise der Verstorbenen perfekt, wie sie auch zu Lebzeiten agiert haben.«

»Das Medium erzählte Sachen über den Verstorbenen so, als hätte sie ihn persönlich zu seinen Lebzeiten gekannt, und zwar sehr gut, sogar seine Ticks beim Sprechen kannte sie und machte es nach. Dazu wusste sie detailliert, was ich z. B. ein paar Tage vor der Sitzung gemacht habe. Von den Sachen habe ich niemandem etwas erzählt, und die Tätigkeiten waren so speziell, dass das Medium es einfach nicht wissen konnte. Dazu wusste sie viel von meinen Wünschen, oder genauer gesagt, Zielen, die ich mir in diesem Jahr gesetzt habe und die auch ziemlich speziell sind.«

»Das Medium erzählte von familiären Dingen, die außer mir niemand wissen konnte, weil ich diese Gedanken nur für mich in meinem Kopf hatte. Laut dem Medium wusste meine Oma bis ins kleinste Detail, worüber ich mir den Kopf zerbrach. Es waren so viele Dinge, die mir persönlich zu hundert Prozent bewiesen wurden. Es war ein ganz besonderes Erlebnis, welches ich niemals vergessen werde.«

»Es war sehr beeindruckend, wie viele Details und sogar Namen stimmten. Auch dass wir später in Frankreich leben wollten, hat mein Mann durch das Medium übermittelt.«

»Der Beweis bezog sich auf etwas, worüber ich nur nachgedacht habe, von dem aber sonst niemand wusste.«

»Das Medium hat sehr präzise Dinge und Beweise wiedergegeben, die es nicht wissen konnte, z. B., was mit im Sarg lag.«

»Mein 13-jähriger verstorbener Sohn erzählte dem Medium im Sitting, dass sein Lieblingslehrer bei seiner Beerdigung eine orangefarbene Jacke trug – das stimmte.«

»Das Medium nannte den Namen einer Cousine, die Schwerbehinderung meines Vaters, Dinge, die er bei meiner Schwester gerne tat, den früheren Besitz eines Kiosks, die Kleidung und den Tascheninhalt unserer Oma, den Dialekt unseres Vaters, den typischen Kleidungswunsch unserer Mutter bei der Einsargung. Mein Neffe wurde mit seinem Kosenamen angesprochen, den er sich vor dem Sitting von unserer Mutter als Beweis gewünscht hat, da er sehr skeptisch ist.«

Auf die Frage nach den spezifischen Beweisen im Fragebogen, also ob das Medium von Tatsachen oder Ereignissen berichten konnte, die es unmöglich hätte wissen können, hatten die Teilnehmer vier Antwortmöglichkeiten zur Auswahl:

- Eindeutig ja, ich bekam mindestens einen klaren Beweis.
- Eher ja, die Beweise waren teilweise nicht ganz eindeutig.
- Eher nein, es gab zu wenige Beweise bzw. die Beweise waren zu unpräzise.
- Eindeutig nein, es gab keine Beweise bzw. die Aussagen waren falsch.

Die Fragen zu den spezifischen Beweisen sind der wichtigste Teil in unserer Studie, denn wir verlassen damit den Bereich der Subjektivität. Eine von vielen Skeptikern vorgetragene Kritik ist, dass spirituelle Studien lediglich subjektiv verifizierbar seien und sich somit einer wissenschaftlich anerkannten Methodik entziehen würden. Doch nun erreichen wir in unserer Studie eine ganz neue Stufe der Qualität. Wenn ein Medium von hoch spezifischen Begebenheiten berichtet, so wie ich sie oben von den Sittern zitiert habe, dann kann man das in den meisten Fällen eindeutig überprüfen. Bezugnehmend auf das Beispiel mit dem Lieblingslehrer des verstorbenen Jungen, kann der Sitter ganz klar sagen, ob der Lieblingslehrer wirklich anwesend war und wirklich eine orangefarbene Jacke trug oder nicht. Das Gleiche gilt für Gegenstände, die mit in den Sarg gelegt wurden, letzte Worte am Sterbebett oder das Wiedergeben von typischen Floskeln und Sprachfehlern des Verstorbenen. Wir reden hier also nicht mehr über ein persönliches Empfinden oder die eigene subjektive Wahrnehmung. Wir reden hier über verifizierbare Fakten.

Welches Ergebnis wäre bei dieser Frage zu den spezifischen Beweisen unter der Annahme eines betrügerischen Mediums wohl zu erwarten? Es ist davon auszugehen, dass die beiden Extremwerte, also dass es mindestens einen eindeutigen Beweis gab und dass es gar keine Beweise gab, eher selten gewählt würden. Die Chance, dass tatsächlich eindeutige, hoch spezifische Beweise genannt würden, die das Medium unmöglich hätte wissen können, müsste als sehr gering eingeschätzt werden, denn mit Zufall, Recherche oder Coldreading könnte dieses Phänomen definitiv nicht erklärt werden. Für den umgekehrten Fall, dass das Medium überhaupt nichts Richtiges sagen könnte, wären die Chancen ebenfalls gering, denn das Medium hätte etwa 45 Minuten Zeit, Beweise zu erbringen. Es liegt durchaus im Bereich

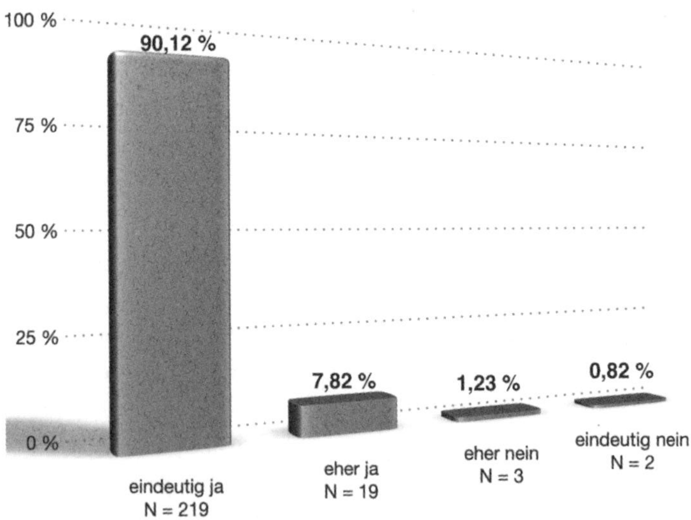

Abbildung 7-4: *Gab es einen hochspezifischen Beweis, den das Medium unmöglich hätte wissen können? (Das Ergebnis ist statistisch höchst signifikant.)*

des Möglichen, sei es durch Zufall oder geschickte Gesprächsführung, dass zumindest irgendetwas halbwegs Passendes dabei wäre. Es ist daher zu erwarten, dass die Teilnehmer eine der beiden mittleren Optionen, also »eher ja« oder »eher nein« wählen. Die tatsächlichen Antworten aus den Fragebögen zeigten jedoch ein komplett anderes Bild als die Erwartungswerte. *Abbildung 7-4* zeigt die im Fragebogen ermittelten Werte. Die Antworten zeigen ein absolut klares Ergebnis. Die Option »eindeutig nein« wählten nur 0,82 Prozent, »eher nein« wählten 1,23 Prozent. Für die Option »eher ja« entschieden sich 7,82 Prozent, und die überwältigende Mehrheit von 90,12 Prozent gab an, eindeutige Beweise erhalten zu haben. Also 219 (!) von 243 Personen haben gesagt: »Ja, ich habe einen eindeutigen, hoch spezifischen Beweis bekommen, den das Medium unmöglich hätte wissen können!«

Mit diesem klaren Ergebnis ist es eine gewissenhafte und logische Schlussfolgerung, dass es ganz offensichtlich eine reale telepathische Kommunikation gegeben hat. Ob diese Kommunikation wirklich zwischen dem Medium und dem Verstorbenen aus der Geistigen Welt stattfand, können wir mit diesem Wert allein jedoch noch nicht vollständig bestätigen. Es wäre durchaus denkbar, dass es möglicherweise auch eine telepathische Verbindung zwischen dem Medium und dem Sitter gegeben haben könnte und dass das Medium seine Informationen letztendlich vom Sitter selbst erhalten habe. Somit hätte der Test zwar Telepathie nachweisen können, aber nicht unbedingt, dass die Seele eines Verstorbenen anwesend war und die Botschaften tatsächlich von ihm stammten. Diese Differenzierung war uns in unserer Studie jedoch sehr wichtig. Um zu überprüfen, ob die Botschaften und Beweise tatsächlich vom Verstorbenen stammten, haben wir die Sitter danach befragt, ob es im Jenseitskontakt Angaben gab, die weder der Sitter noch das Medium wissen konnten. Dazu gehören z. B. Angaben über Ereignisse, die in der Zukunft liegen oder die einer genaueren Verifikation bedurften. Um dies überhaupt erfassen zu können, haben wir die Sitter nicht unmittelbar nach dem Sitting befragt, sondern erst circa drei bis vier Wochen später, um zu kontrollieren, ob es in der Zwischenzeit eine Möglichkeit zur Überprüfung gab. Nicht in allen Fällen hat diese Zeitspanne ausgereicht, um die Angaben wirklich überprüfen zu können. Es wurde von den Teilnehmern in den Kommentaren des Fragebogens mitunter angegeben, dass sie bislang noch nicht zu einer Überprüfung gekommen seien. Daher enthält unsere Studie eine erste Tendenz nach drei bis vier Wochen. Es ist davon auszugehen, dass sich die Anzahl der im Nachhinein verifizierten Beweise nach einem etwas größeren Zeitraum nochmals erhöhen wird. Die Überprüfung solcher Botschaften ist deshalb so immens wertvoll, weil die Informationen daraus weder vom Medium noch vom Sitter stammen können. Wir erhielten eine große Evidenz dafür, dass die Informationsquelle tatsächlich der Verstorbene ist. Schauen wir uns also die Ergebnisse zu dieser Frage an (siehe *Abbildung 7-5*).

Knapp die Hälfte aller Teilnehmer (121 Personen) gab an, dass es in ihrem Sitting solche zunächst nicht überprüfbaren Botschaften gab. 67,77 Prozent davon konnten diese Botschaften allein in den ersten drei bis vier Wochen positiv verifizieren, das sind mehr als zwei Drittel der betroffenen Sitter! Dieses Er-

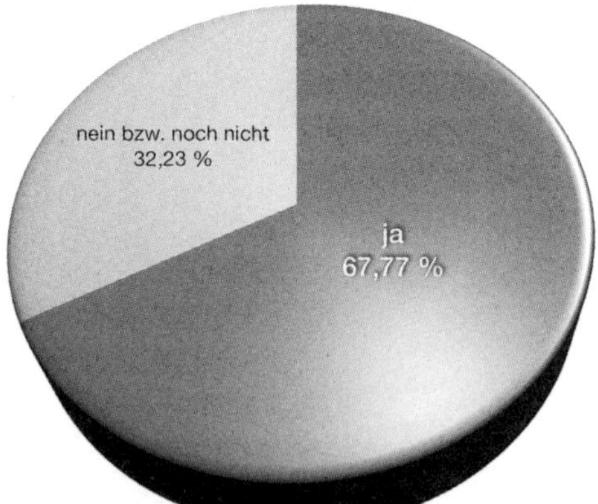

Abbildung 7-5: *Konnte der Beweis mit unbekannten Fakten innerhalb von drei bis vier Wochen nach dem Sitting verifiziert werden?*

gebnis lässt sich durch Zufall definitiv nicht erklären. Wir konnten bereits eindeutig zeigen, dass es eine sehr hohe Evidenz für eine telepathische Kommunikation über die Hellsinne mit dem Medium gibt. Wenn dann dabei persönliche Botschaften gegeben werden, die weder dem Sitter noch dem Medium bekannt sind, sich aber im Nachhinein bewahrheiten, dann muss zwangsläufig ausgeschlossen werden, dass der Sitter die Quelle dieser Informationen ist. Dass diese Botschaften einer Datenbank wie dem morphischen Feld oder der Akasha-Chronik entstammen könnten, darf ebenfalls gewissenhaft und definitiv ausgeschlossen werden. Ein Sitting zeichnet sich nämlich nicht nur durch die pure Informationsübertragung aus, sondern vielmehr durch die unbeschreiblich tiefe Liebe, die mit so einem Kontakt einhergeht. Viele Klienten berichteten sogar davon, ihren Verstorbenen während des Sittings mit Gänsehautschauer oder Berührungen tatsächlich selbst gespürt zu haben. Datenbanken oder Informationsfelder können so etwas nicht leisten, sie können auch nicht einfach so aus sich selbst heraus genau die geeigneten Ereignisse und Fakten aus dem gesamten Leben des Verstorbenen herausfiltern und per push-Nachricht übermitteln, die ein Hinterbliebener dann als evidenten Beweis empfinden würde. Dazu ist Bewusstsein und Intelligenz erforderlich. Die einzig zulässige, logische und auch naheliegende Schlussfolgerung ist, dass diese Informationen ganz offensichtlich vom Verstorbenen aus der Geistigen Welt stammen müssen, denn niemand anderes als der Verstorbene selbst kann diese Fakten kennen, und niemand anderes kann ein so großes Interesse daran haben, diese Beweise vorzutragen. Er möchte ja eindeutig erkannt werden. Damit du dir einen eigenen Eindruck von solchen Beweisen verschaffen kannst, habe ich dazu einige Beschreibungen aus den Teilnehmerkommentaren ausgewählt:

> »Mein Opa wies auf eine feuchte Wand im Haus hin. Das war durch die Tapete unbemerkt geblieben. Exakt die von Opa beschriebene Ecke war feucht.«

»Das Medium gab an, dass die Verstorbene ihr als Beweis ein Foto von mir zeigte. Ich wusste, welches Foto das sein musste, aber an die beschriebenen Details konnte ich mich nicht erinnern. Zu Hause habe ich das Foto genau mit einer Lupe angeschaut. Die Details sind wie von dem Medium beschrieben auf dem Bild.«

»Wir haben die Papiere und Bilder gefunden, auf welche wir hingewiesen wurden.«

»Ich hatte zum Verstorbenen über sechs Jahre keinen Kontakt. Einige Dinge wusste ich nicht. Diese Punkte habe ich mit der Schwester des Verstorbenen besprochen. Sie bestätigte all diese Dinge. Sie haben sich wirklich genauso zugetragen.«

»Meine Mutter hatte ein Kind verloren. Ich wusste das nicht, aber sie hatte es meiner Schwägerin erzählt, die es mir bestätigte.«

»‚Arbeit in einem neuen Land!‘, wurde meinem Mann gesagt. Jetzt wissen wir, im Oktober gehen wir wirklich wieder in ein neues Land.«

»Es wurde die Plakette gefunden, von der keiner wusste.«

»Eine Aussage zu einem Familienereignis konnte durch einen Familienangehörigen nachträglich geklärt werden.«

»Es wurde z. B. detailliert ein Pfirsichbaum-Garten aus Kindertagen bei der Familie beschrieben, von dem ich bis dato nichts wusste. Dies bewahrheitete sich dann durch Recherchen.«

»Weiterhin hat das Medium eine Brücke gesehen, und dort hat mein (verstorbener, Anm. d. Verf.) Sohn seine Jacke liegen lassen. Das wusste ich so gar nicht, und eine Polizistin hat mir das anschließend in einem Gespräch bestätigt.«

»Das Medium sagte, dass der Verstorbene zu Lebzeiten Drogen konsumiert hatte. Das hatte ich bis dahin nicht gewusst. Ich habe dazu Verwandte befragt, die dies bestätigten. Man hatte es mir, als ich noch ein Kind war, bewusst verschwiegen, um mich zu schonen.«

90,95 Prozent der Teilnehmer gaben an, dass sich ihre Beweise auf Ereignisse bezogen, die sich zu Lebzeiten des Verstorbenen abspielten. 60,08 Prozent gaben an, dass sich die Beweise auf Dinge bezogen, die sich nach dem Tod des Verstorbenen ereigneten. Eine differenzierte Darstellung dieser Ergebnisse zeigt *Abbildung 7-6.*

Diese Werte weisen darauf hin, dass es einem Verstorbenen zunächst einmal wichtig ist, sich selbst zu beweisen. Daher dominieren die Beweise zu den Ereignissen, die sich zu seinen Lebzeiten abspielten. Nur 6,58 Prozent aller Teilnehmer erhielten keine Beweise aus dem Leben des Verstorbenen, sondern aus-

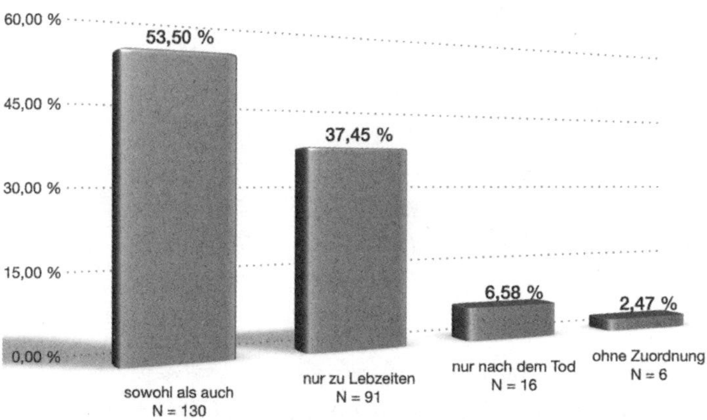

***Abbildung 7-6:** Bezogen sich die Beweise auf Ereignisse, die sich zu Lebzeiten des Verstorbenen oder nach seinem Tod abspielten?*

schließlich solche, die sich auf Ereignisse nach seinem Tod bezogen. Mehr als die Hälfte (53,50 Prozent) der Teilnehmer erhielt sogar beide Arten von Beweisen. Dies ist für die Wirksamkeit des Sittings meiner Ansicht nach sehr wichtig, da der Verstorbene nicht nur sich selbst, sondern auch seine noch immer bestehende Anteilnahme am Leben des Hinterbliebenen nachweisen möchte und damit zeigt, dass er sie weiterhin begleitet. Dies zeigt sich auch in der Auswertung der Frage, in welchem Maße der Sitter nach dem Jenseitskontakt davon überzeugt ist, dass die verstorbene Person weiterhin Teil seines Lebens ist, ihn begleitet, seine Gefühle und Gedanken kennt und alles Wichtige mitbekommt. Eindrückliche 91,54 Prozent der Teilnehmer, die sowohl Beweise von Ereignissen erhielten, die sich zu Lebzeiten abspielten, als auch nach dem Tod des Verstorbenen, gaben an, dass sie sehr davon überzeugt sind. Wenn es keine Beweise aus dem aktuellen Leben des Sitters nach dem Ableben des Verstorbenen gab, dann

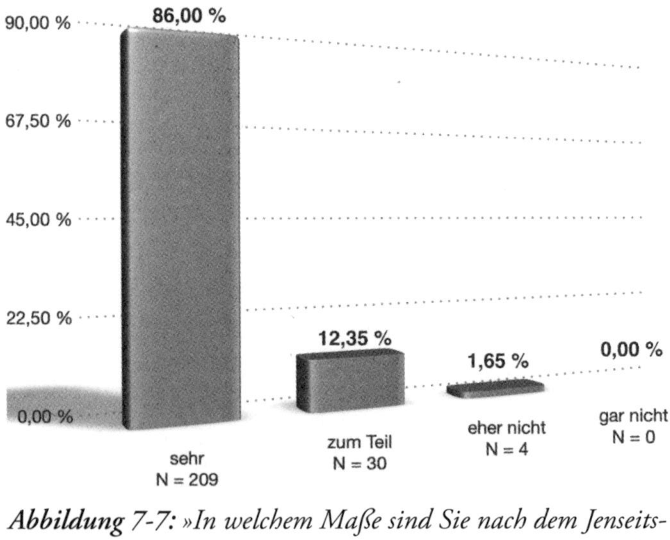

***Abbildung 7-7:** »In welchem Maße sind Sie nach dem Jenseitskontakt davon überzeugt, dass die verstorbene Person weiterhin Teil Ihres Lebens ist, Sie begleitet, Ihre Gefühle und Gedanken kennt und alles Wichtige mitbekommt?«*

sank diese Überzeugung auf 78,57 Prozent. Fehlende Beweise aus dem aktuellen Leben führen demnach zu keinem gravierenden Einbruch der Überzeugung, dass sie weiterhin vom Verstorbenen begleitet werden, doch sinkt der Anteil der sehr Überzeugten merklich um fast 13 Prozent ab.

Insgesamt gab es keinen einzigen Teilnehmer, der nach dem Sitting das Gefühl hatte, nicht mehr von seinem Verstorbenen begleitet zu werden, lediglich vier Teilnehmer (1,65 Prozent) gaben an, eher nicht davon überzeugt zu sein. 30 Teilnehmer (12,35 Prozent) waren zumindest zum Teil und 209 (86,01 Prozent) waren sehr davon überzeugt (siehe *Abbildung 7-7*).

Die Frage nach der Tröstlichkeit des Sittings ist für mich nach den Fragen zu den Beweisen der wichtigste Aspekt dieser Studie. Nach dem Verlust eines geliebten Menschen durchlebt ein Mensch verschiedene Trauerphasen. Elisabeth Kübler-Ross hat dazu fünf Trauerphasen definiert:

- Phase 1 – Das Leugnen
- Phase 2 – Der Zorn
- Phase 3 – Das Verhandeln
- Phase 4 – Die Depression
- Phase 5 – Die Akzeptanz.[34]

Diese Phasen werden von den Hinterbliebenen nicht alle gleich intensiv durchlebt, die Verarbeitung ist sehr individuell. Der Ablauf dieser Phasen ist auch nicht unbedingt immer linear, sie können ohne ein starres Schema immer wieder neu durchlaufen werden. Am Ende dieses Prozesses steht jedoch die Akzeptanz. Für die meisten Menschen ist es eine Akzeptanz eines unendlichen Schmerzes, eines zerrissenen Herzens, des Loslassens und eines ultimativen und endgültigen Verlusts in ewiger Trennung. In einem materiellen Weltbild muss man sich damit dann zufriedengeben und arrangieren, denn es gibt nichts in der physischen, grobstofflichen Welt, was trösten oder gar Heilung geben könnte. Am schlimmsten empfinde ich dabei den Begriff des Loslassens, denn Loslassen ist so ziemlich das Letzte, was ein Hinterbliebener machen möchte. Ganz im Gegenteil, ein Hinterbliebener möchte den Verstorbenen für immer festhalten, bei sich haben und niemals loslassen müssen, und das ist auch gut so. Niemand braucht loszulassen, weder der Verstorbene noch der Hinterbliebene. Wer jemals in Liebe verbunden war, kann niemals getrennt werden. Was dabei natürlich nicht passieren darf, ist, dass ein Hinterbliebener durch das Festhalten am Verstorbenen den Realitätssinn verliert und kein eigenständiges und lebenswertes Leben mehr führen kann. Den Schmerz darf man loslassen, seinen Verstorbenen darf man aber immer bei sich haben.

Psychologische Behandlungen und Psychopharmaka sind sicherlich in gewissenhafter Abwägung auch eine gute Möglichkeit, den Menschen wieder auf die Beine zu helfen. Doch wird das niemals zu Heilung führen, bestenfalls zu einer Akzeptanz. Ich bin der festen Überzeugung, dass ein Sitting mit authentischen Beweisen die Trauerverarbeitung positiv beeinflusst und dass dies der einzige Weg ist, um Trost und somit auch Heilung erfahren zu können. Dabei sollte man sich klarmachen, dass wahrer Trost niemals nur aus dem eigenen Wunschdenken heraus entstehen kann. Man kann sich beim Thema Trost weder selbst belügen noch kann man ihn sich einreden. Trost muss immer von außen induziert werden, indem Erkenntnisse vermittelt werden, die zuvor nicht bekannt waren. Kritiker werden bestimmt argumentieren wollen, dass die Hinterbliebenen sich doch nach Trost sehnen und deshalb alles Gesagte, selbst abgegriffene Floskeln, wohlwollend annehmen. Doch darf man bei der Bewertung der Tröstlichkeit nicht den Fehler begehen, die Wirksamkeit an den Erwartungen und Hoffnungen der Sitter festzumachen. Der Glaube an ein Weiterleben der Seelen nach dem physischen Tod steht in keinerlei Zusammenhang mit dem empfundenen Trost. 100 Prozent der Teilnehmer, die keinen Glauben daran besaßen, empfanden das Sitting trotzdem als sehr tröstlich. Nicht der vorhandene Glaube beeinflusst das Maß der Tröstlichkeit, sondern die Qualität der Beweise. Wie bereits eingangs erwähnt, ist ein trauernder Mensch auch nicht aus dem Leid heraus plötzlich leichtgläubig und naiv geworden und glaubt jede dahergesagte Botschaft eines Mediums. Wie Kathrin Stephan aus ihrer Arbeit als psychologische Psychotherapeutin berichtet, sind ihrer Erfahrung nach die trauernden Menschen sogar noch viel skeptischer und kritischer in ihrem Leid als davor, da sie wirklich wissen wollen, was mit ihrem geliebten Menschen bzw. ihren Seelen passiert ist. Echter Trost kann einzig und allein durch einen echten Jenseitskontakt mit überzeugenden Beweisen erfolgen, nur dann erkennen die Hinterbliebenen, dass der Tod kein endgültiges Ende ist und dass sie nicht getrennt sind. Nur dann flammt die Hoffnung auf ein Wiedersehen auf, nur dann können die Botschaften als wahr angenommen werden und wirksam sein. Daher ist ein hohes Maß an Tröstlichkeit ein hervorragender Indikator für die Authentizität eines Jenseitskontakts. *Abbildung 7-8* zeigt die Auswertung zur Tröstlichkeitsfrage. 81,89 Prozent aller Teilnehmer fanden das Sitting sehr und 14,40 Prozent ein wenig tröstlich. 2,88 Prozent empfanden es als eher nicht und 0,82 Prozent als gar nicht tröstlich.

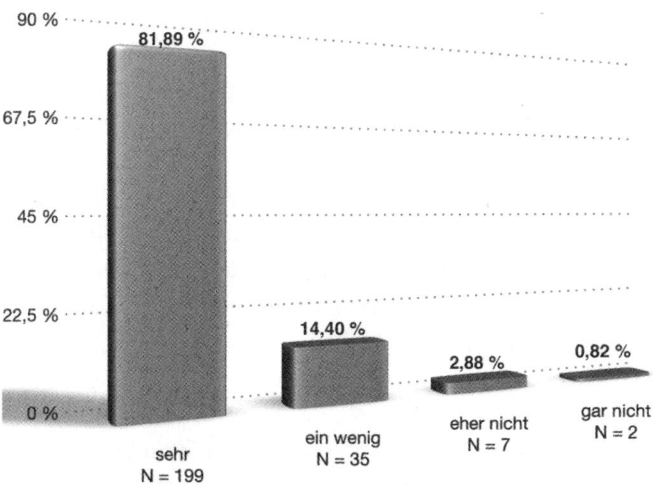

***Abbildung 7-8:** »In welchem Maße war der Jenseitskontakt tröstlich für Sie?«*

Nur sehr vereinzelt wurden selbst sehr gute Sittings als zu aufwühlend und damit als wenig tröstlich empfunden. Grundsätzlich bestätigt sich also in der Korrelation von eindeutigen Beweisen mit der Tröstlichkeit ein klarer positiver Zusammenhang. Ein Sitting mit eindeutigen Beweisen führt somit definitiv auch zu einer großen Tröstlichkeit. Die Teilnehmer, die einen eindeutigen Beweis erhielten, gaben zu 87,67 Prozent an, dass das Sitting sehr tröstlich war, 10,96 Prozent empfanden es immer noch als ein wenig tröstlich, das sind in Summe eindrückliche 98,63 Prozent! Bei Teilnehmern, die bei den eindeutigen Beweisen »eher ja« auswählten, ist der Trost schon deutlich abgeschwächter, nur noch 36,84 Prozent fanden das Sitting sehr tröstlich, 42,11 Prozent noch eher tröstlich und 21,05 Prozent eher nicht tröstlich. Aus der Gruppe der Teilnehmer, die »eher keinen« eindeutigen Beweis erhielten, wählte auch niemand mehr sehr tröstlich, 66,67 Prozent fanden es immerhin noch ein wenig und 33,33 Prozent eher nicht tröstlich.

Dieses enorme Maß an Tröstlichkeit ist schon sehr beeindruckend. Es untermauert das riesige Potenzial und die positive Wirkung eines Jenseitskontakts in der Trauerverarbeitung. Weder Medikamente noch psychologische Behandlungsverfahren besitzen auch nur annähernd eine solch starke Wirkung. Es wäre aus meiner Sicht fast schon fahrlässig, in Anbetracht dieser eindeutigen Studienergebnisse, Trauernden in einer Therapie einen Jenseitskontakt nicht zu empfehlen. Ich glaube, dass eine synergetische Kollaboration zwischen Schulmedizin, Psychologie und Jenseitskontakten die bestmögliche Form für den Verarbeitungsprozess ist. Ich möchte dazu gern einige Teilnehmer aus unserer Studie zitieren. Sie bestätigen zum Teil sehr berührend, wie tröstend und heilsam so ein Jenseitskontakt sein kann:

> »Ich habe meinen geliebten drei Jahre alten Sohn bei einem tragischen Unfall verloren und hatte starke Suizidgedanken das erste halbe Jahr. Die Psychotherapie hat mir bei Weitem nicht so bei der Trauerverarbeitung helfen können, wie die

bis jetzt drei Sitzungen bei dem Medium. Für mich war diese Erfahrung meine Rettung, sonst hätte ich mich damals meinen Suizidgedanken hingegeben. Dieses ganze Wissen über das Jenseits und die Botschaften meines Sohnes über das Medium haben mein ganzes Denken und Leben verändert. Ich kann nur jedem Menschen, der so einen Schicksalsschlag erlebt, eine Sitzung beim Medium empfehlen.«

»Nur durch das Sitting war mir ein Weiterleben möglich!«

»Die Art und Weise des Mediums, wie sie mit mir umgegangen ist, war einzigartig! Nicht nur, dass das Sitting zu 100 Prozent gestimmt hat, was sagenhaft war!!! Auch ihre Güte und ihre so mitfühlende und unterstützende Art haben mir unendlich geholfen, durch diese schwere Zeit zu kommen. Das Sitting hat mir unendlich geholfen!!!«

»Das Sitting hat mein Leben vollkommen verändert (im positiven Sinne). Es hat mir meine Lebensqualität zurückgegeben. Es hat mir durch eine sehr schlimme Zeit hindurch geholfen und meinem Leben wieder einen Sinn gegeben. Ich würde immer wieder die Hilfe eines Mediums in Anspruch nehmen. Vielen Dank dafür, dass es solche Menschen gibt.«

»Durch dieses Sitting habe ich zu leben angefangen. Mein Glaube vertiefte sich ins Tausendfache. (...) Zutiefst dankbar bin ich, dass es solch liebevolle Menschen gibt.«

»Nach dem Tod meines Sohnes war ich sehr verzweifelt. Auch heute ist es so, dass ein Stück meiner Seele mit ihm in die Anderwelt gereist ist. Das Medium war die erste überhaupt, die mir Ruhe und Trost geben konnte. Faszinierend fand ich das mit dem Grabstein für meinen Sohn, den sie beschrieben hatte. (...) Im Winter fahre ich sehr gern nach Essen zum Schmetterlingsseminar, um mit meinen Kindern ein bisschen Weihnachten zu feiern. Das Schmetterlingsseminar bei dem Medium gibt mir jedes Jahr aufs Neue Kraft und Mut, weiterzumachen und nicht aufzugeben. Mit ihrer einfühlsamen und liebevollen Art schenkt sie uns Trost, Liebe und die Überzeugung, dass unsere Kinder, Eltern, Geschwister, Freunde, alle, die wir lieben und die von uns gegangen sind, immer bei uns sind, uns lieben und schützen. Und dafür bin ich unendlich dankbar.«

»Für mich war dieses Sitting sehr heilsam. Es hat mir Mut gegeben, nach vorn zu schauen.«

»Diesen Termin bei dem Medium wahrzunehmen, war die beste Entscheidung, welche ich in meiner Trauer treffen konnte. Ich hatte danach endlich wieder das Gefühl, durchatmen zu können. Und kurze Zeit nach meinem Sitting verwandelten sich mein Schmerz und meine Trauer zu Liebe und Geborgenheit. Ich hatte endlich das Gefühl, nicht mehr allein zu sein.«

»Der Besuch eines Sittings ist für mich die einzige Hilfe bei der Trauerbewältigung. Vielen Dank dafür.«

»Ich bin mit großer innerer Zufriedenheit, Zuversicht und einem schönen Gefühl der Bestätigung und des Wertvollseins aus dem Sitting gegangen und freue mich seit Langem das erste Mal wieder auf das, was da in meinem Leben vielleicht noch kommen mag. Aus tiefstem Herzen Danke für alles!«

»Sein Tod war das schlimmste Ereignis in meinem Leben (und ich habe gewiss kein leichtes Leben gehabt). Die Nachtod- und Jenseitskontakte bedeuteten und bedeuten für mich Überleben.«

Einer der schönsten Gedanken eines trauernden Hinterbliebenen ist es, seinen Verstorbenen eines Tages wiedersehen und umarmen zu können. Daher zielt unsere letzte Frage darauf ab, inwiefern der Teilnehmer durch das Sitting davon überzeugt ist, die verstorbene Person in der Geistigen Welt wiederzutreffen. *Abbildung 7-9* zeigt die Ergebnisse dazu. Kein einziger Teilnehmer schließt ein Wiedertreffen komplett aus, 0,82 Prozent glauben eher nicht daran, 13,17 Prozent sind zum Teil und 86,01 Prozent sind vollkommen davon überzeugt. Dieses Ergebnis ist auf die gleiche Weise mit den eindeutigen Beweisen verbunden wie die Tröstlichkeit. Je eindeutiger die Beweise waren, desto größer ist auch die Überzeugung, sich in der Geistigen Welt wiederzutreffen. Von den Teilnehmern, die vor dem Sitting nicht bzw. eher nicht an ein Weiterleben der Seelen nach dem physischen Tod glaubten, gaben 61,11 Prozent an, sehr davon überzeugt zu sein, sich in der Geistigen Welt wiederzutreffen, 33,33 Prozent sind zumindest zum Teil davon überzeugt, das sind in Summe 94,44 Prozent der ursprünglichen Skeptiker. Auch bei diesem Punkt zeigt sich, dass die ursprünglichen

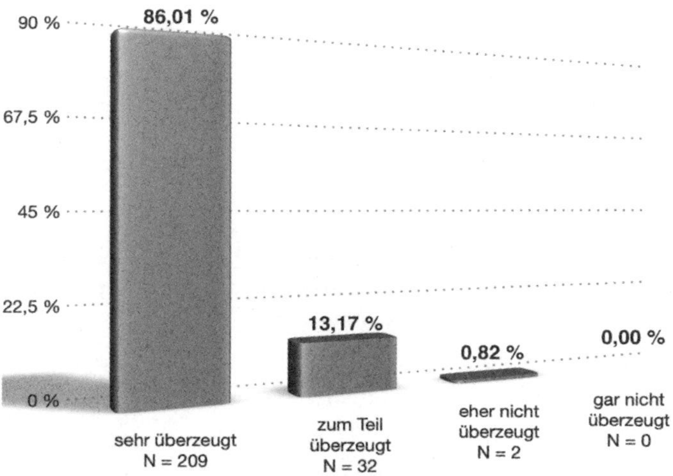

Abbildung 7-9: *»Wie sehr sind Sie durch das Sitting davon überzeugt, dass Sie die verstorbene Person in der geistigen Welt wiedertreffen werden?«*

Glaubenssätze keinen Einfluss auf die Beantwortung dieser Frage hatten. Letztendlich sind es die Beweise und die Stimmigkeit des Sittings, die über die Wirksamkeit entscheiden.

7.1.7 Inhalt der Botschaften

Erst wenn sich der Verstorbene beweisen konnte, ist es sinnvoll, Botschaften zu übermitteln. Erst dadurch erhalten sie Authentizität. Der Beweis an sich ist meist schon Botschaft genug und meinem Eindruck nach das Heilsamste an einem Sitting. Die vorgetragenen Beweise sind in der Regel keine weltbewegenden Ereignisse, sondern ganz einfache Dinge, die aber hoch spezifisch sind und nur vom Verstorbenen selbst genannt werden können. Das ist dem Verstorbenen zunächst das Wichtigste, denn er möchte ja erkannt werden. Doch was möchte ein Verstorbener eigentlich darüber hinaus seinen Hinterbliebenen gern sagen? Das Spektrum der Botschaften ist sehr breit gefächert. Es hängt in erster Linie davon ab, in welcher Beziehung der Verstorbene zum Sitter stand, unter welchen Umständen der Sterbevorgang passierte und welche Themen, z. B. Krankheit, Sucht, Streit etc., wichtig waren. Nicht jeder Verstorbene war übrigens ein liebender und liebenswerter Mensch, der nach seinem Ableben unendlich vermisst wird. Manchmal ist die Situation schwierig. So kann es sein, dass ein Verstorbener zu Lebzeiten ein grauenvoller und brutaler Ehemann oder Vater war, der die Hinterbliebenen misshandelte, oder jemand, der keine Zeit für seine Familie hatte, keine Liebe schenkte oder ihnen das Leben einfach immer nur schwer machte. Solche Verstorbenen kommen zumeist sehr demütig, fast schon geläutert in einen Jenseitskontakt, als hätten sie ihr Leben und ihr Verhalten in irgendeiner Form empathisch auch aus Sicht der anderen Beteiligten aufgearbeitet. Zwei Teilnehmerinnen berichteten dazu Folgendes:

> »Unsere Ahnen sind in meinen Augen immer präsent, wenn sie auch in einer anderen für uns nicht sichtbaren Welt leben, und sie sehen ihr Leben und ihre Fehler in vol-

ler Tiefe. Sie sind in gewisser Weise eine geläuterte Version der Menschen, die sie hier auf dem Planeten Erde waren. Zu wissen, dass unsere geliebten Ahnen und unsere Familie immer noch für uns da sind und sich bei einem Sitting melden und offen bedauern, was sie einem angetan haben oder einem einfach Dinge über sich erläutern oder uns in unserem Weg bestärken, ist für mich ein Trost und Ansporn, das Leben trotz aller Widrigkeiten und schrecklichen Dinge, die auf diesem Planeten passieren, zu durchleben. Durch die Sittings und die Informationen, die sie übermitteln, bin ich mir ihrer Liebe sicher und überzeugt, dass wir uns wiedersehen werden.«

»Der Grund für mein Sitting war ein schwieriges Verhältnis zu meinem Vater, das sich zu seinen Lebzeiten nie geklärt hat. Nach seinem Tod sorgte das dafür, dass ich mich schlecht fühlte und von Schuldgefühlen geplagt wurde. Ich hoffte, dass durch einen Jenseitskontakt mit ihm Dinge geklärt werden können. Es war für mich eine große Erleichterung, dass mein Vater tatsächlich kam und sich sofort für alles, was unser Verhältnis belastete, bei mir entschuldigte. Er versicherte mir, dass ihm nie bewusst war, was er mit seinem Verhalten in mir auslöste, und er nie wollte, dass es mir schlecht geht und er mich immer geliebt hat. Er konnte es nur nicht zeigen. Im Nachhinein spüre ich in mir, wie ganz sachte eine jahrzehntealte Wunde zu heilen beginnt und wie ich beginne, Frieden mit der Situation zu schließen. Das ist so viel mehr, als ich zu hoffen gewagt hatte, und für mich unbezahlbar.«

Offene Fragen bleiben aber vor allem bei Verstorbenen, die durch Suizid aus dem Leben geschieden sind. Gerade wenn es Jugendliche oder junge Erwachsene betrifft, machen sich die hinterbliebenen Eltern nicht selten große Vorwürfe, dass sie ihrem Kind nicht helfen konnten. Auch in solchen Fällen geht es in erster Linie um Trost und Heilung, offene Fragen zum *Warum* werden beantwortet. Es gibt mitunter aber auch sehr lustige Botschaften. Die geistige Welt besitzt viel Humor, und es darf in einem Sitting durchaus auch gelacht werden. Zwei unserer Teilnehmer haben in ihren Kommentaren explizit auf das gemeinsame Lachen im Sitting hingewiesen. Zu diesem Thema hat Dr. Joachim Nikolay im Rahmen der Tagung *Nahtoderfahrungen – Sterbebettvisionen – Nachtodkontakte* 2019 in Bregenz einen wundervollen und erfrischend lustigen Vortrag mit dem Titel *Humor in Nahtoderfahrungen – Humor im Jenseits*[35] gehalten, der auch im Rahmen des Thanatos.TV-Formats veröffentlicht wurde.

Ein Verstorbener kommt stets in Liebe und Verständnis. Er besitzt noch immer seinen eigenen, typischen Charakter, doch ist er niemals aggressiv, wütend, verängstigt oder vorwurfsvoll. In der Regel zeigt der Verstorbene, dass es ihm da, wo er jetzt ist, sehr gut geht, dass er glücklich ist, nicht mehr krank ist und keine Schmerzen mehr hat. Oftmals zeigt sich der Verstorbene dem Medium so, wie er zu seiner besten Lebenszeit ausgesehen hat. Er lässt seine Hinterbliebenen auch wissen, dass er über ihre emotionalen Befindlichkeiten und Lebensumstände genau Bescheid weiß, um zu zeigen, dass er auch weiterhin Teil ihres Lebens ist und sie begleitet. Zusammengefasst kann man sagen, in den Botschaften geht es ums Verzeihen, um Verständnis, Aufklärung, Liebe, Fürsorge, Verbundenheit, Trost und Heilung.

7.18 Bewertung und Diskussion

Nach Jomas Unfall stellte ich mir die Frage, wie und wo sie jetzt wohl sein könnte. Es schien mir unvorstellbar, dass all die Liebe, die dieses Mädchen mit ihren Eltern verband, ihr Lächeln, ihre Lebensfreude und alles, was sie ausmachte, einfach nicht mehr da waren. Ganz tief in mir drin gab es ein Gefühl, das mir die Antwort auf Jomas weitere Existenz schon längst gegeben hatte, denn sie wusste ganz genau, wie sie mein Herz und meine Seele erreichen konnte. Doch mein Verstand verlangte nach klaren und deutlichen Antworten. Also begann ich mit der Suche und begab mich auf eine spirituell wissenschaftliche Entdeckungsreise. Am Anfang des Buches habe ich geschrieben, dass ich diesen wissenschaftlichen Weg in völliger Freiheit beschreite, ganz egal, wohin er mich auch führen mag. Genau das habe ich getan, und der Weg führte mich zu beeindruckenden und zum Teil auch überraschenden Erkenntnissen. Ich dachte, wenn ich wissen möchte, ob und eventuell wie es nach dem Tod weiterginge, sei es eine gute Idee, beim menschlichen Körper und seiner Entstehung zu beginnen. Ein Körper besteht aus Materie, und wir haben gesehen, dass Materie in Wirklichkeit nur aus ganz viel Nichts und Bindungsenergie besteht. Es gibt nichts wirklich Materielles. Im Kleinsten bestehen wir letztendlich aus energetischen Schwingungen, und die Quantenmechanik hat uns darüber hinaus gezeigt, dass auf dieser Ebene weder Raum noch Zeit existieren. Auch das stärkste Pferd im Stall der Naturwissenschaftler, die chemische und biologische Evolution zur Entstehung von Leben und den Arten, ist am Ende weder bewiesen noch annähernd wahrscheinlich. Es gibt keine natürlichen Prozesse, die jemals Information, schon gar keine komplexe Information wie in der DNA oder RNA, erschufen. Unsere materialistische Wissenschaft gerät allein schon bei der kritischen Hinterfragung vieler der allseits anerkannten Modelle und Theorien in arge Erklärungsnot. Als ich für dieses Buch die unzähligen Literaturquellen studierte und nach Antworten suchte, wurde mir immer klarer, dass die Welt, wie sie mir die Wissenschaft mein Leben lang zu erklären versuchte, nicht die Standfestigkeit besaß, die ich ihr zugeschrieben hatte. Unsere Welt bzw. unsere Existenz können in dieser rein materialistischen Form nicht begründet werden, und diese Erkenntnis hat nichts mit Religion, esoterischer Verblendung oder Ignoranz zu tun, sondern ist das Resultat einer kritischen, sachlichen und wissenschaftlichen Auseinandersetzung, ohne Rücksicht auf herrschende Paradigmen und Weltbilder. Auf meinem freiheitlichen Weg zur Erkenntnis begannen die Pflastersteine des Materialismus zu bröckeln, und es offenbarte sich mir ein strahlender spiritueller

Weg, der viel plausibler, logischer und wahrscheinlicher war. Insbesondere fand dieser Weg seinen Höhepunkt in unserer EREAMS-Studie, die durch ihre beeindruckenden Ergebnisse im Grunde nur einen Schluss zulassen kann. Ich selbst bin ein kritischer Mensch. Ich hinterfrage auch meine eigenen Erkenntnisse und lasse mich nicht vorschnell überzeugen, doch wenn man sich ganz ehrlich und neutral die klaren Ergebnisse der EREAMS-Studie anschaut, dann bleibt aus meiner Sicht einfach kein Platz mehr für Zweifel. Unsere Studienergebnisse zeigen in jeglicher Hinsicht eine sehr eindrucksvolle Evidenz für die Geistige Welt und das Weiterleben der Seelen unserer Verstorbenen. Ich habe die Vorgehensweise in unserer Studie unter Einsatz üblicher wissenschaftlicher Methoden offengelegt und unsere Arbeit nachvollziehbar dokumentiert. Unsere Erkenntnisse sind nicht aus einem esoterischen Wunschdenken heraus kreiert oder manipuliert worden, sie sind einzig und allein das Resultat einer empirischen Forschung und die naheliegende und logisch abgeleitete Konsequenz der vorliegenden Datenbasis. Unsere Studie stellt sehr überzeugend dar, dass wir in eine Geistige Welt eingebettet sind. Unsere Verstorbenen sind weiterhin Teil unseres Lebens, sie begleiten uns und sind auf ewig in Liebe mit uns verbunden. Jeder Einzelne von uns existiert völlig unabhängig von Materie und einem Körper. Wenn der physische Körper stirbt, ist die Seele wieder frei und kehrt in ihre geistige Heimat auf einer anderen Bewusstseinsebene zurück. Diese Ebene ist für die meisten von uns Menschen nicht oder nur schwer zu erreichen. Unsere Studie konnte aber auf eine sehr eindrückliche Art zeigen, dass gute Medien diesen Zugang zur Geistigen Welt besitzen und authentische Botschaften empfangen können. Meine ursprüngliche Motivation, dieses Buch zu schreiben und gemeinsam mit Bettina die EREAMS-Studie ins Leben zu rufen, war die Frage danach, was mit Joma nach ihrem Unfall passiert ist. Obwohl ich sie in diesem Leben nicht kennenlernen durfte, kam sie ohne mein Zutun wie ein Wirbelsturm aus Licht in mein Leben. Sie berührte meine Seele auf so wundervolle Weise, und sie gab mir die Kraft und den Mut, mich auf diese faszinierende Reise mit allen Höhen und Tiefen zu begeben. Nachdem mir mein Gefühl von Anfang an deutlich gemacht hatte, dass sie immer noch da ist, sehe ich mich darin nun zu 100 Prozent bestätigt. Sie konnte sich mir klar beweisen, und ich nehme sie ganz zweifelsfrei im Innen und Außen wahr. Sie nahm meine Hand und zeigte mir mit ihrer ganzen Liebe die Tür zu einer viel größeren Welt. Am Ende habe ich nicht nur sie, sondern auch mich selbst gefunden. Der Tod führt einzig und allein zum Tod des physischen Körpers. Nur weil man seine Verstorbenen physisch nicht mehr sehen und berühren kann, heißt das doch nicht, dass auch alle anderen Ebenen des Seins verschwunden sind. Wir brauchen keinen Körper, um zu lieben und zu sein. Wir alle sind ewige Seelen, reines Bewusstsein und unendliche Liebe.

Helles Dunkel

Wie kann es nur so dunkel sein,
wo Liebe hell erstrahlt?
Es sticht mir in mein Herz hinein,
die Zukunft schwarz gemalt.
Was bleibt für mich von dir besteh'n,
wenn Spuren bald verschwinden?
Ich lass dich niemals von mir geh'n,
ich werd' dich wiederfinden.
Und wenn die Sehnsucht mich ereilt,
beklag' ich nicht mein Leid.
Mit Liebe hast du mich geheilt,
uns trennt ja nur die Zeit.
Um mich herum wird alles still,
die Trauer darf nun geh'n.
Denn wer die Sterne sehen will,
muss selbst im Dunkel steh'n.
Oliver Lazar

Anmerkungen

1 *Und plötzlich war alles anders*

1. Moorjani, Anita: *Heilung im Licht. Wie ich durch eine Nahtoderfahrung den Krebs besiegte und neu geboren wurde.* Goldmann Verlag. München 2015
2. Moorjani, Anita: *Beitrag auf dem Online-Kongress Spirit Summit 2019*, 2019, TS 8:00. besucht am 18. Januar 2019. https://www.spiritsummit.net
3. Demarmels, Ursula: *Wer war ich im Vorleben? Die positive Wirkung spiritueller Rückführungen.* Heyne Verlag. München 2012
4. Weiss, Brian: *Die zahlreichen Leben der Seele. Die Chronik einer Reinkarnationstherapie.* Goldmann Verlag. München 2005
5. Schmelzer, Thomas: *Wiedergeburt. Deine Seele ist unsterblich.* Mystica Filme 2018
6. Leininger, Bruce: *Soul Survivor. Ein Junge erinnert sich an ein Leben vor seiner Geburt.* Ullstein Buchverlag. Berlin 2018
7. Risi, Armin: *Ihr seid Lichtwesen, Ursprung und Geschichte des Menschen.* Govinda. Zürich 2013, S. 112
8. Weiss, Brian: *Seelenwege. Reinkarnation und zukünftige Lebenswege.* Ullstein Buchverlag. Berlin 2018, S. 20
9. Lommel, Pim van: *Endloses Bewusstsein. Neue medizinische Fakten zur Nahtoderfahrung.* MensSana Verlag. München 2013, S. 98
10. ebd., S. 99
11. Herzberg, Nina: *Fragen rund um die geistige Welt.* August 2020, TS: 8:03–10:08. Besucht am 6. August 2020. https://youtu.be/l5lr5VJjy0s

12. Kübler-Ross, Elisabeth: *Über den Tod und das Leben danach.* Silberschnur Verlag. Güllesheim 2013, S. 28
13. Weiss, Brian: *Die zahlreichen Leben der Seele. Die Chronik einer Reinkarnationstherapie*, a.a.O., S. 128
14. Hawley, Jack: *Bhagavad-Gita. Der Gesang Gottes*. Goldmann Verlag. München 2002, S. 112
15. Radecke, Hans-Dieter/Teufel, Lorenz: *Was zu bezweifeln war. Die Lüge von der objektiven Wissenschaft.* Droemer Verlag. München 2010, S. 39

2 *Wissenschaft und Spiritualität*

1. Kübler-Ross, Elisabeth: *Über den Tod und das Leben danach*. Silberschnur Verlag. Güllesheim 2013, S. 4
2. Maischberger, Sandra: *Übersinnliche Kräfte. Mysterium oder Mumpitz?* Das Erste. November 2010. Besucht am 22. November 2020. https://youtu.be/Huk5IJnwnPI
3. ebd., TS: 6:54–7:06
4. Maischberger Sandra: *Übersinnliche Kräfte. Mysterium oder Mumpitz? III*. Das Erste. November 2010, TS: 0:20–2:30, besucht am 22. November 2020. https://youtu.be/slll4SJJK9Y
5. Sheldrake, Rupert: *Der Wissenschaftswahn. Warum der Materialismus ausgedient hat.* Droemer Verlag. München 2015, S. 26–27
6. Fara, Patricia: *Science. A four thousand year history*. Oxford University Press. Oxford New York 2009, S. 132
7. Radecke, Hans-Dieter/Teufel, Lorenz: *Was zu bezweifeln war. Die Lüge von der objektiven Wissenschaft.* Droemer *Verlag.* München 2010, S. 134
8. Kant, Immanuel: *Kritik der reinen Vernunft*. Meiner Verlag. Hamburg 1998
9. Dürr, Hans-Peter: *Geist, Kosmos und Physik. Gedanken über die Einheit des Lebens.* Crotona Verlag. Amerang 2010, S. 23

10. Jaspers, Karl: *Kleine Schule des philosophischen Denkens.* Piper Verlag. München/Zürich 2012, S. 20
11. Alexander, Eben: *Blick in die Ewigkeit. Die faszinierende Nahtoderfahrung eines Neurochirurgen.* Heyne Verlag. München 2016, S. 206–207
12. Jaeger, Lars: *Wissenschaft und Spiritualität. Universum, Leben, Geist. Zwei Wege zu den großen Geheimnissen.* Springer Verlag. Berlin/Heidelberg 2016, S. 270
13. Gentner, Ingo: *Nahtoderfahrungen. Gibt es Himmel und Hölle wirklich?* Besucht am 21. Mai 2019 https://www.bild.de/bild-plus/news/2019/news/nahtoderfahrung-nach-kopfschuss-ich-war-tot-und-landete-in-der-hoelle-60397024.bild.html
14. Kuhn, Thomas: *Die Struktur wissenschaftlicher Revolutionen.* Suhrkamp Verlag. Frankfurt/Main 1976
15. Lommel, Pim van: *Endloses Bewusstsein. Neue medizinische Fakten zur Nahtoderfahrung.* MensSana Verlag. München 2013, S. 293
16. Kruse, Eckhard: *Der Geist in der Materie. Die Begegnung von Wissenschaft und Spiritualität.* Crotona Verlag. Amerang 2013, S. 53
17. Dschulnigg, Franz: *Thesen zur Jenseitsforschung.* Internet. Empirische Jenseitsforschung, 2019. TS: 2:40–2:53 Besucht am 13. Juni 2019. https://www.youtube.com/watch?v=NTg4pMzI9UM
18. Precht, Richard David: *Sei du selbst. Von der Philosophie nach Hegel bis zur Philosophie der Jahrhundertwende.* Goldmann Verlag. München 2019, S. 91
19. Sheldrake, Rupert: *Der Wissenschaftswahn. Warum der Materialismus ausgedient hat,* a.a.O., S. 16
20. Dawkins, Richard: *Der Gotteswahn.* Ullstein Buchverlag. Berlin 2008
21. Behe, Michael: *Darwins Black Box. Biochemische Einwände gegen die Evolutionstheorie.* Resch Verlag. Gräfelfing 2007
22. Dawkins, Richard: Der Gotteswahn, a.a.O., S. 185–187

23. Radecke, Hans-Dieter/Teufel, Lorenz: *Was zu bezweifeln war. Die Lüge von der objektiven Wissenschaft*, a.a.O., 26–27
24. Sheldrake, Rupert: *How widely is blind assessment used in scientific research?* Alternative Therapies 5. 1999, S. 88–91
25. Watt, Caroline/Nagtegaal, Marleen: *Reporting of blind methods. An interdisciplinary survey*. Journal of the Society of Psychical Research 68. 2004, S. 105–114
26. Sheldrake, Rupert: *Der Wissenschaftswahn. Warum der Materialismus ausgedient hat*, a.a.O., S. 397
27. Dawkins, Richard: *Der Gotteswahn*, a.a.O., S. 178
28. ebd., S. 187
29. Kübler-Ross, Elisabeth: *Über den Tod und das Leben danach*, a.a.O., S. 11
30. von Goethe, Johann Wolfgang: Maximen und Reflexionen. Aphorismen und Aufzeichnungen. Verlag der Goethe-Gesellschaft, Weimar 1907, o. S.
31. Risi, Armin: *Der radikale Mittelweg. Überwindung von Atheismus und Monotheismus. Das Buch zum aktuellen Paradigmenwechsel*. Kopp Verlag. Rottenburg 2016. 2. Auflage
32. Risi, Armin: *Ihr seid Lichtwesen. Ursprung und Geschichte des Menschen*. Govinda Verlag. Zürich 2013, S. 22–23
33. Stein, Ben/Miller, Kevin: *Expelled. No intelligence allowed.* Rampant Films 2008
34. Schumacher, Jörn: *Vom atheistischen Wissenschaftler zum gläubigen Evolutionskritiker.* Besucht am 20. Mai 2019. September 2017. https://www.promedienmagazin.de/gesellschaft/menschen/2017/09/27/vom-atheistischen-wissenschaftler-zum-glaeubigen-evolutionskritiker/
35. Stein, Ben/Miller, Kevin: *Expelled*. TS: 7:14–7:30
36. Röthlein, Brigitte: *Der Nobelpreisträger als Parapsychologe*. Bild der Wissenschaft. Oktober 1997, S. 66
37. Myers, David G.: *Kritisch denken mit wissenschaftlicher Psychologie*. Springer Verlag. Berlin/Heidelberg 2014, S. 22
38. Cardeña, Etzel: *The Experimental Evidence for Parapsycho-*

logical Phenomena. A Review. American Psychologist 73. Juli 2018, S. 663–677

39. Hofstadter, Douglas: *A Cutoff for Craziness*. New York Times. Januar 2011, o. S. Besucht am 4. Juni 2019. https://www.nytimes.com/roomfordebate/2011/01/06/the-esp-study-when-science-goes-psychic/a-cutoff-for-craziness
40. Voggenhuber, Pascal: *Nachricht aus dem Jenseits 2.0. Die neuesten Erkenntnisse meiner Arbeit als Medium*. Giger Verlag. Altendorf 2018
41. Alexander, Eben: *Blick in die Ewigkeit. Die faszinierende Nahtoderfahrung eines Neurochirurgen, a.a.O.*
42. Steinhardt, Paul: *Endless universe. Beyond the Big Bang*. Weidenfeld & Nicolson. London 2007, S. 169 f.
43. Risi, Armin: *Wie lange dauert das Kali-Yuga?* Armin Risi, o. J. Besucht am 14. Januar 2020. https://armin-risi.ch/Artikel/Vedisch/Wie-lange-dauert-das-Kali-Yuga.php
44. Kübler-Ross, Elisabeth: *Über den Tod und das Leben danach*, a.a.O., S. 43 f.
45. EVS: *European Values Study 2017. Integrated Dataset*. EVS 2017. Data file 2018. Besucht am 26. Mai 2019. http://dx.doi.org/10.4232/ 1.13090
46. Schreiber, Mathias: *Die Reise ins Licht*. Spiegel. April 2007. Besucht am 24. Juli 2020. https://www.spiegel.de/spiegel/print/d-51132266.html

3 *Materie*

1. Rubbia, Carlo: *Neue Zürcher Zeitung*. März 1993, o. S.
2. Sheldrake, Rupert: *Der Wissenschaftswahn. Warum der Materialismus ausgedient hat*. Droemer Verlag. München 2015, S. 149–151
3. Kennedy, Donald/Norman, Colin: *What Don't We Know?* Science 309. Nr. 5731. 2005, S. 75–75

4. Lommel, Pim van: *Endloses Bewusstsein. Neue medizinische Fakten zur Nahtoderfahrung*. MensSana Verlag. München 2013, S. 16
5. Radecke, Hans-Dieter/ Teufel, Lorenz: *Was zu bezweifeln war. Die Lüge von der objektiven Wissenschaft*. Droemer Verlag. München 2010, S. 287
6. Vaas, Rüdiger: *Der Urknall.* Bild der Wissenschaft. November 2009, S. 40
7. Zaun, Harald: *Was vor dem Urknall war.* Telepolis. Special Kosmologie. Februar 2007, S. 90
8. Lesch, Harald: *α-Centauri. Was ist der Urknall?* BR-alpha mit Sterne und Weltraum. Co-Produktion. TV 2000. TS: 0:55–1:09
9. Helmenstine, Anne Marie: *Chemical Composition of the Human Body.* Mai 2019. Besucht am 28. Mai 2019. https://www.thoughtco.com/chemical-composition-of-the-human-body-603995
10. Lesch, Harald: *α-Centauri. Was geschah in den ersten drei Minuten?* BR-alpha mit Sterne und Weltraum. Co-Produktion. TV 2000
11. Lesch, Harald/Gaßner, Josef M.: *Urknall, Weltall und das Leben. Vom Nichts bis heute Morgen*. Komplett-Media Verlag. Grünwald/München 2014, S. 148–152
12. Lesch, Harald: *α-Centauri. Woher kommt unser Gold?* BR-alpha mit Sterne und Weltraum. Co-Produktion. TV 2000
13. Crick, Francis: *Memory and molecular turnover.* Nature Nr. 312. 1984, S. 101
14. Lommel, Pim van: *Endloses Bewusstsein. Neue medizinische Fakten zur Nahtoderfahrung*, a.a.O., S. 312
15. Dijksterhuis, Eduard J.: *The Mechanization of the World Picture*. Oxford 1961, S. 9
16. Sheldrake, Rupert: *Der Wissenschaftswahn. Warum der Materialismus ausgedient hat*, a.a.O., S. 84
17. Lesch, Harald/Gaßner, Josef M.: *Urknall, Weltall und das Leben. Vom Nichts bis heute Morgen*, a.a.O., S. 62

18. M. Gaßner, Josef/Lesch, Harald: *Spins, Nichts und das Higgsfeld.* Internet, Urknall, Weltall und das Leben. 2014. TS: 4:12–4:35. Besucht am 10. August 2019. https://www.youtube.com/watch?v=pcOdX6y-LIg
19. Dürr, Hans-Peter: *Geist, Kosmos und Physik. Gedanken über die Einheit des Lebens.* Crotona Verlag. Amerang 2010, S. 62
20. Sheldrake, Rupert: *Der Wissenschaftswahn. Warum der Materialismus ausgedient hat,* a.a.O., S. 153–154
21. Humphrey, Nicholas: *Soul dust. The magic of consciousness.* Quercus. London 2012
22. Sheldrake, Rupert: *Der Wissenschaftswahn. Warum der Materialismus ausgedient hat,* a.a.O., S. 155
23. Nagel, Thomas: *Mind and cosmos. Why the materialist neo-Darwinian conception of nature is almost certainly false.* Oxford University Press. New York 2012
24. Strawson, Galen: *Realistic Monism. Why Physicalism Entails Panpsychism.* Journal of Consciousness Studies 13. Nrn. 10–11. 2006, S. 3–31
25. Jaeger, Lars: *Wissenschaft und Spiritualität. Universum, Leben, Geist. Zwei Wege zu den großen Geheimnissen.* Springer Verlag. Berlin/Heidelberg 2016, S. 190–191
26. Lesch, Harald: *Das Higgs-Boson. Gottes Teilchen?* Internet. Terra X Lesch & Co. 2019. TS: 9:38–9:55. Besucht am 16. August 2019, https: //www.youtube.com/watch?v=ACD_qndPwws
27. Risi, Armin: *Ihr seid Lichtwesen. Ursprung und Geschichte des Menschen.* Govinda Verlag. Zürich 2013, S. 41

4 *Ursprung und Evolution des Lebens*

1. Lesch, Harald/Gaßner, Josef M.: *Urknall, Weltall und das Leben. Vom Nichts bis heute Morgen,* a.a.O., S. 232
2. Hirsch-Kauffmann, Monica/Schweiger, Manfred: *Biologie für Mediziner, Pharmazeuten und Chemiker.* Georg Thieme Verlag. Stuttgart/New York: 1987, S. 224

3. Discovery-Institute: *A Scientific Dissent from Darwinism.* Februar 2019. Besucht am 9. September 2019. http://discovery.org/f/660
4. Risi, Armin: *Evolution. Stammt der Mensch von den Tieren ab?* Govinda Verlag. Zürich 2014, S. 12
5. Jaeger, Lars: *Wissenschaft und Spiritualität. Universum, Leben, Geist. Zwei Wege zu den großen Geheimnissen.* Springer Verlag. Berlin/Heidelberg 2016, S. 279–280
6. Brierley, Justin: *Daniel Dennett vs Keith Ward. Are we more than matter? Mind, consciousness and free will.* Unbelievable? Oktober 2018. TS: 2:20–2:25. Besucht am 31. Juli 2020. https://youtu.be/mongL_ 2KMGg
7. Tour, James/Speaks, Dr. Tour: *Molecules Don't Care About Life.* Dr. James Tour. September 2020. TS: 1:15–1:23. Besucht am 21. September 2020. https://youtu.be/hAga9GDUXl4
8. Graf, Philipp: *Leben ist Definitionssache.* Max Planck Gesellschaft o. J. Besucht am 2. September 2019. https://www.synthetische-biologie.mpg.de/17480/was-ist-leben
9. Varela, Francisco G./Maturana, Humberto R./Uribe, R.: *Autopoiesis. The organization of living systems, its characterization and a model.* BioSystems 5, Mai 1974, S. 187–196
10. Graf, Philipp: *Leben ist Definitionssache*, a.a.O.
11. Matthiesen, Rune: *Bioinformatics Methods in Clinical Research.* Bd. 593. Januar 2012, S. 49
12. Nguyen-Kim, Dr. Mai Thi: *Entstand so das Leben? Die RNA-Welt.* Terra X Lesch & Co. 2019. TS: 3:50–5:07. Besucht am 12. September 2019. https://www.youtube.com/watch?v=b8CNQOe-Rbs
13. Wagner, Kerstin: *Neuartiger Regulationsmechanismus steuert Differenzierung embryonaler Stammzellen.* idw-Informationsdienst Wissenschaft. April 2015. Besucht am 16. Dezember 2019. https://idw-online.de/de/news628574
14. Knirr, Thomas: *Darwins Black Box. Was Charles Darwin übersehen hat.* Der laute Ruf. April 2011. TS: 53:19.

Besucht am 25. Januar 2021.
https://youtu.be/3419E8mP7PU
15. Grävemeyer, Arne: *DNA speichert TV-Serie fehlerfrei*. c't 20. September 2020, S. 58
16. Grävemeyer Arne: *DNA speichert das Menschheitswissen*. c't 26. Dezember 2020, S. 47
17. Finkel, Simone: *Massenhaft Speicherplatz. Das ist die größte SSD der Welt.* Chip. November 2020. Besucht am 25. Januar 2021. https://www. chip.de/news/Groesste-SSD-der-Welt_182741150.html
18. Tour, James: *Episode 2/13. Primordial Soup. A Course on Abiogenesis by Dr. James Tour*. TS: 8: 48–11:39. Besucht am 15. 03. 2021. https://youtu.be/tNbl-g8QoAg
19. ebd., TS: 9:31
20. ebd., TS: 10:45
21. Brierley, Jason: Unbelievable? Can chemistry solve the origin of life? Besucht am 16. 03. 2021. https://youtu.be/Njuso5A2jts
22. ebd., TS: 9:55–10:49
23. ebd., TS: 10:50–10:55
24. Jaeger, Lars: *Wissenschaft und Spiritualität. Universum, Leben, Geist. Zwei Wege zu den großen Geheimnissen*. Springer Verlag. Berlin/Heidelberg 2016, S. 275
25. Gaßner, Josef M./Lesch, Harald: *Lesch & Gaßner. Die Entstehung des Lebens*. Urknall, Weltall und das Leben. 2014. TS: 5:18–6:15 Besucht am 12. September 2019. https://www.youtube.com/watch?v=u4LL_3zoEBQ
26. ebd., TS: 6:43–7:00
27. Nguyen-Kim, Dr. Mai Thi: *Entstand so das Leben?, a.a.O.*, TS: 2:30–2:48
28. Miller, Stanley L.: *A Production of Amino Acids Under Possible Primitive Earth Conditions*. Science 117. Nr. 3046, 1953, S. 528–529. https://science.sciencemag.org/content/117/3046/528
29. Lesch, Harald/Gaßner, Josef M.: *Urknall, Weltall und das Leben. Vom Nichts bis heute Morgen*, a.a.O., S. 229

30. Junker, Reinhard: *Evolution. Ein kritisches Lehrbuch.* Weyel Verlag. Gießen 1998, S. 138
31. ebd., S. 140
32. Grävemeyer, Arne: *AlphaFold kann Protein-Origami.* c't 1. Dezember 2020, S. 50
33. Axe, Douglas: *Estimating the Prevalence of Protein Sequences Adopting Functional Enzyme Folds.* Journal of molecular biology. 341. September 2004, S. 1295–315
34. Tour, James: *Episode 5/13. Carbohydrates. A Course on Abiogenesis by Dr. James Tour.* TS: 25:58–34:20. Besucht am 16. 03. 2021. https://youtu.be/rdqd_EvpsZM
35. Barclay, Derek: *Die Wahrheit aufgedeckt. Band 6.* Ebozon Verlag. Traunreut 2017
36. Nguyen-Kim, Dr. Mai Thi: *Entstand so das Leben?, a.a.O.*, TS: 6:10–7:00
37. Behe, Michael: *Darwins Black Box. Biochemische Einwände gegen die Evolutionstheorie.* Resch Verlag. Gräfelfing 2007, S. 268
38. Tour, James: *Episode 8/13. Nucleotides. A Course on Abiogenesis by Dr. James Tour.* TS: 43:14. Besucht am 17. 03. 2021. https://youtu.be/CYiguQYCSio
39. Stein, Ben/Miller, Kevin: *Expelled. No intelligence allowed.* Rampant Films 2008. TS: 1:27:08-1:28:06
40. Lesch, Harald/Gaßner, Josef M.: *Urknall, Weltall und das Leben, a.a.O.*, S. 235
41. Tompa, Peter/Rose, George: *The Levinthal paradox of the interactome.* Protein Science. Dezember 2011. 20 (12), 2074-9
42. Meyer, Stephen: *Darwin's doubt. The explosive origin of animal life and the case for intelligent design.* HarperOne. An imprint of HarperCollinsPublishers. New York. NY 2013
43. Meyer, Stephen: *Signature in the Cell. Stephen Meyer Faces his Critics. pt. 1. The Presentatio*n. 2014. TS: 53:15–53:49. Besucht am 11. Dezember 2019. https://www.youtube.com/watch?v=eW6egHV6jAw

44. Lesch, Harald: *Entstehung des Lebens aus toter Materie*. Urknall, Weltall und das Leben. 2019. Besucht am 12. 10. 2019. https://www.youtube.com/watch?v=qv_t77LS0t0
45. ebd., TS: 6:48–7:04
46. Eigen, Manfred: *Selforganization of matter and the evolution of biological macromolecules*. Naturwissenschaften 58. Nr. 10. Oktober 1971, S. 465–523
47. Greuling, Heinz: *So entstand die Erdatmosphäre und das erste Leben*. Quarks. 2014. TS: 3:24-3:55. Besucht am 4. Oktober 2019. https://www.youtube.com/watch?v=tthNNLyVBUs
48. Trinks, Hauke: *Auf den Spuren des Lebens. Bericht zur Expedition in das Eis von Spitzbergen vom 17. Mai 1999 bis 14. September 2000.*Technische Universität Hamburg-Harburg. Januar 2001. Besucht am 13. Oktober 2019. https://tore.tuhh.de/bitstream/11420/200/1/Auf_den_Spuren_des_Lebens.pdf
49. Mainzer, Klaus: *Materie. Von der Urmaterie zum Leben*. C. H. Beck Verlag. München: 1996, S. 82
50. Pennisi, Elizabeth: *Synthetic Genome Brings New Life to Bacterium*. Science 328. Nr. 5981. 2010, S. 958–959
51. SpiegelOnline: *Forscher erschaffen erstmals künstliches Leben*. Spiegel online. Mai 2010. Besucht am 15. Dezember 2019. https://www.spiegel.de/wissenschaft/natur/durchbruch-forscher-erschaffen-erstmals-kuenstliches-leben-a-696016.html
52. Posener, Alan: Wir sind Gott! Die Welt. Mai 2010. Besucht am 15. Dezember 2019. https://www.welt.de/welt_print/kultur/literatur/article7750885/WIR-SIND-GOTT.html
53. Rüegg, Peter: *Kein künstliches Leben*. ETH Life. Mai 2010. Besucht am 15. Dezember 2019. http://www.ethlife.ethz.ch/archive_articles/100526_venter_kuenstl_genom_per/
54. Henn, Volker: *Das synthetische Genom. Ein Schritt zum Minimalorganismus*. Telepolis-Heise online. Januar 2014. Besucht am 15. Dezember 2019.

https://www.heise.de/tp/features/Das-synthetische-Genom-ein-Schritt-zum-Minimalorganismus-3362986.html
55. ebd.
56. Behe, Michael: *Darwins Black Box. Biochemische Einwände gegen die Evolutionstheorie*, a.a.O., S. 276
57. Dose, Klaus: *The Origin of Life. More Questions Than Answers.* Interdisciplinary Science Reviews 13. Nr. 4. 1988, S. 348
58. Shirai, Yasuhiro u.a.: *Directional Control in Thermally Driven Single-Molecule Nanocars.* Nano letters 5. Dezember 2005, S. 2330-4
59. TheBestSchools.org: *The 50 Most Influential Scientists in the World Today.* TheBestSchools.org. 2020. Besucht am 23. Februar 2020. https://thebestschools.org/features/50-influential-scientists-world -today/
60. Tour, James: *Das Geheimnis der Entstehung des Lebens.* Dr. James Tour. März 2019. Besucht am 23. September 2020, https://youtu.be/zU7Lww-sBPg
61. Jaeger, Lars: *Wissenschaft und Spiritualität.* S. 275 f.
62. Brierley, Justin: *Are we close to discovering the Origin Of Life? James Tour vs. Lee Cronin* Unbelievable?. Februar 2020. Besucht am 23. September 2020. https://youtu.be/3DHvNRK452c
63. Tour, James: *The Origin of Life Has Not Been Explained.* Internet. Discovery Science. 2019. Besucht am 22. Februar 2020. https://www.youtube.com/watch?v=r4sP1E1Jd_Y
64. Strobel, Lee: *The case for faith. A journalist investigates the toughest objections to Christianity.* Grand Rapids. Zondervan. Michigan 2000, S. 111
65. Risi, Armin: *Ihr seid Lichtwesen. Ursprung und Geschichte des Menschen.* Govinda Verlag. Zürich 2013, S. 121
66. Lerch, Harold A.: *Die Bibel. Wahrheit oder Fabel. Ist die Bibel wörtlich?* Harold A. Lerch. Sr. 2018, S. 38. Besucht am 17. Dezember 2019. https://books.google.de/books?id=RBx5DwAAQBAJ
67. Junker, Reinhard: *Evolution. Ein kritisches Lehrbuch*, a.a.O., S. 19

68. Darwin, Charles: *Die Entstehung der Arten*. Nikol Verlag. Hamburg 2008
69. O. A.: *Zellorganellen. Die Endosymbiontentheorie*. Max-Planck Society 2015. Besucht am 4. Oktober 2019. https://www.youtube.com/watch?v=9LTMDLDsL98
70. Junker, Reinhard: *Evolution. Ein kritisches Lehrbuch*, a.a.O., S. 168–169
71. Lesch, Harald/Gaßner, Josef M.: *Urknall, Weltall und das Leben, a.a.O.*, S. 256
72. ebd., S. 255
73. Behe, Michael: *Revolutionär. Michael Behe und das Geheimnis molekularer Maschinen*. Discovery Institute. Drei Linden Filmproduktion. 2016. TS: 45:27–47:43
74. Behe, Michael: *Richard Lenski and Citrate Hype. Now Deflated*. Evolution News & Science Today. Mai 2016. Besucht am 4. Oktober 2019. https://evolutionnews.org/2016/05/richard_lenski/
75. Ebert, Vince: *Was wäre, wenn es einen intelligenten Designer gäbe?* Spektrum.de. November 2017. Besucht am 28. Januar 2020. https://www.spektrum.de/kolumne/was-waere-wenn-es-einen-intelligenten-designer-gaebe/1517199
76. ebd.
77. ebd.
78. Nilsson, Dan-E./Pelger, Susanne: *A Pessimistic Estimate of the Time Required for an Eye to Evolve*. Proceedings. Biological sciences. The Royal Society 256. Mai 1994, S. 53–8
79. Ebert, Vince: *Was wäre, wenn es einen intelligenten Designer gäbe?, a.a.O.*
80. Hirsch-Kauffmann, Monica/Schweiger, Manfred: *Biologie für Mediziner, Pharmazeuten und Chemiker, a.a.O.*, S. 224
81. Junker, Reinhard: *Evolution. Ein kritisches Lehrbuch*, a.a.O., S. 49
82. Dürr, Hans-Peter: *Geist, Kosmos und Physik. Gedanken über die Einheit des Lebens, a.a.O.*, S. 58
83. Miersch, Michael: *Der Rabenversteher*. Welt 2009. Besucht am 30. Oktober 2019.

https://www.welt.de/welt_print/vermischtes/ article5208366/Der-Rabenversteher.html
84. Dawkins, Richard: *Der Gotteswahn, a.a.O.*, S. 296
85. Junker, Reinhard: *Evolution. Ein kritisches Lehrbuch*, a.a.O., S. 53
86. O. A.: *Warum erforschen Wissenschaftler Fliegen?* Max Planck Gesellschaft. o. J. Besucht am 25. Oktober 2019. https://www.mpg.de/10885922/warum-erforschen-wissenschaftler-fruchtfliegen
87. Risi, Armin: *Evolution. Stammt der Mensch von den Tieren ab?*, a.a.O., S. 48
88. Jones, Steve: *Wie der Wal zur Flosse kam. Ein neuer Blick auf den Ursprung der Arten.* dtv-Verlag. München: 2002, S. 278
89. Gish, Duane: *Fossilien. Stumme Zeugen der Vergangenheit.* Christliche Literatur-Verbreitung. Bielefeld 1992, S. 279
90. Risi, Armin: *Evolution. War alles ganz anders?* NuoViso.TV. 2017. TS:24:18–29:31. Besucht am 26. Oktober 2019, https://www.youtube.com/watch?v=5FEeoEmOXwc
91. Gerhard Neuweiler, *Evolutionary aspects of bat echolocation*, Journal of Comparative Physiology A 189 (2003): S. 245–256
92. Junker, Reinhard: *Der Ursprung der Fledermäuse*. Studium Integrale Journal 18. 2011, S. 17–25, 78–88
93. Risi, Armin: *Evolution. War alles ganz anders?, a.a.O.*, TC: 25:24–25:33
94. Dawkins, Richard: *Der Gotteswahn, a.a.O.*, S. 171.
95. Ott, Clara: *Warum der Specht keine Gehirnerschütterung bekommt.* Welt.de. April 2011. Besucht am 17. Januar 2020.
https://www.welt.de/wissenschaft/umwelt/article13183573/Warum-der-Specht-keine-Gehirnerschuetterung-bekommt.html
96. Lesch, Harald: *α-Centauri. Was geschah im Kambrium?* BR-alpha mit Sterne und Weltraum. Co-Produktion 2006. TS: 2:48–3:53

97. Meyer, Stephen: *Charles Darwin. A Myth for the Post-Christian Mind.* Ligonier Ministries. 2016. TS: 19:42–25:50. Besucht am 8. Dezember 2019. https://www.youtube.com/watch?v=PbcY9iya40o
98. ebd., TS: 34:18–34:51
99. Planck, Max: *Vorträge und Erinnerungen.* S. Hirzel-Verlag. Stuttgart 1949, S. 13
100. Ellison, Arthur: *Wandlungen.* SWF 3. 1992
101. Dawkins, Richard: *Der Gotteswahn, a.a.O*, S. 391–392
102. Precht, Richard David: *Wer bin ich, und wenn ja, wie viele? Eine philosophische Reise.* Goldmann Verlag. München 2012, S. 133, 230
103. Precht, Richard David: *Sei du selbst. Von der Philosophie nach Hegel bis zur Philosophie der Jahrhundertwende.* Goldmann Verlag. München 2019, S. 99
104. Geisler, Norman L./Turek, Frank: *Um Atheist zu sein, fehlt mir der Glaube.* CMV. Bielefeld 2018, S. 183–184
105. Dawkins, Richard: *Der Gotteswahn*, a.a.O., S. 177–178
106. Bajpai, Sunil/Thewissen, Johannes G. M./Sahni, Ashok: *The origin and early evolution of whales. Macroevolution documented on the Indian Subcontinent.* Journal of biosciences 34. November 2009, S. 673–86
107. Park, Travis: *Fossil of ancient four-legged whale found in Peru.* April 2019. Besucht am 11. November 2019. https://www.bbc.com/news/ science-environment-47822228
108. Voss, M. u. a.: *Stomach contents of the archaeocete Basilosaurus isis. Apex predator in oceans of the late Eocene.* PLoS ONE 14. Nr. 1. 2005
109. Sea Museum: *Basilosaurus. Dorudon and strange evolutionary experiments.* Oktober 2014. Besucht am 14. November 2019. https://www.sea.museum/2014/10/29/whale-evolution-and-adaptation/evolutionary-experiments
110. ebd.
111. Vieweg, Martin: *Evolution der Wale. Ur-Sieb-Gebiss entdeckt.* Wissenschaft.de. 2017. Besucht am 27. November 2019.

https://www.wissenschaft.de/erde-klima/evolution-der-wale-ur-sieb-gebiss-entdeckt/

112. Peredo, Carlos u.a.: *Tooth Loss Precedes the Origin of Baleen in Whales*. Current Biology 28, November 2018
113. Spaulding, Michelle: *Maureen O'Leary und John Gatesy. Relationships of Cetacea. Artiodactyla. Among Mammals. Increased Taxon Sampling Alters Interpretations of Key Fossils and Character Evolution*. PloS one 4., September 2009, e7062
114. Diehl, Manfred: *Abstammungslehre*. Quelle & Meyer Verlag. Heidelberg 1980, S. 12
115. Lesch, Harald: *Hat Gott die Welt erschaffen?* Terra X Lesch & Co. 2017, TS: 3:48–4:20. Besucht am 29. November 2019. https://www.youtube.com/watch?v=D3dT44jH0iE
116. ebd., TS: 4:25–4:42
117. ebd., TS: 5:00–5:10
118. bild der wissenschaft: *Der Weg ins Meer. Wie Moby Dick schwimmen lernte*. Bild der Wissenschaft. Dezember 1995, S. 93
119. Risi, Armin: *Evolution. Stammt der Mensch von den Tieren ab?*, a.a.O., S. 80
120. König, Timo/Bechly, Günter: *Glaube an Schöpfung fand ich primitiv*. September 2018. Besucht am 29. November 2019. https://www.erf.de/themen/glaube/glaube-an-schoepfung-fand-ich-primitiv/2803-542-6173
121. ebd.
122. Roach, John: *Oldest Antarctic Whale Found. Shows Fast Evolution*. National Geographic. November 2011. Besucht am 17. Dezember 2019. https://www.national-geographic.com/news/2011/11/111116-antarctica-whales-oldest-evolution-animals-science/
123. Wells, Jonathan: *Killer Whales Zombie Science Author Explains a Fatal Challenge to Evolution*. Broken Biscuit. Juli 2019. TS: 4:30-4:50. Besucht am 17. Dezember 2019. https://www.youtube.com/watch?v= dH5SqUeIkAI
124. Falkner, Markus: *Erbgut. Der Mensch ist zur Hälfte eine*

Banane. Berliner Morgenpost. April 2013. Besucht am 17. Dezember 2019. https://www.morgenpost.de/kultur/berlin-kultur/article115517396/ Erbgut-der-Mensch-ist-zur-Haelfte-eine-Banane.html

125. Matthiesen, Rune: *Bioinformatics Methods in Clinical Research*, S. 49
126. Dawkins, Richard: *The blind watchmaker*. Penguin Books. London 2006, S. 17–18, 116
127. Lommel, Pim van: *Endloses Bewusstsein. Neue medizinische Fakten zur Nahtoderfahrung*. MensSana Verlag. München 2013, S. 318
128. Falkner, Markus: *Erbgut. Der Mensch ist zur Hälfte eine Banane*
129. Geisler, Norman L./Turek, Frank: *Um Atheist zu sein, fehlt mir der Glaube*, a.a.O., S. 164
130. Mantegna, R. N. u. a.: *Linguistic Features of Noncoding DNA Sequences*. Phys. Rev. Lett. 73. 23, 1994, S. 3169–3172
131. Pflanzenforschung.de: *Es geht auch ohne Junk-DNA. Unscheinbare Wasserpflanze bringt wissenschaftliche Theorie ins Wanken*. Pflanzenforschung.de. Mai 2013. Besucht am 17. Dezember 2019. https://www.pflanzenforschung.de/de/journal/journalbeitraege/es-geht-auch-ohne-junk-dna-unscheinbare-wasserpflanze-b-10047
132. Ibarra-Laclette, Enrique u. a.: *Architecture and evolution of a minute plant genome*. Nature 498. Mai 2013
133. Pflanzenforschung.de: *Es geht auch ohne Junk-DNA. Unscheinbare Wasserpflanze bringt wissenschaftliche Theorie ins Wanken*
134. Lommel, Pim van: *Endloses Bewusstsein. Neue medizinische Fakten zur Nahtoderfahrung*, a.a.O., S. 334
135. Dreien, Bernadette von: *Christina. Band 2. Die Vision des Guten*. Govinda Verlag. Rheinau 2018, S. 34
136. Risi, Armin: *Ihr seid Lichtwesen. Ursprung und Geschichte des Menschen*, a.a.O., S. 131

137. Penrose, Roger/Schrödinger, Erwin: *What Is Life? With Mind and Matter and Autobiographical Sketches*. Cambridge University Press. Canto Edition. Cambridge 2013
138. Sheldrake, Rupert: *Der Wissenschaftswahn. Warum der Materialismus ausgedient hat*, a.a.O., S. 136
139. Lommel, Pim van: *Endloses Bewusstsein. Neue medizinische Fakten zur Nahtoderfahrung*, a.a.O., S. 325
140. Gilliver, Moira A. u. a.: *Antibiotic resistance found in wild rodents*. Nature 401. September 1999, S. 233
141. Sheldrake, Rupert: *Der siebte Sinn der Tiere*. Fischer Taschenbuch Verlag. Frankfurt/Main 2007, S. 365
142. ebd., S. 365–366
143. Backster, Cleve: *Primary perception. Biocommunication with plants. Living foods and human cells*. White Rose Millennium Press. Anza, Calif. 2003
144. Lommel, Pim van: *Endloses Bewusstsein. Neue medizinische Fakten zur Nahtoderfahrung*, a.a.O., S. 332
145. Sylvia, Claire: *Herzensfremd*. Bastei-Lübbe Verlag. Bergisch Gladbach 1999
146. Huemer, Werner: *Phänomen Gedächtnistransplantation*. 2010. Besucht am 4. Januar 2020. https://www.werner-huemer.net/texte/weltanschauliches/organtransplantation
147. Pearsall, Paul/ Schwartz, GE/ Russek, LG: *Changes in heart transplant recipients that parallel the personalities of their donors*. Integrative medicine. Integrating conventional and alternative medicine 2, April 2000, S 65–72
148. Westerhoff, Nikolas: *Mit dem Herzen eines Fischers*. Süddeutsche Zeitung. Oktober 2007
149. Lauff, Sigrid/Prem, Lata Gupta: *Nach der Transplantation*. ARD. Planet Wissen. Februar 2018. Besucht am 4. Januar 2020. https://www.planet-wissen.de/gesellschaft/medizin/organverpflanzung/pwiewissensfrage106.html
150. Westerhoff, Nikolas: *Mit dem Herzen eines Fischers*, a.a.O.
151. Frickel, Claudia: *Die Theorie vom Zell-Gedächtnis. Werden bei Organtransplantationen Eigenschaften übertragen?* web.de. Januar 2017. Besucht am 4. Januar 2020.

https://web.de/magazine/wissen/mystery/theorie-zell-gedaechtnis-organtransplantationen-eigenschaften-ueber tragen-32136114

152. Darwin, Charles: *Über die Entstehung der Arten*. Parkland Verlag. Köln 2002, S. 206
153. Behe, Michael: *Darwins Black Box. Biochemische Einwände gegen die Evolutionstheorie*
154. Meyer, Stephen: *Darwin's doubt. The explosive origin of animal life and the case for intelligent design*
155. Axe, Douglas: *Undeniable. How biology confirms our intuition that life is designed*. HarperOne. New York, NY 2017
156. Lesch, Harald: *Hat Gott die Welt erschaffen?*, a.a.O., TS: 0:22–1:15
157. Ebert, Vince: *Was wäre, wenn es einen intelligenten Designer gäbe?*
158. Ruhenstroth, Edmund: *Toleranz*, a.a.O.
159. Behe, Michael: *Revolutionär*. A.a.O., TS: 12:46
160. Scherer, Siegfried: *Die Entstehung des bakteriellen Rotationsmotors ist unbekannt*. Studiengemeinschaft Wort und Wissen e. V., 2010, 7. Besucht am 31. Januar 2020. http://www.evolutionslehrbuch.info/teil-4/kapitel-09-04-r01.pdf
161. Behe, Michael: *Darwins Black Box. Biochemische Einwände gegen die Evolutionstheorie*, a.a.O., S. 121
162. Behe, Michael: *Revolutionär*, a.a.O., TS: 19:05–19:15
163. ebd., TS: 32:07–32:16
164. Minnich, Scott/ Meyer, Stephen: *Genetic analysis of coordinate flagellar and type III regulatory circuits in pathogenic bacteria*. 180. Januar 2003
165. Abby, Sophie/ Rocha, Eduardo: *The Non-Flagellar Type III Secretion System Evolved from the Bacterial Flagellum and Diversified into Host-Cell Adapted Systems*. PLoS genetics 8. September 2012, e1002983
166. Precht, Richard David: *Wer bin ich, und wenn ja, wie viele?* a.a.O., S. 295

167 Allen, Lad: *Metamorphose. Die geheimnisvolle Schönheit der*

Schmetterlinge. Illustra Media. Drei Linden Filmproduktion. 2012, TS: 32:30–33:17

168. Geisler, Norman L./Turek, Frank: *Um Atheist zu sein, fehlt mir der Glaube*, a.a.O., S. 170–177
169. ebd., S. 174
170 Discovery-Institute: *A Scientific Dissent from Darwinism*
171. Krachten, Christoph: *Evolutionstheorie endgültig bestätigt. Kreationisten auf verlorenem Posten.* Clixoom Science & Fiction. 2017, TS: 6:52–7:52. Besucht am 10. Februar 2020. https://www.youtube.com/watch?v=nQwIc2hXa_A
172. ebd., TS: 5:35–5:51
173. Ebert, Vince: *Was wäre, wenn es einen intelligenten Designer gäbe?, a.a.O.*
174. Martin, Loren G.: *What is the function of the human appendix? Did it once have a purpose that has since been lost?* Oktober 1999. Besucht am 11. Februar 2020. https://www.scientificamerican.com/article/what-is-the-function-of-the-human-appendix-did-it-once-have-a-purpose-that-has-since-been-lost/
175. Behe, Michael: *Darwins Black Box. Biochemische Einwände gegen die Evolutionstheorie*, a.a.O., S. 346
176. Geisler, Norman L./Turek, Frank: *Um Atheist zu sein, fehlt mir der Glaube*, a.a.O., S. 173
177. Ebd., S. 174
178. Meyer, Stephen: *Signature in the Cell. Stephen Meyer Faces his Critics, pt. 1. The Presentation*, TS: 30:45
179. Johannsen, Wolfgang*: Information und ihre Bedeutung in der Natur. Das Leben erfindet die Welt*. Springer Verlag. Berlin/Heidelberg 2016, S. 12
180. Gitt, Werner: *Information. Der Schlüssel zum Leben.* Christliche Literaturverbreitung. Bielefeld 2016, S. 211
181. Bulle, Bernard: *Automatisierung komplexer Industrieprozesse: Systeme, Verfahren und Informationsmanagement. Springer Verlag.* Wien 2004, S. 156
182. Gitt, Werner*: Information. Der Schlüssel zum Leben*, a.a.O., S. 44–88

183. ebd., S. 53
184. ebd., S. 50
185. Shannon, Claude: *The mathematical theory of communication.* University of Illinois Press. Urbana 1964
186. Gitt, Werner: *Information. Der Schlüssel zum Leben,* a.a.O., S. 69–70
187. ebd., S. 53
188. ebd., S. 83
189. Marks, Robert: *Biological information-new perspectives. Proceedings of a symposium held May 31, 2011 through June 3, 2011 at Cornell University.* World Scientific. Hackensack New Jersey 2013
190. Lesch, Harald: *α-Centauri. Kann die Physik die Welt erklären?,* BR-alpha mit Sterne und Weltraum. Co-Produktion 2002, TS: 5:00 – 6:19
191. ebd., TS: 6:24–13:18.
192. Precht, Richard David: *Wer bin ich – und wenn ja, wie viele?,* a.a.O., S. 374
193. Geisler, Norman L./Turek, Frank: *Um Atheist zu sein, fehlt mir der Glaube,* a.a.O., S. 171
194. Meyer, Stephen/ Axe, Douglas D.: *Information Enigma. Where does information come from?* Discovery Science 2015. TS: 17:36–20:23. Besucht am 28. Februar 2020. https://www.youtube.com/watch?v=aA-FcnLsF1g
195. Meyer, Stephen: *Signature in the Cell. Stephen Meyer Faces his Critics, pt. 1. The Presentation,* TS: 30:45
196. Eigen, Manfred: *Stufen zum Leben. Die frühe Evolution im Visier der Molekularbiologie.* Piper Verlag. München/Zürich 1987, S. 55
197 Küppers, Bernd-Olaf: *Der Ursprung biologischer Information. Zur Naturphilosophie der Lebensentstehung.* Piper Verlag. München/Zürich 1990) S. 17
198. Gitt, Werner: *Information. Der Schlüssel zum Leben,* a.a.O., S. 171
199. ebd., S. 173
200. Gowlett, John: *Auf Adams Spuren. Die Archäologie des*

frühen Menschen. Verlag Herder. Freiburg im Breisgau/Basel/Wien 1985
201. Stelzner, Ruben/Schad, Wolfgang: *Der Goldene Schnitt*. Universität Witten. Herdecke 2003, 29. Besucht am 29. Februar 2020.
http://www.golden-section.eu/goldener_schnitt.pdf
202. Hemenway, Priya: *Der geheime Code. Die rätselhafte Formel, die Kunst, Natur und Wissenschaft bestimmt*. Evergreen Verlag. Köln 2008, S. 140
203. Stelzner, Ruben/Schad, Wolfgang: *Der Goldene Schnitt*, a.a.O., S. 29
204. Hawley, Jack: *Bhagavad-Gita. Der Gesang Gottes*. a.a.O., S. 167
205. ebd., S. 110 f.
206. ebd., S. 173
207. ebd., S. 130 f., 145
208. Risi, Armin: *Ihr seid Lichtwesen. Ursprung und Geschichte des Menschen*, a.a.O., S. 2
209. ebd., S. 24
210. ebd., S. 25
211. Kübler-Ross Elisabeth: *Über den Tod und das Leben danach*. Silberschnur Verlag. Güllesheim 2013, S. 38–45
212. Meckelburg, Ernst: *Wir alle sind unsterblich. Der Irrtum mit dem Tod* . Langen Müller Verlag. München 1997, S. 195 f.
213. Risi, Armin: *Ihr seid Lichtwesen. Ursprung und Geschichte des Menschen*, a.a.O., S. 55–67
214. Bürgin, Luc: *Das Wunder Mirin Dajo. Der unverletzbare Prophet und seine paranormalen Kräfte*. Kopp Verlag. tenburg 2004
215. Bürgin, Luc: *Mirin Dajo. Der unverletzbare Prophet*. Mysteries Magazin 2010, TS: 2:50-3:10. Besucht am 14. Juni 2020, https://youtu.be/GWnkSxFINQQ
216. Bürgin, Luc: *Das Wunder Mirin Dajo. Der unverletzbare Prophet und seine paranormalen Kräfte*, a.a.O., S. 30
217. Bürgin, Luc: *Mirin Dajo. Der unverletzbare Prophet*. TS: 1:12–1:21

218. Risi, Armin: *Ihr seid Lichtwesen. Ursprung und Geschichte des Menschen*, a.a.O., S. 65
219. ebd., S. 64
220. Hawley, Jack: *Bhagavad-Gita. Der Gesang Gottes*. a.a.O., S. 62

5 *Bewusstsein*

1. Allgeier, Kurt: *Niemand stirbt für ewig. Tod, Reinkarnation und Wiedergeburt*. Hey! Publishing Verlag. München 2013, o. S.
2. Hasler, Felix: *Neuromythologie. Eine Streitschrift gegen die Deutungsmacht der Hirnforschung*. Transcript Verlag. Bielefeld 2012
3. Preuk, Monika: *Antidepressiva so häufig verschrieben wie noch nie. Wann sie sinnvoll sind und wann nicht*. Focus online. Oktober 2018. Besucht am 20. Juni 2019. https://www.focus.de/gesundheit/ratgeber/psychologie/depressionen-angststoerungen-borderline-antidepressiva-in-deutschland-so-haeufig-verschrieben-wie-noch-nie-wann-sie-wirklich-sinnvoll-sind-und-wann-nicht_id_9740636.html
4. Munkholm, Klaus/Paludan-Müller, Asger Sand/Boesen, Kim: *Considering the methodological limitations in the evidence base of antidepressants for depression. A reanalysis of a network meta-analysis*, BMJ Open 9:e024886, 2019
5. Hunziker, Gabriella: *Neurowissenschaft. Begrenztheit der Hirnforschung*. Deutsches Ärzteblatt 3/110, Januar 2013, S. 84
6. Lommel, Pim van: *Endloses Bewusstsein. Neue medizinische Fakten zur Nahtoderfahrung*. MensSana Verlag. München 2013, S. 215
7. Beauregard, Mario: *The spiritual brain. A neuroscientist's case for the existence of the soul*. HarperOne Verlag. New York 2008, S. 125–180
8. Precht, Richard David: *Wer bin ich - und wenn ja, wie viele?, a.a.O.*, S. 79–83

9. Lommel, Pim van: *Endloses Bewusstsein. Neue medizinische Fakten zur Nahtoderfahrung*, a.a.O., S. 193
10. Lewin, Roger: *Is Your Brain Really Necessary?*, Science 210. Nr. 4475. Dezember 1980, S. 1232–1234
11. Meckelburg, Ernst: *Wir alle sind unsterblich. Der Irrtum mit dem Tod.* Langen Müller Verlag. München 1997, S. 60
12. Sheldrake, Rupert: *Der Wissenschaftswahn. Warum der Materialismus ausgedient hat.* Droemer Verlag. München 2015, S. 253
13. Meckelburg, Ernst: *Wir alle sind unsterblich. Der Irrtum mit dem Tod*, a.a.O., S. 60
14. Alexander, Eben: *Blick in die Ewigkeit. Die faszinierende Nahtoderfahrung eines Neurochirurgen.* Heyne Verlag. München 2016, S. 253
15. Smith, Gordon: *Beitrag auf dem Online-Kongress Spirit Summit 2019.* 2019 TS: 27:20–27:40. Besucht am 18. Januar 2019. https://www.spiritsummit.net
16. Dürr, Hans-Peter: *Es gibt keine Materie.* Crotona Verlag. Amerang 2012, S. 14
17. Berbalk, Heinrich: *Liebesforschung. Eine Wissenschaft für sich.* Junge Karriere. Nr. 001. Januar 2005, S. 82
18. Nawalny, Alexej: *Nawalnys bewegende Worte über das Koma und die Liebe.* September 2020. Besucht am 21. September 2020. https://www.bz-berlin.de/berlin/nawalnys-bewegende-worte-ueber-das-koma-und-die-liebe
19. Fisher, Helen: *Warum wir lieben. Die Chemie der Leidenschaft.* Walter Verlag. Düsseldorf/Zürich 2005, S. 7 f.
20. dpa Deutsche Presse-Agentur: *Eifersucht aufs Haustier. Wenn der Hund an erster Stelle steht.* Frankfurter Rundschau. März 2014. Besucht am 12. Januar 2021. https://www.fr.de/ratgeber/gesundheit/wenn-hund-erster-stelle-steht-11225886.html
21. Kruse, Eckhard: *Der Geist in der Materie. Die Begegnung von Wissenschaft und Spiritualität.* Crotona Verlag. Amerang 2013, S. 243

22. Mertens, Margit: *Wo die Liebe wohnt.* Juni 2009. Besucht am 2. Juli 2020. https://www.fr.de/wissen/liebe-wohnt-11483093.html
23. Schneider, Bettina: *Wie wahre Liebe unser Gehirn verändert.* Dezember 2016. Besucht am 2. Juli 2020. https://www.welt.de/kmpkt/article160096039 /Wie-wahre-Liebe-unser-Gehirn-veraendert.html
24. Mertens, Margit: *Wo die Liebe wohnt,* a.a.O.
25. Barwanietz, Ulrike/Kölbel, Ralf: *Was bedeutet Liebe?* SWR2 Wissen 2018. Besucht am 18. Dezember 2020 https://docplayer.org/ 81302521-Was-bedeutet-liebe-ge genueber-verliebtheit-liebe-ein-gefaehrlicher-zustand.html
26. Hähnel, Martin: *Was ist Liebe? Philosophische Texte von der Antike bis zur Gegenwart.* Reclam Verlag. Stuttgart 2015, S. 82
27. Hawley, Jack: *Bhagavad-Gita. Der Gesang Gottes.* a.a.O., S.126

6 *Quantenmechanik und Spiritualität*

1. Hümmler, Holm: *Relativer Quantenquark. Kann die moderne Physik die Esoterik belegen?* Springer *Verlag.* Berlin 2017
2. Jaeger, Lars: *Die zweite Quantenrevolution. Vom Spuk im Mikrokosmos zu neuen Supertechnologien.* Springer Verlag. Berlin 2018, S. 378
3. Planck, Max: *Archiv zur Geschichte der Max-Planck-Gesellschaft.* Abt. Va. Rep. 11 Planck. Nr. 1797, 1944
4. Mann, Frido/Mann, Christine: *Es werde Licht. Die Einheit von Geist und Materie in der Quantenphysik.* S. Fischer Verlag. Frankfurt/Main 2017
5. Warnke, Ulrich: *Quantenphilosophie und Spiritualität. Wie unser Wille Gesundheit und Wohlbefinden steuert.* Goldmann Verlag. München 2017
6. Hey, Anthony: *The new quantum universe.* Cambridge University Press. Cambridge U.K. New York 2003, S. 2

7. Lesch, Harald: *Der Weg zur Quantenmechanik.* uni auditorium. wissen online. 2015, TS: 2:05–2:23. Besucht am 27. Februar 2019. https://www.youtube.com/watch?v=Z2EGx32HaNc
8. Tegmark, Max/Wheeler, John Archibald: *100 Jahre Quantentheorie.* Spektrum der Wissenschaft. 2003, S. 7
9. Al-Khalili, Jim: *Quantum. Moderne Physik zum Staunen.* Elsevier. Spektrum Akademischer Verlag. Heidelberg 2005, S. 33
10. Jaeger, Lars: *Die zweite Quantenrevolution, a.a.O.*, S. 111
11. Al-Khalili, Jim: *Quantum. Moderne Physik zum Staunen*, a.a.O., S. 25
12. Jaeger, Lars: *Die zweite Quantenrevolution, a.a.O.*, S. 145–146
13. Gaßner, Josef M.: *Schrödingergleichung Tunneleffekt. Aristoteles. Stringtheorie (29). Josef M. Gaßner.* Urknall, Weltall und das Leben. 2018, TS: 3:20–3:25 Besucht am 4. Juni 2019. https://www.youtube.com/watch?v=pcOdX6y-LIg
14. Warnke, Ulrich: *Quantenphilosophie und Spiritualität, a.a.O.*, S. 136
15. ebd.
16. Jaeger, Lars: *Die zweite Quantenrevolution, a.a.O.*, S. 506–518
17. Tegmark, Max/Wheeler, John Archibald: *100 Jahre Quantentheorie*, a.a.O., S. 10–11
18. Kargl, Gerald: *Quantenmechanik. Doppelspalt, Verschränkung und Nichtlokalität. Doku.* Urknall, Weltall und das Leben. 2014, TS: 21:16–21:33. Besucht am 9. Juni 2019. https://www.youtube.com/ watch?v=7BV0Fs4eM0I
19. Grävemeyer, Arne: *Quantensicher verschlüsseln.* c't 17. August 2018, S. 66–69
20. Gaßner, Josef M.: *Quantenradierer (zeitliche Verschränkung). Von Aristoteles zur Stringtheorie (35). Josef M. Gaßner*, Urknall, Weltall und das Leben,. 2018, TS: 0:15–0:22. Besucht am 25. November 2020. https://youtu.be/-eHY2yX2gX4
21. ebd., TS: 7:59
22. ebd., TS: 15:37

23 ebd.

24. Libet, Benjamin u. a.: *Subjective referral of the timing for a conscious sensory experience.* Brain 102 (1979), S. 193–224
25. Jahn, Robert: *An den Rändern des Realen. Über die Rolle des Bewusstseins in der physikalischen Welt.* Zweitausendeins Buch 2000. Frankfurt/Main 1999
26. Radecke, Hans-Dieter/Teufel, Lorenz: *Was zu bezweifeln war. Die Lüge von der objektiven Wissenschaft.* Droemer Verlag. München 2010, S. 30
27. Nelson, Roger D.: *Princeton Engineering Anomalies Research (PEAR).* Psi Encyclopedia. London. The Society for Psychical Research. Oktober 2017. Besucht am 24. Januar 2021. https://psi-encyclopedia. spr.ac.uk/articles/princeton-engineering-anomalies-research-pear
28. Radecke, Hans-Dieter/Teufel, Lorenz: *Was zu bezweifeln war,* a.a.O., S. 32–33
29. Gitt, Werner: *Herkunft des Lebens aus Sicht der Information.* 2007, TS: 56:32–59:40. Besucht am 27. Januar 2020. https://www.youtube.com/watch?v=2kuJLYiRai8
30. Weiss, Brian: *Die zahlreichen Leben der Seele. Die Chronik einer Reinkarnationstherapie.* Goldmann Verlag. München 2005, S. 148
31. Meckelburg, Ernst: *Wir alle sind unsterblich. Der Irrtum mit dem Tod, a.a.O.,* S. 185
32. Voggenhuber, Pascal: *Botschafter der unsichtbaren Welt. Wie der Dialog mit dem Jenseits unser Leben bereichert und heilt.* Heyne Verlag. München 2012, S. 69
33. Dreien, Bernadette von: *Christina. Band 1. Zwillinge als Licht geboren.* Govinda Verlag. Zürich 2017, S. 149

7 *Gibt es eine Evidenz für eine Geistige Welt?*

1. Alexander, Eben: *Blick in die Ewigkeit. Die faszinierende Nahtoderfahrung eines Neurochirurgen.* Heyne Verlag. München 2016, S. 176

2. Döring, Nicola/Bortz, Jürgen: *Forschungsmethoden und Evaluation in den Sozial- und Humanwissenschaften.* Springer Verlag. Berlin 2016, S. 4 ff.
3. ebd., S. 13
4. Elsaesser, Evelyn/Roe, Chris A./Cooper, Callum E.: *Investigation of the phenomenology and impact of spontaneous and direct After-Death Communications. ADCs. Research Findings.* Genf. Salvia, 2020. Besucht am 13. April 2020. https://www.evelyn-elsaesser.com/wp-content/uploads/2020/02/Booklet_Web_English_Research.pdf
5. ebd., S 1
6. Moody, Raymond: *Leben nach dem Tod. Die Erforschung einer unerklärlichen Erfahrung.* Rowohlt Taschenbuch Verlag. Reinbek bei Hamburg 2001
7. Elsaesser, Evelyn: *Was wir aus Nahtoderfahrungen für das Leben gewinnen.* Crotona Verlag. Amerang 2020
8. Lommel, Pim van: *Endloses Bewusstsein. Neue medizinische Fakten zur Nahtoderfahrung.* MensSana Verlag. München 2013
9. Kübler-Ross, Elisabeth: *Über den Tod und das Leben danach.* Silberschnur Verlag. Güllesheim 2013
10. ebd., S. 14
11. Weiss, Brian: *Seelenwege. Reinkarnation und zukünftige Lebenswege.* Ullstein Buchverlag. Berlin 2018, S. 21–22
12. Alexander, Eben: *Blick in die Ewigkeit, a.a.O.,* S. 252–253
13. Elsaesser, Evelyn/Roe, Chris A./Cooper, Callum E.: *Investigation of the phenomenology and impact of spontaneous and direct After-Death Communications. ADCs. Research Findings.* S. 17–20
14. Ford, Arthur: *Bericht vom Leben nach dem Tode.* Scherz Verlag. Bern 1971, Umschlagtext
15. Lodge, Oliver J.: *Raymond or Life and Death. With Examples of the Evidence for Survival of Memory and Affection After Death.* Classic Reprint. Forgotten Books. London 2012
16. Smith, Martin: *World authors.* 1900–1950. H.W. Wilson. New York 1996, S. 1876

17. Ford, Arthur: *Bericht vom Leben nach dem Tode*, a.a.O., S. 41–42
18. Bastos, Marco Aurélio Vinhosa Jr. u. a.: *Mediumship. Review of quantitatives studies published in the 21st century*. Archives of Clinical Psychiatry. São Paulo. 42. Oktober 2015, S. 129–138
19. O'Keeffe, Ciarán/Wiseman, Richard: *Testing alleged mediumship. Methods and results*. British Journal of Psychology 96. Nr. 2. 2005, S. 165–179
20. Beischel, Julie/Schwartz, Gary: *Anomalous Information Reception by Research Mediums Demonstrated Using a Novel Triple-Blind Protocol.* Explore. New York, N.Y., 3. Januar 2007, S. 23-7
21. Beischel, Julie u. a.: *Anomalous Information Reception by Research Mediums Under Blinded Conditions II. Replication and Extension*,. Explore. The Journal of Science and Healing 11. Januar 2015
22. Jensen, Christian Gaden/Cardeña, Etzel: *A controlled long-distance test of a professional medium*. European Journal of Parapsychology 24. Nr. 1. 2009, 53–67
23. Kelly, Emily/Arcangel, Dianne: *An Investigation of Mediums Who Claim to Give Information About Deceased Persons*. The Journal of nervous and mental disease 199. Januar 2011, S. 11–7
24. Smith, Gordon: *Beitrag auf dem Online-Kongress Flow Summit 2020*. Video 2020. TS: 19:05–23:10. Besucht am 2. März 2020.
https://www.flowsummit.net/flow-summit-2020-tag-2/
25. Öz, Mehmet Cengiz/Amen, Daniel/Caputo, Theresa*:* *Long Island Medium. Inside a Psychic's Brain*. 2013. TS: 2:20. Besucht am 18. März 2021.
https://www.doctoroz.com/episode/long-island-medium-inside-psychics-brain/particle-5
26. Tyler, Henry: *Hollywood Medium With Tyler Henry*. Staffel 4. Episode 9. 2019
27. Ford, Arthur: *Bericht vom Leben nach dem Tode*, a.a.O., S. 217–218

28. Ahmann, Stefan: *Eine Neue Aufklärung. Langfassung. Antworten auf die wichtigen Fragen.* tredition Verlag. Hamburg 2019, S. 14
29. Herzberg, Nina: *Sensitivität und Medialität im Alltag.* Besucht am 6. Februar 2021. https://youtu.be/Ajew3HTWBN0
30. Schlömer, Tanja: *Mein Leben mit der geistigen Welt.* Besucht am 6. Februar 2021. https://www.tanja-schlömer.de/podcast-mein-leben-mit-der-geistigen-welt
31. Voggenhuber, Pascal: *Wie du ein echtes Medium findest und auswählst. Wenig bekannt.* Besucht am 4. Februar 2021. https://youtu.be/WP7zaeMj9Ys
32. Maier, Petra: *Warum es immer noch so wenige Frauen im MINT- Bereich gibt.* Spiegel.de. August 2019. Besucht am 19. April 2020. https://www.spiegel.de/karriere/mint-faecher-warum-frauen-so-oft-allein-unter-maennern-bleiben-a-1281877.html
33. Rode, Bettina Suvi: *Jenseitskontakt. Was Sie beachten sollten, wenn Sie ein Medium aussuchen.* Jenseitsmedien. Juli 2020. TS: 7:58–8:35. Besucht am 25. August 2020. https://youtu.be/gOH1l-6hS1M
34. Oelmann, Doreen: *Das Fünf-Phasen-Modell zum Sterbeprozess nach Kübler-Ross.* Grin Verlag. München 2008, S. 7–9
35. Nikolay, Joachim: *Humor in Nahtoderfahrungen. Humor im Jenseits.* Oktober 2019. Besucht am 6. Februar 2021. https://youtu.be/y_vL8_jk9FY

Quellenverzeichnis

Abby, Sophie/Rocha, Eduardo: *The Non-Flagellar Type III Secretion System Evolved from the Bacterial Flagellum and Diversified into Host-Cell Adapted Systems.* PLoS genetics 8. September 2012: e1002983

Ahmann, Stefan: *Eine Neue Aufklärung. Langfassung. Antworten auf die wichtigen Fragen.* Tredition. Hamburg 2019

Alexander, Eben: *Blick in die Ewigkeit. Die faszinierende Nahtoderfahrung eines Neurochirurgen.* Heyne Verlag. München 2016

Allen, Lad: *Metamorphose. Die geheimnisvolle Schönheit der Schmetterlinge.* DVD. Illustra Media. Drei Linden Filmproduktion 2012

Allgeier, Kurt: *Niemand stirbt für ewig Tod. Reinkarnation und Wiedergeburt.* hey! Publishing Verlag. München 2013

Axe, Douglas: *Estimating the Prevalence of Protein Sequences Adopting Functional Enzyme Folds.* Journal of molecular biology 341 (September 2004), 1295–315

ders.: Undeniable. How biology confirms our intuition that life is designed. HarperOne. New York, NY 2017

Backster, Cleve: *Primary perception. Biocommunication with plants, living foods and human cells.* White Rose Millennium Press. Anza, Calif. 2003

Bajpai, Sunil/Thewissen, J G M/Ashok Sahni: *The origin and early evolution of whales. Macroevolution document. Ed on the Indian Subcontinent.* Journal of biosciences 34 (November 2009), 673–86

Barclay, Derek: *Die Wahrheit aufgedeckt.* Band 6. Ebozon Verlag. Traunreut 2017

Barwanietz, Ulrike/Kölbel, Ralf: *Was bedeutet Liebe?* SWR2 Wissen. 2018. Besucht am 18. Dezember 2020. https://docplayer.org/8130252-Was-bedeutet-liebe-gegenueber-verliebtheit-liebe-ein-gefaehrlicher-zustand.html

Bastos, Marco Aurélio Vinhosa Jr./Paulo Roberto Haidamus de Oliveira Bastos/ Gonçalves, Lídia Maria/Igraíne Helena Scholz Osório/ Lucchetti, Giancarlo: *Mediumship. Review of quantitatives studies published in the 21st century.* Archives of Clinical Psychiatry. São Paulo. 42 (Oktober 2015), 129–138

Beauregard, Mario: *The spiritual brain. A neuroscientist's case for the existence of the soul.* HarperOne. New York 2008

Behe, Michael: *Darwins Black Box. Biochemische Einwände gegen die Evolutionstheorie.* Resch Verlag. Gräfelfing 2007

ders.: *Revolutionär. Michael Behe und das Geheimnis molekularer Maschinen.* DVD. Discovery Institute. Drei Linden Filmproduktion 2016

ders.: *Richard Lenski and Citrate Hype. Now Deflated.* Evolution News & Science Today. Mai 2016. Besucht am 4. Oktober 2019. https://evolutionnews.org/2016/05/richard_lenski/

Beischel, Julie/Boccuzzi, Mark/Biuso, Michael/Rock, Adam: *Anomalous Information Reception by Research Mediums Under Blinded Conditions II. Replication and Extension. Explore.* The Journal of Science and Healing 11 (Januar 2015)

Beischel, Julie/Schwartz, Gary: *Anomalous Information Reception by Research Mediums Demonstrated Using a Novel Triple-Blind Protocol.* Explore. New York, N.Y., 3 (Januar 2007), 23-7

Berbalk, Heinrich: *Liebesforschung. Eine Wissenschaft für sich.* Junge Karriere. Nr. 001. Januar 2005, 82

Brierley, Justin: *Daniel Dennett vs. Keith Ward. Are we more than matter? Mind, consciousness and free will.* Unbelievable?, Oktober 2018. Besucht am 31. Juli 2020. https://youtu.be/mongL_2KMGg

ders.: *Can chemistry solve the origin of life? Unbelievable?* 22. 11. 2019. Besucht am 16. 03. 2021. https://youtu.be/Njuso5A2jts

ders.: *Are we close to discovering the Origin Of Life? James Tour vs. Lee Cronin. Unbelievable?* Februar 2020. Besucht am 23. September 2020. https://youtu.be/3DHvNRK452c

Bulle, Bernard: *Automatisierung komplexer Industrieprozesse. Systeme, Verfahren und Informationsmanagement.* Springer Verlag. Wien 2004

Bürgin, Luc: *Das Wunder Mirin Dajo. Der unverletzbare Prophet und seine paranormalen Kräfte.* Kopp Verlag. Rottenburg 2004

ders.: *Mirin Dajo. Der unverletzbare Prophet.* Internet. Mysteries Magazin, 2010. Besucht am 14. Juni 2020. https://youtu.be/GWnkSxFINQQ

Cardeña, Etzel: *The Experimental Evidence for Parapsychological Phenomena: A Review.* American Psychologist 73 (Juli 2018), 663– 677

Crick, Francis: *Memory and molecular turnover.* Nature. Nr. 312 (1984), 101

Darwin, Charles: *Die Entstehung der Arten.* Nikol Verlag. Hamburg 2008

ders.: *Über die Entstehung der Arten.* Parkland Verlag. Köln 2002

Dawkins, Richard: *Der Gotteswahn.* Ullstein Buchverlage. Berlin 2008

ders.: *The blind watchmaker.* Penguin Books. London 2006

Demarmels, Ursula: *Wer war ich im Vorleben? Die positive Wirkung spiritueller Rückführungen.* Heyne Verlag. München 2012

Deutsche Presse-Agentur, dpa: *Eifersucht aufs Haustier. Wenn der Hund an erster Stelle steht.* Frankfurter Rundschau. März 2014. Besucht am 12. Januar 2021. https://www.fr.de/ratgeber/gesundheit/ wenn-hund-erster-stelle-steht-11225886.html

Diehl, Manfred: *Abstammungslehre.* Quelle & Meyer Verlag. Heidelberg 1980

Dijksterhuis, Eduard J.: *The Mechanization of the World Picture.* Oxford 1961

Discovery-Institute: *A Scientific Dissent from Darwinism.* Februar 2019. Besucht am 9. September 2019. http://discovery.org/f/660

Döring, Nicola/Jürgen, Bortz: *Forschungsmethoden und Evaluation in den Sozial- und Humanwissenschaften.* Springer Verlag. Berlin 2016

Dose, Klaus: *The Origin of Life. More Questions Than Answers.* Interdisciplinary Science Reviews 13. Nr. 4 (1988), 348–356

Dreien, Bernadette von: *Christina. Band 1. Zwillinge als Licht geboren.* Govinda Verlag. Zürich 2017

dies.: *Christina. Band 2. Die Vision des Guten.* Govinda Verlag. Rheinau 2018

Dschulnigg, Franz: *Thesen zur Jenseitsforschung.* Internet. Empirische Jenseitsforschung, 2019. Besucht am 13. Juni 2019. https://www.youtube.com/watch?v=NTg4pMzI9UM

Dürr, Hans-Peter: *Es gibt keine Materie.* Crotona Verlag. Amerang 2012

ders.: *Geist, Kosmos und Physik. Gedanken über die Einheit des Lebens.* Crotona Verlag. Amerang 2010

Ebert, Vince: *Was wäre, wenn es einen intelligenten Designer gäbe?* Spektrum.de. November 2017. Besucht am 28. Januar 2020. https://www.spektrum.de/kolumne/was-waere-wenn-es-einen-intelligenten-designer-gaebe/1517199

Eigen, Manfred: *Selforganization of matter and the evolution of biological macromolecules.* Naturwissenschaften 58. Nr. 10 (Oktober 1971), 465–523

ders.: *Stufen zum Leben. Die frühe Evolution im Visier der Molekularbiologie.* Piper Verlag. München/Zürich 1987

Ellison, Arthur: *Wandlungen.* TV. SWF 3 (1992)

Elsaesser, Evelyn: *Was wir aus Nahtoderfahrungen für das Leben gewinnen.* Crotona Verlag. Amerang 2020

Elsaesser, Evelyn/Roe, Chris A./Cooper, Callum E.: *Investigation of the phenomenology and impact of spontaneous and direct After-Death Communications (ADCs). Research Findings.* Genf. Salvia, 2020. Besucht am 13. April 2020. https://www.evelyn-elsaess er.com/wp-content/uploads/2020/02/Booklet_Web_English_Research.pdf

EVS. European Values Study 2017: *Integrated Dataset (EVS 2017).* Data file. 2018. Besucht am 26. Mai 2019. http://dx.doi.org/10.4232/ 1.13090

Falkner, Markus: *Erbgut. Der Mensch ist zur Hälfte eine Banane.* Berliner Morgenpost. April 2013. Besucht am 17. Dezember

2019. https://www.morgenpost.de/kultur/berlin-kultur/article115517396/Erbgut-der-Mensch-ist-zur-Haelfte-eine-Banane.html

Fara, Patricia: *Science. A four thousand year history.* Oxford University Press. Oxford New York 2009

Finkel, Simone: *Massenhaft Speicherplatz. Das ist die größte SSD der Welt.* Chip. November 2020. Besucht am 25. Januar 2021. https://www.chip.de/news/Groesste-SSD-der-Welt_182741150.html

Fisher, Helen: *Warum wir lieben. Die Chemie der Leidenschaft.* Walter Verlag. Düsseldorf/Zürich 2005

Ford, Arthur: *Bericht vom Leben nach dem Tode.* Scherz Verlag. Bern 1971

Frickel, Claudia: *Die Theorie vom Zell-Gedächtnis. Werden bei Organtransplantationen Eigenschaften übertragen?* web.de. Januar 2017. Besucht am 4. Januar 2020. https://web.de/magazine/wissen/mystery/theorie-zell-gedaechtnis-organtransplantationen-eigenschaften-uebertragen-32136114

Gaßner, Josef M.: *Quantenradierer (zeitliche Verschränkung). Von Aristoteles zur Stringtheorie (35). Josef M. Gaßner. Internet. Urknall, Weltall und das Leben.* 2018. Besucht am 25. November 2020. https://youtu.be/-eHY2yX2gX4

ders.: *Schrödingergleichung Tunneleffekt. Aristoteles. Stringtheorie (29).* Josef M. Gaßner. Internet. Urknall, Weltall und das Leben. 2018. Besucht am 4. Juni 2019. https://www.youtube.com/watch? v=pcOdX6y-LIg

Gaßner, Josef M./Lesch, Harald: *Lesch & Gaßner. Die Entstehung des Lebens. Internet. Urknall, Weltall und das Leben.* 2014. Besucht am 12. September 2019. https://www.youtube.com/watch?v= u4LL_3zoEBQ

dies.: *Spins, Nichts und das Higgsfeld. Internet. Urknall, Weltall und das Leben.* 2014. Besucht am 10. August 2019. https://www.youtube.com/watch?v=pcOdX6y-LIg

Geisler, Norman L./ Turek, Frank: *Um Atheist zu sein, fehlt mir der Glaube.* CMV. Bielefeld 2018

Gentner, Ingo: *Nahtoderfahrungen. Gibt es Himmel und Hölle wirklich?* März 2019. Besucht am 21. Mai 2019. https://www.bild.de/bild-plus/news/2019/news/nahtoderfahrung-nach-kopfschuss-ich-war-tot-und-landete-in-der-hoelle-60397024.bild.html

Gilliver, Moira A./Bennett, Malcolm/Begon, Michael/Hazel, Sarah M. /Hart, C. Anthony: *Antibiotic resistance found in wild rodents.* Nature 401 (September 1999), 233–234

Gish, Duane: *Fossilien. Stumme Zeugen der Vergangenheit.* CLV. Christliche Literatur-Verbreitung. Bielefeld 1992

Gitt, Werner.: *Herkunft des Lebens aus Sicht der Information.* Internet. 2007. Besucht am 27. Januar 2020. https://www.youtube.com/watch?v=2kuJLYiRai8

ders.: *Information. Der Schlüssel zum Leben.* CLV. Christliche Literaturverbreitung. Bielefeld 2016

Goethe, Johann Wolfgang von: *Maximen und Reflexionen. Aphorismen und Aufzeichnungen. Nach den Handschriften des Goethe- und Schiller-Archivs.* Hrsg.: Max Hecker. Verlag der Goethe-Gesellschaft. Weimar 1907

Gowlett, John: *Auf Adams Spuren. Die Archäologie des frühen Menschen.* Verlag Herder. Freiburg im Breisgau/Basel/Wien 1985

Graf, Philipp: *Leben ist Definitionssache.* Max Planck Gesellschaft. O. J. Besucht am 2. September 2019. https://www.synthetische-biologie.mpg.de/17480/was-ist-leben

Grävemeyer, Arne: *AlphaFold kann Protein-Origami.* c't 1. Dezember 2020

ders.: *DNA speichert das Menschheitswissen.* c't 26. Dezember 2020

ders.: *DNA speichert TV-Serie fehlerfrei.* c't 20. September 2020

ders.: *Quantensicher verschlüsseln.* c't 17. August 2018

Greuling, Heinz.: *So entstand die Erdatmosphäre und das erste Leben.* Quarks. Internet. Quarks, 2014. Besucht am 4. Oktober 2019. https://www.youtube.com/watch?v=tthNNLyVBUs

Hähnel, Martin: *Was ist Liebe? Philosophische Texte von der Antike bis zur Gegenwart.* Reclam Verlag. Stuttgart 2015

Hasler, Felix: *Neuromythologie. Eine Streitschrift gegen die Deutungsmacht der Hirnforschung.* Transcript Verlag. Bielefeld 2012

Hawley, Jack: *Bhagavad-Gita. Der Gesang Gottes.* Goldmann Verlag. München 2002

Helmenstine, Anne Marie: *Chemical Composition of the Human Body.* Mai 2019. Besucht am 28. Mai 2019. https://www.thoughtco.com/chemical-composition-of-the-human-body-603995

Hemenway, Priya: *Der geheime Code. Die rätselhafte Formel, die Kunst, Natur und Wissenschaft bestimmt.* Evergreen Verlag. Köln 2008

Henn, Volker: *Das synthetische Genom. Ein Schritt zum Minimalorganismus.* Telepolis. Heise online. Januar 2014. Besucht am 15. Dezember 2019. https://www.heise.de/tp/features/Das-synthetische-Genom-ein-Schritt-zum-Minimalorganismus-3362986.html

Henry, Tyler: *Hollywood Medium With Tyler Henry.* Staffel 4. Episode 9, E! Television Network. 2019

Herzberg, Nina: *Fragen rund um die geistige Welt.* August 2020. Besucht am 6. August 2020. https://youtu.be/l5lr5VJjy0s

dies.: *Sensitivität und Medialität im Alltag.* Mai 2018. Besucht am 6. Februar 2021. https://youtu.be/Ajew3HTWBN0

Hey, Anthony: *The new quantum universe.* Cambridge University Press. Cambridge U.K. New York 2003

Hirsch-Kauffmann, Monica/Schweiger, Manfred: *Biologie für Mediziner, Pharmazeuten und Chemiker.* Georg Thieme Verlag. Stuttgart/New York 1987

Hofstadter, Douglas: *A Cutoff for Craziness.* New York Times. Januar 2011. Besucht am 4. Juni 2019. https://www.nytimes.com/roo mfordebate/2011/01/06/the-esp-study-when-science-goes-psychic/a-cutoff-for-craziness

Huemer, Werner: *Phänomen Gedächtnistransplantation.* 2010. Besucht am 4. Januar 2020. https://www.werner-huemer.

net/ texte/weltanschauliches/organtransplantation
Hümmler, Holm: *Relativer Quantenquark. Kann die moderne Physik die Esoterik belegen?* Springer Verlag. Berlin 2017
Humphrey, Nicholas: *Soul dust. The magic of consciousness.* Quercus Publishing. London 2012
Hunziker, Gabriella: *Neurowissenschaft. Begrenztheit der Hirnforschung.* Deutsches Ärzteblatt 3/110 (Januar 2013), 84
Ibarra-Laclette, Enrique/Lyons, Eric/Hernández-Guzmán, Gustavo/ Pérez-Torres, Claudia/ Carretero-Paulet, Lorenzo/Tien-Hao Chang/Tianying Lan u.a.: *Architecture and evolution of a minute plant genome.* Nature 498 (Mai 2013)
Jaeger, Lars: *Die zweite Quantenrevolution. Vom Spuk im Mikrokosmos zu neuen Supertechnologien.* Springer Verlag. Berlin 2018
ders.: *Wissenschaft und Spiritualität. Universum, Leben, Geist. Zwei Wege zu den großen Geheimnissen.* Springer Verlag. Berlin/Heidelberg 2016
Jahn, Robert: *An den Rändern des Realen. Über die Rolle des Bewusstseins in der physikalischen Welt.* Zweitausendeins Buch 2000. Frankfurt/Main 1999
Jaspers, Karl: *Kleine Schule des philosophischen Denkens.* Piper Verlag. München/Zürich 2012
Jensen, Christian Gaden/ Cardeña, Etzel: *A controlled long-distance test of a professional medium.* European Journal of Parapsychology 24. Nr. 1 (2009), 53–67
Johannsen, Wolfgang: *Information und ihre Bedeutung in der Natur. Das Leben erfindet die Welt.* Springer Verlag. Berlin/Heidelberg 2016
Jones, Steve: *Wie der Wal zur Flosse kam. Ein neuer Blick auf den Ursprung der Arten.* dtv-Verlag. München 2002
Junker, Reinhard: *Der Ursprung der Fledermäuse.* Studium Integrale Journal 18 (2011), 17-25, 78-88
ders.: *Evolution. Ein kritisches Lehrbuch.* Weyel Verlag. Gießen 1998
Kant, Immanuel: *Kritik der reinen Vernunft.* Meiner Verlag. Hamburg 1998

Kargl, Gerald: *Quantenmechanik. Doppelspalt, Verschränkung und Nichtlokalität.* Doku. Internet. Urknall, Weltall und das Leben. 2014. Besucht am 9. Juni 2019. https://www.youtube.com/watch?v=7BV0Fs4eM0I

Kelly, Emily/Arcangel, Dianne: *An Investigation of Mediums Who Claim to Give Information About Deceased Persons.* The Journal of nervous and mental disease 199 (Januar 2011), 11-7

Kennedy, Donald/Norman, Colin: *What Don't We Know?* Science 309. Nr. 5731 (2005), 75-75

Al-Khalili, Jim: *Quantum. Moderne Physik zum Staunen.* Elsevier Spektrum. Akademischer Verlag. Heidelberg 2005

Knirr, Thomas: *Darwins Black Box. Was Charles Darwin übersehen hat.* Der laute Ruf. April 2011. Besucht am 25. Januar 2021. https://youtu.be/3419E8mP7PU

König, Timo/Bechly, Günter: *Glaube an Schöpfung fand ich primitiv.* September 2018. Besucht am 29. November 2019. https://www.erf.de/themen/glaube/glaube-an-schoepfung-fand-ich-primitiv/2803-542-6173

Krachten, Christoph: *Evolutionstheorie endgültig bestätigt. Kreationisten auf verlorenem Posten.* Internet. Clixoom Science & Fiction. 2017. Besucht am 10. Februar 2020. https://www.youtube.com/watch?v=nQwIc2hXa_A

Kruse, Eckhard: *Der Geist in der Materie. Die Begegnung von Wissenschaft und Spiritualität.* Crotona Verlag. Amerang 2013

Kübler-Ross, Elisabeth: *Über den Tod und das Leben danach.* Silberschnur Verlag. Güllesheim 2013

Kuhn, Thomas: *Die Struktur wissenschaftlicher Revolutionen.* Suhrkamp Verlag. Frankfurt/Main 1976

Küppers, Bernd-Olaf: *Der Ursprung biologischer Information. Zur Naturphilosophie der Lebensentstehung.* Piper Verlag. München/Zürich 1990

Lauff, Sigrid/Prem, Lata Gupta: *Nach der Transplantation.* ARD. Planet Wissen. Februar 2018. Besucht am 4. Januar 2020. https://www.planet-wissen.de/gesellschaft/medizin/organverpflanzung/pwiewissensfrage106.html

Leininger, Bruce: *Soul Survivor. Ein Junge erinnert sich an ein Leben vor seiner Geburt.* Ullstein Buchverlag. Berlin 2018

Lerch, H. A.: *Die Bibel. Wahrheit oder Fabel. Ist die Bibel wörtlich?* Harold A. Lerch, Sr., 2018. Besucht am 17. Dezember 2019. https://books.google.de/books?id=RBx5DwAAQBAJ

Lesch, Harald: *α-Centauri. Was ist der Urknall?* BR-alpha mit Sterne und Weltraum (Co-Produktion). TV. 2000

ders.: *α-Centauri. Was geschah in den ersten drei Minuten?* BR-alpha mit Sterne und Weltraum (Co-Produktion). TV. 2000

ders:*α-Centauri. Woher kommt unser Gold?* BR-alpha mit Sterne und Weltraum (Co-Produktion). TV. 2000.

ders.: *α-Centauri. Kann die Physik die Welt erklären?* BR-alpha mit Sterne und Weltraum (Co-Produktion). TV. 2002.

ders.: *α-Centauri. Was geschah im Kambrium?* BR-alpha mit Sterne und Weltraum (Co-Produktion). TV. 2006.

ders.: *Das Higgs-Boson. Gottes Teilchen?* Internet. Terra X Lesch & Co. 2019. Besucht am 16. August 2019. https://www.youtube.com/watch?v=ACD_qndPwws

ders: *Der Weg zur Quantenmechanik.* Internet. uni auditorium. Wissen online. 2015. Besucht am 27. Februar 2019. https://www.youtube.com/watch?v=Z2EGx32HaNc

ders.: *Entstehung des Lebens aus toter Materie.* Internet. Urknall, Weltall und das Leben. 2019. Besucht am 12. Oktober 2019. https://www.youtube.com/watch?v=qv_t77LS0t0

ders: *Hat Gott die Welt erschaffen?* Internet. Terra X Lesch & Co. 2017. Besucht am 29. November 2019. https://www.youtube.com/watch?v=D3dT44jH0iE

Lesch, Harald/Gaßner, Josef M.: *Urknall, Weltall und das Leben. Vom Nichts bis heute Morgen.* Komplett-Media Verlag. Grünwald/München 2014

Lewin, Roger: *Is Your Brain Really Necessary?* Science 210. Nr. 4475 (Dezember 1980) 1232-1234

Libet, Benjamin u.a.: *Subjective referral of the timing for a conscious sensory experience.* Brain 102 (1979), 193–224

Lodge, Oliver J.: *Raymond or Life and Death. With Examples of the Evidence for Survival of Memory and Affection After*

Death. Classic Reprint. Forgotten Books. London 2012
Lommel, Pim van: *Endloses Bewusstsein. Neue medizinische Fakten zur Nahtoderfahrung.* MensSana Verlag. München 2013
Maier, Petra: *Warum es immer noch so wenige Frauen im MINT-Bereich gibt.* Spiegel.de. August 2019. Besucht am 19. April 2020. https://www.spiegel.de/karriere/mint-faecher-warum-frauen-so-oft-allein-unter-maennern-bleiben-a-1281877.html
Mainzer, Klaus: *Materie. Von der Urmaterie zum Leben.* C.H. Beck Verlag. München 1996
Maischberger, Sandra: *Übersinnliche Kräfte. Mysterium oder Mumpitz?* Das Erste. November 2010. Besucht am 22. November 2020. https://youtu.be/Huk5IJnwnPI
dies.: *Übersinnliche Kräfte. Mysterium oder Mumpitz? III.* Das Erste. November 2010. Besucht am 22. November 2020. https://youtu.be/slll4SJJK9Y
Mann, Frido/Mann, Christine: *Es werde Licht. Die Einheit von Geist und Materie in der Quantenphysik.* S. Fischer Verlag. Frankfurt/Main 2017
Mantegna, R. N./Buldyrev, S. V./Goldberger, A. L./Havlin, S./Peng, C. K./Simons, M./Stanley, H. E.: Linguistic Features of Noncoding DNA Sequences. Phys. Rev. Lett. 73 (23. 1994), 3169–3172
Marks, Robert: *Biological information-new perspectives. Proceedings of a symposium held May 31. 2011 through June 3, 2011 at Cornell University.* World Scientific. Hackensack New Jersey 2013
Martin, Loren G.: *What is the function of the human appendix? Did it once have a purpose that has since been lost?* Oktober 1999. Besucht am 11. Februar 2020. https://www.scientificamerican.com/article/what-is-the-function-of-the-human-appendix-did-it-once-have-a-purpose-that-has-since-been-lost/
Matthiesen, Rune: *Bioinformatics Methods in Clinical Research.* 593:390. Januar 2012
Meckelburg, Ernst: *Wir alle sind unsterblich. Der Irrtum mit dem Tod.* Langen Müller Verlag. München 1997

Mertens, Margit: *Wo die Liebe wohnt.* Juni 2009. Besucht am 2. Juli 2020.
https://www.fr.de/wissen/liebe-wohnt-11483093.html

Meyer, Stephen: *Darwin. A Myth for the Post-Christian Mind.* Internet. Ligonier Ministries. 2016. Besucht am 8. Dezember 2019. https: //www.youtube.com/watch?v=PbcY9iya40o

ders.: *Darwin's doubt. The explosive origin of animal life and the case for intelligent design.* HarperOne. An imprint of HarperCollinsPublishers. New York, NY 2013

ders.: *Signature in the Cell. Stephen Meyer Faces his Critics. pt. 1. The Presentation.* Internet. Stephen Meyer. 2014. Besucht am 11. Dezember 2019.
https://www.youtube.com/watch?v=eW6egHV6jAw

Meyer, Stephen/Axe, Douglas D.: *Information Enigma. Where does information come from?* Internet. Discovery Science. 2015. Besucht am 28. Februar 2020.
https://www.youtube.com/watch?v=aA-FcnLsF1g.

Miersch, Michael: *Der Rabenversteher.* Welt. 2009. Besucht am 30. Oktober 2019. https://www.welt.de/welt_print/vermischtes/ article5208366/Der-Rabenversteher.html

Miller, Stanley L.: *A Production of Amino Acids Under Possible Primitive Earth Conditions.* Science 117. Nr. 3046 (1953), 528–529.
https://science.sciencemag.org/content/117/3046/528

Minnich, Scott/Meyer, Stephen: *Genetic analysis of coordinate flagellar and type III regulatory circuits in pathogenic bacteria.* 180 (Januar 2003)

Moody, Raymond: *Leben nach dem Tod. Die Erforschung einer unerklärlichen Erfahrung.* Rowohlt Taschenbuch Verlag. Reinbek bei Hamburg 2001

Moorjani, Anita: *Heilung im Licht. Wie ich durch eine Nahtoderfahrung den Krebs besiegte und neu geboren wurde.* Goldmann Verlag. München 2015

dies.: *Beitrag auf dem Online-Kongress Spirit Summit 2019.* Video. 2019. Besucht am 18. Januar 2019.
https://www.spiritsummit.net

Munkholm, Klaus/ Paludan-Müller, Asger Sand/Boesen, Kim: *Considering the methodological limitations in the evidence base of antidepressants for depression. A reanalysis of a network meta-analysis.* BMJ Open 9:e024886 (2019)

Myers, David G.: *Kritisch denken mit wissenschaftlicher Psychologie.* Springer Verlag. Berlin/Heidelberg 2014

Nagel, Thomas: *Mind and cosmos. Why the materialist neo-Darwinian conception of nature is almost certainly false.* Oxford University Press. New York 2012

Nawalny, Alexej: *Nawalnys bewegende Worte über das Koma und die Liebe.* September 2020. Besucht am 21. September 2020. https://www.bz-berlin.de/berlin/nawalnys-bewegende-worte-ueber-das-koma-und-die-liebe

Nelson, Roger D.: *Princeton Engineering Anomalies Research (PEAR).* Psi Encyclopedia. London. The Society for Psychical Research. Oktober 2017. Besucht am 24. Januar 2021. https://psi-encyclopedia.spr.ac.uk/articles/princeton-engineering-anomalies-research-pear

Neuweiler, Gerhard: *Evolutionary aspects of bat echolocation.* Journal of Comparative Physiology A 189 (2003), 245–256

Nguyen-Kim, Mai Thi: Entstand so das Leben? Die RNA-Welt. Internet. Terra X Lesch & Co. 2019. Besucht am 12. September 2019.
https://www.youtube.com/watch?v=b8CNQOe-Rbs

Nikolay, Joachim: *Humor in Nahtoderfahrungen. Humor im Jenseits.* Thanatos TV. Oktober 2019. Besucht am 6. Februar 2021. https://youtu.be/y_vL8_jk9FY

Nilsson, D./Pelger, Susanne: *A Pessimistic Estimate of the Time Required for an Eye to Evolve.* Proceedings. Biological sciences. The Royal Society 256 (Mai 1994), 53-8

o. A.: *Warum erforschen Wissenschaftler Fliegen?* Max-Planck-Gesellschaft. o. J. Besucht am 25. Oktober 2019. https://www.mpg.de/10885922/warum-erforschen-wissenschaftler-fruchtfliegen

ders.: *Zellorganellen. Die Endosymbiontentheorie.* Internet. Max-Planck-Society. 2015. Besucht am 4. Oktober 2019.

https://www.youtube.com/watch?v=9LTMDLDsL98
Öz, Mehmet Cengiz/Amen, Daniel /Caputo, Theresa: *Long Island Medium. Inside a Psychic's Brain.* D. Oz Show. 2013. Besucht am 18. März 2021. https://www.doctoroz.com/episode/long-island-medium-inside-psychics-brain/particle-5
O'Keeffe, Ciarán/Wiseman, Richard: *Testing alleged mediumship. Methods and results.* British Journal of Psychology 96. Nr. 2 (2005), 165–179
Oelmann, Doreen: *Das Fünf-Phasen-Modell zum Sterbeprozess nach Kübler-Ross.* Grin Verlag. München 2008
Ott, Clara: *Warum der Specht keine Gehirnerschütterung bekommt.* Welt.de. April 2011. Besucht am 17. Januar 2020. https://www.welt.de/wissenschaft/umwelt/article13183573/Warum-der-Specht-keine-Gehirnerschuetterung-bekommt.html
Park, Travis: *Fossil of ancient four-legged whale found in Peru.* April 2019. Besucht am 11. November 2019. https://www.bbc.com/news/science-environment-47822228
Pearsall, Paul/Schwartz, Gary E./Russek, L. G.: *Changes in heart transplant recipients that parallel the personalities of their donors. Integrative medicine.* Integrating conventional and alternative medicine 2 (April 2000), 65–72
Pennisi, Elizabeth: *Synthetic Genome Brings New Life to Bacterium.* Science 328. Nr. 5981 (2010), 958–959
Penrose, Roger/Schrödinger, Erwin: *What Is Life? With Mind and Matter and Autobiographical Sketches.* Canto Edition. Cambridge University Press. Cambridge 2013
Peredo, Carlos/Pyenson, Nicholas/Marshall, Christopher/Uhen, Mark: *Tooth Loss Precedes the Origin of Baleen in Whales.* Current Biology 28 (November 2018)
Pflanzenforschung.de: *Es geht auch ohne Junk-DNA. Unscheinbare Wasserpflanze bringt wissenschaftliche Theorie ins Wanken.* Pflanzenforschung.de. Mai 2013. Besucht am 17. Dezember 2019. https://www.pflanzenforschung.de/de/journal/journalbeitraege/es-geht-auch-ohne-junk-dna-unscheinbare-wasserpflanze-b-10047

Planck, Max: *Archiv zur Geschichte der Max-Planck-Gesellschaft.* Abt. Va. Rep. 11, Planck. Nr. 1797. 1944

ders.: *Vorträge und Erinnerungen.* S. Hirzel-Verlag. Stuttgart 1949

Posener, Alan: *Wir sind Gott!* Die Welt. Mai 2010. Besucht am 15. Dezember 2019. https://www.welt.de/welt_print/kultur/literatur/article7750885/WIR-SIND-GOTT.html

Precht, Richard David: *Sei du selbst. Von der Philosophie nach Hegel bis zur Philosophie der Jahrhundertwende.* Goldmann Verlag. München 2019

ders.: *Wer bin ich, und wenn ja, wie viele? Eine philosophische Reise.* Goldmann Verlag. München 2012

Preuk, Monika: *Antidepressiva so häufig verschrieben wie noch nie. Wann sie sinnvoll sind und wann nicht.* Focus online. Oktober 2018. Besucht am 20. Juni 2019. https://www.focus.de/gesundheit/ratgeber/psychologie/depressionen-angststoerungen-borderline-antidepressiva-in-deutschland-so-haeufig-verschrieben-wie-noch-nie-wann-sie-wirklich-sinnvoll-sind-und-wann-nicht_id_9740636.html

Radecke, Hans-Dieter/Teufel, Lorenz: *Was zu bezweifeln war. Die Lüge von der objektiven Wissenschaft.* Droemer Verlag. München 2010

Risi, Armin: *Der radikale Mittelweg. Überwindung von Atheismus und Monotheismus. Das Buch zum aktuellen Paradigmenwechsel.* Kopp Verlag. Rottenburg 2016. 2. Auflage

ders.: *Evolution. War alles ganz anders?* Internet. NuoViso.TV, 2017. Besucht am 26. Oktober 2019. https://www.youtube.com/watch?v=5FEeoEmOXwc

ders.: *Evolution. Stammt der Mensch von den Tieren ab?* Govinda Verlag. Zürich 2014

ders.: *Ihr seid Lichtwesen. Ursprung und Geschichte des Menschen.* Govinda Verlag. Zürich 2013

ders.: *Wie lange dauert das Kali-Yuga?* Armin Risi. o. J. Besucht am 14. Januar 2020. https://armin-risi.ch/Artikel/Vedisch/Wie-lange-dauert-das-Kali-Yuga.php

Roach, John: *Oldest Antarctic Whale Found. Shows Fast Evolution.*

National Geographic, November 2011. Besucht am 17. Dezember 2019
https://www.nationalgeographic.com/news/2011/11/111116-antarctica-whales-oldest-evolution-animals-science/
Rode, Bettina Suvi: *Jenseitskontakt. Was Sie beachten sollten, wenn Sie ein Medium aussuchen.* Jenseitsmedien. Juli 2020. Besucht am 25. August 2020.
https://youtu.be/gOH1l-6hS1M
Röthlein, Brigitte: *Der Nobelpreisträger als Parapsychologe.* Bild der Wissenschaft. Oktober 1997, 66
Ruhenstroth, Edmund: *Toleranz.* Aphorismen.de. o. J. Besucht am 4. Februar 2021.
https://www.aphorismen.de/suche?f_rubrik=Gedichte&f_autor=5697_Edmund+Ruhenstroth&f_thema=Toleranz
Rubbia, Carlo: *Neue Zürcher Zeitung.* März 1993
Rüegg, Peter: *Kein künstliches Leben.* ETH Life. Mai 2010. Besucht am 15. Dezember 2019.
http://www.ethlife.ethz.ch/archive_articles/100526_venter_kuenstl_genom_per/
Scherer, Siegfried: *Die Entstehung des bakteriellen Rotationsmotors ist unbekannt.* Studiengemeinschaft Wort und Wissen e. V., 2010. Besucht am 31. Januar 2020. http://www.evolutionslehrbuch.info/teil-4/kapitel-09-04-r01.pdf
Schlömer, Tanja: *Mein Leben mit der geistigen Welt.* Februar 2020. Besucht am 6. Februar 2021.
https://www.tanja-schlömer.de/podcast-mein-leben-mit-der-geistigen-welt
Schmelzer, Thomas: *Wiedergeburt. Deine Seele ist unsterblich!* DVD. Mystica Filme. 2018
Schneider, Bettina: *Wie wahre Liebe unser Gehirn verändert.* Dezember 2016. Besucht am 2. Juli 2020.
https://www.welt.de/kmpkt/artic le160096039/Wie-wahre-Liebe-unser-Gehirn-veraendert.html
Schreiber, Mathias: *Die Reise ins Licht.* Spiegel. April 2007. Besucht am 24. Juli 2020.
https://www.spiegel.de/spiegel/print/d-51132266.html

Schumacher, Jörn: *Vom atheistischen Wissenschaftler zum gläubigen Evolutionskritiker.* September 2017. Besucht am 20. Mai 2019. https://www.pro-medienmagazin.de/gesellschaft/menschen/2017/09/27/vom-atheistischen-wissenschaftler-zum-glaeubigen-evolutionskritiker/

Sea Museum: *Basilosaurus. Dorudon and strange evolutionary experiments.* Oktober 2014. Besucht am 14. November 2019. https://www.sea.museum/2014/10/29/whale-evolution-and-adaptation/evolutionary-experiments

Shannon, Claude: *The mathematical theory of communication.* University of Illinois Press. Urbana 1964

Sheldrake, Rupert: *Der siebte Sinn der Tiere.* Fischer Taschenbuch Verlag. Frankfurt/Main 2007

ders.: *Der Wissenschaftswahn. Warum der Materialismus ausgedient hat.* Droemer Verlag. München 2015

ders.: *How widely is blind assessment used in scientific research?* Alternative Therapies 5 (1999), 88–91

Shirai, Yasuhiro/Osgood, Andrew/Zhao, Yuming/Kelly, Kevin/Tour, James: *Directional Control in Thermally Driven Single-Molecule Nanocars.* Nano letters 5 (Dezember 2005), 2330-4

Smith, Gordon: *Beitrag auf dem Online-Kongress Flow Summit 2020.* Video. 2020. Besucht am 2. März 2020. https://www.flowsummit.net/flow-summit-2020-tag-2/

ders.: *Beitrag auf dem Online-Kongress Spirit Summit 2019.* Video. 2019. Besucht am 18. Januar 2019. https://www.spiritsummit.net

Smith, Martin: *World authors. 1900–1950.* H.W. Wilson Publishing. New York 1996

Spaulding, Michelle/O'Leary, Maureen/Gatesy, John: *Relationships of Cetacea (Artiodactyla) Among Mammals. Increased Taxon Sampling Alters Interpretations of Key Fossils and Character Evolution.* PloS one 4 (September 2009), e7062

SpiegelOnline: *Forscher erschaffen erstmals künstliches Leben.* Spiegel online. Mai 2010. Besucht am 15. Dezember 2019. https://www.spiegel.de/wissenschaft/natur/durchbruch-forscher-erschaffen-erstmals-kuenstliches-leben-a-696016.html

Stein, Ben/Miller, Kevin: *Expelled. No intelligence allowed.* DVD. Rampant Films. 2008

Steinhardt, Paul: *Endless universe. Beyond the Big Bang.* Weidenfeld & Nicolson. London 2007

Stelzner, Ruben/Schad, Wolfgang: *Der Goldene Schnitt.* Internet. Universität Witten/Herdecke. 2003. Besucht am 29. Februar 2020. http://www.golden-section.eu/goldener_schnitt.pdf

Strawson, Galen: *Realistic Monism. Why Physicalism Entails Panpsychism.* Journal of Consciousness Studies 13. Nrn. 10–11 (2006), 3–31

Strobel, Lee: *The case for faith. A journalist investigates the toughest objections to Christianity.* Grand Rapids. Zondervan Publishing. Michigan 2000

Sylvia, Claire: *Herzensfremd.* Bastei Lübbe Verlag. Bergisch Gladbach 1999

Tegmark, Max/Wheeler, John Archibald: *100 Jahre Quantentheorie.* Spektrum der Wissenschaft. 2003, 6–14

TheBestSchools.org.: *The 50 Most Influential Scientists in the World Today.* TheBestSchools.org. 2020. Besucht am 23. Februar 2020. https://thebestschools.org/features/50-influential-scientists-world-today/

Tompa, Peter/George, Rose: *The Levinthal paradox of the interactome. Protein Science.* Dezember 2011, 20 (12), 2074-9

Tour, James: *Das Geheimnis der Entstehung des Lebens.* Dr. James Tour. März 2019. Besucht am 23. September 2020. https://youtu.be/zU7Lww-sBPg

ders.: *Dr. Tour Speaks. Molecules Don't Care About Life.* Dr. James Tour. September 2020. Besucht am 21. September 2020. https://youtu.be/hAga9GDUXl4

ders.: *The Origin of Life Has Not Been Explained.* Internet. Discovery Science. 2019. Besucht am 22. Februar 2020. https://www.youtube.com/watch?v=r4sP1E1Jd_Y

ders.: *Episode 2/13. Primordial Soup. A Course on Abiogenesis by Dr. James Tour.* 17.02. 2021. Besucht am 16.03. 2021. https://youtu.be/tNbl-g8QoAg

ders.: *Episode 5/13. Carbohydrates. A Course on Abiogenesis by*

Dr. James Tour. 21. 02. 2021. Besucht am 16. 03. 2021. https://youtu.be/rdqd_EvpsZM
ders.: *Episode 8/13. Nucleotides. A Course on Abiogenesis by Dr. James Tour.* 27. 02. 2021. Besucht am 17. 03. 2021. https://youtu.be/CYiguQYCSio
Trinks, Hauke: *Auf den Spuren des Lebens. Bericht zur Expedition in das Eis von Spitzbergen vom 17. Mai 1999 bis 14. September 2000.* Technische Universität Hamburg-Harburg, Januar 2001. Besucht am 13. Oktober 2019. https://tore.tuhh.de/bitstream/11420/200/1/Auf_den_Spuren_des_Lebens.pdf
Vaas, Rüdiger: *Der Urknall. Bild der Wissenschaft.* November 2009, 40–56
Varela, Francisco G./Maturana, Humberto R./Uribe. R.: *Autopoiesis. The organization of living systems, its characterization and a model.* BioSystems 5 (Mai 1974), 187–196
Vieweg, Martin: *Evolution der Wale. Ur-Sieb-Gebiss entdeckt.* Wissenschaft.de. 2017. Besucht am 27. November 2019. https://www.wissenschaft.de/erde-klima/evolution-der-wale-ur-sieb-gebiss-entdeckt/
Voggenhuber, Pascal: *Botschafter der unsichtbaren Welt. Wie der Dialog mit dem Jenseits unser Leben bereichert und heilt.* Heyne Verlag. München 2012
ders.: *Nachricht aus dem Jenseits 2.0. Die neuesten Erkenntnisse meiner Arbeit als Medium.* Giger Verlag. Altendorf 2018
ders.: *Wie du ein echtes Medium findest und auswählst. Wenig bekannt.* Pascal Voggenhuber Autor, Coach & Speaker. Februar 2021. Besucht am 4. Februar 2021. https://youtu.be/WP7zaeMj9Ys
Voss, M./Antar, M.S.M./Zalmout, I.S./Gingerich, P.D.: *Stomach contents of the archaeocete Basilosaurus isis. Apex predator in oceans of the late Eocene.* PLoS ONE 14. Nr. 1 (2005)
Wagner, Kerstin: *Neuartiger Regulationsmechanismus steuert Differenzierung embryonaler Stammzellen.* idw-Informationsdienst Wissenschaft. April 2015. Besucht am 16. Dezember 2019. https://idw-online.de/de/news628574

Warnke, Ulrich: *Quantenphilosophie und Spiritualität. Wie unser Wille Gesundheit und Wohlbefinden steuert.* Goldmann Verlag. München 2017

Watt, Caroline/Nagtegaal, Marleen: *Reporting of blind methods. An interdisciplinary survey.* Journal of the Society of Psychical Research. 68 (2004), 105–114

Weiss, Brian: *Die zahlreichen Leben der Seele. Die Chronik einer Reinkarnationstherapie.* Goldmann Verlag. München 2005

ders.: *Seelenwege. Reinkarnation und zukünftige Lebenswege.* Ullstein Buchverlag. Berlin 2018

Wells, Jonathan: *Killer Whales Zombie Science Author Explains a Fatal Challenge to Evolution.* Broken Biscuit. Juli 2019. Besucht am 17. Dezember 2019. https://www.youtube.com/watch?v= dH5SqUeIkAI

Westerhoff, Nikolas: Mit dem Herzen eines Fischers. Süddeutsche Zeitung. Oktober 2007

Wissenschaft, Bild der: *Der Weg ins Meer. Wie Moby Dick schwimmen lernte.* Bild der Wissenschaft. Dezember 1995, 87–93

Zaun, Harald: *Was vor dem Urknall war.* Telepolis special Kosmologie. Februar 2007, 90–95

Bildnachweis

S. 122 (Abbildung 4-1): »Chirality with hands« (22. 10. 2011), Urheber: Unknown auf Wikimedia Commons unter Public Domain Lizenz

S. 148 (Abbildung 4-2): »Darwin's finches by Gould« (vor 1882), Urheber: John Gould auf Wikimedia Commons unter Public Domain Lizenz

S. 158 (Abbildung 4-3): »Biological classification S Pengo« (24. 03. 2007), Urheber: Pengo auf Wikimedia Commons unter Public Domain Lizenz, bearbeitet von Oliver Lazar

S. 165 (Abbildung 4-4): Oliver Lazar (2020)

S. 176 (Abbildung 4-5): »Dunning-Kruger-Effect« (20. 01. 2020), Beschriftungen angepasst von Oliver Lazar, Urheber: Sciencia58 auf Wikimedia Commons unter Public Domain Lizenz

S. 181 (Abbildung 4-6): »Indohyus BW« (23. 12. 2007), Urheber: Nobu Tamura auf Wikimedia Commons unter der Creative Commons Attribution 3.0 Unported License: https://creativecommons.org/licenses/by/3.0

S. 182 (Abbildung 4-7): »Pakicetus BW« (29. 11. 2007), Urheber: Nobu Tamura auf Wikimedia Commons unter der Creative Commons Attribution 3.0 Unported License: https://creativecommons.org/licenses/by/3.0

S. 182 (Abbildung 4-8): »Ambulocetus BW« (29. 10. 2007), Urheber: Nobu Tamura auf Wikimedia Commons unter der Creative Commons Attribution 3.0 Unported License: https://creativecommons.org/licenses/by/3.0

S. 183 (Abbildung 4-9): »Basilosaurus BW« (freigestellt und zweiter Basilosaurus entfernt, 26. 01. 2008) und »Dorudon cropped« (19. 02. 2012), Urheber: Nobu Tamura auf Wikimedia Commons unter der Creative Commons Attribution 3.0 Unported License:

https://creativecommons.org/licenses/by/3.0

S. 183 (Abbildung 4-10): »Blue whale size« (Taucher entfernt, 29. 07. 2013), Urheber: Kurzon auf Wikimedia Commons unter der Creative Commons Attribution 3.0 Unported License: https://creativecommons.org/licenses/by/3.0

S. 184 (Abbildung 4-11): Zusammengesetzt und bearbeitet von Oliver Lazar; »Blue whale size« (29. 07. 2013), Urheber: Kurzon; »Sperm whale size« (19. 05. 2007), Urheber: Kurzon; »Dorudon cropped« (19.02.2012), Urheber: Nobu Tamura; »Ambulocetus BW« (29. 10. 2007), Urheber: Nobu Tamura; »Pakicetus BW« (29. 11. 2007), Urheber: Nobu Tamura; »Indohyus BW« (23. 12. 2007), Urheber: Nobu Tamura; Wikimedia Commons unter der Creative Commons Attribution 3.0 Unported License: https://creativecommons.org/licenses/by/3.0

S. 186 (Abbildung 4-12): Grundzüge der vergleichenden Anatomie. 2., umgearb. Auflage. Mit 319 Holzschnitten. Leipzig, Verl. von Wilhelm Engelmann, 1870. 892 pp. fig. 223. p. 692, Urheber: Carl Gegenbaur, Wikimedia Commons unter Public Domain Lizenz

S. 188 (Abbildung 4-13): »Whale skeleton«, aus Meyers Konversationslexikon (1888), Wikimedia Commons unter Public Domain Lizenz

S. 213 (Abbildung 4-14): »Flagellum base diagram« (17. 08. 2011), Urheber: Mariana Ruiz Villareal auf Wikimedia Commons, gemeinfrei

S. 237 (Abbildung 4-15): »Egyptian hieroglyphs Detail« (01. 11. 2014), Ausschnitt des Bildes, Urheber: Gtoffoletto auf Wikimedia Commons unter der Creative Commons Attribution-Share Alike 4.0 International License: https://creativecommons.org/licenses/by-sa/4.0/deed.en

S. 238 (Abbildung 4-16): »Die fünf Ebenen der Universellen Information« (2016), Urheber: Werner Gitt. S. 53 aus »Information – Der Schlüssel zum Leben«, Christliche Literaturverbreitung, Bielefeld

S. 243 (Abbildung 4-17): Adaptierte Darstellung von Oliver

Lazar in Anlehnung an »Die fünf Ebenen der Universellen Information« (2016), Urheber: Werner Gitt. S. 53 aus »Information – Der Schlüssel zum Leben«, Christliche Literaturverbreitung, Bielefeld
S. 252 (Abbildung 4-18): Oliver Lazar (2020)
S. 253 (Abbildung 4-19): »Fibonacci spiral« (16. 07. 2015), Urheber: Anna Benczur auf Wikimedia Commons unter der Creative Commons Attribution-Share Alike 4.0 International License:
https://creativecommons.org/licenses/by-sa/4.0/deed.en
S. 254 (Abbildung 4-20): »Fibonacci spiral« (03. 05. 2017), Urheber: Jahobr auf Wikimedia Commons unter der Creative Commons CC0 1.0 Universal Public Domain Dedication
S. 255 (Abbildung 4-21): »NautilusCutawayLogarithmicSpiral« (05. 05. 2004), Urheber: Chris_73 auf Wikimedia Commons unter der Creative Commons Attribution 3.0 Unported License:
https://creativecommons.org/licenses/by/3.0
und »Spiral Galaxy NGC 3147« (10/2017-03/2018), Urheber: NASA auf Wikimedia Commons - Public Domain
S. 296 (Abbildung 6-1): Oliver Lazar (2020)
S. 297 (Abbildung 6-2): »white-dust-spray-isolated-on-transparent-background-realistic-set-of-smoke-or-powder-with-particles-splash-from-aerosol-stream-of-spraying-cosmetic-fragrance-or-deodorant«, Urheber: upklyak auf Freepik unter der Freepik-Lizenz und Oliver Lazar (2020)
S. 298 (Abbildung 6-3): Oliver Lazar (2020)
S. 299 (Abbildung 6-4): Oliver Lazar (2020)
S. 301 (Abbildung 6-5): Oliver Lazar (2020)
S. 302 (Abbildung 6-6): Oliver Lazar (2020)
S. 305 (Abbildung 6-7): Oliver Lazar (2020)
S. 308 (Abbildung 6-8): Oliver Lazar (2020) in Anlehnung Josef M. Gaßner, *Quantenradierer (zeitliche Verschränkung) – von Aristoteles zur Stringtheorie (35) – Josef M. Gaßner*, Urknall, Weltall und das Leben, 2018, TS: 7:59, besucht am 25. November 2020, https://youtu.be/-eHY2yX2gX4.

S. 308 (Abbildung 6-9): Oliver Lazar (2020) in Anlehnung Josef M. Gaßner, *Quantenradierer (zeitliche Verschränkung) – von Aristoteles zur Stringtheorie (35) – Josef M. Gaßner*, Urknall, Weltall und das Leben, 2018, TS: 15:37, besucht am 25. November 2020, https://youtu.be/-eHY2yX2gX4.

S. 311 (Abbildung 6-10): »The REG experiment at PEAR« (31. 10. 2017), Urheber: Roger D. Nelson. Princeton Engineering Anomalies Research (PEAR). Psi Encyclopedia. London: The Society for Psychical Research. Besucht am 24. 01. 2021. https://psi-encyclopedia.spr.ac.uk/articles/princeton-engineering-anomalies-research-pear

S. 347 (Abbildung 7-1): Oliver Lazar (2021)

S. 348 (Abbildung 7-2): Oliver Lazar (2021)

S. 350 (Abbildung 7-3): Oliver Lazar (2021)

S. 358 (Abbildung 7-4): Oliver Lazar (2021)

S. 360 (Abbildung 7-5): Oliver Lazar (2021)

S. 363 (Abbildung 7-6): Oliver Lazar (2021)

S. 364 (Abbildung 7-7): Oliver Lazar (2021)

S. 367 (Abbildung 7-8): Oliver Lazar (2021)

S. 371 (Abbildung 7-9): Oliver Lazar (2021)